编委会名单

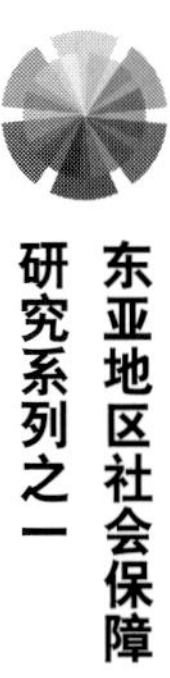

东亚地区社会保障研究系列之一

东亚地区社会保障论

[中]郑功成 [日]武川正吾 [韩]金渊明 主 编
沈 洁 副主编

ON THE SOCIAL SECURITY IN EAST ASIA

人民出版社

策划编辑:洪　琼
文字编辑:邓创业
版式设计:顾杰珍

图书在版编目(CIP)数据

东亚地区社会保障论/[中]郑功成　[日]武川正吾　[韩]金渊明 主编.
　-北京:人民出版社,2014.9
ISBN 978-7-01-013891-6

Ⅰ.①东…　Ⅱ.①郑…②武…③金…　Ⅲ.①社会保障-研究-中亚
　Ⅳ.①D731.07

中国版本图书馆 CIP 数据核字(2014)第 200251 号

东亚地区社会保障论
DONGYA DIQU SHEHUI BAOZHANG LUN

[中]郑功成　[日]武川正吾　[韩]金渊明　主编
沈　洁　副主编

人民出版社 出版发行
(100706　北京市东城区隆福寺街 99 号)

北京瑞古冠中印刷厂印刷　新华书店经销

2014 年 9 月第 1 版　2014 年 9 月北京第 1 次印刷
开本:787 毫米×1092 毫米 1/16　印张:25.25
字数:470 千字　印数:0,001-3,000 册

ISBN 978-7-01-013891-6　定价:69.00 元

邮购地址 100706　北京市东城区隆福寺街 99 号
人民东方图书销售中心　电话 (010)65250042　65289539

目 录

前 言 …… 001

东亚地区社会保障模式论 …… 001

第一篇 中日韩社会保障的基本体系

中国社会保障体系的基本结构及特点 …… 015

日本社会保障体系的基本结构及特点 …… 032

韩国社会福祉体系的基本结构及特点 …… 057

第二篇 中日韩社会保障相关专业术语

中国社会保障相关专业术语 …… 075

日本社会保障相关专业术语 …… 085

韩国社会保障相关专业术语 …… 096

第三篇 东亚地区社会保障综合比较与方法论

东亚社会保障模式研究方法论 …… 105

东亚社会保障研究方法论 …… 114

东亚福利体制比较 …… 128

——以中日韩为主

东亚社会政策研究方法论 …… 142

东亚社会保障发展路径比较 …… 155
——中日韩三国比较分析的视角

第四篇　东亚地区社会保障相关统计

中国社会保障相关统计 …… 171
日本社会保障相关统计 …… 191
韩国社会保障相关统计 …… 216
OECD 国家社会保障相关统计 …… 234

第五篇　东亚地区社会保障研究文献

中国东亚社会保障研究文献 …… 253
韩国东亚社会保障研究文献 …… 265
日本社会保障制度与福利国家研究 …… 274
日本东亚福利国家研究中的武川—田多论争 …… 287
海外东亚地区社会保障模式研究综述 …… 297

第六篇　中国东亚社会保障研究补遗

当代社会保障发展的历史观与全球视野 …… 313
从高增长低福利到国民经济与国民福利同步发展 …… 320
——亚洲国家福利制度的历史与未来
东亚社会保障模式初探 …… 325
东亚社会保障与欧洲社会保障的差异 …… 336
——基于风险管理的视角
代际分化视角下的东亚福利体制 …… 347
从东西方比较看东亚国家社会保障的同质性 …… 364
中国社会保障演进的历史逻辑 …… 374

附录　东亚地区社会保障模式研究纪实 …… 390

前　言

毫无疑问，这是由中、日、韩三国知名社会保障学者群体集体完成的一部特殊著作，它是由中国人民大学郑功成教授、日本东京大学武川正吾教授、韩国中央大学金渊明教授等于 2009 年在北京共同发起的东亚社会保障模式跨国研究计划的第一阶段成果。

来自三个国家的社会保障学者参与该项研究的一个基本共识，就是东亚地区的社会保障制度应当引起国际学术界的高度重视，首先应当引起中、日、韩三国社会保障与福利学者的共同关注，并应当由东亚地区的学者自主开展相关研究工作。一方面，包括中国、日本、韩国等国家和地区在内的东亚地区的社会保障发展路径与实践模式确实有别于欧美国家，有着本地区的明显特色，而由欧美国家学者主导的各种社会保障模式分类法均无法包容，这正是该地区社会保障制度有着极高研究价值的所在。另一方面，东亚地区是第二次世界大战以来世界上最具活力的地区之一，日本、韩国、中国先后以自己持续高速增长的经济发展成就而深刻地影响着当今世界，其经济政策广受世界关注，但与经济发展并行的东亚地区独特的社会保障实践却并未引起西方主导的国际社会保障学界的应有重视，在欧美社会保障学者的著作中通常难觅东亚地区的影子，而包括中国在内的东亚学者的著作，则多是在遵从欧美主导的西方社会保障学说条件下解构着本国或本地区的社会保障实践。对占世界人口总量约四分之一、占世界经济总量四分之一以上的东亚地区社会保障历史与实践的忽略，构成了西方主导的国际社会保障学说的重大缺陷，也直接影响着东亚地区社会保障制度的健康、持续发展。

正是在这样的背景下，2009 年由中、日、韩部分知名社会保障专家学者组成东亚社会保障跨国研究小组，开始有组织地研究本地区的社会保障模式，其目的是试图通过若干专题的研究，阐述清楚以中、日、韩为代表的东亚地区社会保障制度的共性与个性，寻求东亚地区社会保障作为一种独特模式的构成条件及具体内涵。这一专题研究实施五年来，先后在中、韩、日举行了 7 次研讨会，形成了一批有价值的初步成果，现将第一阶段的研究成果结集成《东亚地区社会保障论》一书。

本书围绕着中、日、韩三国社会保障体系框架、社会保障相关专业术语、研究东亚地区社会保障模式的方法论、国别统计数据及研究文献整理等主题展开。本书的特别意义在于，为我们全面认识中、日、韩等东亚地区代表性国家的社会保障制度提供了线索与蓝图，为探求东亚地区的社会保障是否构成一种有别于欧美诸国的社会保障模式提供了方法与路径，为开展东亚地区各国之间的社会保障制度比较研究奠定了坚实基础。对中国社会保障学界与中国读者而言，本书完全是一部有着独特价值和填补空白的图书。

本书由中国人民大学郑功成教授设计总体框架并经由编委会成员讨论后确定全书内容，由来自中、日、韩三个国家的 20 位社会保障学者分工完成。在本书编著过程中，日本东京大学武川正吾教授、韩国中央大学金渊明教授分别承担了日方、韩方的组织工作，日本女子大学沈洁教授对本项研究及本书结集做出了重要贡献。单柏衡、罗佳、张继元、万琳静和金炳彻、陈倩、华颖分别承担了日方、韩方作者的文稿翻译任务，中国北京师范大学谢琼研究员负责联系中方作者并协助主编做了所有文稿的初步编辑工作。最后经由郑功成教授审定所有入选文稿后，交人民出版社出版。

感谢武川正吾教授、金渊明教授、沈洁教授和所有参著本书的作者，感谢谢琼研究员和各位译者。本书的出版是对以往五年研讨东亚社会保障制度的总结，它是学术的结晶，也是三个国家同行学者友好合作的结晶。我期望，经过三国学者的共同努力，东亚社会保障研究必将取得更为丰硕的成果。

郑功成

2014 年 8 月 8 日于北京

东亚地区社会保障模式论

郑 功 成[①]

一、东亚地区社会保障模式研究的本土意义与世界价值

东亚地区是第二次世界大战以来世界上具有极强活力的地区之一，日本、韩国、中国先后以持续高速增长的经济发展成就深刻地影响了当代世界，其经济政策广受世界各国关注。然而，与经济发展并行的东亚地区独特的社会保障实践却并未引起西方主导的国际社会保障学界的足够重视，欧美社会保障学者的著作中通常难觅东亚地区的影子，而东亚学者则大多是在遵从西方社会保障思维定势与话语架构的条件下解析着本国或本地区的社会保障实践。

从文献回顾来看，对东亚地区社会保障制度的关注始于20世纪80年代中期。起因是西方福利国家遭遇危机议题，从而开始关注非西方国家。[②] 例如，米奇利(J.Midgley)1985年在分析"亚洲四小龙"的工业化与社会保障制度发展的关系时发现，"亚洲四小龙"的社会保障制度并没有随着经济的现代化而迅速建立，与西方工业化国家存在差异，政治精英们并没有积极地回应工业化过程中的社会风险，其社会保障制度呈现出鲜明的"勉强的福利主义"(reluctant welfareism)的特点。[③] 1990年，埃斯平·安德森(Esping-Anderson)出版《福利资本主义的三个世界》一书

① 郑功成，中国人民大学社会保障学科教授。在本文的形成过程中，谢琼博士、彭宅文博士参与了讨论并协助提供了有参考价值的文献资料。本文原载于《中国人民大学学报》2012年第2期。

② 李易骏、古允文：《另一个福利世界？东亚发展型福利体制初探》，《台湾社会学刊》2003年第31期。

③ Midgley James，"Industrialization and Welfare：The Case of the Four Little Tigers"，*Social Policy and Administration*，1985，20(3)：235-258.

并风靡一时,但他的研究对象主要集中在西方发达国家,东亚地区的福利制度不是被其忽略,就是无法按照其分析框架归入其确定的三种类型。1998 年,古德曼(R. Goodman)等人提出东亚福利模式的概念。① 之后,部分东亚地区的学者也开始从比较社会保障分析的视角来认识本地区社会保障制度的特征,如古允文关于中国台湾地区社会保障制度发展历程的研究②,Kwon 关于韩国社会保障制度的研究。③进入本世纪后,日本、韩国及中国台湾地区的部分学者开始关注东亚的福利体制,如日本的武川正吾,韩国的郑武权、金渊明等,但分歧巨大。古允文等在 2007 年综述了东亚社会保障研究的进展,并将已有的东亚地区社会保障制度特征研究概括为如下三类:(1)从政策偏好特征来表述东亚社会保障的特征。东亚社会保障多被描述成为"家庭中心的"(family-centered)、"不情愿的"(reluctant)、"传统慈善的"(traditional-charity)和"威权主义的"(authoritarian),其共同点是国家在福利的提供中处于边缘的位置。(2)以政策体系的特征来表述东亚社会保障的特征。即政府在福利的提供上处于边缘地位,但是不少制度性的福利项目也在东亚地区获得发展,现有的福利政策体系重视教育项目、职业区分的保险项目以及生计调查性的福利项目,这些政策体系的特征多是这些项目的社会分层效果和传统慈善的结合。(3)从福利体制论的视角进行相关研究并对福利体制特征进行标示。多数研究者认为,将东亚社会保障归类为现有的埃斯平·安德森的三种福利体制类型是非常困难的,进而开始以自己发现的东亚福利体制的特征来对东亚社会保障进行命名,如家长式(Oikonomia)福利体制、生产性(productivist)福利体制、发展型(developmental)福利体制、儒家(Confucian)福利体制及混合模式(hybrid)。④

尽管关注东亚地区社会保障制度的研究在日益增多,但因起步太迟,加之受西方主导的学说思维定势和过分强调数据的实证分析框架的影响,注定无法顾及制度特征背后的传统文化与政治经济社会结构性原因,从而也就无法描绘东亚社会保障制度的真实面貌。更为关键的是,即使是对东亚地区的关注,也大多将注意力放在日本、韩国及中国台湾地区,并局限于现实制度安排,其对中国大陆地区的关

① Goodman, Roger, Gordon White and Huck-ju Kwon, The East Asian Welfare Model: Welfare Orientalismand the State, London/New York: Routledge, 1998. Basingstoke: Macmillan, 1999.

② Ku Yeun-wen, Welfare Capitalism in Taiwan: State, Economy and Social Policy, London: Macmillan Press, 1997.

③ Kown Huck-ju, The Welfare State in Korea: The Politics of Legitimation, Basingstoke: Macmillan, 1999.

④ Yeun-wen Ku, Catherine Jones Finer, "Developments in East Asian Welfare Studies", *Social Policy and Administration*, 2007, 41(2): 115-131; Yih-Jiunn Lee and Yeun-wen Ku, "East Asian Welfare Regimes: Testing the Hypothesis of the Developmental Welfare State", *Social Policy and Administration*, 2007, 41(2): 197-212.

注严重不足，对东亚地区悠久的历史渊源视而不见，从而只能是不完整的、短视的东亚社会保障研究。正是在这样的背景下，欧美国家无论是政治家、学者还是公众，大多知道包括中国、日本在内的东亚地区经济发展对整个世界影响重大，却无法了解惠及当今世界四分之一人口的东亚地区社会保障的独特价值。即使是东亚地区的社会保障学者，也在很大程度上重蹈着欧美社会保障学者的传统套路，大多局限于对东亚国家或地区非常具体的、法定的社会保障制度的比较上，以具体制度设计的差异性掩盖了东亚地区社会保障制度体系的同质性，进而使多数学者对东亚社会保障(福利)模式是否存在心存疑虑或持否定态度。

上述现象其实是西方主导的国际社会保障学说的重大缺陷。其后果在于，不仅导致了世界社会保障学说的残缺和国际社会对东亚地区社会保障实践经验的忽视，也对东亚国家自己的社会保障理论与政策实践发展产生了消极的影响。因此，重视东亚地区社会保障体系的研究，用超越西方固化的思维方式与话语框架来研究东亚地区的社会保障模式，显然具有弥补当今国际社会保障学说之不足和更理性地促进东亚国家或地区社会保障制度可持续发展的双重意义与价值。

二、东亚社会保障模式研究的方法与维度

东亚社会保障模式的研究任务，是将东亚国家或地区的社会保障制度置于全球社会保障体系之中，按照一定的原则科学构建划分标准，看看该地区的社会保障体系能否自成一类，并有着与其他模式迥异的特征。毫无疑问，按照以往的“商品化”与“去商品化”测量指标和局限于法定制度安排框架下的思维惯性与划分标准，东亚国家的社会保障制度事实上很难被归到西方标准下的某一类模式之中。这主要是因为，西方主导的社会保障理论习惯于注重现实而忽略历史，习惯于只重数据而忘却影响数据的传统与文化等，习惯于只见法定制度安排的“非此即彼”而不见法定制度之外也能够提供相应保障的机制，习惯于只以自己为中心而忽略包括东亚地区在内的其他国家或地区。因此，研究东亚社会保障模式需要有更完善的研究方法与新的维度。

笔者曾在第七届社会保障国际论坛(韩国釜山，2011)上强调当代社会保障的发展要有历史观与全球视野。① 因为对于事关国家长治久安与人民切身利益的社会保障而言，没有时间的长度，不可能把握社会保障制度的发展规律；没有空间的

① 郑功成：《当代社会保障发展的历史观与全球视野》，《经济学动态》2011年第12期。

广度，无以验证不同社会保障模式的优劣。很显然，现代社会保障或现行社会保障制度的历史还太过短暂，只有西方国家的实践也太过狭隘。只有将注意力从关注现实延伸到兼顾历史，才能发现特征背后的传统文化的影响，如中国现行的救灾政策在很大程度上沿袭了两千多年来的做法，公职人员的福利待遇优厚亦与传统的官本位色彩相关联。只有将视野从关注本国扩展到考量全球，才能发现社会经济政治结构对这一制度的深刻影响，才能发现社会保障制度发展进程中的普遍规律与不同国家或地区的独特个性，才可能总结、概括或归纳出不同的模式及其发展特征。只有理性地对待历史与他国的经验与教训，才能超越现实、走出狭隘，寻找到当代社会保障的可持续发展之路，并为解决世界共同面临的社会保障问题提供更为有效的方案。因此，研究东亚地区的社会保障模式，必须正视现实中历史的短视和全球视野的欠缺，这种欠缺正在影响着东亚国家或地区社会保障政策的理性选择，同时也给本应具有历史长度并受全球化影响的社会保障可持续发展增加了不确定性。

强调历史观与全球视野，实质上是强调对社会保障模式的比较研究要从宏观入手、大处着眼。否则，即使是获得绝大多数人公认的斯堪的纳维亚模式，也会因丹麦与芬兰之间存在些微差异而不能归为同类，更何况中国、日本、韩国等东亚国家确实在社会、经济、政治等方面存在着现实差异性。因此，在东亚社会保障制度比较研究中，有必要矫正重量轻质、重法定制度轻其他机制的传统取向。过分地强调数据与定量研究，只能反映一个阶段或相对静态的国家制度状况，不能反映动态的、长期的制度运行状况和制度变迁背后的影响因素，只能兼顾到制度内的安排而不能兼顾到与之相关的非制度化安排，只能较好地描述出体制与政策而不能充分挖掘其背后的历史原因与民族特性所产生的作用，再加上统计口径不统一，也会导致比较研究的非全面性。因此，在东亚社会保障模式研究中，应当更加重视质性研究，尤其是要注重宏观、历史、全球角度的质性研究，将定量研究与定性研究有机地结合起来。

有鉴于此，笔者提出三个维度，即建制理念与福利文化、需求满足与责任承担、制度结构与发展路径，其实这也是构成分析一个国家或地区社会保障制度模式的三个基本维度。

1. 建制理念与福利文化。各项社会保障制度的确立，都会有相应的理念来支撑并建立在相应的福利文化基础之上，从而既能够解释各国建立社会保障制度的出发点与归宿，也可以从建制理念与福利文化之中窥探其发展取向。一定的建制理念决定着社会保障的发展目标，一定的福利文化则构成了相应的福利制度生存与发展的土壤，这就是为什么美国与英国同属自由资本主义世界而福利制度的建构却迥异的深层原因。是基于社会公平还是基于经济发展与效率，是追求权利平等还是追求化解风险，是崇尚集体主义还是向往个人自由，等等，这些取向虽然不可避免地要受到时代的影响，但历史传统与文化是不能割断的。虽然当代世界各国建立社会保障制度的理念很难泾渭分明，但在混合中依然可以发现其侧重点。因此，建制理念与福利文化应当是分析各国社会保障制度的第一个维度，也是解构各国社会保障制度特征背后的传统与社会经济政治结构性原因的钥匙。

2. 需求满足与责任承担。就人类自身的生活需求来说，基本上是大同小异的，因为人生中的风险总有相似性，又都具有不确定性，伴随着人类寿命的延长和家庭小型化趋势不可逆转，个人越来越不可能依靠自身来解决生活需求问题。因此，如果我们能够确认每一个人都必须借助个体之外的机制来获得生活保障的满足，那么，用何种方式来满足人生保障的需求，以及如何承担满足需求的责任，便构成了评估社会保障制度模式的重要依据。一方面，个体需求的满足是依赖家庭还是社会，抑或社会与家庭及其他的有机结合，这种结合中的比重与顺序，既能够反映出一个国家或地区社会保障制度的建制理念与福利文化，同时也会直接影响到社会保障制度的结构与发展路径。另一方面，既然人不可能独善其身，而是需要寻求超越个体之上的生活保障，那么，这种保障责任的承担一定是在家庭、社会、国家等之间采取分担的方式，但责任分担却存在着结构不同、各主体责任先后有别、轻重不一的差异，这种差异性正是评估一个国家或地区的社会保障制度并对其进行归类的重要依据。因此，需求满足与责任承担构成了分析各国社会保障制度的第二个维度。

3. 制度结构与发展路径。选择什么样的制度结构与发展路径，能够反映出各国在社会保障制度发展过程中的价值取向或理念，也是其国民福利需求满足方式与责任承担方式的具体反映。例如，有的国家是以与就业及收入相关联的社会保险为社会保障体系的主体，有的国家实行的是以税收与财政为基础的福利性制度安排，有的国家特别借重市场机制，或者虽然上述形式并存但依然会有主次之分。在发展路径方面，尽管都呈现出从选择型到普惠型的历程，但选择的重点与普惠的进程仍然表现出个体的差异性。因此，制度结构与发展路径是考察各国社会保障制度产生与发展规律的基本依据。

在上述三个维度中，一定的建制理念与福利文化奠定了各国社会保障制度的基石，一定的需求满足与责任承担方式决定着各国社会保障制度的基本建构，而具体的制度结构与发展路径则是各国社会保障制度模式的具体反映。在当代世界，社会保障制度的比较研究一般停留在可以量化的第三个维度，而较为忽略甚至完全忽略不能量化或者不能完全量化的第一个和第二个维度。

通过上述三个维度，基本能够客观地反映出各国社会保障模式选择的价值取向及具体架构，通过比较研究，便能够对社会保障制度实践进行相应归类。本文的目的不在于完成解释东亚社会保障模式的任务，而是在于提供这样一个分析框架，并在比较中发现东亚国家的共性与差异，最后得出东亚国家的社会保障制度是否可以归为或基本归为有别于欧美国家及其他地区国家的一类。而对东亚社会保障模式的概括与理论诠释，应当是下一阶段所要完成的任务。

三、中、日、韩三国社会保障制度的共性分析

根据上述三个维度，对中、日、韩三国的社会保障制度进行简单的比较后，可以发现，东亚国家的社会保障制度是有共性的。这些共性较为鲜明地表现在以下四个方面：

1. 建制理念与福利文化具有共性：促进经济发展，化解社会风险，弥补家庭功能，工具性价值明显高于目的性价值。

从各国社会保障制度产生与制度变迁的路径出发，可以发现，国家的福利发展理念与福利文化从根本上决定着社会保障制度的设计思路。正如彼得・亚伯拉罕森指出的那样："斯堪的纳维亚福利体制对于其他地区而言是值得借鉴的，但不能复制，因为它是建立在涉及政治文化和民族同质性等众多前提假设上的。"①迄今为止，包括中国、日本、韩国在内的东亚地区，其福利发展理念基本上可以概括为：是基于经济发展而非是基于社会公平，是追求化解个体与群体的风险和社会稳定而非基于公民的平等权利，是崇尚集体主义、群体至上而非强调个人自由与尊严。东亚地区的福利文化普遍强调集体主义与国家中心主义，以及儒家的"孝悌"为先，社会保障制度具有弥补家庭保障功能的鲜明色彩，国民的心理意识首先认同的是家庭成员之间的相互保障，之后才是超越家庭之上的社会保障，政府主导的社会保障制度通常被国民认为是对家庭保障不足的弥补，而不是实现个人自由和维护个人尊严的条件。因此，在东亚地区，社会保障制度的工具性价值明显高于这一制度的目的性价值。

2. 需求满足与责任承担方面的共性：家庭保障功能强大，单位保障全面，政府强势主导，法定社会保障制度具有较明显的补救性特征。

在人的生活保障需求方面，无论哪个国家或民族的公民，都应当是基本相通

① 彼得・亚伯拉罕森：《论斯堪的纳维亚模式及对东亚的启示》，《社会保障研究》（京）2010年第1期，中国劳动社会保障出版社2010年版。

的，但在需求满足方面，却因承担责任的主体与具体供给方式的不同组合而存在着很大差异。根据福利多元主义理论，社会保障提供的主体包括国家、市场和社会，社会还可以进一步分为家庭和社区及非营利组织。中（包括台湾地区）、日、韩三国的社会保障制度，在福利需求满足与提供主体方面具有鲜明的共性，即个体在遭遇风险时首先会选择依靠家庭（以及家族）获得帮助，家庭被认为是人生最值得信赖的保障；所在社区和所在单位亦会发挥相应的扶助作用，它们在某种意义上具有家庭延伸的性质，如东亚地区的单位保障全面，员工对单位的归属感较强，劳资之间的对抗性较弱，工会的作用普遍不如西方；政府则扮演着强势主导者的角色，规制着家庭保障，牵引着单位保障，自身则提供着国民个体福利需求满足的相应保障。就这一点而言，中、日、韩三国的社会保障制度具有较为鲜明的补救性特征。

特别需要指出的是，在东亚地区，家庭在社会保障提供中的作用非常明显。琼斯指出，东亚国家的福利制度的特色在于没有劳工的统合主义，没有广泛的教会的慈善，没有平等的团结，也没有自由主义的自由放任，取而代之的是家庭在福利供给中所扮演的角色，强调亲属关系，因此家人有提供福利和照顾服务的义务，这与西方的福利国家具有很大差别，所以，其将东亚福利国家称为儒家福利体制。① 东亚地区各国的家庭在社会保障提供中的作用，并不局限于收入保障，更体现在服务保障和精神慰藉方面。家庭在儿童照顾和老年人照顾方面发挥着重要作用。三世同堂、扩展家庭同居的比例较高，这是因为，一方面，与子女同住被视为天伦之乐，老人愿意在子女（孙子女）照顾上投入时间和精力；另一方面，在东亚文化中，由子女照顾而死在家中的老人被视为“寿终正寝”，是一种有尊严的、体面的死法。东亚地区特殊的幸福观和生死观，决定着家庭成员既有相互保障的刚性义务，也有共同抗拒生活压力与风险的巨大弹性，从而在社会保障提供中具有重要且特殊的意义。在中国，《婚姻法》、《继承法》、《老年人权益保障法》、《妇女权益保障法》、《未成年人保护法》、《残疾人保障法》等法律、法规中均对家庭成员之间的相互扶助有明确规定。在日本，个体获得政府社会救助的一个重要条件就是个体所在的家庭或者与其有血缘关系的人无力提供相应的帮助，这显然是对家庭成员相互保障与家庭福利提供的一种规制。在韩国，以家庭为中心的儒教传统是以家长为中心的社会，孝敬父母的传统在韩国福利模式里同样异常深厚，老年人和残疾人等不是采取以福利机构为中心来收容，而是提倡由各个家庭负责，等等。因此，尽管随着社会的发展和家庭结构小型化以及“少子高龄化”现象的出现及强化，家庭保障功能

① Jones-Finer Catherine, “The Pacific Challenge: Confucian Welfare States”, In Catherine Jones (ed.), New Perspectives on the Welfare State in Europe, London: Routledge, 1993, pp.198-217.

持续弱化，但毫无疑问，家庭保障仍将是东亚地区国民的最重要的保障机制，政府主导的社会保障制度也往往需要以家庭为单位或者透过家庭才能得到更为广泛的认同，并在实践中发挥更重要的作用。

社区福利与单位福利（或者企业福利）在东亚地区是一个模糊的概念，但这并不妨碍它们成为东亚地区人们的基本生活保障的重要来源，它们在某种意义上可以被视为家庭保障的一种自然延伸。在中国，一直有“远亲不如近邻”的说法，社区邻里之间的相互照顾往往构成人生保障的补充力量；中华人民共和国成立后建立的农村“五保户”制度就是建立在邻里相互照顾的基础之上的，直到 2006 年才由农民共同供养改为财政供养，但对分散居住的“五保户”的照顾仍然会被邻居看成是一种“习惯性义务”。在韩国，同样具有长期的农耕社会传统，种田互助、全村人互帮的习俗在当今社会里仍然存在。尤其值得指出的是，东亚地区的单位福利具有独特意义。在中国大陆，计划经济时代的单位福利几乎包括了劳动者及其家庭成员的所有福利在内，改革开放以后虽然有所改变，但单位福利仍然是解决个体生活风险的重要保障；日本的企业福利有着很强烈的职工互助色彩，是日本劳工及其家庭成员福利的重要来源；在韩国，单位提供的福利同样构成了个体社会保障的必要且重要的组成部分。因此，东亚地区的单位福利与西方国家的职业福利有着重大差异，单位福利的模糊性，既折射出东亚地区独特的中庸文化，也反映了东亚地区单位制所独有的归属感，这应当是东亚国家社会保障供给和责任承担的一个特色。

正是在功能强大的家庭保障与单位保障下，东亚地区虽然奉行国家中心主义，有着强烈的民族意识与主权意识，政府也保持着传统的强势状态，但其直接提供的福利保障却往往具有明显的补救性。当然，这种补救性并非是以绝对的量来衡量的，而是需要同时考虑人们的内心取向与意愿。例如，中国、日本、韩国都存在着这样一种现象，即使子女不孝顺，老年父母也通常不愿意离开子女而独居；家庭成员之间即使有冲突，但在遇到困难时往往能够相互帮助。这一点也说明在研究社会保障模式时，过度地依赖数据并不一定能够得出客观科学的结论。

3. 制度结构方面的共性：以缴费型制度为主，兼具保守主义、自由主义与发展主义，属于典型的混合型制度安排。

在东亚地区，无论是已经定型的日本、韩国的社会保障制度以及中国台湾的社会保障制度，还是正在加速建设中的中国大陆社会保障制度，都呈现出一个共同的特点，就是均以缴费型制度为主，突出强调个人权利与义务的对应关系，与就业和收入相关联，缴费型的各项社会保险与公积金之类的保障性制度构成了这些国家和地区社会保障制度的主体，而直接由国家财政支撑的财政性社会保障项目却发展不足。这是因为，中、日、韩三国的社会保障制度均是在工业化进程中为了培养和保有一支富有生产力的劳动力队伍而建立的，其保障的重点自然集中在公职人员和正规就业的企业职工身上。这一特色在中国计划经济时代表现得十分明显，一个家庭只要有一个人在国有单位或集体单位就业，就意味着全家都有了相应的保障，非就业者是通过就业者获得国家或单位的福利的。相反，社会救助项目则是为了防止社会弱势群体由于贫富差距过大危及社会安全而采取的一种间接的社会控制手段。这种"重保险、轻救助和福利"的制度结构，加上社会救助制度严格的家计收入调查，会从另一侧面激励有劳动能力的社会群体积极地从事生产活动，进而达到提高社会劳动参与率的目的。与此同时，在中(包括台湾地区)、日、韩三国，又均能透过一些具体的社会保障项目看到福利国家的影子，或者自由主义主张的市场行为。例如，中国的职工养老保险采取社会统筹与个人账户相结合模式，是典型的混合型模式；日本既有缴费型的养老保险也有非缴费型的养老金；韩国的家族、社区、单位、国家共同体，同样表现出一种混合性的特点。各国的社会保障制度既有源自德国等欧美国家的因子，也有与自身传统相结合的制度安排，因此，东亚地区的社会保障制度其实是工业文明与东亚传统相结合的产物。

4. 发展路径方面的共性：从劳动者到全体公民，从人力资本投资到生活质量保障。

考察东亚地区社会保障制度的发展路径，可以发现，在遵循从选择型到普惠型的普遍发展规律的条件下，各国的社会保障制度均经历了(或正在经历)从劳动者到全体公民、从注重人力资本投资到追求生活质量的过程。回顾近60年来的发展历程，中(包括中国台湾地区)、日、韩三国的经济起飞都曾经依赖或者正在依赖出口导向型的发展战略，在出口导向型发展战略实行的早期阶段，在当时的国家分工体系下，相对于西方发达的工业化国家，新兴工业化国家的出口导向型发展战略的一个重要策略就是低生产成本。尽管工业化所致的社会风险激增，从而迫切需要大力发展社会保障制度，但为了巩固其劳动力成本低廉的贸易优势，东亚国家政府也会倾向于压抑社会保障制度的发展来配合其快速工业化，这种发展逻辑深刻地影响了东亚地区的社会保障制度选择。一方面，三个国家均建立了以社会保险为主体的社会保障体系，这使得早期的社会保障对象集中在劳工群体，既体现了对劳工群体福利的"褒奖"(区别于其他群体)，又能够将社会保障控制在一个较小的群体，进而降低了整体的税收负担。另一方面，社会保险计划中的就业关联，配合社会救助制度中的严格的收入调查、较低的救助水平，有利于强化劳动力队伍的劳动纪律，因为社会保险待遇的取得和就业时间、工资水平相关联，自然会激励劳动者遵守劳动纪律并积极就业。在为劳动者提供相应的社会保险后，这些国家才开始构建覆盖全民的社会保障体系。

如果我们将社会保障项目分为收入再分配项目与人力资本投资项目,可以发现,东亚国家采取的均是人力资本投资项目优先取向。不少研究已经指出,东亚国家的社会保障项目优先集中在教育福利与健康保障等项目上,如中(包括中国台湾地区)、日、韩三国的义务教育福利可能是所有社会保障项目中最受重视并最具普遍性的保障项目,日本、韩国及中国台湾地区均是在已经建立覆盖全民的健康保险制度条件下才构建覆盖全民的养老保险制度的。中国大陆地区曾经在计划经济时代建立过覆盖全民的劳保医疗、公费医疗与农村合作医疗,近几年间则在大力推进覆盖全民的医疗保障体系的建设,目前已经覆盖了95%以上的城乡居民;对于全民养老保险,政府已经设定了在2012年实现制度全覆盖的目标,但要让所有符合参保条件的社会成员都参加进来,显然还需要经历较长时间才可能真正实现。在发展具有人力资本投资功能的普惠性的教育福利与健康保障后,具有收入再分配作用的养老保险、社会救助与福利事业才被高度重视并得到快速发展。隐含在东亚国家社会保障制度这一发展路径中的理念和原则,鲜明地塑造了三国社会保障制度在发展取向上的特征,即社会保障制度的社会控制色彩浓厚,具有服务于经济发展的取向。

有实证研究证明:发展主义指标内的项目几乎完全可以解释东亚福利体制的特色,如低度的政府社会支出、低度的经济现代化、低度的劳工运动、高度的家庭支持、高度的性别工资差异以及高度的社会投资。因此,虽然以中国、日本、韩国为代表的东亚地区的社会保障制度确实存在着国别之间的差异,但这并不妨碍这些国家社会保障制度存在着上述共性,这些共性正是鉴别东亚地区社会保障有别于其他地区社会保障的基本依据,也是这一地区能够归入同类型社会保障模式的基本依据。

四、中、日、韩三国社会保障制度的差异及其他

前面已经分析了中、日、韩三国的社会保障制度在建制理念与福利文化、需求满足与责任承担、制度结构与发展路径等方面的相似程度较高,这些共性决定了它们确实可以归为同一类别。然而,由于中、日、韩三国的经济社会发展程度存在很大的差异,日本早已经是发达国家,韩国作为新兴工业化国家也明显领先于中国,而中国正在加速发展本国的经济,加之三个国家之间的民族差异性与政治体制的差异性,不可避免地要对本国的社会保障体系与制度选择产生影响。因此,在比较

三个国家的社会保障制度时，还有必要讨论其差异性，并分析这些差异性是否会对社会保障制度产生质的影响。

中、日、韩三国的社会保障制度可比性问题的提出，在于三国在经济社会发展程度上的差异。

第一，经济发展程度差异的影响。按照工业主义的逻辑，起源于德国的现代社会保障制度是工业化大生产的产物，经济发展水平影响着社会对福利的需求水平和结构，更决定了国家与社会的福利提供能力。所以，经济发展水平的差异对福利制度的发展有着显著的影响。然而，我们也可以推知，随着后进国家的发展，其福利水平必然会逐渐提高，并日益趋近于先进国家的水平。在其他条件相似的情况下，将处在不同经济发展阶段的国家的社会保障的相关数据进行比较，无异于将一个国家的社会保障的昨天与明天进行比较，这是没有太大意义的。因此，我们需要考虑在同一经济发展水平（或者发展阶段）上比较不同国家社会保障制度的异同。而这种发展阶段可以从两个方面来衡量：一是经济发展总量指标方面的相当。这方面可以比较用购买力平价衡量的 GDP 总量和人均 GDP 水平相同时不同国家的社会保障的相关数据，进而分析经济发展程度以及人口数量因素的影响。二是经济发展结构性指标方面的相当。即经济发展所致的结构变迁是福利需求产生和变迁的结构性原因，所以，对福利制度作用的发挥也有着重要的影响。一般而言，应当考虑以下结构性因素：(1)城市化水平：以城市人口占全部人口的比重来衡量；(2)工业化水平：以第二、三产业产值占 GDP 的比重来衡量；(3)就业结构：以第二、三产业的劳动力数量占全部劳动力数量的比重衡量；(4)年龄结构：老年负担系数和少儿负担系数。当然，在考虑上述因素的同时，还不能忽视社会保障制度在发展进程中的历史教训和其他环境的综合影响。

第二，社会发展水平，尤其是民主化程度对社会保障制度的发展有着重要的影响。工业化和民主化是福利国家建立的两个重要原因。在考虑经济发展程度差异之外，还需要重视社会发展水平的影响，尤其是民主化进程差异对社会保障制度的影响。在比较分析中、日、韩三国的社会保障制度差异时，需要考虑民主化前后的差异，进行分别的比较分析。

当然，中国作为一个大国，其特殊的政治经济制度也有着不同的影响。比如，公有制（土地公有、国有企业等）、多民族构成和民族自治、财政分权，以及由计划经济向市场经济的转轨等，都对其社会保障制度建设有着不同的影响。

不过，从世界各国社会保障制度的发展实践来看，经济发展程度的差异会直接影响一个国家或地区的社会保障水平，社会发展水平的差异能够对一个国家或地区的社会保障制度的结构与功能产生影响，但这种影响很难改变一个国家或地区的社会保障制度模式选择，即社会保障制度模式的选择只能植根于相应的发展理念与福利文化，并在传统与现代之间寻求合适的福利需求满足与责任承担方式。因为后进国家或地区迟早也是要实现工业化、城市化的，其经济结构、人口区域结构、就业结构乃至人口老龄化趋势等均会在一定程度上日益趋同，而政治民主化进程亦不可阻挡，但社会保障制度却并不一定如此，这一点可以从西方发达国家的社会保障制度差异性得到验证。因此，不同的发展阶段并不必然影响社会保障模式的选择，而不同的理念与文化以及满足需求的不同方式与责任承担传统，却必定影响社会保障制度的结构与路径选择。遗憾的是，并不是所有的人都意识到了这一点。

当然，中、日、韩三国的社会保障是否能够作为有别于其他地区社会保障制度的一种独特模式，还需要相应的数据分析作支撑。然而，即使东亚地区社会保障模式一时无法得到统计结果的有力支持，从前述三个维度进行比较分析也是有特殊意义的，因为它能够引导我们认识各国社会保障制度的内在特征。

本书的研究只是提出一个初步的分析框架及初步的理论分析。事实上，还有许多内容没有展开，如西方社会强调制度化，社会保障制度设计也讲究非此即彼；而东亚国家却有着贵和持中、群体至上的传统，许多福利供给并非法定制度安排，而是以非制度化的方式提供，等等。因此，东亚社会保障模式研究的意义非凡，但又任重道远！

第一篇

中日韩社会保障的基本体系

中国社会保障体系的基本结构及特点

郑功成　谢　琼[①]

在中国历史上，远在3000年前的商汤、西周时期，就产生了仓储后备、赈谷救灾济荒等社会保障措施，政府对遭遇灾荒、无法生存的百姓承担救助责任的历史异常悠久。但中国现行的社会保障制度，却是在1949年中华人民共和国成立后建立，并经过改革开放以来的制度变革而形成的，它与历史中国的救灾济贫及某些福利措施具有渊源关系，并依靠强大的文化维系柔性传承至今，但又并非直接继承关系。因此，当代中国的社会保障制度迄今不过60多年的历史，并因制度显著变革而划分为两个大的发展阶段，即计划经济时代的社会保障制度与改革开放以来的社会保障制度。

一、计划经济时代的中国社会保障制度沿革

1949年10月1日，中华人民共和国成立。由于社会制度的根本变革，新中国不可能承继旧政权下的社会保障法规与政策，而是需要重新制定相应的社会保障制度。纵观从中华人民共和国成立到改革开放，原有的社会保障制度经历了建设期、调整期、挫折期、恢复期四个小的阶段。

一般认为，1949年9月通过的《中华人民共和国政治协商会议共同纲领》具有临时宪法性质，它初步规定了国家建立相应的优抚制度、逐步建立劳动保险制度。1951年2月颁布的《中华人民共和国劳动保险条例》，是中国社会保障制度正式创

① 郑功成，中国人民大学社会保障学科教授；谢琼，中国北京师范大学中国社会管理研究院研究员。

建的主要标志，它确立了新中国企业职工的劳动保险制度，内容涵盖了劳动者的养老、医疗、工伤、生育保险等；与此同时，在1950—1955年间，中国政府又以颁布单项法规的形式建立了国家机关、事业单位工作人员的社会保障制度，并最终取代了战争年代的供给制，其生、老、病、伤、残、死的待遇均制度化。此外，还建立了相应的自然灾害救济制度、城市孤寡老幼福利制度、农村五保制度以及对生活困难者的临时救济制度等。因此，1950—1956年是与计划经济体制相适应的社会保障制度形成时期。

进入1957年后，国家转入有计划地全面进行社会主义经济建设时期，社会保障制度也进入了一个调整时期，这一时期为1957—1968年。其中的重大事件有：(1)统一城镇退休规定。1957年3月，经国家立法机关批准，国务院颁布了《关于工人、职员退休处理的暂行规定》，统一了企业职工与国家机关工作人员的退休规定；(2)改进城镇居民医疗保障制度，建立农村合作医疗。1957年对医疗保障制度进行了调整，包括改进职业病纳入劳动保险范畴、改进国家机关事业单位工作人员公费医疗，以及在农村建立合作医疗制度等，这三大制度基本覆盖了全体人民的医疗保障。(3)1966年建立了集体经济组织的劳动保险制度。

伴随着1966年中国发生"文化大革命"，中国的社会保障制度也自1969年进入重大挫折期。1969年起，因主管社会保障事务的内务部被撤销，中国社会保障失去了有力的组织管理；因财政部规定国有企业财务改革，使劳动保险失去了社会统筹的机能，劳动保险蜕变成了企业保险；因主管劳动保险的工会组织停止活动，导致劳动保险待遇支付出现混乱；退休制度也遭到了破坏，进入非正常状态。因此，1969—1976年的"文化大革命"不仅使新中国的社会保障事业日益陷入困境，也造成了一系列严重的后遗症。

1976年中国的"文化大革命"结束，国家进入拨乱反正新阶段。与此相适应，社会保障也进入了一个恢复期，这一时期的主要任务，不是改革原有的制度，而是逐渐将已经混乱的格局恢复正常。这一时期的重点是完善管理体制和重建退休制度。1978年中国设置民政部，使全国的社会救助、社会福利、优抚保障等有了统一的中央主管部门；1978—1982年间，经国家立法机关批准，国务院先后颁布了《关于安置老弱病残干部的暂行办法》、《关于工人退休、退职的暂行办法》、《关于老干部离职休养的暂行规定》、《关于军队干部退休的暂行规定》、《关于军队干部离职休养的暂行规定》等一系列法规；在其他社会保障领域，也逐渐恢复原有的制度规范。

从新中国成立到改革开放前，中国的社会保障制度与计划经济体制相适应，与国家的曲折发展相始终，走过的是一条十分曲折的道路。这一阶段的中国社会保障制度安排是国家—单位(集体)保障制,具有典型的国家负责、单位(集体)包办、板块结构、全面保障、封闭运行等特征。在城乡二元分割分治与高度集中的计划经济体制下,包括劳动保险制度、公费医疗制度、住房保障制度、居民津贴、民政福利制度等在内的主要制度安排都是面向城镇居民的,并基本上通过城镇劳动者所在单位提供,只有少数孤寡老幼被政府举办的福利院所收养;在农村,除自然灾害救济及灾荒年份有限的生活救济外,还有依附在农村集体经济之上的农村合作医疗与五保制度等。因此,计划经济时代的社会保障制度,在城市是国家福利与单位福利的混合物,在农村则是国家有限救济与集体保障的混合物。

二、改革开放以来的中国社会保障制度变革

20世纪80年代改革开放后,农村土地承包责任制的推行和城镇国有企业改革、劳动体制改革的推进,使原有社会保障制度丧失了相应的组织基础与经济基础,而市场经济体制的确立与社会结构的分化,更对社会化的社会保障制度安排产生了急切的内在需求。因此,自20世纪80年代中期开始,中国社会保障制度进入全面变革时期。迄今为止,改革开放以来的中国社会保障制度变革也经历了如下几个阶段:

1. 1986—1992年为国有企业改革配套阶段,新的社会保险制度生长缓慢。1986年是中国社会保障正式进入改革年代的标志性年份,一方面,1986年4月12日国家立法机关通过的国家“七五”计划中,首次明确提出了“社会保障”概念并将社会保障社会化作为重要的发展目标;另一方面,同年7月12日国务院颁布《国营企业实行劳动合同制暂行规定》、《国营企业职工待业保险暂行规定》,前者废除了雇佣终身制,明确了合同制工人退休养老实行社会统筹并由企业与个人承担缴费义务,后者建立的实质上是失业保险制度。到1991年,国务院发布《关于企业职工养老保险制度改革的决定》,尝试建立社会保险制度。因此,这意味着原有的国家—单位保障制走到了尽头,社会保障社会化开始替代社会保障单位化。不过,这一时期主要围绕国有企业改革进行,社会保障改革的进展缓慢,新旧制度一直处于并存格局。

2. 1993—1997年为市场经济改革服务,养老、医疗保障制度处于急剧变革之中。其背景是中国于1992年确立了以社会主义市场经济为中国经济改革的目标模式,社会保障改革被当成为市场经济改革服务的主要机制之一,在中央政府的主

导下进入急剧变革时期。重大事件主要有:(1)1994年开始统账结合模式的医疗保险改革试点,原有的劳保医疗、公费医疗制度自此开始向社会医疗保险制度转变,但职工家属被剔除在外;(2)1995年开始统账结合模式的基本养老保险改革试点,但由各地自行选择具体的制度安排,留下了严重的后遗症;(3)这一时期还开展了住房体制改革试点、城镇居民最低生活保障试点等。上述制度变革均是对原有制度的否定,是颠覆性变革。其特点是以为市场经济改革服务为目标,以医疗保险、养老保险为重点,以严格控制政府责任和强化个人责任为取向,明显地打上了自由主义烙印,也导致了数以百万计退休人员无法按时领到养老金、众多职工无法报销医疗费用的不良后果。

3. 1998—2009年新型社会保障体系进入全面改革时期,公平价值取向逐渐确立。由于前一时期社会保障改革过分强调效率优先与个人负责,社会保障制度面临着信誉崩溃的危机,政府也面临着信用危机。在这样的背景下,自1998年起,政府对社会保障制度变革所承担的责任回升,中央政府明确提出"确保离退休人员按时足额领到养老金"、"下岗职工按时足额领到下岗职工基本生活保障金"等要求,并通过财政补贴的方式确保受保障者待遇的给付。在这一时期发生的重大事件主要有:(1)1998年3月组建劳动和社会保障部,将原来分散在多个部门的社会保险事务集中到一个部门管理;(2)1998年明确取消职工基本养老保险行业统筹,条条分割的制度格局改为地域分割下的属地管理;(3)1999年国务院颁布《住房公积金管理条例》,全面推进住房体制改革,住房福利从住房分配走向货币化;(4)1999年国务院颁布《城镇居民最低生活保障条例》,全面建立了城镇居民的最低生活保障制度;(5)1999年国务院颁布《失业保险条例》;(6)2000年全面推行退休人员社会化管理,建立真正独立于企业、事业单位之外的社会保障体系;(7)2001年在辽宁开展社会保障体系综合改革试验;(8)2003年国务院颁布《工伤保险条例》;(9)2003年国务院颁布《城市生活无着的流浪乞讨人员救助管理办法》,建立了针对流浪乞讨人员的应急救助制度;(10)2003年中央政府开始推进政府补助+个人缴费型的农村新型合作医疗试点;(11)2004年国家立法机关通过《中华人民共和国宪法》(修正案),明确规定"国家建立健全同经济发展水平相适应的社会保障制度";(12)2006年国务院颁布《农村五保供养工作条例》,农村孤寡老幼的供养自此由农民互助转向纳入国家财政预算;(13)2007年中央政府开始推进城镇居民医疗保险试点,并开始在农村建立最低生活保障制度;(14)2008年中央政府进一步改组行政体制,将原人事部、劳动和社会保障部合并组建新的人力资源和社会保障部,社会保险事务管理体制最终得到统一;(15)2009年在全国10%的地区进行农村居民养老保险试点，同年还全面推进医疗卫生体制与医疗保险改革，开始实施城镇保障性住房大规模建设工程。可见，1998—2009 年是中国社会保障制度全面变革的时期，也是逐渐矫正以往改革中偏离公平取向的失误的时期，新型社会保障制度得到了较快发展，覆盖人口急剧上升，其中最低生活保障制度覆盖了城乡居民，医疗保障体系覆盖了 90%以上的城乡居民，养老保险制度覆盖面急剧扩展，其他社会保障事业也获得了很大的发展。

4. 近几年来，中国新型社会保障体系开始进入定型、稳定、持续发展新阶段。重要事件包括：(1)2010 年 10 月 28 日，第十一届全国人大常委会第 17 次会议通过《中华人民共和国社会保险法》，2011 年 7 月 1 日正式实施，这一法律标志着中国社会保险制度基本定型，同时也标志着中国社会保障体系框架基本定型，这就是将以缴费型的社会保险制度为主体。因为该法规定，养老保险、医疗保险实质上是覆盖全民的制度安排，这两大根本性的制度安排均采取缴费型的社会保险方式。因此，《中华人民共和国社会保险法》的颁布与实施，可以视为中国社会保障制度变革开始从长期试点的试验状态向定型、稳定、可持续的发展阶段迈进的标志。(2)2010 年 6 月，国务院颁布《自然灾害救助条例》，该法规将中国的灾害救助工作纳入法制化轨道。(3)2010 年 1 月，国务院发布《关于试行社会保险基金预算的意见》，社会保险基金预算要向立法机关报告成为规则；2013 年 3 月 8 日，财政部首次向国家立法机关报送社会保险基金预算案。(4)2011 年 7 月 1 日，国务院决定开展城镇居民养老保险试点，弥补了部分城镇居民因各种原因而无法参加养老保险的缺失；到 2012 年底，这一试点与此前开展的农村居民养老保险试点一起，实现了对城乡居民的制度全覆盖；2014 年则实现了城乡居民基本养老保险制度并轨，居民养老保险自此成为中国基本养老保险制度体系中的重要组成部分。(5)2011 年中央政府调整农村扶贫标准，调整后的标准为年人均收入 2300 元，提升幅度达 92%，这意味着中国将有更多低收入家庭得到政府的援助。在新的扶贫标准下，城乡居民的最低生活保障线在提升，新的国家扶贫战略由面向贫困县向连片贫困地区宣战，反贫困进入目标追求更高的新时期。(6)2012 年 4 月 27 日，第十一届全国人大常委会第 26 次会议通过了《军人保险法》，标志着军人保险制度的全面建立。(7)2012 年 12 月 28 日，第十一届全国人大常委会第 26 次会议通过了新修订的《老年人权益保障法》，该法修订幅度很大，并于 2013 年 7 月 1 日正式实施；2013 年 9 月，国务院发布《关于加快发展养老服务业的若干意见》，进一步明确了发展老年人福利事业特别是养老服务业的政策措施。(8)2014 年 2 月，国务院颁布新的法规《社会救助暂行办法》，对各项社会救助制度进行了综合性的法律规范，标志着中国综合性的社会救助体系形成。此外,民政部等部委出台了有关儿童福利的新政策,人力资源和社会保障部、财政部等部委还出台了鼓励企业年金、职业年金的税收优惠政策,住房建设部亦出台了廉租房与公租房并轨的试点政策,等等。因此,在中国共产党于2013年启动全面深化改革后,中国的社会保障制度也进入了立足于走向成熟、定型目标的顶层设计阶段,包括养老保险、医疗保险、社会救助、养老服务等在内的多种社会保障制度开始进入统筹规划、优化结构、协同推进的新阶段,新的政策密集出台,包括《慈善事业法》等在内的相关法律、法规正在起草之中。

综上,伴随中国的改革开放进程,中国的社会保障制度已经走上了政府主导、责任分担、社会化、多层次化的发展道路,并日益呈现出国家—社会保障制的特征。

三、中国社会保障体系的基本结构

中国的社会保障体系是包括了各种具有经济福利性的社会化保障措施,大体可以做如下划分:

(一)中国社会保障体系的基本框架

中国现行的社会保障体系包括法定社会保障制度与补充保障措施两大部分。法定社会保障体现的主要是政府主导的责任,具有强制性,提供的是基本保障;补充保障措施借助的是社会机制与市场机制来配置福利资源,政府可以通过相关政策给予支持和引导,但不能强制实施,它往往由社会组织、企业等提供。

1. 法定社会保障制度。

法定的社会保障体系包括社会救助、社会保险、社会福利三大基础性保障制度,以及面向军人及其家属的军人保险与优抚安置制度等。其中:

(1)社会救助。

社会救助包括如下项目:①最低生活保障;②医疗救助;③教育救助;④住房救助;⑤就业救助;⑥临时救助;⑦灾害救助。

(2)社会保险。

社会保险包括如下项目:①基本养老保险,又分为职工基本养老保险、城乡居民基本养老保险、机关事业单位退休制(正在制定基本养老保险改革方案);②基本医疗保险,又分为职工基本医疗保险、城镇居民基本医疗保险、农村新型合作医疗三种制度，但城乡居民采取统一的基本医疗保险制度已经成为发展的必然取向，并在许多地区成为事实，有关部门亦在推进大病保险；③工伤保险；④失业保险；⑤生育保险。个别地区开始试点护理保险。

（3）社会福利。

社会福利包括如下项目：①老年人福利，包括养老服务、老年津贴、老年优待等；②儿童青少年福利，包括津贴与服务；③残疾人福利，包括重度残疾人津贴、康复服务、残疾人福利工厂以及面向残疾人提供生活照料等的服务；④妇女福利，包括产假、保健等；⑤教育福利，包括义务教育、特殊教育和面向高等教育、职业教育的低收入家庭子女或失业者提供的教育服务等；⑥住房福利，包括住房公积金制度、公租房屋制度等；⑦其他福利津贴及基本公共服务。

（4）军人保障。

军人保障包括如下项目：①军人保险；②军人抚恤；③军人职业福利；④退役军人就业保障；⑤其他面向军人及其家属的福利。

2. 补充保障措施。

补充保障措施系指在政府支持下，由社会机制与市场机制提供的保障性措施。它主要包括如下一些项目：①慈善事业；②职业福利；③企业年金、职业年金及补充医疗保险等；④商业保险；⑤互助保障。

上述保障项目几乎涵盖了城乡居民福利诉求的各个方面，它们构成了一个庞大的福利家族，为全体国民提供着经济保障、服务保障，它们正处在不断发展完善之中。

（二）中国社会保障体系主要项目一览

需要说明的是，中国的社会保障体系建设正在快速发展变化之中，在具体项目方面还将会发生一些变化，如护理保险可能成为新的保险项目，现行的机关事业单位退休金制度亦将被基本养老保险制度所替代。但无论如何变化，中国的社会保障作为一个约定俗成的大概念不会改变，它由社会救助、社会保险、社会福利三大基础保障系统再加上军人保障及其他补充性保障措施的大框架不会改变。因此，本文中所列出的保障项目一览仍然可以作为窥探中国社会保障体系建设全貌的基本依据。对中国社会保障体系的具体结构，可见表 1 至表 5。

表 1　中国法定社会保障之社会保险项目一览

<table>
<tr><th colspan="2" rowspan="3">概　念</th><th colspan="3">具体政策</th></tr>
<tr><th colspan="2">城　镇</th><th rowspan="2">农　村</th></tr>
<tr><th>职　工</th><th>居　民</th></tr>
<tr><td>养老保险</td><td>国家和社会根据社会保险法律和法规，为解决劳动者在达到国家规定的退休年龄，或因丧失劳动能力退出劳动岗位后的基本生活而建立的一种社会保险制度。</td><td>采取统账结合财务模式，按照职工缴费工资的 8% 建立个人账户，企业按工资总额的 20%计入社会统筹账户，异地转移可接续，但须留 8%在流出地。</td><td colspan="2">2014 年，《国务院关于建立统一的城乡居民基本养老保险制度的意见》将原来新型农村社会养老保险和城镇居民社会养老保险合并实施，在全国范围内建立统一的城乡居民基本养老保险。年满 16 周岁（不含在校学生），非国家机关和事业单位工作人员及不属于职工基本养老保险制度覆盖范围的城乡居民在户籍地参加城乡居民养老保险。基金由个人缴费、集体补助、政府补贴构成。国家为每个参保人员建立终身记录的养老保险个人账户。个人缴费，集体补助及地方政府对参保人的缴费补贴全部记入个人账户。养老金待遇由基础养老金和个人账户养老金组成，支付终身。年满 60 周岁、累计缴费满 15 年，且未领取国家规定的基本养老保障待遇的，可以按月领取城乡居民养老保险待遇。</td></tr>
<tr><td>医疗保险</td><td>为补偿劳动者因疾病风险造成的经济损失而建立的一项社会保险制度。通过用人单位和个人缴费，建立医疗保险基金，参保人员患病就诊发生医疗费用后，由医疗保险经办机构给予一定的经济补偿，以避免或减轻参保者因患病、治疗等所带来的经济风险。</td><td>1998 年，国务院《关于建立城镇职工基本医疗保险制度的决定》。用人单位缴费率控制在职工工资总额的 6%左右，职工缴费率为本人工资收入的 2%。个人缴费全部划入个人账户，单位缴费按 30%左右划入个人账户，其余部分建立统筹基金。统筹基金主要支付住院（大额）医疗费用，个人账户主要支付门诊（小额）医疗费用。</td><td>2009 年，人社部颁发《关于全面开展城镇居民基本医疗保险工作的通知》。以家庭缴费为主，政府给予适当补助。基金重点用于参保居民的住院和门诊大病医疗支出，有条件的地区可以逐步试行门诊医疗费用统筹。</td><td>2008—2009 年，卫生部、财政部等发出通知：农民以家庭为单位自愿参保；保障大额医疗费用或住院医疗费用；有条件的地方，可实行大额医疗费用补助与小额医疗费用补助结合的办法；由个人缴费、集体扶持和政府资助相结合；以县（市）统筹为主，落后地区可以以乡镇为单位统筹，卫生部管理。</td></tr>
<tr><td>失业保险</td><td>国家通过立法强制实行，由用人单位和个人缴费建立基金，对非因本人意愿中断就业而失去工资收入的劳动者提供一定时期的物质帮助及再就业服务的一项社会保险制度。</td><td colspan="2">1999 年，国务院颁发《失业保险条例》：城镇各类企事业单位参保；单位对失业保险基金的缴费率为本单位工资总额的 2%，职工个人按本人工资的 1%缴纳失业保险费；失业保险金的标准，按照低于当地最低工资标准、高于城市居民最低生活保障标准的水平，由省、自治区、直辖市人民政府确定；缴费时间满 1—5 年的，领取失业保险金的期限最长为 12 个月；缴费时间满 5—10 年的，领取失业保险金的期限最长为 18 个月；缴费时间 10 年以上的，领取失业保险金的期限最长为 24 个月。</td><td></td></tr>
</table>

续表

	概念	具体政策		
		城镇		农村
		职工	居民	
工伤保险	国家通过立法强制实行，由用人单位缴费建立基金，对在保险范围内的劳动者因在生产工作中遭受事故伤害和患病提供医疗救治、生活保障、经济补偿和职业康复等物质帮助的一种社会保险制度。	2003年，国务院颁布《工伤保险条例》，2010年，国务院又发布《关于修改〈工伤保险条例〉的决定》，适用范围由原来的各类企业、有雇工的个体工商户扩展到境内的企业、事业单位、社会团体、民办非企业单位、基金会、律师事务所、会计师事务所等组织的职工和个体工商户的雇工。用人单位缴纳工伤保险费，职工个人不缴纳工伤保险费。国家根据不同行业的工伤风险程度确定行业的差别费率，并根据工伤保险费使用、工伤发生率等情况在每个行业内确定若干费率档次，用人单位依照国家规定按时缴费。被认定为工伤的，根据工伤程度，从工伤基金中给付工伤医疗费、一次性伤残补助金、伤残津贴、生活护理费等；伤亡的给付丧葬补助金、供养亲属抚恤金、一次性工亡补助金。		
生育保险	国家通过立法规定，由用人单位缴费建立保险基金，在劳动者因生育子女而导致劳动力暂时中断时，给予物质帮助的一项社会保险制度。	1994年，《企业职工生育保险试行办法》：城镇企业及其职工参保；生育保险费用实行社会统筹；企业按不超过工资总额1%的资金缴纳生育保险费；生育保险基金可支付生育津贴、与生育有关的医护费用和管理费。		各地政策不一，有些地方可以在新型农村合作医疗保险中报销生育相关费用；有些地方则不可以。

续表

	概念	具体政策		
		城镇		农村
		职工	居民	
住房公积金	指国家机关、国有企业、城镇集体企业、外商投资企业、城镇私营企业及其他城镇企业、事业单位、民办非企业单位、社会团体(以下统称单位)及其在职职工缴存的长期住房储金。	2002年,《住房公积金管理条例》:职工住房公积金的月缴存额为职工本人上一年度月平均工资乘以职工住房公积金缴存比例。单位为职工缴存的住房公积金的月缴存额为职工本人上一年度月平均工资乘以单位住房公积金缴存比例。职工和单位住房公积金的缴存比例均不得低于职工上一年度月平均工资的5%;缴存住房公积金的职工,在购买、建造、翻建、大修自住住房时,可以向住房公积金管理中心申请住房公积金贷款。		

表 2 中国法定社会保障之社会救助项目一览

概念		具体政策	
		城镇	农村
最低生活保障	国家和社会为生活在最低生活保障线之下的社会成员提供满足最低生活需要的物质帮助的一种生活救助制度。	1999 年,国务院颁布《城市居民最低生活保障条例》规定,持有非农业户口的城市居民,凡共同生活的家庭成员人均收入低于当地城市居民最低生活保障标准的,均有从当地人民政府获得基本生活物质帮助的权利。按照当地维持城市居民基本生活所必需的衣、食、住费用,并适当考虑水电燃煤(燃气)费用以及未成年人的义务教育费用确定保障标准。对无生活来源、无劳动能力又无法定赡养人、扶养人或者抚养人的城市居民,批准其按照当地城市居民最低生活保障标准全额享受;对尚有一定收入的城市居民,批准其按家庭人均收入低于当地城市居民最低生活保障标准的差额享受。	2007 年,国务院发布《关于在全国建立农村最低生活保障制度的通知》,规定地方各级人民政府要将农村最低生活保障资金列入财政预算,中央财政对财政困难地区给予适当补助。家庭年人均纯收入低于当地最低生活保障标准的农村居民可申请保障。由县级以上地方人民政府按照能够维持当地农村居民全年基本生活所必需的吃饭、穿衣、用水、用电等费用确定。最低生活保障金原则上实行差额发放,也可按照其家庭的困难程度和类别,分档发放。
		2014 年,国务院发布《社会救助暂行办法》明确国家对共同生活的家庭成员人均收入低于当地最低生活保障标准,且符合当地最低生活保障家庭财产状况规定的家庭,给予最低生活保障。标准由省、自治区、直辖市或者设区的市级人民政府按照当地居民生活必需的费用确定、公布,并根据当地经济社会发展水平和物价变动情况适时调整。最低生活保障家庭收入状况、财产状况的认定办法,由省、自治区、直辖市或者设区的市级人民政府按照国家有关规定制定。此规定适用于城乡。	
医疗救助	医疗救助制度是由政府统筹协调,民政部门组织实施;卫生、财政部门配合,对患大病的农村五保户、农村低保户和城镇低保户家庭等医疗费用按一定标准给予适当补助,以缓解其因病致贫的一种制度。	2005 年,国务院《关于建立城市医疗救助制度试点工作的意见》提出,城市居民最低生活保障对象中未参加城镇职工基本医疗保险人员、已参加城镇职工基本医疗保险但个人负担仍然较重的人员和其他特殊困难群众为救助对象。通过财政预算拨款、专项彩票公益金、社会捐助等渠道建立医疗救助基金。中央和省级财政对困难地区给予适当补助。	2003 年,国务院《关于实施农村医疗救助的意见》提出农村医疗救助对象为农村五保户,农村贫困户家庭成员;由地方各级财政每年年初根据实际需要和财力情况安排医疗救助资金,列入当年财政预算;中央财政通过专项转移支付对中西部贫困地区农民贫困家庭医疗救助给予适当支持。
		2014 年,国务院颁布的《社会救助暂行办法》规定申请相关医疗救助的成员可以为:最低生活保障家庭成员、特困供养人员和县级以上人民政府规定的其他特殊困难人员。医疗救助方式:对救助对象参加城镇居民基本医疗保险或者新型农村合作医疗的个人缴费部分,给予补贴;对救助对象经基本医疗保险、大病保险和其他补充医疗保险支付后,个人及其家庭难以承担的符合规定的基本医疗自负费用,给予补助。医疗救助标准,由县级以上人民政府按照经济社会发展水平和医疗救助资金情况确定、公布。此规定适用于城乡。	

续表

<table>
<tr><th colspan="2" rowspan="2">概　念</th><th colspan="2">具体政策</th></tr>
<tr><th>城　镇</th><th>农　村</th></tr>
<tr><td>教育救助</td><td>政府为城乡特殊困难未成年人提供各种形式的帮助，保障这部分人员的受教育权利。</td><td colspan="2">2004 年，国务院发布《关于进一步做好城乡特殊困难未成年人教育救助工作的通知》，曾对教育救助对象做了详细规定；2007 年和 2008 年，国家分别实行农村和城市的九年义务教育免费制度，使义务教育阶段的部分救助措施免于实施。2014 年颁布的《社会救助暂行办法》规定，国家对在义务教育阶段就学的最低生活保障家庭成员、特困供养人员，给予教育救助。对在高中教育（含中等职业教育）、普通高等教育阶段就学的最低生活保障家庭成员、特困供养人员，以及不能入学接受义务教育的残疾儿童，根据实际情况给予适当教育救助。教育救助根据不同教育阶段需求，采取减免相关费用、发放助学金、给予生活补助、安排勤工助学等方式实施，保障教育救助对象基本学习、生活需求。救助标准由省、自治区、直辖市人民政府根据经济社会发展水平和教育救助对象的基本学习、生活需求确定、公布。此规定适用于城乡。</td></tr>
<tr><td rowspan="2">住房救助</td><td rowspan="2">政府以租金补贴或实物配租的方式，向符合城镇居民最低生活保障标准且住房困难的家庭提供社会保障性质的住房。</td><td>2003 年，《城镇最低收入家庭廉租住房管理办法》：符合市、县人民政府规定的住房困难的最低收入家庭，可以申请城镇最低收入家庭廉租住房。保障方式以发放租赁住房补贴为主，实物配租、租金核减为辅。城镇最低收入家庭人均廉租住房保障面积标准原则上不超过当地人均住房面积的 60%。</td><td></td></tr>
<tr><td colspan="2">2014 年，国务院颁布《社会救助暂行办法》，要求对符合规定标准的住房困难的最低生活保障家庭、分散供养的特困人员，给予住房救助。住房救助通过配租公共租赁住房、发放住房租赁补贴、农村危房改造等方式实施。住房困难标准和救助标准，由县级以上地方人民政府根据本行政区域经济社会发展水平、住房价格水平等因素确定、公布。此规定适用于城乡。</td></tr>
<tr><td>五保供养制度</td><td>指依照法规，在吃、穿、住、医、葬方面给予村民的生活照顾和物质帮助的一项制度安排。</td><td></td><td>2006 年，国务院颁布《农村五保供养工作条例》，规定：老年、残疾或者未满 16 周岁的村民，无劳动能力、无生活来源又无法定赡养、抚养、扶养义务人，或者其法定赡养、抚养、扶养义务人无赡养、抚养、扶养能力的，享受农村五保供养待遇。供养对象可以在当地的农村五保供养服务机构集中供养，也可以在家分散供养。供养内容包括：衣、食、住、医、葬、教。农村五保供养对象的疾病治疗，与当地农村合作医疗和农村医疗救助制度相衔接。农村五保供养资金，在地方人民政府财政预算中安排。</td></tr>
</table>

续表

<table>
<tr><th colspan="2" rowspan="2">概 念</th><th colspan="2">具体政策</th></tr>
<tr><th>城 镇</th><th>农 村</th></tr>
<tr><td>五保供养制度</td><td></td><td colspan="2">2014 年国务院颁布的《社会救助暂行办法》规定，国家对无劳动能力、无生活来源且无法定赡养、抚养、扶养义务人，或者其法定赡养、抚养、扶养义务人无赡养、抚养、扶养能力的老年人、残疾人以及未满 16 周岁的未成年人，给予特困人员供养。供养的内容包括：提供基本生活条件、对生活不能自理的给予照料、提供疾病治疗、办理丧葬事宜。供养标准由省、自治区、直辖市或者设区的市级人民政府确定、公布。规定适用于城乡。</td></tr>
<tr><td>城市生活无着流浪乞讨人员救助</td><td>对在城市生活无着的流浪、乞讨人员实行救助，保障其基本生活权益的一项制度安排</td><td>2003 年，国务院颁布《城市生活无着的流浪乞讨人员救助管理办法》，规定：县级以上城市人民政府应当根据需要设立流浪乞讨人员救助站，将救助工作所需经费列入财政预算，予以保障。公安机关和其他有关行政机关的工作人员在执行职务时有告知、报告、引导、护送等义务。救助站应当根据受助人员的需要提供下食、住、医等基本救助；对没有交通费返回其住所地或者所在单位的，提供乘车凭证。救助站应当劝导受助人员返回其住所地或者所在单位，不得限制受助人员离开救助站。救助站对受助的残疾人、未成年人、老年人应当给予照顾；对查明住址的，及时通知其亲属或者所在单位领回；对无家可归的，由其户籍所在地人民政府妥善安置。</td><td></td></tr>
<tr><td>自然灾害救助</td><td>对在遭遇各种自然灾害及其他特定灾害事件等袭击并陷入生活困难的社会成员给予一定援助，以帮助其度过特殊困难时期的一种社会救助。</td><td colspan="2">2007 年，国务院制定《国家自然灾害救助应急预案》，2011 年修订。2010 年国务院颁布《自然灾害救助条例》，对救助准备、应急救助、灾害救助及救助款物管理等作出详细规定。2014 年国务院发布的《社会救助暂行办法》明确规定国家建立健全自然灾害救助制度，对基本生活受到自然灾害严重影响的人员，提供生活救助。自然灾害救助实行属地管理，分级负责。</td></tr>
</table>

表 3　中国法定社会保障之社会福利项目一览

概　念		具体政策	
		城　镇	农　村
老年人福利	国家和社会为了安定老年人生活、维护老年人健康、充实老年人精神健康而建立的制度,主要包括老年津贴与养老服务等。	居家养老加社区照顾型服务,辅之以机构照料模式;部分省市,如北京、浙江开始建立非缴费型的老年人福利津贴,保障对象为城乡无社会保障老年居民。	《农村敬老院管理暂行办法》规范了农村敬老院运行管理,敬老院以供养五保对象为主。在没有光荣院的地方可优先接收孤老优抚对象入院供养。有条件的敬老院可以向社会开放。吸收社会老人自费代养。
		《老年人权益保障法》对老年人福利事业作了原则性规定。根据 2013 年国务院发布的《关于加快发展养老服务业的若干意见》,明确的发展目标为是到 2020 年时,全面建成以居家为基础、社区为依托、机构为支撑的,功能完善、规模适度、覆盖城乡的养老服务体系。养老服务产品更加丰富,市场机制不断完善,养老服务业持续健康发展。强调要统筹发展居家养老、机构养老和其他多种形式的养老,实行普遍性服务和个性化服务相结合。统筹城市和农村养老资源,促进基本养老服务均衡发展。统筹利用各种资源,促进养老服务与医疗、家政、保险、教育、健身、旅游等相关领域的互动发展。	
儿童青少年福利	指补充或替代父母照顾和管理儿童青少年,尤其是对孤儿、弃儿、盲童、聋哑、肢残、弱智儿童等举办的福利,以及有关儿童津贴和卫生服务、幼儿青少年服务等。	免费义务教育。儿童免疫保健。建立福利机构养育孤残儿童:儿童福利院,收养城市中无家可归、无生活来源、无法定义务抚养人的孤儿和收养家庭无力看管的自费的残疾儿童;残疾儿童康复中心,为残疾儿童提供门诊、家庭咨询和康复服务,开展各种功能训练和职业教育培训。为幼儿提供托养服务。	免费义务教育; 儿童免疫保健; 幼儿照护服务。
妇女福利	指基于妇女在生理、心理上有别于男性而对妇女提供的相关福利项目。	《妇女权益保障法》对妇女有关福利作了原则性规定。在现行政策中,妇女在经期、孕期、产期、哺乳期受特殊保护;与计划生育政策相关的计划生育补贴及相关的医疗保健服务。	
残疾人福利	国家和社会对残疾人所采取的扶助、救济和其他的福利措施。	《残疾人保障法》对残疾人福利作了原则性规定。目前主要包括:一是就业方面。兴办福利企业、实施按比例就业、扶持残疾人个体从业,对安置残疾人就业的企业单位实行税收优惠。二是教育方面。残疾人教育根据残疾人的残疾类别和接受能力,采取普通教育方式或者特殊教育方式,充分发挥普通教育机构在实施残疾人教育中的作用。三是其他保障方面。2008 年《中共中央国务院关于促进残疾人事业发展的意见》要求将残疾人纳入城镇职工基本医疗保险、城镇居民基本医疗保险和新型农村合作医疗制度,落实和完善残疾人医疗保障有关政府补贴政策。困难家庭的残疾人在最低生活保障制度中受到一定程度的照顾,民政部门采取分类救助的办法,对受助对象中的残疾人给予一定程度的补贴。国家促进残疾人康复事业的发展。	

表 4　中国法定社会保障之军人保障项目一览

概　念		具体政策
军人抚恤优待	国家针对军人因战、因公等导致的死亡、伤残给予的抚恤与优待。	1996 年,民政部和总政治部开始对 1988 年制定的《军人抚恤优待条例》进行修订。2000 年 5 月 30 日,民政部、财政部发出《关于提高部分优抚对象抚恤补助标准的通知》,提高了革命伤残人员伤残抚恤金、烈属生活补助标准。2004 年和 2011 年,国务院、中央军委分别修订了《军人抚恤优待条例》,内容包括死亡抚恤、残疾抚恤和优待。
军人保险	为维护军人的社会保险权益并保持与地方社会保险制度的衔接、依法建立的面向军人的社会保险制度。	2012 年 4 月 27 日,第十一届全国人大常委会第 26 次会议通过《中华人民共和国军人保险法》,自 2012 年 7 月 1 日正式实施。根据该法,军人保险设有军人伤亡保险、退役养老保险、退役医疗保险、随军未就业的军人配偶保险四大保险项目。
军人安置	安置保障是以安置退出现役的军人就业或养老等为内容的一项制度安排。	1987 年国务院发布《退伍义务兵安置条例》(2011 年废止),1999 年下发《中国人民解放军士官退出现役安置暂行办法》(2011 年废止),2011 年国务院、中央军委颁布《退役士兵安置条例》,安置内容包括:自主就业扶持、安排工作及退休与供养等。
军人福利	由国家与社会提供的面向军人及其家属的福利。包括面向军人的职业福利与面向军属的相关优待政策。	包括军人休养事业、疗养事业、精神病收养事业、孤老收养事业等内容。共同特点是面向伤、病、残、孤军人与烈属,通过建立独立、专用的休养院、慢性闭疗养员、精神病院和光荣院等福利设施予以实施。

表 5　中国社会保障体系之补充保障项目一览

概　念		具体措施
职业福利	指企业、社会团体等用人单位为员工提供的单位福利。	国家鼓励用人单位为员工提供福利,包括住房津贴、家庭困难补贴、教育培训津贴以及各种补充保险等。企业年金、职业年金也是职业福利之重要内容,参见下栏。
企业年金/职业年金	指企业及其职工在依法参加基本养老保险的基础上,自愿建立的补充养老保险制度。 伴随机关事业单位退休制度改革,建立基本养老保险+职业年金的方案成为共识。	2004 年《企业年金试行办法》、《企业年金基金管理试行办法》(2011 年修订后 2004 年版废止)出台,企业年金的发展步入正轨。建立企业年金需满足条件:依法参加基本养老保险并履行缴费义务;具有相应的经济负担能力;已建立集体协商机制。建立企业年金的企业缴费每年不超过本企业上年度职工工资总额的 1/12(一个月工资),企业缴费和个人缴费合计一般不超过上年度企业职工工资总额的 1/6(两个月工资)。企业应当选择适当的受托人管理企业年金。职工在达到国家规定的退休年龄时,可以从本人企业年金个人账户中一次或定期领取企业年金。职工未达到国家规定的退休年龄的,不得从个人账户中提前提取资金。

续表

概念		具体措施
慈善事业	私人或社会团体基于慈悲、公益、救助等观念，为灾民、贫民及其他生活困难者举办的救援活动的统称，是正在发展中的社会事业。	1998年《社会团体登记管理条例》规定民间组织由民政部门主管登记管理，同时受业务主管部门的管理。1994年《中华人民共和国个人所得税法》、2007年《中华人民共和国企业所得税法》都规定个人向慈善组织的捐赠，没有超过应纳税额的30%的部分，可以免除；企业公益性捐赠支出在年度利润总额12%以内的部分，准予在计算应纳税所得额时扣除。1999年《中华人民共和国公益事业捐赠法》规定了公益事业捐赠的原则条款，提出鼓励原则和自愿原则；目前，《慈善事业法》正在起草中。
商业保险	保险公司根据保险合同约定，向投保人收取保险费，对于合同约定的发生造成的财产损失承担赔偿责任；或当被保险人死亡、伤残、疾病或者达到合同约定的年龄、期限时承担给付保险金责任的一种合同行为。	

四、中国社会保障制度发展中呈现的基本特点

从前述线索可见，中国社会保障制度60多年来的发展经历了两个大的发展阶段，其过程即是从国家—单位保障制向国家—社会保障制蜕变的过程。中国社会保障制度发展过程中表现出来的特点，主要可以概括为如下几点：

1. 家庭保障是个人生活保障的基础。家庭成员相互保障不仅是伦理道德的要求，也是上升到法律制度的行为规范，即使现在随着少子高龄化现象的加剧和家庭结构变迁导致家庭保障功能持续弱化，社会保障制度覆盖面不断扩展和保障水平持续上升亦将越来越多地替代家庭所承担的保障功能，但中国的社会保障制度仍将以家庭保障为重要基础。

2. 政府强势主导社会保障。从古至今，中国都是政府或官方强势主导着社会保障事务，这种主导不仅表现在制定规则和财政支撑方面，也表现在某种程度上对社会机制（如慈善公益事业）、市场机制（如商业保险等）的抑制上。尽管20世纪80年代改革开放过程中，政府一度降低了自己在社会保障制度中的作用，但因缺乏相应的社会机制与市场机制的填补，结果导致了严重的社会问题，因此，自90年代末期起，政府又逐渐强化对社会保障制度的主导作用。近年来的市场化改革确立了要进一步发挥市场机制在资源配置中决定性作用，调动社会资源与市场资源以壮大社会保障制度的物质基础并促使制度运行的效率得到提升，但政府在社会保障体系建设中的作用也会同时得到强化。这种强势主导符合中国传统的国家父

爱主义文化，仍将继续下去。

3. 强调权利与义务相结合。在中国的传统文化中，权利与义务往往被视为相互对应的关系，“父育子、子养父”被视为天经地义，“无功不受禄”则成为处理人与人或人与社会之间关系的重要原则。在福利方面，人们能够同情弱者、认同对弱者与不幸者的救助，却不会认同懒惰或有其他不良行为者（如吸毒者、犯罪者）获得物质帮助的权利。在这种历史文化氛围下，不尽义务而获得救济或福利待遇者通常会遭到歧视，因此，中国的社会保障制度强调权利与义务相结合。在计划经济时代，强调国民应当对国家、单位、集体承担忠诚奉献的义务，于后，得到国家、单位、集体的生活保障；改革开放以来，在经历多年试点后，现在亦确立了以受益者承担缴费义务的保险型为主体的社会保障体系框架，这一点已经在 2010 年 10 月 28 日通过的《中华人民共和国社会保险法》中得到了确认，如即使是困难群体与残疾者，也需要参加医疗保险与养老保险才能享受相应的待遇，当参保者缺乏缴费能力时政府可以代为缴费，但不能直接享受免费养老金或医疗保障。

4. 公有制构成了较为独特的社会保障财政基础。中华人民共和国成立后，不仅建立了庞大的国有资产，而且土地也实行公有制。因此，除雇主与个人缴费、政府财政补贴外，国有企业、公有土地收益充当着中国社会保障制度的重要物质基础。这一点在计划经济时代集中在城镇居民的单位保障制与农村居民的集体保障制上，在现阶段则越来越多地体现在国有资产及其收益补充全国社会保障基金与弥补养老保险基金等方面，也体现在土地征用中必须划拨一部分资金充实社会保障基金的政策规定上，等等。

5. 非制度化保障措施一直发挥着有益的补充作用。中庸之道是中华文化的精髓之一，与西方国家黑白分明、非此即彼的制度安排相比较，中国的非制度化保障措施有着自身显著的特色，如基于亲（血）缘关系的家庭或家族保障、基于地缘关系的邻里互助甚至同乡会照顾、基于业缘关系的单位福利与同事照顾等，明显地不同于西方国家的社会组织与市场机制，但一直发挥着有益的补充作用，它们其实是传统的家庭保障功能的延伸。在中国未来的社会保障体系发展中，这些非制度化的保障措施依然会发挥重要作用。

总之，中国社会保障制度经过 60 多年来的变迁，尽管多项保障制度仍然在改革完善过程中，但随着《中华人民共和国社会保险法》等法律、法规的制定与实施，正在从长期试点的改革状态走向定型、稳定、可持续的新发展阶段，其制度框架日渐清晰，可以作为研究判断中国社会保障模式的基本依据。

日本社会保障体系的基本结构及特点

土田武史[1]

社会保障体系存在国与国之间的差异。一个国家的社会保障大多建立在该国自古以来就有的济贫制度、互助共济制度、社会保险以及与这些类似的传统制度基础之上。并且,社会保障会在很大程度上受到与家属、劳动等紧密相关的各种社会制度的影响。因此,社会保障会因为各国历史的社会状况而产生差异。另外,仅靠一部社会保障法来建立和完善一个单一且具备综合性的社会保障制度并不容易,而将好几个制度或政策统称为社会保障的情况较多。因此,明确界定社会保障体系有时会很困难。或者如日本一样,虽然拥有社会保障制度却没有名为社会保障的法律,这样的国家有很多;同时也有不少国家并未建立统筹管理社会保障的政府机关。而且,还存在另外一种情况,虽然社会保障的法律制度完善,却由于缺乏实现该制度所需要的经济实力,而只能实现法律制度中的一部分。因此,国与国之间的社会保障体系存在差异可以说是理所当然的。

然而即使如此,各国的社会保障制度也的确拥有一定的共性,对于社会保障体系的理解可以从这些共性着手。其内容并非千篇一律,不过一般而言,包括功能面上的社会保障体系,以及制度面上的社会保障体系。首先,功能性体系一般指社会保障的收入保障、医疗保障、社会福利服务(日常生活援助)等功能。具体而言,收入保障包括:各类养老金给付、对生活贫困人员的生活补助、伤病时的伤病津贴、分娩时的分娩津贴、失业津贴、儿童津贴(家属津贴)等;医疗保险包括:非工伤的医疗给付、针对工伤的医疗给付、针对残障人士的医疗给付等。另外,社会福利服务则包括:针对儿童、老人、母子、残疾人的各种日常生活援助服务、对需要护理人士的护理服务、为生活贫困人员自立而提供的援助等。

---

① 土田武史,日本早稻田大学教授。译者为中国人民大学中国社会保障研究中心博士生单柏衡。

与此相对的制度性体系则指社会保险、公共援助、社会福利等各项制度，它们大多以相关法律制度为基础。就具体的制度而言，社会保险有医疗保险、养老保险、失业保险、工伤保险、护理保险等制度。另外，公共援助作为国家保障国民最低生活的制度，是最后的安全网。虽然名称各异，许多国家都设立了这样的制度。社会福利则是以儿童、老人、母子、残疾人等弱势人群为对象，援助他们日常生活的各种服务制度。社会保障制度性体系虽然容易掌握各个国家的社会保障的整体，但是当一个制度拥有多个功能时，功能的区分就变得不明确。在进行社会保障给付的国际比较时，与制度性体系相比，功能性体系就更加适合。

另外，因为社会保险体系在各国间存在差异，因此，还应当对这些差异进行分类研究。例如，俾斯麦型和贝弗里奇型的二分法，以及艾斯平·安德森所提出的社会民主主义体制、保守主义体制、自由主义体制三分法。上述的俾斯麦型是以俾斯麦的社会保险立法为模式，重视当事人参与的保险协会的管理经营，能力主义、选择主义的理念较强，为德国、法国等欧洲大陆诸国所采用。贝弗里奇型以贝弗里奇计划为模式，以政府（包括地方政府）参与管理运营为基础，平等主义、普遍主义的理念较强，瑞典、丹麦等北欧诸国以及撒切尔改革之前的英国属于这种模式。日本社会保障研究学者佐口卓提出，将它们用制度论来解释，分为大陆型及北欧型。也就是说，大陆型制度以社会保险制度为基准，主要对象为劳动者，保险金为主要的资金来源，给付标准以过去的收入为基准；北欧型以公共援助、社会福利为基准，以全体国民为对象，主要以税金作为资金来源，提供有质量的生活保障。

艾斯平·安德森的三分法论用福利制度这一综合性概念来论述欧美各国的福利国家体制，通过去商品化、国家参与度等要素将其分为三种福利国家制度，并进行比较研究。围绕这种类型化的正确与否引发了国际性的争论，同时它也对各国的社会保障研究、福利国家研究产生了巨大的影响。可以说是目前研究人员使用最多或运用最多的理论。

那么，关于社会保障体系，如上文所述，功能性体系、制度性体系都各有所长。而在观察日本的社会保障的形成、发展过程，或是在寻找日本的社会保障体系特点时，制度性体系更易于理解。在下文的论述中，将主要以制度性体系为主，根据需要也会从功能面进行论述。

一、日本社会保障体系概述

（一）社会保障制度审议会事务局的社会保障体系

日本的社会保障体系有各种各样的认识方法。特别是最近，社会保障的各个方面的制度改革已提上议事日程。另外，在通过社会保障的国际性比较，特别是与其他各国相同的制度结构和给付等比较的研究过程中，学界对社会保障的体系、范围，或是功能等相关方面提出了多个建议和意见。围绕社会保障体系本身进行的讨论并不活跃，不过从最近的讨论看，围绕社会保障体系的看法并没有朝固定的方向发展。

在这种情况下，本文将以社会保障制度审议会于1950年向政府提交的关于日本社会保障制度存在方式的“关于社会保障制度的建议”（下文简称为“1950年建议”）为依据，以社会保障制度审议会事务局建立的社会保障体系①为基础进行研究讨论。本文采用社会保障制度审议会事务局的社会保障制度的原因在于：“1950年建议”不仅对日本的社会保障体系的形成产生了巨大的影响，而且在其后的政府或审议会中，关于社会保障制度的议论也大多以此社会保障体系为前提。并且，政府预算中的社会保障相关费用也沿革此体系，统计等相关资料也与之对应，因此其通用性十分广泛。在这个角度出发，社会保障制度审议会事务局建立的社会保障体系在观察了日本实际的社会保障给付或社会保障财政之后会十分易于理解。

另外，在社会保障制度审议会的“1950年建议”中，将日本的社会保障体系分为社会保险、公共援助、公共卫生及医疗、社会福利这四个制度。在建议书中，这四个制度称为“狭义的社会保障”，在此之上再附加抚恤金及战争牺牲者援助则称为“广义的社会保障”。在日本的所谓社会保障，一般指的是狭义的社会保障。除此之外，住房措施及就业措施则处于“社会保障相关制度”的位置。

本文将避开论述日本社会保障体系的各个制度的详细内容，而是从社会保障体系的角度论述四个制度的概要与特点。

---

① 日本社会保障制度审议会事务局于1958年为将社会保障的相关统计汇总成社会保障统计年报而制作。其体系符合社会保障制度审议会在“1950年建议”中所示的结构。之后，其内容也随着制度的调整而变化。

（二）社会保险

日本社会保障体系的核心内容是社会保险。日本的社会保险由医疗保险、养老保险、失业保险、劳动者工伤保险（以下简称工伤保险）、护理保险这五项制度组成。日本社会保险的特点是自1961年起，所有国民都加入医疗保险及养老保险，即所谓"国民皆保险、皆年金体制"。皆保险、皆年金体制成立之初，医疗保险和养老保险都分设有多种制度，国民根据自己的职业或工作场所加入不同的制度。之后，医疗保险及养老保险通过多次改革，进行制度整合，从而成为了如今的制度体系。

如今的医疗保险体系，其适用范围大致分为：在工作场所实行的职业保险及在居住地实行的地区保险。职业保险以雇员加入的雇员保险为中心，主要以私营企业雇员为对象的健康保险①、船员保险、互助协会（有三个协会，分别以国家公务员、地方公务员、私立学校教职员工为对象）。其中，健康保险有：以大型企业等设立的健康保险协会为营运主体，并以这些大型企业的雇员为参保对象的工会掌管健康保险；以及由国有法人的全国健康保险协会为营运主体，中小企业的雇员为参保对象的协会掌管健康保险（协会健保）。船员保险的参保人数较少，因此在事务组织方面从属于协会健保（在财政上有所区分）。

另外，职业保险还有特定行业的自营业者（所雇员工不满5人的医生、牙科医生、律师、木工泥瓦匠等的建筑行业人员、艺人、整形师、美容师等）及其雇员为对象的国民健康保险协会。②

接下来，地区保险有：国民健康保险及长寿老人医疗制度。国民健康保险的保险人为市町村及特别行政区（下文简称为"市区町村"），所有自营业者、农林渔业者、不适用于健康保险的雇员③、因退休等原因无业人员（养老金领取人）、失业人员、不满75岁未加入雇员保险等人员皆为市町村实行的国民健康保险的被保险人。另外，长寿老人医疗制度的保险人为广域联合会④，所有75岁以上的老人皆为被保险人。因此，私营企业的雇员最初将参加健康保险，退休后转入国民健康保

① 农林水产业、整容美容业、旅馆餐饮等客户服务娱乐业等非法人，且雇员不足5人的企业不强制适用健康保险。这种情况下，可以任意加入健康保险，或成为国民健康保险的被保险人。

② 国民健康保险最初分市町村单位的普通国民保险协会和同业协会等的特别国民保险协会。第二次世界大战之后，国保从协会经营方式转为市町村国营，而医师、药剂师、自雇建筑工等的同业者被允许以都道府县建立国保协会，并发展至今。

③ 规定工作时间及规定工作日数不足于从事相同工作的正规劳动者的3/4，年收入额不满130万日元的人，不论医疗保险还是养老保险皆不被雇员保险适用。

④ 广域联合会为都道府县、市町村、特别行政区，符合处理跨区域事务时而建立的特别地方公共机构，在长寿老人医疗制度中，它们是保险营运主体，为从属于都道府县的所有市区町村所建立。

险,到了75岁后转入长寿老人医疗制度。

然后,关于养老保险,20岁以上所有成年人都要参加国民养老保险①,雇员另外还需参加“厚生年金保险”或互助协会的雇员养老保险。“厚生年金保险”的被保险人主要为私营企业的雇员,其适用范围与健康保险几乎重合。互助协会与前文所述互助协会相同,短期给付为医疗保险,长期给付为养老金保险。另外,国民养老保险的被保险人分为:自营业者等未参加雇员养老保险的人为第1号被保险人、参加雇员养老保险的人第2号被保险人、第2号被保险人的配偶且无业(专业主妇)为第3号被保险人。

另外,失业保险及工伤保险主要以私营企业的雇员为对象。企业哪怕只雇佣了一名劳动者,也将成为失业保险及工伤保险的强制适用企业,必须参加这些保险。国家公务员及地方公务员不适用失业保险。另外,公务员的工伤补偿将根据国家公务员灾害补偿法、地方公务员灾害补偿法进行补偿。

护理保险是在2000年设立的日本最新的社会保险,市区町村为保险人。40岁以上人员为被保险人,其中65岁以上为第1号被保险人,40—64岁为第2号被保险人。给付费用的50%资金来源为公共财政,其一半由国家承担,剩下一半由都道府县及市区町村各承担一半。剩余50%资金来源为保险金,其中约2/3由第2号被保险人承担、约1/3由第1号被保险人承担。根据被保险人的申请,由护理专员或市区町村负责人进行是否需要护理的认定,根据需要护理的程度进行给付。给付时由护理专员等制订护理计划,并管理和执行后续的护理工作。给付不限期限,使用人承担护理费用的10%,根据其收入设定承担金额上限。

另外,“要护理者”作为护理保险的对象,针对“要护理者”的政策原先被划分在社会福利方面。而随着护理保险将“要护理”当做保险风险来看待之后,护理给付便从社会福利服务变为了社会保险提供的服务。但是,执行保险给付的设施及人员,均为社会福利设施或社会福利员。虽然它是一种社会保险,但与社会福利密切相关。

在外国人的社会保险方面,外国人被适用于各种社会保险的企业雇用时,将强制参加健康保险、养老保险、失业保险、工伤保险及护理保险。外国人以个人名义参加国民健康保险、国民养老保险时,将进行外国人登记,并仅限于工作签证或其他签证中注明已驻留1年以上,或是预计今后1年以上在日驻留的。

---

① 日本的养老金制度采取社会保险的方式,国民养老保险原先以税收作为资金来源,同时包括以老人、残疾人、母子、准母子为对象的四项福利年金,因此其名称不称国民养老保险,而称为国民保险。

(三)公共援助

第二项是公共援助,在日本以“生活保护制度”的名义实行。1946年《生活保护法》被制定后,并于1950年根据《宪法》第25条等进行修订,成为了现行的《生活保护法》。国家对于生活贫困人员,将根据其贫困情况给予必要的保护,保障其最低限度的生活,同时以助其自立为目的。保护将基于申请实行,经过收入调查,根据保护的补充性原则,以家庭为单位决定是否提供保护以及保护的种类、程度。保护的实施机构为市町村,保护种类有生活援助、医疗援助、分娩援助、就业援助、教育援助、住宅援助、护理援助、丧葬援助共八项。费用由国家承担3/4,剩余费用由都道府县及市町村承担。作为生活保护核心内容的生活援助标准通过每年厚生劳动大臣的告示予以公布,以物价等为基础,将全国分为六个区块分别制定标准金额。

(四)公共卫生及医疗

第三项为公共卫生及医疗。它显示了国家对于让国民拥有健康、清洁的生活这一国民生活的基本条件的重视。居住在干净的住房里,在舒适的环境中健康地生活,这是每个人都抱有的愿望。而为此则必须预防疾病,维护生活空间的清洁。承担这一工作的便是公共卫生。提供干净的饮用水、保障食品安全、处理废弃物、消灭传染病等便是公共卫生的任务。具体而言,上下水道设施的维护、普通废弃物的处理设施、食品卫生对策、公害对策皆包括在内。

与公共卫生并行提出的医疗在这里是指:与公共卫生密切相关,对于会给社会生活带来重大影响的伤病,基于特别立法或制度进行应对的医疗对策。例如,结核病对策、麻风病对策、心理健康事业、传染病预防、集体食物中毒对策等,针对这些过去称为社会性的疾病的预防或治疗都包括在内。对于普通的伤病属于医疗保险及医疗援助范畴。而此处的医疗则特定为具有社会性因素或影响的伤病,大多与公共卫生相关并由公共财政承担的医疗。但是,从现今的医疗保障体系考虑,关于社会性的疾病的预防与治疗,是将它们归入保险医疗中,还是将它们与保险医疗区别开来呢?以这些问题为首的众多课题如今都被提了出来。并且近年来,再加上诸如由公害和药物副作用造成的健康伤害补偿、身心残障儿童的医疗等的补偿性医疗或福利性医疗,医疗对象比过去的社会防御性医疗更为扩大,制度间的重复部分也随之增多,必须对此多加留意。

(五)社会福利

第四项是社会福利,针对身体残障者、智力残障者、精神病患者、老人、儿童、母子等在内的一般性社会生活中的弱势人群,提供各种服务或援助,也就是以实现其生活正常化为目的。在日本,不仅有基于身体残障者福利法、智力残障者福利法、精神保健及精神病患者福利法、残疾人综合援助法、老人福利法、儿童福利法、母子福利法等提供的服务,还包括儿童津贴、儿童抚养津贴①等收入保障、学校膳食、康复援助等。

另外,社会福利这个词在大众媒体中经常用在比社会保障更广的范围,有不少都包括住宅、环境等生活上的便利的意思。但是作为日本的学术用语时,一般指作为社会保障从属概念的狭义的社会福利。为了与广义的社会福利相区分,多用社会福利服务来表示狭义的意义。本文的下文中也将采用社会福利服务这一词语。

(六)广义的社会保障及相关制度

最后,对广义的社会保障及社会保障相关制度进行一些补充。所谓抚恤金,是基于《抚恤金法》规定,当公务员退休或死亡时,支付给本人或死者家属。日本在第二次世界大战以前便设立了军人抚恤金及文官抚恤金制度。军人抚恤金在1946年暂时废止后,又在1952年重新生效。文官抚恤金则过渡为公务员互助制度(国家公务员于1958年,地方公务员于1962年),抚恤金在过渡之时便只以退休或死亡人员为对象。另外,战争牺牲者援助包括:战争伤员、战死者家属等的援助法(军人抚恤金对象之外的军人、军属为对象的援助法)、遣返归国者给付金等的支付法、原子弹幸存者援助法等法律为规定对象的战死者家属抚恤金、战争伤员医疗、核辐射医疗等。

在人们无法确保获得一份正常的工作,使其能承担日常生活所需的居所及生活费时,无论社会保障再完善,也无法保障人们的生活。因此,住宅对策及就业对策作为相关制度,可以视作为社会保障的前提条件。具体而言,有针对难以确保居所或就业的人们的对策;作为住宅对策的有:公共住房建设、住宅区的完善、水电等生活能源的完善;作为就业对策的有:失业对策事业、中高年龄人员就业促进事业以及其他对策。最近,与社会保障相关的老人居所问题越来越受到关注。

二、日本社会保障体系的形成过程

日本的社会保障体系并非一气呵成。各项制度逐渐形成,而后经过系统化,才

---

① 儿童津贴及儿童抚养津贴在日本属于儿童福利的范畴,而也有不少将其视为社会津贴。在这种情况下,社会津贴则指:基于一定的给付理由,不以资金筹集为前提的,普遍性的给付固定金额的制度。

成为如今的体系。因此,在理解日本的社会保障体系及其特点时,观察各项制度的形成过程非常重要。但是,关于日本社会保障制度的历史进程方面,会在本项目中另行论述,因此本文中将仅涉及社会保障体系产生的相关过程。

(一)救济制度与社会保险的创建

1. 救济制度的产生与发展。

无论哪个时代,都会有贫困者存在。同时,也存在与当时社会相适应的贫困者救济对策。在资本主义社会中,救济制度在其成立初期便被引入,而后发展为社会保障。以英国为发源地并被多个国家都承认。日本则在与近代国家的形成时期重合的1874年,设立了《恤救规则》这一最早的穷人救济制度。它由前言以及5项条文组成,十分简单。贫民救济基本上以相互扶持(近邻相扶)的方式实行,来自国家的救济极其有限。也就是说,救济对象为极度贫困且无抚养人、无工作能力的70岁以上病人以及残疾人、13岁以下的少年儿童,将发放给他们相当于大米50天份的现金。

尽管救济的内容十分贫乏,但日本作为统一的国家,在比较早的时期便制定了全国规模的救济法,其意义十分重大。另外,具有如此贫乏内容的救济制度,尽管经过几次修订之后却能持续了50年以上,是因为农民的分化十分缓慢,作为地区社群的农村吸收了贫困者的缘故。这一点必须要留意。

第一次世界大战后,因为经济衰退而令失业情况增加,劳工运动也愈演愈烈。经济衰退波及了货币经济程度越来越高的农村,增加了苦于穷困的农民们的"小作争议"(佃农针对地主的农民运动)。另外,都市里的失业者及低收入劳动者无法回到农村,只能身为都市的下层社会人沉淀下来。在这种情况下,要求新的救济政策的呼声逐渐提高。在1929年制订《救护法》,取代了《恤救规则》。

救护法的对象为:无抚养人的65岁以上老弱者、13岁以下的少年儿童、孕妇、产妇、因身体或精神残疾而无法劳动的人、因贫困无法维持生活的人。在实行方面,市町村为实施机构,方面委员会①作为其辅助机构,救援费用在原则上由市町村承担、都道府县及国家予以辅助。虽然《救护法》中认定国家的救济义务有限,却接近于公共援助。但是,并非所有贫困者都为救济对象,该法规定:拥有劳动能力者不作为对象,品行不良者没有资格接受救济。并且,没有请求保护权、被救济者不予选举权,甚至连发放标准都由方面委员等随意决定,因此该法律仍处于施恩

① 指生活贫困人员所在地区的机构或责任人,多为当地的慈善家。据说其模仿的是德国的埃尔伯费尔德体系。第二次世界大战以后,其名称根据《生活保护法》变更为民生委员。

性质的救济制度阶段。另外，针对伤病军人及军人遗属的救济规定早已制订，在1937年定为《军事援助法》。与《救护法》相比给付标准高，也没有选举权的限制，是战时体制下的军人优先的制度。

2. 社会保险的产生与发展。

关于社会保险，作为日本最早的社会保险立法，以工厂及矿山的劳动者为对象的《健康保险法》于1922年制定。此法律是以德国的医疗保险制度为范本，在企业单位建立健康保险协会，引入了劳资双方共同运营健康保险事业的方式，也就是所谓的“协会掌管健康保险”。这是因为考虑到，为了对抗当时劳工运动想要组建横向劳工协会这一目的，同时也考虑到劳动者权利意识的高涨。但是，中小企业中设立健康保险协会比较困难，因此设立了政府为保险人，经营健康保险事业的“政府掌管健康保险”。法律因为关东大地震的影响而推迟，至1927年才终于实行。

接着在1938年制定了《国民健康保险法》。该法以在农村普及保健医疗为目的，其立法意图则是为了实行军部所要求的，为推行战争的健兵健民政策。在战时体制下，推行作为兵力供给来源的农村居民的保健医疗对策，是制定国民健康保险法的首要目的。根据此法，以市町村或相同事业为单位，可自由设立国民健康保险协会。未加入健康保险的人员可自由参加，成为其被保险人。

之后，在1939年制订了《船员保险法》与《职员健康保险法》。前者是针对战时的海上勤务人员适用的社会保险，也同时引入了医疗给付及养老金给付。这成了养老保险作为社会保险的开端。后者是以不适用于健康保险法的职员为对象，设立了家属给付。其反映了国家在大决战下加强保护和限制的特性。接着在1942年，《职员健康保险法》废止并被《健康保险法》整合。这反映了战时劳动者(蓝领)与职员(白领)之间的身份与收入差距的缩小。

于是，从此形成了作为雇员保险的健康保险与作为地区保险的国民健康保险这两大医疗保险体系的骨架。

另外，1941年制定了以工厂劳动者等为对象的《劳动者养老保险法》。在战时设立养老保险法，一般的说法是为了筹措战争费用，之后也出现了诸如：阻止熟练工的流失、为阻止通货膨胀而抑制购买力等看法[①]。1944年改称为《厚生年金保险法》，此法对职员、女性、5人以上的企业都被强制适用。同时，健康保险的适用范围也修订与之相同。

---

① 关于这方面的看法，请参考横山和彦的《公共年金制度的历史与现状》(国民生活中心编：《年金制度与老龄劳动问题》，御茶水书房1977年版)。

在第二次世界大战结束以前，日本建立了救济制度与社会保险制度。然而救济制度的对象局限于老人、儿童、残疾人等，也没有提出要求的权利。另外，社会保险也主要以劳动者为对象，并不包括全体国民。在这种意义上，这些制度无法称为社会保障。第二次世界大战之后，为提高稳定的国民生活水平，推行了各项政策，社会保障才在日本落实为制度。此时，日本在围绕社会保障的国际性趋势的强烈影响下，在发展原来的社会保险的形式下形成了社会保障。

（二）公共援助与社会福利的确立

1. 公共援助的制度化。

1945 年 8 月，第二次世界大战以日本战败告终之后，日本处于联合国军最高司令官总司令部（GHQ）的占领之下。直至 1952 年的对日讲和条约生效为止，采取的都是日本政府接受 GHQ 指示进行统治的间接统治方法。随着战败而来的经济崩溃及从海外的遣返人员等，可以预测会出现大量的失业人员与贫困者。在这种情况下，GHQ 于 1945 年 12 月发出指示，要求应对之策。对此，日本政府的回应是：经过内阁会议决定，在采用原有救济制度的同时，实施救济当前贫困者的《生活贫困者紧急生活援护概要》①，并在此基础上制定救济的新法律。GHQ 在承认实行作为当前对策的援护概要的同时，又于 1946 年 2 月发布了《关于救济的指示》（SCAPIN775），要求引入保护的无差别平等、明确国家的救济责任、禁止保护费用限制（最低生活保障）这三原则②作为制订新法的必要条件。接受该指示后，日本政府立刻开始了《生活保护法》的制定工作，并于同年 8 月提交至国会予以通过，于 10 月实行。《生活保护法》中的救济对象不论有无劳动能力，所有生活贫困者都包括在内。该法实行后影响重大，被保护人数由 1946 年的 260 万人，第二年便达到了 280 万人。

《生活保护法》救济了众多国民，其内容虽然遵从了 GHQ 提出的三原则，但仍然存在着诸多问题。首先，在《生活保护法》之后制定的《日本国宪法》第 25 条中，规定了关于最低生活水平的国民权利与国家义务，这一规定与生活保护法之间的关系并不明确。其次，与此相关的是，《生活保护法》缺乏国民要求救济的权利的

---

① 对于援护概要中将失业人员等有劳动能力的人群也纳入对象。田多英范表示“这意味着这些人的生存权事实上已由国家来保障、承认，或是显露了这样的倾向”，认为援护概要显示了“现代公共援助制度的萌芽”，对其意义给予了高度评价（田多英范：《日本社会保障成立史论》，光生馆 2009 年版，第 62—64 页）。

② GHQ 统治日本时，据称受到美国罗斯福新政影响很大。GHQ 的指示中便能见到其影响（关于 GHQ 福利政策，参见菅沼隆：《被占领期社会福利分析》，密涅瓦书房 2005 年版；北场勉：《战后社会保障的形成》，日本中央法规出版社 2000 年版）。

规定,国民被动性地获得国家救济义务的利益成为了问题所在。并且也有人指出:原本作为市町村的合作机构的民生委员权力过大,保护对象及援助金额可以在民生委员的随意判断下决定。另外,原本在军事援助法等旧制度下接受生活援助的战争中死亡人员家属根据非军事化政策及平等无差别的原则,无法接受原有的援助,因此生活很困难,其要求救济的呼声也很高。再加上 1949 年道奇路线①所导致的经济收缩,产生了大量的失业人员。随着这些围绕生活保护法的问题浮出水面,法律的修订便着手进行。

《生活保护法》于 1950 年进行了全面修订,并即刻实施。其中该法与《宪法》第 25 条之间的关系变得明确,清楚阐述了保障国民的生存权。作为此内容的具体表现,设立了保护请求权及申诉制度。另外,在删除了丧失资格条文的同时,也鼓励生活贫困人员自立。并且设立了福利事务所、社会福利主任等,明确了民生委员的地位。根据战争中死亡人员家属的要求,新增了教育援助与住房援助。由此,确立了日本的公共援助。

2. 社会福利制度的确立

继 1946 年制订《生活保护法》之后,与之相关的各部社会福利法律也随之制订。首先,1947 年制订了《儿童福利法》。尽管于战争结束后的 1945 年 9 月制定了针对战争孤儿(也称为流浪儿)的应急保护对策,但该对策中贫困对策与防范对策的色彩更强。因此,为了进一步增强对儿童的保护及培养,设立新法的呼声越来越高,于是随之制定了《儿童福利法》。《儿童福利法》在 GHQ 的平等无差别原则基础上,其对象扩大至普通儿童,提倡儿童的权利,明确了国家对于儿童的健康培养、增进福利的责任。与此立法相关的儿童辅导中心及儿童福利司也随之建立。在战后的早期,提倡儿童权利,引入根据儿童的特点提供服务的儿童福利这一领域具有很重大的意义。

接着在 1949 年制订了《身体残障者福利法》。日本在战前、战时的社会事业中,没有实施过专门针对身体残障者的保护对策,而只是在他们身为生活贫困者时,将其视为普通的济贫对策对象。而针对伤残军人则根据《军事援助法》提供援助,但在战败之后,这一优待政策随着 GHQ 的非军事化、民主化政策而被废止。伤残军人在平等无差别的原则下,除了在生活贫困时成为生活保护对象之外,便无法获得任何优待措施。针对这一问题,政府认为有必要对伤残军人提供救济。而在与 GHQ 的谈判及政府内部的讨论过程中,救济对象从伤残军人扩大到了普

① 指以 1949 年身为 GHQ 财政金融顾问访日的道奇(Dodge,Joseph Morrell)的指导为基础,当年吉田内阁所实行的一系列经济财政政策。由于实施均衡预算、削减财政支出、改革税制、实施单一汇率,而令企业倒闭、失业者增加。

通的身体残障者。政策也转为以通过援助使其自力更生，提高身体残障者的福利为目的，以此制定了《身体残障者福利法》。随着法律的制定，各个都道府县皆设立了身体残障者康复辅导中心及身体残障者福利司。于是，提供专业服务的身体残障者福利从公共援助中脱离，与儿童福利一同成为了社会福利的一个方面。

除此之外，GHQ 在提出上述公共援助的三原则同时，也提出了“公私责任分离原则”。在原有的社会事业中，国家向民间的社会事业机构提供补贴，将本应由国家执行的事业转移至了民间。而 GHQ 认为这种结构模糊了国家的救济责任，也产生了违反平等无差别原则的优待措施，因此禁止了向民间机构转让政府权限及提供财政援助。为此，研讨了新机制之后，在 1951 年制定了《社会福利事业法》。该法遵从公私分离的原则，于“公”的方面，建立了作为行政机构的社会福利事务所，规定了执行业务的专门职位的社会福利主事制度；于“私”的方面，设立了提高民间自主性与公共性的社会福利法人制度及社会福利理事会的相关规定。另外，该法规定，社会福利事业通过行政命令中的“措施”形式执行。这一措施制度在日后因为妨碍了权利性与选择性而饱受批判，然而在当时福利相关设施、专业人员、资金来源皆缺乏的状态下，为了公平而合适地发展社会福利事业，政府采取这种方式可以说是不得已而为之。于是，为了在公私分离的基础上确保民间社会福利事业的财政基础，便谋求通过向民间发出事业委托及措施费的方式发展事业。

通过上述一连串的立法，日本的社会福利在 20 世纪 50 年代初期可以说是暂且成功确立了。通过《生活保护法》谋求最低生活的收入保障及促进自力更生。而对于仅靠此法无法完全自立的儿童或身体残障者，则根据他们各自的特点制定了《儿童福利法》及《身体残障者福利法》，提供服务保障，在实际中形成了宪法中规定的生存权保障。这样社会福利则因为当前所述的《生活保护法》、《儿童福利法》及《身体残障者福利法》这三部法律，也被称为“福利三法体制”。《社会福利事业法》，便是整合这三个制度实施体制的法律。

（三）第二次世界大战后的社会保险的重建・完善

1. 失业保险与工伤保险的创设

在国外，第二次世界大战期间出版了贝弗里奇的报告（《社会保险与相关服务》），ILO（国际劳动组织）也出版了《社会保障的道路》等，从中能够看到围绕社会保障已经迈出了大步伐，在战后欧洲各国构筑了社会保障体系。在二战期间，贝弗里奇报告被介绍给了厚生省，厚生官员中一部分人对贝弗里奇计划持有浓厚的兴趣,并进行了战后对策的讨论①。

战败后,日本社会处于混乱状态,其中失业和贫困成了大问题。虽然政府采取措施推进各种各样的公共事业来应对失业,但是公共事业吸收的人员数只有100万左右,而大多数的生活贫困者不得不依赖生活保护制度。但是,长期通过生活保护来救济失业者的做法与其初衷是不相符的,在财政方面也造成了很大的困难。正因如此,从《生活保护法》的审议阶段开始对拥有劳动能力的人如何定位就成为了问题,《生活保护法》设立时期的附带决议中就有关于失业保险制度的记录。

在这种情况下,厚生省预料到GHQ会下令制定失业保险,于是在1946年3月在厚生省保险局设立了以“对失业保险及其他各种社会保险的完备扩充对策的研究”为宗旨的社会保险制度调查会,并于1946年6月开始进入正式研讨。在该调查会中,一些从20世纪20—30年代在英国、德国、ILO等驻留过的研究者们因为见闻过西欧各国失业保险的困难境况,对贝弗里奇计划的社会保险的理论方案尽管给予了高度评价,但是对于失业保险的引入却意见不一,并展开了激烈的讨论。在战后的复兴过程中,立足于战争前期西欧社会中汲取的理论和实践经验的主张互相交错,并且围绕贝弗里奇计划和社会保险展开了议论,这种情况正好成了“战后日本社会保险思想的原点”②。

经过这样一些议论,调查会在1946年8月制定了失业保险制度纲要,在得到GHQ的理解之后向内阁进行了汇报。但是,听完汇报的吉田内阁认为时机尚早,而没有付诸行动,到接下来的片山内阁执政期间在1947年11月制定了《失业保障法》并得到了实施。并且,在制定《失业保障法》的同时,还制定了《职业安定法》来对失业者进行职业介绍和职业训练等,使失业保险保持在与职业介绍紧密关联的状况下,得以展开实施。这种失业保险制度的创设,也成了完善战后社会保险制度

① 1943年,厚生省发布了作为“海外劳动情况”的“关于英国的贝弗里奇最低生活保障法”的资料,同时在厚生省保险局内的杂志《社会保险时报》的1944年4月号上作了题名为“英·贝弗里奇社会保障计划通览”的概要介绍,同年11月又发布了包含贝弗里奇报告的翻译版的厚生省保险局调查资料第6号“美国及英国的社会保障”(中静未知:《医疗保险的行政与政治——1895—1954》,吉川弘文馆1994年版,第288—291页)。同时,战后成为政治家的友纳武人从战时身为厚生省职员开始到战后,记载到当时接受上级指示通过参考贝弗里奇报告等来促成儿童补助试案和社会保险的战后对策方案(友纳“社会保险部门的战后对策”,《社会保险时报》,19卷9号、1945年。横山和彦:“战后日本的社会保险的开展”,东京大学社会科学研究所编:《福祉国家5·日本的福祉与经济》,东京大学出版会1985年版,第11—14页)。

② 这个说法,出自菅沼隆的论文的副题(菅沼:“日本失业保险的成立过程——战后日本社会保险思想的原点》,(1)—(3),东京大学社会科学研究所《社会科学研究》第43卷第2—4号)。菅沼的论文可以说是精查了GHQ资料和国内的资料等后有关失业保险的成立过程上最初进行正规研究的学术成果。

的第一步。

同样，在 1947 年制定了《劳动者灾害补偿保险法》，由此建立了工伤保险制度。1947 年，制定了《劳动基准法》，使其成为了劳动基本权的一个构成部分，此法律的制定堪称战后改革的支柱之一。在这其中关于工伤方面，基于雇主的无过失责任主义规定了雇主负有赔偿责任。为了使得雇主负有的赔偿责任能够得到确实履行，与《劳动基准法》同时设立的还有《劳灾保险法》。据此，有关工伤方面的无过失责任主义的赔偿给付制度才得到完备。

这样一来，从近代社会保险的体系来看，或者从劳动者的生活保障这点来看，引入失业保险与工伤保险这两大保险被视为必不可少，它使日本社会保险体系结构走向了完备。

2. 医疗保险与养老保险的重建。

在社会保险的重建完善工作成为课题的过程中，在 1946 年 10 月社会保险制度调查会明确了今后的改革方向，向厚生大臣做了名为“社会保障制度纲要”的汇报。在这个纲要当中，以统一社会保险为中心并受贝弗里奇计划的强烈影响。对于这些动向，厚生省尽管考虑了贝弗里奇计划的理念等因素，但是在实际操作上采取的是在维持战前开始就有的社会保险的同时、又对社会保险进行了重建。

首先，在医疗保险方面，由于当时战败，健康保险和国民健康保险都是处于几近崩溃的局面。再加上生产设备的破坏和军需生产的停止导致企业关闭等原因，健康保险的被保险者人数较高峰时期减少到了一半以下。国民健康保险也面临着保险财政的困境，四成以上的国民健康保险协会都陷入了停止状态。医院和诊疗所、药局等医疗机构也遭到了很大破坏，医药品和医疗材料都很匮乏。再加上处于恶性的通货膨胀期间，医师们都不愿从事低报酬的保险诊疗，从而导致自费诊疗的扩大。也由于战前开始就有的对医疗保险的强烈不信任感，到 1947 年的时候所有受诊者中保险诊疗者的人数只占了总人数的 30%，处于很低水平，医疗保险实际上处于名存实亡状态。

为了妥善处理这一事态，在多次提高医疗保险的诊疗报酬的同时，还实施了医疗保险重建的整顿工作。为了使诊疗报酬的支付能够顺畅地实施，在 1948 年设立了社会保险诊疗报酬支付基金。同时，也将政府掌管的健康保险的保险费率进行了法定化。在国民健康保险的重建过程中，1948 年的修订法将国民健康保险的运营从国保协会转向了市町村，成为国民健康保险的重建的最大转折点。据此，市町村就成为了国保的保险人，使得未加入雇员保险的居民可以加入。另外，对实施国保的市町村也投入了中央财政，以期实现国保财政的稳定。这一举措为日后的全民皆保险的实现作出了很大贡献。

另外,在养老保险方面,1954 年的《厚生年金保险法》修订对战后雇员养老保险核心框架的形成也起到了作用。换言之,对于战后混乱的社会经济中有名无实的"厚生年金保险"的重建上,从以往只是依据收入所得比例来计算养老金给付的方法转变为基于将定额部分与"报酬比例部分"(由工资以及加入年限所决定的部分)相结合的计算方式来进行养老金给付。在法案修订中,因为社会保障制度审议会从保障国民最低生活的宗旨主张向定额制转变,同时保险经营团体能够控制给付标准、企业负担也得以控制,并获得支持。对此,厚生省与劳动组合却认为定额发放将无法得到被保险者的认同,主张保留"报酬比例",从而产生了激烈的对峙。厚生省把由定额部分和"报酬比例部分"构成的法案提交给了国会,在经过了激烈的争论后最终得以实现。

在此次修订中,"老龄年金"(养老金)的给付开始年龄由原来的 55 岁提高到了 60 岁。养老金的财政方式也发生了变化,从完全积累制转变为现收现付制加上修正完全积累制(平准保险金方式),将国库负担的支付部分从 10%提高到了 15%。同时,对"厚生年金"的财政每 5 年一次进行重新计算,这时再结合国民的生活水准和物价的变动来调整养老金给付额度。由于此次改定,厚生年金保险不仅摆脱了危机,而且也为日后的发展方向描绘出了基本的框架。

(四)社会保障的成立

1. 社会保障的登场。

到此为止,已经阐述了公共扶助、社会福祉、社会保险的形成过程,但是社会保障不仅仅是这三种制度单纯地存在就够了,它必须是要将这些制度进行关联并以国民为对象,真正支撑全体国民的生活。

从这个意义出发,据说关于社会保障的讨论在日本公共场合登场的是 1945 年 12 月的社会保险制度审议会上①,不过并没有进行正式的研讨。后来在 1946 年 7 月学者团体的研究会上提出了《社会保障案》的要点,这被称为日本最初的社会保障计划案②。以此为引子,后来就提出了前面所述的社会保险制度调查会的《社会保障制度纲要》。尽管也被称为贝弗里奇计划的日本版,但是由于财政负担过重而被批判为"白日梦",最终只是纸上谈兵便草草收场。

基于 1947 年应 GHQ 的要求来日的美国社会保障制度调查团的报告书

① 在这里由于军人抚恤金的停止,引起了关于军人及其家人生活保障的议论,替代军事抚恤金而把养老金提上日程的做法成了对国民全体的生活保障的议论话题,可以说社会保障这一概念由此产生。(佐口卓:《社会保障概说》第 1 版)。

② 平田富太郎:《社会保障》。

(Wandel 报告),1949 年发起了社会保障制度审议会。审议会在 1949 年发表了“旨在确立社会保障制度的备忘录”,在明确了为确立社会保障制度的基本方针后,经过中间报告和听证会等,于 1950 年向政府提出了“关于社会保障制度的建议”。其内容尽管和先前所述的一样,但以此为起点,社会保障作为社会保险和公共扶助的综合概念开始被接纳。

虽然在“50 年建议”中所讲述的社会保险、公共扶助、公众卫生以及医疗、社会福祉的 4 大划分,被称为当时趋向完善的各项制度的集合,但是其实质还是相当贫乏。尽管说是保障全体国民的生活,但是在医疗上仍然有很多伤病者无法得到医师的治疗,并且在养老方面也是远远不能满足年老后的生活所需,还处在很低的水准。生活保护也是处在只限于刚刚满足生存下去的水准。倒不如说这项建议,很明显是将片面的公众卫生和社会福利作为具体的策略强行推出的产物。

话虽如此,不过这“50 年建议”确实提出了以社会保障理念和社会保险为中心的社会保障体系,并且这对日后的社会保障框架的形成具有重要的意义。同时,在这个建议中,也提及了关于医疗制度以及养老金制度体系化的蓝图。在医疗保险方面,也提出了有利于雇员的都道府县经营制度(但是,部分协会能获许自主运营),和针对于地区居民的市町村制度的两大体系。在养老金制度方面,提出了以全体雇员为对象的养老保险和以一般国民为对象的无筹措负担的养老金制度的两个体系,并提议以这两个体系为目标进行统合。

2. 社会保险的无序。

在推进战后重建的同时,虽然维持了“50 年建议”中的社会保障理念和体系,但是在制度统合化方面却走向了大相径庭的方向。在 1950 年爆发的朝鲜战争导致的战争特需的背景下,施行了扩大健康保险的适用范围和给付费等措施,1953 年又以原先不属于健康保险范围内的临时雇工为对象,建立了临时雇工健康保险。同时,在养老金制度上,厚生年金保险的加入者为了获得更高的给付额而纷纷脱离,开始创设独自的制度。1953 年,私立学校的教职员为了获得与公立学校教职员相当的给付额而从厚生年金保险脱离,设立了私立学校教职员共济协会。以此为先例,分别在 1956 年设立了公共企业职员等的多种共济协会①、市町村职员共济协会,在 1958 年设立了农林渔业协会职员共济协会。在养老金制度上,加上既有的厚生年金保险、船员保险、国家公务员共济协会后,出现了以雇员为对象而成

① 公共企业指的是,在国家的出资下拥有独立法人资格的,从事类似私营企业的经营活动的,并且公共性较高的企业。有日本国有铁道、日本电信电话公社、盐·烟草专卖公社。这些每个公共企业体都创建了互助会。

立的 7 种不同种类制度的局面。

其次，在这些制度中，除去厚生年金保险和农林渔业团体职员共济协会，其他的都包含了作为短期保险的医疗保险，加上原来的健康保险和国民健康保险后，在医疗保险方面也出现了 7 种制度分立的状态。

3. 全民皆保险·全民皆年金体制的成立。

在日本的战后的历史中，1955 年是作为政治和经济巨变的一年被大家所熟知的。在政治方面，1955 年，继社会党左右两派的统一，保守党也进行合并从而诞生了自由民主党，开创了以两大政党为中心的“55 年体制”。并且在此后的半个世纪里一直持续着这种体制。在经济方面，1955 年国民生产总值的增长达到了创纪录的 12. 1%，大多数的经济指标都超过战前水平，成为了高度经济成长的开端。1956 年的《经济白皮书》中写到“已非战后”，宣称迎来了战后经济的转变，并成为当时的流行语。但是，把目光转向国民生活的话，就会发现大多数的国民仍然徘徊在低水准的生活状态。同年首次发表的《厚生白皮书》中写到“战后到底结束了吗?”，指出了近 1 千万的低收入者阶层还被抛弃在复兴的背后，宣告要充实社会保障。当时在国民生活上特别大的问题就是双重经济结构下的不完全就业者的境遇问题。小规模企业的劳动者们与大企业的劳动者相比，劳动条件特别恶劣，而临时工和下游企业的劳动者也处在不安定的工作状况下，这个问题当时也被称为边缘层问题。在社会保险方面也是同样，这些人中的大多数是没有加入社会保险的。在这样的背景下，社会保险也势必要迎来巨大的转变。

在医疗保险方面，在朝鲜战争带来的战争特需背景下，被保险者人数得到增加，受诊率也不断扩大，但是战争特需一过保险财政就迅速恶化了。特别是政府掌管的健康保险赤字的扩大，在 1945 年甚至陷入了拖欠支付诊疗报酬的财政危机。为了应对这种局面，厚生省在 1955 年 5 月设立了学者组成“七人委员会”，并商讨医疗保险的财政对策。该委员会在同年 7 月公开刊登了“七人委员会报告”，它超越了赤字对策，把未加入社会保险者问题作为医疗保险的根本问题来对待，提出对于从业人员不满 5 人的小企业应创设第二种健康保险制度等。这项提案虽然没有实现具体化，但可以说对于朝着全民皆保险体制实现扮演了促进者的角色。

关于实现全民皆保险的原因方面，当时身为厚生省职员后来成为事务次官的幸田正孝指出了以下三点：①1954 年当时已有 66% 的国民加入了某种医疗保险，这一数值显示了全民皆保险实现的可能性，并成为了实现全民皆保险的原动力；②雇员保险要覆盖未满 5 人的小规模企业，在适用范围和把握收入所得的方面是很难的。在“政治的季节”之下市町村等不断推进小规模企业从业人员加入市町村国民健康保险,开创了实现的道路;③在战后的医师过剩的背景下,反对全民保险的日本医师协会转为同意以撤销诊疗限制为条件来实现全民皆保险。这三点虽然还需要今后更进一步的研讨,不过仍然不失为重要的因素。

在全民皆保险的实现方面,虽然提出了几种方案,但政府考虑了市町村国民健康保险的实际业绩后,在 1958 年制定了新的《国民健康保险法》。规定小于 5 人的企业的从业者、农民、自营业者和家庭从业者、无业者、失业者等未加入雇员保险的人群全部加入到国民健康保险中。包括到当时还没有实施国民健康保险的大都市和全体市町村在内的地方,到 1961 年 4 月强制实施国民健康保险法。通过此项措施,从 1961 年 4 月起就实现了全民皆保险体制。

在医疗保险方面存在的未加入问题,在养老金保险方面也同样存在。伴随着医疗保险的进程,养老保险也把针对自营业者和小微企业从业者等,对未加入者人群采取扩大适用范围的政策方案提上日程。政府在制定新的《国民健康保险法》之后,在 1959 年制定了《国民年金法》,规定从 1961 年 4 月起未加入雇员养老保险的、20 岁以上 60 岁以下的人群全部加入缴费制的国民养老保险,即确立了全民皆年金体制。由于自营业者和农业从业人员的收入比较难掌握,国民养老保险就对此采取了根据定额参保费用来给付定额养老金的方法。与此同时,作为过渡措施,从 1959 年起附有收入限制的非缴费的福祉养老保险开始给付。接着,1961 年 4 月开始把公共养老保险制度的加入时间合起来计算,实施了“总计养老保险制度”。即全体国民只要加入任何一种养老保险制度,在到达一定的加入时间和年龄后就可以领取老龄养老金。

伴随着全民皆保险、全民皆年金制的实现,日本的社会保障体系得到了确立。立足于医疗、养老金、失业、工伤等社会保险制度,以全体国民为对象防止贫困化,并保障生活的安定。另一方面利用公共扶助(生活保护制度)来救济陷入贫困的人群,并且通过支援幼童和残障人士等的日常生活来保障全民的生活,社会保障体系得到完善。

4. 社会保障确立后的发展。

在此之后,根据时代的要求还制定了各项新的制度。首先在社会福祉方面,在 20 世纪 60 年代的前半段制定了“福利六法体制”。经济高度成长期间一般国民都逐渐过上了富裕的生活,为了让高龄者、残障人士、母子家庭等收入水准较低的人群也能享受到经济发展带来的好处,发展社会保障成为获得较高生活水准而采取的必要措施。

具体的体现是在 1960 年制定了《精神脆弱者福利法》。尽管以往是用儿童福利法来应对精神脆弱的儿童的,但是为了能够兼顾 18 岁以上的精神脆弱者而将其法律化。不过这也有1960年是联合国世界精神卫生年,大众媒体把精神脆弱者问题吵得沸沸扬扬的背景因素。

接下来,到了1963年又制定了《老人福利法》。这项法律制定的背景是,当时在经济高度成长下从农村到都市的人口流动、家庭小型化、住宅问题的恶化愈演愈烈,其中卧床不起的老人问题等逐渐成为社会问题,必须采取措施充实老人福利对策。根据这项《老人福利法》,规划完善了特殊养老院等社会福利设施。

1964年制定了《母子福利法》。在母子家庭上,虽然在1950年开始实施了母子咨询员制度和母子福利资金借贷制度等措施,但根据1959年的国民养老保险法,"母子年金和母子福利年金"(针对单亲母子由养老保险支付的保障性收入)得以支付,并且加上1961年的《儿童抚养津贴法》也规定了发放抚养儿童的津贴费。这样一来,就有了好几个有关母子问题的政策措施,对此,制定一个能有效管理母子福利的综合性法律制度的呼声日益高涨,所以才有了这项《母子福利法》。先前所述的福利三法再加上这三项法律就构成了我们所称的"福利六法体制"。

全民皆保险·全民皆年金体制实施之后,在社会保障意识不断得到提高的过程中,20世纪60年代中期围绕儿童津贴制度的争论日益激烈。这是因为当时,在把日本的社会保障制度与欧洲各国的制度作比较的时候,认为日本缺乏儿童津贴制度的认识在社会上为越来越多的人所认同。另一方面,在日本,养育儿童即为父母的全部责任的这种想法也很强烈,并且有很多企业采取的是生活保障色彩很浓的资历工资制度,因为其中已经包含了育儿的补助津贴,所以儿童补助的引入在经济界里有很多人反对。但是,在法案中,给付对象是从第3个小孩开始的,同时还制定了比较宽松的收入限制,且当时处于经济持续增长的过程,对于企业的筹资和公共财政负担也不造成大的困难,所以在1971年《儿童补助法》得到了成立。据此日本所有的社会保障制度得以完备。

在这之后,伴随着社会经济的发展,日本的社会保障制度也发生了变化。特别是围绕分立的社会保障体系发生了较大的转变,而且伴随着人口老龄化的进程在社会保障上也制定了新的对策。

三、日本社会保障体系的特征与问题点

(一)以社会保险为中心的社会保障体系

日本社会保障体系的特征,就是它是把以劳动者为对象的社会保险作为社会

保障的中心。这是因为当时在日本劳动运动盛行,作为应对策略的一环而引入了以德国为样本的健康保险,历史因素①起了很大作业。在战后,从社会保险的重建到面向社会保障的构筑过程中,尽管受贝弗里奇等人的影响,将适用对象扩大到全体国民,并完备了保障水准,但是这其中社会保险依然是重中之重。

当初在社会保险上赋予了缩小收入所得差距、实现收入所得再分配的机能。也就是说,社会保险的保险金不是像民间保险那样根据风险来计算的,而是根据被保险者的收入所得多少来计算的,必须缴纳才有资格领取到社保。因为不缴纳保险金的人是无法领取的,所以社会保险也被人为是一种排除的理论,社会保险确实具有这样的特性。但是,它的负担是根据按各人能力的原则来的,对于收入少的人采取的是减轻保险金额度甚至是免除的机制。减额或者是免除的程度不同,虽然带来的意义有所不同,但是这种根据能力的原则是区别社会保险与民间保险的一个重大特征。事实上在日本,国民健康保险和护理保险方面根据所得而减额或免除的做法很广泛。另一方面,关于给付,国民健康保险和护理保险等用现物给付(服务给付)的情况下,给付与参保金额无关,是根据需要来进行给付的。如果是养老保险或失业保险等需要现金给付的情况,则很大程度上是与保险金成正比的,不过即使这样也会对低收入者进行倾斜分配。在社会保险上,由于背离了“给付·反对给付均等的原则”的这一保险上的技术性原则,所以在实现收入平等化的目的上起到了重要作用。在日本,由社会保险产生的收入再分配的效果远远超过纳税所带来的效果,由社会保险带来的收入公平化的贡献度很大。

(二)医疗保险及养老保险上制度的分立与制度间的差距

日本虽然在1961年确立了国民皆保险、皆年金体制,但是它没有变动原来的雇员保险,它的做法只是把原来不适用的人群作为地方保险或是住民保险全部加入到国民健康保险和国民养老保险中去。所以,日本的全民皆保险·全民皆年金体制其实是分立型的,而且其特征就是有很大的制度间的差距。这和英国和北欧各国采取全体国民使用统一制度的做法大有不同,同时和同样属于分立型的德国和法国,也因为制度间的差距而不一样。

谈到这些差距,医疗保险在开始实行全民医保的当初,对于雇员保险的被保险者是100%的给付率,与此相对国民健康保险是50%,其家庭成员也都是50%。健

① 关于这点,请参考佐口卓:《日本社会保险制度史》,劲草书房1971年版;坂口正之:《健康保险法成立史论》。

康保险协会中的附加给付更是丰厚，家庭成员给付率甚至提高到70%，健康诊断或保养设施等保健设施事业也只需要支付较低的费用就可以利用，与此相对政府管理的健康保险和国民保险却几乎没有附加给付和保健设施事业。在保险缴费方面，雇员保险是劳资平分，而国民健康保险是本人负担全额，而且健康保险协会方面使用者负担从60%变为了70%。同时，从保险财政来看，健康保险协会的利用者大多是那些年轻且收入高的雇员，所以即使保险利率降低，在财政上还是有盈余的。与此相对政府管理的健康保险的话，即使是同样的员工保险也因为其中有收入低且高龄的雇员，所以经常呈现出财政窘迫的局面。而国民健康保险因为把自营业者和无业的高龄者等作为被保险者，所以收支不均衡，从当初开始支出的一半就都是由国家来填补的，其财政基盘十分脆弱。

1. 通过国库负担的倾斜分配来缩小差距。

伴随着经济高度成长，社会经济构造发生了极大变化，雇员结构和财政结构都发生了转变。

健康保险协会由于雇员数的增多和工资的上升使保险财政比较稳定，给付水平也有所提高。但是在国民健康保险方面，由于农业人员和自营业者的减少以及高龄退休者的持续增多，造成了财政困境。而政府管理的健康保险虽然处在两者中间的境地，但是给付的增加导致的赤字问题也成了很大的政治课题。而养老保险制度间的差距也很大。尤其成为问题的是共济养老保险和厚生年金的差距，这被称为“官民之差”，而国民养老保险比厚生年金还要低。不过，因为当初给付养老金较少，所以公积金在不断地增加。

对于这种状况，政府当初没有着手制度的合并调整，而是在税收收入水平较高的情况下，在国民健康保险中投入了大量的补助金，政府管理的健康保险中投入量较少，而健康保险协会中几乎没有投入补助。由于这种国库负担的倾斜分配，提高了国民健康保险和政府管理的健康保险的给付，从而缩小了与健康保险协会的差距。这种对应策略的鼎盛时期是在1973年的改革①。由此，给付差距在相当程度上实现了均衡化，同时也采取措施抑制差距的产生。政府把该年称为“福利元年”来宣传此次改革。

但是，1973年的秋天第一次石油危机爆发了。自此经济高度成长时期宣告结

---

① 医疗保险中规定：70岁以上的高龄者的一部分负担由公共财政负担，实施老人医疗费给付制度；家庭给付率提高到70%；创设高额疗养费制度，规定患者的一部分负担如果超过了一定的额度，超过部分将从保险中偿还；政府管理的健康保险的累计赤字从公共预算中填补的同时，实行定率10%的国库补助。养老保险中规定：将“厚生年金”的老龄年金从每月2万日元提高到5万日元；实行了引入养老金自动与物价调整制度等。

束，日本进入了低成长时代。与此同时，税收和保险金的收入增长急剧下降，导致原本由国库负担支撑的社会保障在财源充实方面迫切需要进行一场改革。然而，在当时保守势力与改革势力不相上下的政治状况以及在被称之为生活保守主义的国民风潮之下，社会保障给付的削减是很困难的，社会保障的预算到1979年为止一直保持着高度成长型的膨胀状态。

2. 雇员保险的负担带来的差距缩小。

社会保险支出的增长使财政赤字扩大，20世纪80年代的时候"财政重建"成为重大的政治课题。当时正值世界新保守主义潮流盛行之际，日本也在第二次临时行政调查会（第二临调）的主导下推进了改革。其中一环就是推进公共企业体的民营化，在20世纪80年代国有铁路、电电企业（日本电信和电话公社）、专卖企业相继实现民营化，伴随而来的还有相关的互助会也被厚生年金保险和国家公务员共济协会所吸收。

在医疗保险方面，1982年制定了《老人保健法》，废除了老人医疗费的给付制度。老人保健制度中规定70岁以上的高龄患者负担一部分费用，同时在除了患者负担费用之后的老人医疗费中的30%由公共财政负担，70%由保险人负担，关于保险人负担方面采取的是与各保险人中老人加入率成反比的形式来出资的政策。这样一来，使得财源从雇员保险转向国民健康保险，同时原本国家负担的老人医疗费的一部分转嫁给了保险人负担，从这时起高龄者医疗费逐渐成了一个重大的课题。

接下来在1984年，进行了健康保险法等的修正工作。国民健康保险中设立了退休者医疗制度①，其中也采取了通过财政调整来缩小差距的措施。同时，雇员保险的本人给付率从100%下调到90%。这是20世纪80年代盛行的标语"负担与给付的一元化"的其中一环，也是其迈出的第一步。

在养老保险方面，1986年实行了巨大的制度改革。厚生年金保险和共济养老保险的定额部分与国民养老保险进行了统合，国民养老保险成了支付国民共同的基础养老金的制度。伴随着这次改革，厚生年金保险和共济养老保险只剩下"报酬比例部分"（由工资以及加入年限所决定的部分），成为了国民养老保险的追加制度。其次，新的养老保险制度还规定，雇员保险中的被保险者的无业的妻子（专业主妇）也被强制加入国民养老保险，并发放基础养老金。另外，未满20岁的残障人士在到达20岁之后，尽管原本是支付"障碍福利年金"（针对残障者通过养老保险支付保障性收入）的，但是其支付额明显偏低，历来就被视为一个问题。对此

① 该制度是指从企业退休后从员工保险移至国民健康保险的人群，在成为老人保健制度的适用对象之前的期间里，雇员保险将他们的医疗费筹资到国民健康保险中。

在 1986 年的改革中规定，对于未满 20 岁的有障碍的人在到达 20 岁之后，免其负担保险金，并从国民养老保险中的障碍基础年金中支付①。

3. 2000 年代的改革。

如此一来在 20 世纪 80 年代的改革中加入了财政调整，以此来缩小制度间的差距。可是高龄者的医疗费不断增加，其筹资金也不断增大，另一方面低迷的景气下保险金收入停滞不前的状态也一直持续着。这种情况下所有的医疗保险制度都形成了结构性的赤字财政，必须寻求根本上的改革。于后虽然改革缓慢没有什么进展，但是到了 2006 年医疗保险改革法终于成立了。据此在制度体系上也实行了大幅度的改革。

首先，创设了以 75 岁以上的高龄者为对象的“后期高龄者医疗制度”，同时废止了老人保健制度。后期高龄者医疗制度中规定其财源的 50%是由公共财政负担，40%是来源于 74 岁以下的被保险者的支援金，10%是由后期高龄者自身的保险金来填补。作为保险人以都道府县为单位，并以其所属的全部市町村的广域联合会来承担其责任的。据此，虽然 75 岁以上的高龄者的负担与给付实现了一元化，但是对于此前没有负担保险金的、雇员保险的被抚养者来说是产生了新的负担等问题，也产生了对新制度的诸多不满，围绕其存废也产生了政党间的对立。

在 2006 年的改革中，实行了对以往的医疗保险制度的改编。首先在国民健康保险方面，以稳定财政为目标，采取措施由原来的市町村扩大到都道府县，不过由于都道府县纷纷表示反对，所以目前仍然是市町村的局面，另外在都道府县的共同事业（企业整合、重组）的扩大，也都朝都道府县的方向发展。其次在政府管理的健康保险方面，2008 年设立了公共法人的全国健康保险协会，它替代政府成为新的保险人，由在都道府县各的各支部决定保险费率。除此之外，健康保险协会中规模较小面临财政上的窘迫的协会，在都道府县设立了跨业种的地区型健康保险协会，由此走上了重组整编的道路。这样一来，保险人组织就开始了以都道府县为单位的重组整编工作。

同时，在医疗保险中，虽然制度间以及被保险者与被抚养者之间的给付率有所不同，不过在 2002 年的改革中统一到了 70%。当时 1984 年以“负担与给付的一元化”为宣传标语，将雇员保险的本人给付率下降到 90%的时候，给付率又被统一到 80%，从而又下降了 10%。不过，2006 年的改革中规定，75 岁以上是 90%，70—74 岁以及不满 3 岁为 80%（即使是高龄者如果收入和一般在职人员的收入相当的话

① 关于 20 岁前就有障碍的人在到达 20 岁的时候开始得到的障碍基础年金，由于不以负担保险金为条件，理论上认为不应是社会保险而应该领取的是社会津贴。

为70%。另外作为暂定措施70—74岁是90%)。

这样一来,医疗保险制度间的差距被大幅度缩小。可是,国民健康保险的财政紧迫问题依然严峻,协会健康保险在财政赤字之下不得不提高保险费率,健康保险协会也因为支援金的增大而导致持续的财政赤字,两者都没有实现稳定的财政构造。对于这种情况,尽管提出了全部制度一元化的方式,以及维持现行制度的同时依靠国库负担的倾斜分配和财政调整等方案的多种主张,但究竟朝哪个方向发展依然没有定论。

再来看养老保险,虽然在2004年围绕着养老保险的财政方式进行了大幅度的改革,但是在制度体系上并没有发生大的变化。虽然2009年上台的民主党政府提出了引入"收入比例养老保险与最低保障养老保险"来实行养老金改革的方案,但是实现的可能性无法出现。

以上所述,只是对差距问题的应对策略稍稍具体地分析了一下,但还是可以认为差距问题仍然是日本的社会保险制度的中心课题,同时也是一个不容忽视的问题。

(三)依赖于国库负担的中央集权型体系

第三要提到的是日本社会保障的行政、财政都是中央集权型的。就像之前阐述的那样,日本的社会保障在维持制度的同时,为了缩小制度间的差距来维持公平性而投入了大额的国库负担,就是这样的一种中央集权型体系。虽然没有详细描述,不过在公共援助和社会福利服务方面,日本是国库负担比重大的中央集权体系。从社会保障是国家实现国民的生活保障的这一点来看,有观点认为支撑制度的费用应该尽量由国库负担(税)的。而另一方面,从国家财政状况的观点出发也有主张认为应该减轻社会保障对国库的压力。

对此尽管很难下一个明确的判断,但必须考虑到的是,保障国民生活的社会保障的比重在扩大,随着财政规模在不断扩大,那些认为社会保障应该全部由国家来负担的想法是不切实际的。即使假设社会保障是中央集权的立法带来的产物,那么有关其领域和财政方面也是有必要商讨中央与地方的责任分担。从国际上的情况来看,尽管拥有社会保障法这样一个统一的立法的国家较少,但是很多都是成了中央集权立法的情形。可是,即使收入保障和医疗保障是中央集权的,把社会福利服务委任到地方自治的情况也不少。根据其地区居民的需求来提供各种各样的独立的福利服务,一般情况下志愿者服务也被视作其中之一。

立足于这些来考虑的话,日本在社会福利服务方面,有很大的呼声希望在运营和财政两方面更大程度上依赖于地方的自主性。

（四）以职业为中心的社会保障体系

日本的社会保障制度在很长的时间里采取的是与完全雇用、长期雇用、生活保障供给（资历工资）相关联，同时以男性工作型的社会保险模式为基石来展开的。与此同时，日本的社会保障，与职业方面的政策密切相关，并且常常呈现出与企业的福利厚生政策相重复的状况。不仅是雇员自己，包括其家庭成员在内的职业方面的社会保障，由企业福利得以完善。有时社会保障也会被视为企业的劳务管理措施的一方面的情形并不少见。企业福利因不同企业间有较大差距，所以从业人员受到的生活保障的程度也是有所不同的。其次，在日本，社会福利服务和公共援助作为覆盖地区居民的制度在不断发展，实际中以雇员为对象的职业保险的比重很大，也担负着防止国民陷入贫困的职责。所以仅在这点上，社会福利服务和公共援助的分量显得不够。

可是近年来，就业、雇佣形态发生了变化，伴随着非正规劳动者、低工资劳动者、失业者的增多，这样的社会保障体系很迫切地需要大幅度的变革。接受生活保护的人正在增多，社会福利服务的需求正在急速扩大。对此，社会保障的应对措施却显得缓慢，贫困问题正在再次成为巨大的社会问题。

在这种背景下，尝试了包括把不能加入雇员保险的非正规劳动者也纳入到雇员保险中的改革方案，以及尝试了以地区为中心来综合社会保障的各种给付，然后加以有效利用的方案（地区统合保障系统），而且还能看到其他新的举动。在追求根本性的改革过程中，新的制度改革引人注目。

韩国社会福祉体系的基本结构及特点

金渊明[①]

一、绪论

从福利国家历史来看,韩国是极有趣的一个案例。因为在第二次世界大战以前没能实现工业化的“后发展国”国家当中,到目前为止还没有发现哪个国家能够成为近代福利国家的。韩国从20世纪60年代初开始发展工业化实现了短期内的“压缩式经济增长”,并以此为基础成功地从一个落后的低收入农业国一跃成为人均收入2万美元(2010年)的中型发达国家。同时社会福祉的发展也经历了类似经济发展的“压缩式增长”,虽然韩国到目前为止还未达到先进福利国家的水平,但也具备了相当水准的国家社会福祉制度。笔者认为韩国的社会福祉发展水平依旧是由家庭或共同体等非公共的福利为主导、国家福利相对不发达,这个观点不同于许多西方学者对亚洲式福利的归纳(Kim,2008)。更加乐观评价的话,现在的韩国正在迈进福利国家的初级阶段,成为非西方国家中继日本之后获取福利国家称号可能性较大的国家之一(金渊明,2011)。

本文简单整理了在相对较短时间内进军福利国家初级阶段的韩国其社会福祉制度的发展与社保制度的结构特点,并以此为中心进行介绍。在第二部分将涉及韩国的社会福祉制度成型的历史过程及背景。这里会提到韩国的社会福祉制度是在怎样的历史和政治背景下确立的,社会福祉制度能够快速发展的经济—社会环境及其成因是什么。第三部分将介绍现行韩国社会福祉制度的主要结构,即把韩国社会福祉制度的结构、主要特点及主要问题,按照制度适用范围、社会福祉费支

① 金渊明,韩国中央大学社会福利学科教授。译者为韩国中央大学社会福利学科博士生陈倩。

出结构、福利服务供给结构等领域来划分并进行讨论。在第四部分则把韩国社会面临的社保领域存在的争议划分成劳动力市场问题、税收负担问题,以及公共领域福利供给者的增加3个层面来整理,在此基础上进一步引出相关结论。

二、现代社会福祉制度确立的历史过程

(一)现代社会福祉制度的形成及拓展:1962—1997年

在韩国,现代社会福祉制度出现的出发点是开始推进工业化的20世纪60年代。通过军事政变而登台的朴正熙政权从1962年开始实行当时在社会主义国家中极为流行的经济开发计划,从此韩国正式开始了工业化进程。在开始工业化时期之前,韩国是当时世界上最为落后的农业国之一。20世纪60年代韩国的农业人口占全国人口的56.9%,1963年全国共756.3万人的总就业人口中有占62.9%的476.3万人口在从事第一产业——农林渔业(KOSIS材料)。即由于当时几乎没有制造业等工业,工薪劳动者的人口也极少,国民生活中面临的风险只能通过依赖家族和亲族的帮助来解决。

韩国社会福祉制度的出发是由政治动机开始的。通过政变上台的朴政熙政权为确保军政权的政权合法性,开始制定各种保障立法。从20世纪60年代初开始,先后制定了《医疗保险法》(1963)、《产业灾害法》(1963)、《公共补助制度—生活保护法》(1961)、《儿童福利法》(1961),以及涵括了社会福祉制度的法律——"社会福祉相关法律"(1963)。但是这些法律实际上多数有名无实,最终实施并执行的只有产业灾害保险(译者注:即工伤保险,下同)制度。医疗保险只制定了法而并未真正执行,生活保护与儿童福利法也只是为极少数得不到家庭保护的机构收容人员提供帮助,所以并不能看成为施行了真正意义上的现代社会福祉制度。

韩国的现代社会福祉制度由社会保险的引入而拉开了帷幕。公务员年金(1961)与军人年金(1963),以及私立学校教员年金制度(1973)等特殊职业种类年金制度首先以社会保险的形态开始施行。针对一般职种的社会保险制度,也于1964年以大企业劳动者为中心开始施行产灾保险,之后慢慢把适用范围扩展到了中小企业中。韩国社会保险的发展特点是从高收入劳动者开始切入,再逐步扩大到低收入劳动者的"下向式"过程,这一特点在年金、医疗保险、雇用保险等所有制度中都有体现。即,由于高收入阶层劳动者与更加需要社会保护的低收入阶层相比首先成为制度受惠对象的这一原因,致使韩国上世纪90年代后试图涵括低收入劳动者在内的普遍主义社会保险制度过程中遇到了很多困难。

朴政熙政权所推行的工业化过程使韩国在经历20世纪70年代进入80年代后,从一个农业国家摇身变成了工业国,同时国民收入的增加与工薪劳动者人口增加形成了社会保险制度迅速发展的基础。20世纪70年代韩国农业人口降至全国人口的45.8%,而进入80年代后这一比例降至28.9%。从农业中脱离的劳动者进入城市导致了城市工薪阶层比例的增加。而工薪阶层增加的同时社会保险的受益对象也在扩大,例如产灾保险于1967年把适用对象范围扩大到100人以上的企业,并于1982年再次把适用对象范围扩大到10人以上的企业。

1977年,韩国引入了医疗保险制度。医疗保险也经历了与产灾保险一样的发展过程,首先在500人以上的大型企业着手实行,之后按阶段在中小企业中一步步扩大制度适用范围。医疗保险在韩国社会福祉的发展进程中具有举足轻重的意义。第一项重大意义是医疗保险成了韩国最初的、普遍主义社会保险的范例。1977年从500人以上的大型企业开始实施到1988年把受益者范围扩大到5人以上企业与农村地区居民,再到1989年开始在城市一般居民中强制施行,只用了12年就实现了医疗保险的全民普及。在亚洲,韩国是继日本之后第二个实现全民医保的国家,这成了韩国社会福祉制度的象征,在很大程度上对解决大多数国民的医疗问题作出了贡献。第二层意义是与医疗保险的管理运作单位相关的。欧洲大部分社会保险是按照职业种类划分后以职业种类为标准区别运营的"职种别"社会保险制度。韩国的产灾保险并不是按职业种类划分独立运营,而是从制度制定初就把全国所有劳动者都纳入同一制度、按照全国统一单位来运营的。但是韩国的医疗保险却是选择了模仿欧洲的职种别运营方式——按照职业种类和地区为单位来划分并分别独立运作的组合主义运营方式。这种按照职业种类和地区为单位落实的分离管理方式,导致了地区间保险费负担与保险受惠的差异,为了促进社会团结,把400多个组合整合为全国统一单位的单一组合的争论开始展开。

20世纪80年代继朴政熙政权之后的全斗焕政权时期也进行了社会福祉关联法的大量制定。通过制定1981年的《老人福利法与身心残疾人法》、1982年的《生活保护法》,韩国的保障水平得到了些许提高。但是当时在保护老人、残疾人和极贫层方面,与国家义务相比,更加强调家庭的责任,国家只针对没有家庭保护的少数老人、残疾人和极贫层实施保护举措。同时80年代通过经济增长促进了社会保险的持续扩大。1988年正式实施了以一般国民为对象的国民年金制度。国民年金制度与医疗保险不同的是,它没有选择职种别的运作制度,而是从制度实行初就选择把工薪阶层和个体劳动者涵括在一个制度之下。国民年金制度于1995年把制度适用对象扩大到了农渔民,1998年开始强制城市个体劳动者参保,从而完成了普遍主义的年金制度。但是在12年内完成的普遍主义国民年金在以后的施行过程中有大概1/3的参保者没有如期缴纳保险费，所以它并没有实现真正意义上的普遍主义。

1995年，韩国开始施行雇佣保险（译者注：失业保险，下同），并由此完善了失业者的保障制度，至此在韩国推行工业化40年之后终于确立了4大社会保险制度。如前文所述，社会保险制度的迅速发展得益于工业化带来的高速经济增长和工薪劳动层的收入增加。世界银行在对全球60多个发展中国家与地区1965年到1990年间经济增长和收入分配状态的关系进行比较分析的材料中有这样的评价：韩国与中国台湾、香港地区等以其他国家难望其项背的人均收入高幅度增加和十分良好的收入分配成了成功实现这两项目标的代表（World Bank，1993：29—32）。即由于经济增长带来了工作岗位和良好的收入分配，所以这些国家才能实现以保险费缴纳为财政基础的社会保险制度的快速推进。

但是，与飞速发展的社会保险制度相比，针对老人、儿童、残疾人和女性等人群的社会福利服务和公共补助制度依旧处于较低水平。为了解决儿童哺育问题，韩国于1991年制定了《婴幼儿哺育法》，同时也制定了许多与老人、儿童、女性相关的社会服务供给方面的法律依据，但是这些举措依旧强调了家庭责任主义，而社会服务是仅针对无法从家庭得到帮助的少数阶层的选择主义制度。公共补助并没有作为一种社会权来提供，而是对极贫层的一种形式上的保护。截至20世纪90年代中期，韩国的社会福祉制度可以总结为社会保险的快速覆盖与社会福利服务的缓慢发展。即在社会保险领域，强调国家的责任与普遍主义原则，可在社会福利领域中依旧依赖家庭的职能，国家只针对极少数极贫层进行选择性干预介入。

审视社会福祉制度发展的普遍性层面的话，韩国与其他国家并无太大不同。查看世界各国的社会福祉制度的确定顺序的话，我们会发现各国都体现出了首先确立产业灾害保险，之后确立医疗保险、生育保险和年金制度，而最后确立失业保险和家庭津贴制度的趋势（Pieron，2004：233），韩国也是遵循着相似顺序而建立了社会福祉体系。但是社会保险制度的发展过程体现出了把最需要保护的低收入劳动者层晚于高收入层纳入社会福祉适用对象的不平等现象。

（二）社会福祉制度的膨胀、紧缩、调整的同时进行：1997年以后

1997年是韩国社会福祉发展进程中极具意义的一年。1997年以后的韩国社会开始面临与之前完全不同的社会经济环境。这种变化的转折点，是为了应对1997年12月的亚太金融危机而向国际货币基金组织获得机构调整资金。金融危

机宣告了几十年经济高速发展的完结，并成为重视效率的"新自由主义"秩序开始整编韩国社会的契机。过去不那么严重的失业问题开始打击韩国，企业开始大量雇佣非正式劳动者而使得非正式工数量大幅增加，这些使原来相对平等的劳动力市场分配结构开始迅速恶化。由于国际范围内流行着崇尚削减福利和所谓"小政府"的新自由主义世界观，导致韩国国内也出现了担忧福利膨胀的呼声。被称为"两极化"的劳动力市场分配结构的恶化、90 年代以后开始急速推进的老龄化和低生育问题都是当时的社会趋势。一方面，韩国的老人人口以世界上屈指可数的高速在增加，同时出生率比被称作少子国家的日本还要低，成为经合组织 OECD 成员国中出生率最低的国家。这种急速的老龄化、低生育问题将会长期地、潜在地影响到韩国经济增长的忧虑被提出。

这些经济社会环境的变化导致韩国的社会福祉制度产生了相当的变化。1997 年后，社会福祉并不是一味膨胀，而是膨胀与紧缩同时进行，并对 1997 年之前成型制度进行了调整。劳动力市场的两极化与收入分配结构的恶化形成了导致社保制度膨胀的力量。而亚太经济危机以后发生的大规模失业与极贫人口的增加凸显了原有公共补助制度（生活保护制度）的局限性，促进了以社会权为基础的革新性制度——"国民基础生活保障制度"的确立（金英顺、全顺美，2008）。同时，形式上于 2000 年初把实际上被四大保险排斥在外的非正式劳动者与零碎就业人员（1 人以上企业的劳动者）容括到了社会保险制度内，客观上强化了社会保险制度普遍主义的性质。低生育、老龄化的推进使得之前在社会福利服务领域流行的选择主义出现了改变的契机。最具代表性的事件是为了促进女性就业而扩大了哺育服务领域，这项原来只针对极贫层就业女性的哺育服务开始把其适用对象扩展到了中产层，同时政府也加大了财政支援力度，截至 2000 年初，相当数量的中产层也获得了哺育服务的支援。老龄化的加速也带来了老人福利服务领域的膨胀，典型事件是制定了为独居老人提供机构养老保护的"老人长期护理保险制度"（2008）。虽然目前老人长期护理保险制度主要为一些生活不能自理的重症老人提供服务，但享受这项服务的人群正在不断扩大。

低生育、老龄化的进程一方面带来了社会福利服务的膨胀；另一方面带来了年金制度的紧缩。国民年金制度为参保 40 年者提供相当于收入 70%替代率的养老金保障，但是由于低生育、老龄化所带来的国民年金制度财政不安问题，韩国于 1998 年把养老金的收入替代率降到了 60%，2007 年再次下调，根据法律修订，到 2028 年将实现下调至 40%。为了补充国民年金养老金水平下滑带来的不足，韩国于 2008 年引入了向大多数无法领取养老金的老人——70%的 65 岁以上老人提供每月 9 万韩币津贴的基础老龄年金制度，2007 年国民年金的养老金水平下调是之前一直膨胀的韩国社会福祉制度的第一次紧缩事件。

20世纪90年代中期以后,韩国开始了对原有社会福祉制度的调整。最具代表性的事件是,原来由400多个不同职业、地区为单位运营的“多保险者方式”的医疗保险制度转换成了全国单一组织的“单一保险者方式”。多保险者方式是指参保者的连带单位为企业或地区,而单一保险者则意味着参保者的连带单位向全国扩大,这是一个十分重要的变化。由于医疗保险上单一保险者方式的确立,韩国的社会保险实现了除公务员、军人等个别年金制度外,几乎把所有职业种类都涵括在以全国为连带单位的同一制度覆盖下,实现了韩国式的统一保障制度规划。

原有福利供给体系的调整过程中出现的又一个重要特点,是在社会福利服务领域里引入了“代金券”制度。传统的韩国福利服务政策是由国家通过预算拨款给社会福利机构,然后由得到预算拨款的机构再向福利对象提供福利服务的供给者支援方式。但是2000年以后,社会福利服务特别是在哺育事业领域实行了代金券方式后,实现了不经由福利机构而直接向福利对象(消费者)提供直接服务选择权的消费者支援方式的转换。由于引入了代金券的消费者支援方式,韩国社会福利的供给体系转向了供给者支援方式与消费者支援方式并存的形态。

韩国的社会福祉支出大概占2010年GDP总额的10%,由于具备了大多数的社会福祉制度,所以可以评价为韩国进入了福利国家的初级阶段。如果把韩国现代社会福祉的真正出发点看成20世纪60年代初的话,那么韩国拥有仅耗时50年就步入了福利国家初级阶段的独特经验。劳动力市场的两极化与急剧的低生育一老龄化现象不但带来了韩国福利的膨胀,随之也带来了社保的紧缩。尽管如此,韩国的政治走向明显表现出了社会福祉扩大的倾向。所以可以十分乐观地认为,韩国可以发展成一个福利国家。只是在众多福利国家类型中,韩国究竟会发展成哪种类型的福利国家依旧很难预测。

三、现行制度的结构及特点

(一)制度的轮廓

韩国社会福祉的整体结构按照传统分类法可以总结为图1。韩国社会福祉制度中最发达的部分当属社会保险制度。按照2011年的标准,对应老龄、医疗、产业灾害和失业风险而实行4大保险,另外在老人疗养领域仿照德国和日本单独实行了“老人长期护理保险”,所以一共存在5项社会保险制度。国民年金制度是除公务员、军人和私立学校教员3种职业外①，涵括了所有劳动者、城市个体商贩以及农民的一般性年金制度；健康保险则是选择了把所有国民覆盖在同一制度下的单一保险者方式。把大部分职业种类的劳动者涵括在统一制度下的国民年金与健康保险制度与欧洲、日本的按职业类别分别运行制度存在着制度原理的不同。产业灾害保险和雇佣保险对1人以上企业的、每周工作60小时以上的所有工薪劳动者都适用。因此，韩国的产灾保险不具备包括个体营业者和农民的全民灾害保险的性质，同时雇佣保险也将个体营业者排除在外。

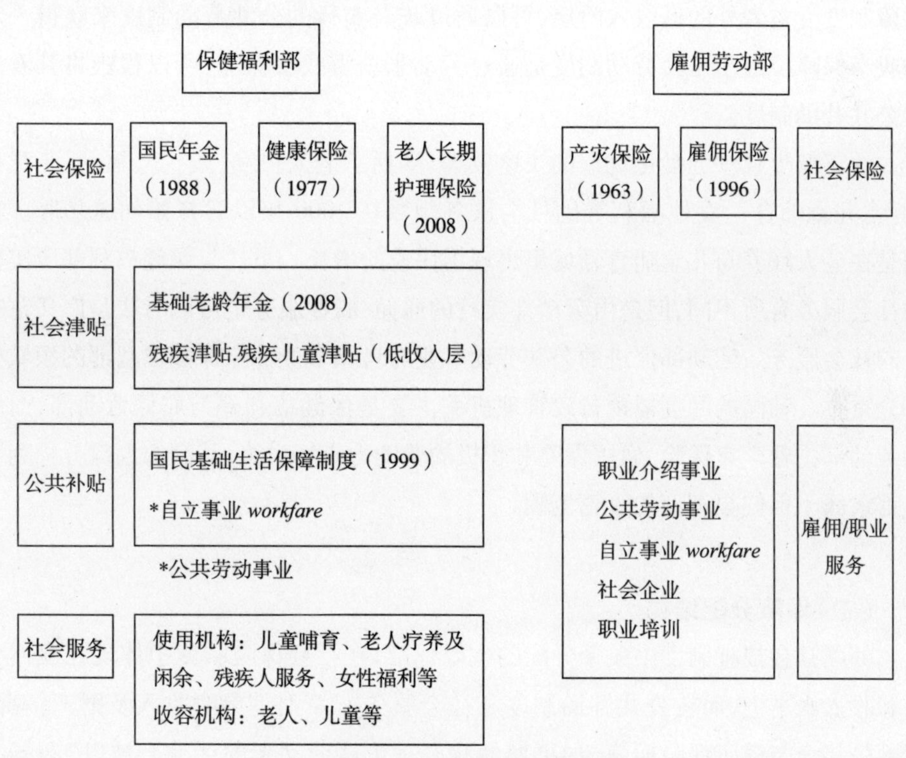

图1 韩国社会福祉体系的框架(2011)

被称之为专项津贴的社会津贴制度在韩国并没有什么发展。不仅没有实行儿童津贴制度，而且残疾人津贴制度也仅仅是以低收入残疾人为中心向其支付较少金额的选择主义式津贴制度，很难将其看做普遍性津贴。从2008年开始实行的“基础老龄年金”制度存在两项选拔条件：① 要符合65岁以上的人口学条件；②财产与收入不能超过一定额，通过筛选对65岁老人中的70%发放平均每月9万韩币的津贴。虽然“基础老龄年金”在向老龄人发放的这一点上具有专项津贴的性

① 军人在军人年金制度下，公务员在公务员年金制度下，私立学校教员在私立学校教员年金制度下享受另外的养老金待遇。

质,但是由于它不但把富有老人排除在外、而且津贴额非常之少,所以很难将其看成是完全的普遍主义社会津贴制度。

公共补助制度在韩国被称之为"基础生活保障制度",它通过"财产调查"向受惠人提供现金受益金、医疗受益金、教育受益金等7项受益金。"基础生活保障制度"与过去的"生活保护制度"所不同的是:它向有劳动能力的贫民提供受益金,摆脱了济贫法的原理。但是有劳动能力的贫民需要通过参与职业培训或自立事业来获得优惠资格,从这一点上与西方出现的"工作福利制度"的性质相似。基础生活保障制度受益者外的低收入阶层,可以通过政府实行的公共劳动制度来获得一定的收参保障。由于公共劳动制度是通过劳动来获得收参保障,所以很难将其看成是公共补助制度。

由于低生育—老龄化现象的快速发展,涵括了老人福利、残疾人福利、儿童福利(含儿童哺育)、女性福利等的社会服务领域在2000年以后开始加速膨胀。特别是在老人疗养与儿童哺育领域里出现了快速的增长。虽然与保健福利部所实行的社会服务有所不同,但是由劳动部实行的雇佣/职业服务也可以看成是广义范畴上的社会服务。劳动部促进的公共劳动事业与自立事业都与保健福利部的领域有部分重叠。韩国的社会福祉行政管理机关主要是保健福利部与雇佣劳动部,而雇佣劳动部主管产灾保险、雇用保险和积极的劳动力市场政策;其余的大部分福利事业都隶属于保健福利部的管辖范围。

(二)保障分配结构

韩国社会福祉制度中关于分配的主要标准,在社会保险制度中体现在雇佣状态和收入水平上,而在公共补助制度和社会服务方面则是参照收入及财产情况。对国民年金与健康保险而言,如果雇佣状态是工薪劳动者的话就会被以"职场参保者"身份强制参保,雇佣保险与产灾保险对于工薪劳动者的标准也是一样的。虽然正规劳动者多数会被严格地按照这一标准参保,但非正规劳动者却没有严格遵守制度规定,他们往往被划为"地区参保者"或者被排除在社会保险之外,这就是韩国社会保险的最大漏洞。非正规劳动者的社会保险参保率如表1中展示的那样,有54.4%的非正规劳动者被国民年金制度排除在外,7.0%的被排除在健康保险之外,另外仅有37.0%的非正规劳动者加入了雇佣保险,总共有63.0%的非正式劳动者被排除在社会保险制度之外。国民年金允许收入较低或者无收入者(每月收入在22万韩币以下者)不缴纳保险费,但是健康保险则是按照除收入以外的财产标准强制全民参保。

表 1　非正式劳动者的社会保险参保情况(2009)　　　　(单位:%)

国民年金			健康保险					雇用保险参保率
未参保	职场参保者	地区参保者	未参保	职场参保者	地区参保者	医疗津贴受益者	职场参保者被抚养者	37.0
54.4	33.8	11.8	7.0	37.9	32.6	1.8	20.8	

材料:金渊明(2010:167)。

韩国代表性公共补助制度—“基础生活保障制度”的分配标准有二:① 收入与财产标准;②人口学特征。收入与财产标准①按照 2009 年的规定,4 人家庭如果每月收入不满 132 万韩币的话可获得不满部分的差额现金补助。但是就算是收入与财产标准达标了,却不能满足人口学标准的,也就是如果存在公共补助受惠人的义务抚养人②,同时这个义务抚养人被判定为有经济抚养能力的话,此受益人依旧会被排除在基础生活保障制度之外。正因如此,韩国出现了不计其数虽然生活困苦、却不能得到公共补助制度支援的实际贫困层。韩国公共补助制度的义务抚养人标准是西方福利国家所没有的,是否将其废除在韩国依旧是一个具有争议的论题。

虽然韩国施行着面向全体国民的公共补助制度,但是由于上文所述诸多原因事实上存在着得不到社会福祉制度保护的大规模“死角地带”人群,将其表述总结为表 2。即大部分的非正规劳动者被社会保险制度排除在外(A 群体),还有虽然处于绝对贫困状态却由于财产标准或义务抚养人标准被基础生活保障制度排除在

表 2　韩国收参保障制度的死角地带概念

中产层	正规劳动者(适用 4 大社会保险)	非正规劳动者(适用 4 大社会保险)
		非正规劳动者(A 群体)(被 4 大保险排除)
准贫困层	基础上保障制度非受益者(B 群体)	
绝对贫困层	基础上保障制度非受益者(138 万人)	基础上保障制度非受益者(C 群体)

备注:阴影部分表示了韩国社会保险与公共补助制度的死角地带

① 财产按照收入额来换算。

② 所谓义务抚养人是指,公共补助受益人的直系血亲(父母,儿女等)与其配偶(儿媳,女婿等)。在判断义务抚养人是否有经济抚养能力时,不但要调查其收入,还要参考其财产。如果义务抚养人的财产额超过最低生活费标准的 120%时,不论其有无收入都判定为具有抚养能力。

外的人群(C 群体),另外还有一些与绝对贫困层相差无几的准贫困层①(B 群体)也被排除在基础上保障制度之外。

社会福利服务的供给大部分仍然以收入多少作标准。例如,惠及面最广甚至覆盖到中产层人群的儿童哺育服务项目,它并不是向所有阶层提供统一标准的服务,而是按照 表 3 中显示的那样提供有差别的服务项目。首先,哺育一名新生儿所需的费用由政府计算,政府会将约一半的哺育费用——34 万韩币直接支付给哺育机构,剩下的哺育费用通过代金券的形式发放给父母,收入最低的 1 层与 2 层家庭将会得到一半金额的标准哺育费——37200 韩币;3 层的低收入家庭会得到 297600 韩币的代金券补贴。相对收入较高的 6 层家庭则不能得到国家补贴而需要

表 3　儿童保育费按收入水平的差等支援方式(按 2009 年 0 岁儿童标准)

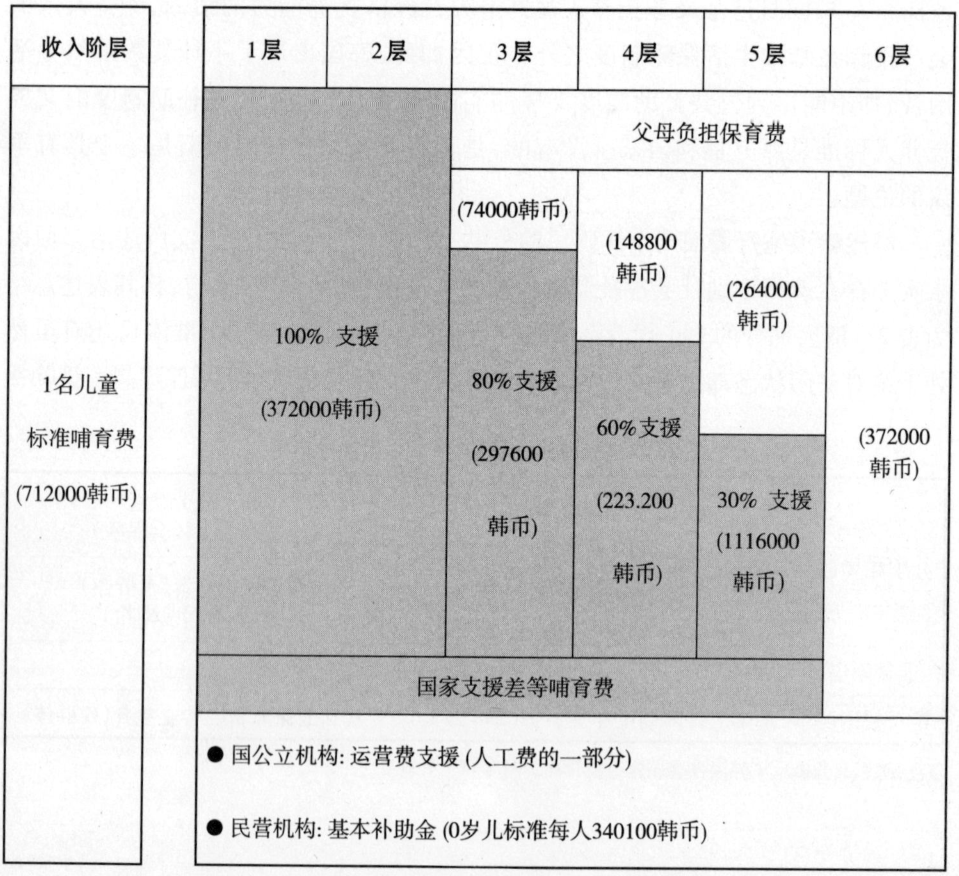

收入阶层	1层	2层	3层	4层	5层	6层
1名儿童 标准哺育费 (712000韩币)			父母负担保育费			
			(74000韩币)	(148800 韩币)	(264000 韩币)	(372000 韩币)
	100% 支援 (372000韩币)		80%支援 (297600 韩币)	60%支援 (223.200 韩币)	30% 支援 (1116000 韩币)	
	国家支援差等哺育费					
	● 国公立机构: 运营费支援 (人工费的一部分) ● 民营机构: 基本补助金 (0岁儿标准每人340100韩币)					

① 准贫困层在韩国被称为“次上位阶层”,主要是指那些月收入不满最低生活费基准 120%的人口集团。

负担个人负担金的全额——372000韩币。换句话说，个人收入越高需要自己负担的哺育费比率就越高，而韩国社会福利服务的大多数项目中都存在这种随收入高低、有差别性的提供补贴的供给结构。不过，在儿童哺育领域，最近几年韩国政府加大了保育费支援预算，父母们需要负担的费用实际上比较低，所以在保育费领域韩国在向国家负担型结构转换。

（三）社会福祉支出结构

韩国2009年的总社会福祉费支出占GDP比率按照OECD社会支出的划分标准是10.5%，这一比率远低于OECD成员国的平均水平22.7%，甚至与社会福祉费支出较低的美国（16.5%）、澳大利亚（16.5%）、日本（19.3%）相比也是很低的水平。分析韩国社会福祉费支出结构如表4展示的那样，医疗费用支出以39%的比率占了大部分比重，其次是老龄年金（25.7%）以及家族服务领域（9.8%）。这个结构与OECD成员国的社会福祉费支出结构相比较存在以下几个特点：一是公共年金（国民年金）制度的不成熟导致与老龄相关的支出比例依旧很低，而与医疗领域相关的支出比率很高；二是属于社会福利服务领域的、涉及家庭的支出低于OECD成员国的平均水平。这一情况在日本也有表现。三是韩国在涵括了公共补助制度支出在内的其他社会政策领域的支出水平与OECD成员国平均水平基本持平。

表4 韩国与日本社会福祉费支出占GDP比重结构比较（2009）

支出领域	韩	日	OECD平均
老龄（Old-Age）	2.7(25.7)	11.0(47.8)	7.6(33.5)
遗族（Survivors）	0.3(2.9)	1.5(6.5)	1.1(4.8)
残疾相关（Incapacity related）	0.7(6.7)	1.1(4.8)	2.6(11.4)
医疗（Health）	4.1(39.0)	7.2(31.3)	6.6(29.0)
家庭（Family）	0.9(8.6)	1.0(4.3)	2.3(10.1)
积极地劳动市场政策（Active labour market programmes）	0.6(5.7)	0.4(1.7)	0.5(0.9)
失业（Unemployment）	0.4(3.8)	0.2(0.9)	1.1(5.3)
住房（Housing）	—	—	0.7(3.1)
其它社会政策（Other social policy areas）	0.8(7.6)	0.3(1.3)	0.8(3.5)
合计	10.5(100.0)	23.0(100.0)	22.7(100.0)

材料：OECD Social Expenditure Database（http://stats.oecd.org）

（四）福利服务供给结构

搞清社会福利服务的生产供给者的性质在分析各国社会福利结构特点上十分重要。韩国的大部分社会福利生产者（供给者）都是由盈利性较强的民营供给者组成。表5中区分了两种提供韩国代表性福利服务——健康保险与儿童哺育领域——提供医疗服务和哺育服务的公共与民营机构。这里公共部门是指设立机构的主体是公共机关（中央政府或者地方政府）的情况；民营部门意味着机构的设立主体是非公共机关的情况。表5中医疗机构中有92.3%属于盈利性的民营机构，只有7.7%显示为公共部门。哺育服务供给领域中的民营机构也以95.0%的绝对占有率优势，高于公共机构的5.0%。甚至韩国的各类公共机构所占比重与世界上公共机构比重较低的日本（约30%）、美国（约40%）相比都处于低水平。老人长期护理法立法后急速膨胀的老人疗养机构设施大多数也属于民营机构，因此，韩国从全世界来看也属于民营社会福利供给者占绝对支配地位的国家。

表5　保健医疗及哺育供给者的公共与民营机构比重　（单位：个，%）

区分	公共部门	民营部门	合计
医疗机构（2002）	3401（7.7）	40628（92.3）	44029（100.0）
哺育机构（2004）	1349（5.0）	25554（95.0）	26903（100.0）

材料：保健福利部：《保健福利统计年报》各年度。

韩国的民营部门福利供给者多数都是依法按照非营利机构的规定管理经营，具有一定的公共性。法律上所谓非营利机构是指尽管从事盈利活动，但盈利活动的收益并不分红给资本投资者的机构。也就是说除了医生的个人所有医院以外，民营医疗机构的法定所有人并不能获得此医疗机构的盈利收益。此外除了个人开办的家庭哺育机构以外，大部分儿童哺育机构的所有者都不能获得机构盈利额的全部。由此可知，韩国的大多数福利供给者就算在经营过程中产生了经济效益，也不能像股份公司那样把利润分配给投资人，因此它具有非营利性质。但是尽管有法律规定，很多福利供给者还是从事盈利活动、追求利润。最近韩国国内关于通过允许医疗和哺育服务领域转向盈利法人，即允许其向投资者分配投资收益的盈利医疗法的呼声正在日益高涨。按照法律规定虽然属于非营利机构却努力追求盈利性的韩国民营福利供给者们，由于其从规模上远远大于公共福利机构所以成为了韩国公共福利机构发展壮大的主要妨碍因素。

（五）传达体系“代金券”

关于韩国社会福利传达体系值得一提的就是最近在儿童哺育、老人护理领域中所出现并快速发展的电子代金券制度。韩国的传统社会福利传达体系是向福利供给者分配资源、再由供给者提供福利服务的供给者支援方式。在社会保险与公共补助制度中这种供给者支援方式依旧是传达体系的主流，可是最近在儿童哺育、老人疗养、残疾人福利和儿童福利领域开始出现了通过直接支援福利消费者，提高消费者选择权从而转向消费者支援方式的趋势。

例如，从2009年起正式实施的儿童哺育服务代金券制度，之前国家提供的儿童哺育支援费是经中央政府下发地方自治体(市、郡、区)最后以现金形式直接发放给哺育机构的。但是在代金券制度下消费结构变成了：由国家提供的哺育支援金一定额被做成代金卡(类似于一种电子信用卡)直接发放给哺育服务消费者(父母)，哺育消费者在哺育机构里可以直接刷卡(代金卡)。即在过去的供给者支援方式下哺育补助金被提供给了哺育机构，而在新的代金券制度下哺育消费者可以获得一定金额的现金卡，因此他们也可以选择供给者。

韩国政府主张，在这种代金券制度引入后可以有效解决原供给者支援体制下出现的供给者间缺乏竞争、机构管理中发生的道德风险(侵吞国库资金)以及浪费行政管理费用等问题。即政府认为以代金券为桥梁的消费者支援体系可以达到行政管理费用最少化、在竞争中提高服务质量、预防供给者道德风险等多重效果。虽然电子代金券制度从2007年起开始实行，现在着手评价其制度成效为时尚早，但纵观这两年的成果可以得出以下的评价：一是通过代金券制度的引入，老人照看、残疾人活动辅助、低收入阶层的疾病看护等社会福利服务领域的规模得到了扩大，同时提供这些福利服务的供给机构也大幅增加了，供给机构从2007年5月的约470家增加到了2009年2月的7800家，即通过代金券制度刺激了韩国社会福利服务市场的扩展。二是随着社会福利服务市场的扩展，这一领域的就业岗位随之增加了。三是没有出现通过刺激供给机构之间的竞争而达到提高福利服务质量的现象。四是消费者拥有的供给机构选择权没有得到良好的运用。五是由于政府管理着福利服务的价格，所以市场上提供的服务质量并不高。

在儿童福利等社会福利服务领域中引入的代金券制度最近正在迅速发展，而且出现了向职业教育等劳动力市场政策、教育政策、文化政策领域扩张的征兆。因此，代金券制度很有可能给韩国传统的供给者中心社会福利传达体系带来根本性的变化。但是强调保障福利使用者(消费者)的选择权、通过激起供给者间的竞争来提高服务质量的代金券制度，在实行价格管制、不允许盈利机构存在的韩国是否能按照理想状态运作还是个疑问。

四、结论:争议及展望

如前所述,通过近50年的经济增长,韩国从一个落后的农业国一跃变身成为一个中等发达国家水平的工业国,社会福祉领域也经历了与经济增长相似的高速膨胀过程,其社会福祉水准已经进入了西方国家曾经历过的福利国家初级阶段。此外,由于收入分配结构的恶化、低生育—老龄化的加速,社会对于社会福祉的需求预计还会进一步地增长,社会福祉的膨胀趋势还会持续。在这一社会背景下,最近各派政党与市民社会正在就福利国家建设必要性达成广泛的共识。但韩国迈向真正的福利国家还面临许多难题,这里就其中的几个核心问题提几点看法,并以此作为本文的结论:

第一,劳动力市场结构分配体制的恶化问题,能否通过社会福祉制度来改善的争论。西方形成福利国家的一个重要原因就是劳动力市场中的收入分配或劳动条件差别不悬殊。初级劳动力市场中发生的严重收入不平衡虽然可以通过税收与社会福祉制度来调节但仍存在其局限。因此,只有把能够缓和初级劳动力市场不平等的劳动政策、产业政策同社会福祉政策、税收政策同时推进,才能创造普遍主义福利国家。韩国属于劳动力市场中正规劳动者与非正规劳动者劳动条件极度差别、收入极度不均衡的国家。韩国的劳动力市场中非正规劳动者的收入只有正规劳动者收入水平的48%。非正规劳动者中仅有45.6%的人口加入了国民年金制度,也仅有37%的人口加入雇佣保险。同时仅有26.4%的非正规劳动者可以在退休时领取到退职金(金渊明,2010)。因此,社会各界呼吁改善非正规劳动者劳动条件的劳动政策与社会福祉政策同时促进、双管齐下,但这又与企业追求效益最大化的宗旨相悖,所以目前还未出现良好的解决方案。可以肯定的是,初级劳动力市场中的不平等问题,特别是非正规劳动者问题如得不到有效解决,韩国将会走上一条畸形的福利国家之路。

第二,日益增长的社会福祉财政如何筹资的问题。维持普遍主义福利体系的北欧国家大部分在租税收益和社会福祉费支出上都属于发达国家中的高水平。按照2007年OECD主要国家租税负担率与社会保险贡献率之和的国民负担率材料可知,韩国以26.5%的国民负担率低于发达国家中社会福祉相对不发达的美国(28.3%)和日本(28.3%),更与OECD国家平均水平的35.8%国民负担率相差甚远。这里要提出的问题就是,在这么低水平的国民负担规模之下是否可能持续社会福祉的膨胀的问题。答案很简单,就是需要加大租税负担率。但是目前主要政党没有就租税负担增加的议题达成共识,保守的新国家党长久以来一直坚持减税政策并对增税持批判态度,在野的民主党也没有显露出公开支持增税的意向。民主党为了应对持续增长的社会福祉需求主张将原政府预算支出做结构性调整。大体上看,只有进步政党主张增税和增加收入税、财产税的比率。虽然社会各界在面对持续增长的社会福祉需求方面对扩大财政支出意见具有共识,但对于所需财政应怎样准备还没有达成政治共识,这点在今后几年也一直会是议论焦点。

第三,以追求利益为目的的民营供给者占多数的社会福利供给体制将如何变化的问题。如前文所述,韩国的社会福利供给者多为民营供给者,政府不易控制服务价格,导致资源分配缺少效率、财源过度消耗,这在未来会成为韩国福利国家的一项较大的财政负担。儿童哺育机构、医院,以及最近快速扩张的老人疗养机构等大多数机构作为民营服务供给者必须保证管理运作的一定利润。但是把民营供给者为首的供给结构完全转变成公共部门为首的结构需要大量的财源,从现实角度看几乎没有可能。目前公共部门带来的社会福祉支出过度膨胀引起了担忧,同时支持扩充公共福利机构设施的呼声也越来越高。但是这些并不是跨时代的扩充举措,而是仅仅停留在"确保30%的公共医疗"、"确保30%的哺育机构"等口号上。事实上,仅30%的公共福利机构扩充也是很困难的,这是由于之前为了解决不断增加的福利服务需求,已动员了相当大规模的民间资本来参与。这项政策从长期来看存在政府需负担较大费用的问题。所以将以民营供给者为首的福利供给体制转变成以公共部门为首的供给体制从现实角度看困难重重。如果不加大政府预算力度,连做到扩充30%左右的公共福利供给者都很难,因此这一问题实际上是与税费负担增加、即增税相关的政治问题。

参考文献

金渊明:《社会保险市场化的争论焦点》,《社会福利政策》第33卷,韩国社会福利政策学会,2008年。

金渊明:《非正式工的社会保险死角地带规模及实况的再探讨》,《社会福利政策》第37卷第4号,韩国社会福利政策学会,2010年。

金渊明:《韩国普遍主义福利国家的意义与课题》,《民主社会与政策研究》特辑19号,民主社会政策研究院,2011年。

金英顺、全顺美:《公共补助制度》,杨载近等(2008)《韩国的社会福祉政策决定过程:历时和材料》,那南出版社2008年。

金龙德:《社会服务代金券事业两年的评价及课题》,《社会服务代金券事业充实及扩大

方向 学术会议材料集》,2009 年。

OECD(2009),OECD Social Expenditure Database.

OECD(2009),*Revenue Statistics 1965-2008*(2009 Edition).

Kim Yeon-Myung(2008),"Beyond East Asian Welfare Productivism in South Korea",*Policy & Politics*,Vol.36,No.1.

KOSIS,http://kosis.kr,2011 年 12 月 13 日访问。

Pierson C.(2004),"Late Industrializers and the development of the welfare state", in T. Mkandawire(ed),*Social policy in a development context*,New York,NY:Palgrave Macmillan.

World Bank(1993),*The East Asian Miracle*,Oxford University Press.

第二篇

中日韩社会保障相关专业术语

中国社会保障相关专业术语

丁 建 定[①]

中国现在使用的社会保障专业术语，是在中华人民共和国成立后所使用的概念基础上，经过近30多年的制度变革而逐渐形成的。由于中国的改革实践往往超前于学术研究，对社会保障概念的界定也往往表现为官方主导，如社会保障概念出现在20世纪80年代，社会保险则是伴随着对原有的劳动保险制度的改革而出现的，社会救助源自原来的救灾救济等。因此，中国的社会保障术语与欧美诸国的概念事实上存在着差异。本文择中国流行的主要概念进行解析。

一、社会保障概念的解析

在中国，对社会保障概念的认识存在“大社会保障”和“小社会保障”概念之分。大社会保障将社会保障等同于西方国家的社会福利，小社会保障将社会保障作为西方国家社会福利概念的一个部分。一些学者，如尚晓援，较为认可小社会保障概念。[②] 相反，更多的学者以及社会保障实践者则推崇大社会保障的概念，中国的法律、官方文献中的社会保障均是大保障概念，这在中国已经约定俗成。

关于社会保障的概念，郑功成指出，社会保障是各种具有经济福利性的、社会化的国民生活保障系统的统称。[③] 进而，他指出社会保障概念的三个要素：一是具有经济福利性，即从直接的经济利益关系来看，受益者的所得大于所费；二是属于社会化行为，即由官方机构或社会中间团体来承担组织实施服务，而非供给者与受益者的直接对应行为；三是以保障和改善国民生活为根本目标，包括经济保障与服

① 丁建定，中国华中科技大学社会保障学科教授、社会学系主任、社会保障研究所所长。

② 尚晓援：《“社会福利”与“社会保障”再认识》，《中国社会科学》2001年第3期。

③ 郑功成：《社会保障学》，商务印书馆2000年版，第11页。

务保障等。①

中国社会保障制度的内容是不断发展和完善的。1986 年,在《国民经济和社会发展第七个五年计划》中,"社会保障"首次在官方文件中出现。② 该文件指出,要逐步建立、改进各种类型的社会保险制度,改进和完善社会福利、社会救助与优抚保障工作,有步骤地建立起有中国特色的社会保障制度的雏形。可见,这一时期,政府认为社会保障的外延包括社会保险、社会福利、社会救助和优抚保障。③ 1993 年的《中共中央关于建立社会主义市场经济体制若干问题的决定》,指出社会保障体系包括社会保险、社会救济、社会福利、优抚安置和社会互助、个人储蓄积累保障。④ 2006 年的《中共中央关于构建社会主义和谐社会若干重大问题的决定》,指出社会保障内容包括社会保险、社会救助、社会福利、慈善事业。⑤ 另外,学界对社会保障外延的认识也不尽相同。郑功成指出,社会保障包括社会保险、社会救助、社会福利及其他各种服务,他提出了社会保障三要素论,包含了各种社会性保障措施。⑥《现代劳动关系辞典》将社会保险、社会救助、社会福利、优抚安置、公共医疗卫生事业作为社会保障的主要内容。⑦ 尽管学界和社会保障实务部门对于社会保障内容的认识存在差异,但可以发现,社会保险、社会救助和社会福利属于社会保障的范畴取得了一致认可,慈善事业、优抚安置等存在认识上的差异。事实上,随着慈善捐赠的发展,慈善事业已经成为中国内陆地区社会保障的重要内容,而优抚安置本质上属于对于军人的救助或福利。

二、社会保险概念的解析

从中国不同学者对社会保险概念界定出发(如表 1 所示),对社会保险概念的把握需要关注以下方面:首先,社会保险的对象是劳动者;其次,社会保险主要应对劳动者的老年问题、疾病问题、失业问题、工伤问题和生育问题;再次,社会保险水平以满足基本生活为标准。

---

① 郑功成:《社会保障学》,商务印书馆 2000 年版,第 11 页。
② 张海鹰:《社会保障辞典》,经济管理出版社 1993 年版,第 298 页。
③ 《国民经济和社会发展第七个五年计划》。
④ 《中共中央关于建立社会主义市场经济体制若干问题的决定》。
⑤ 《中共中央关于构建社会主义和谐社会若干重大问题的决定》。
⑥ 郑功成:《社会保障学》,商务印书馆 2000 年版,第 12 页。
⑦ 苑茜、周冰:《现代劳动关系辞典》,中国劳动社会保障出版社 2000 年版,第 495 页。

表 1 中国不同学者对于社会保险概念的界定

提出者	社会保险概念
郑功成	社会保险是以劳动者为保障对象,以劳动者的年老、疾病、伤残、失业、死亡等特殊事件为保障内容的一种生活保障政策。
成思危	社会保险是政府依据一定的法律和法规,对具有一定参保年限或缴费金额的劳动者在发生年老、疾病、失业等风险而暂时或永久失去工作能力、丧失收入或收入减少时,通过向雇主和雇员等筹集资金来给予补偿,以至少满足他们基本生活需求的一种社会制度。
孙光德、董克用	社会保险,就是以国家为主体,对有工资收入的劳动者、在暂时或永久丧失劳动能力,或虽有劳动能力而无工作亦丧失生活来源的情况下,通过立法手段,运用社会力量,给这些劳动者以一定的收入损失补偿,使之继续享受基本生活水平,从而保证劳动力再生产和扩大再生产的正常运行,保证社会安定的一种制度。
丁建定	社会保险是国家通过立法强制实施,并运用大数法则建立社会保险基金,当劳动者面临年老、疾病、失业、工伤或生育等特定风险而使生活陷入困境时,对其提供物质帮助,从而保证其基本生活的一种社会保障制度。

资料来源:郑功成:《社会保障学》,商务印书馆 2000 年版,第 8 页;成思危:《中国社会保障体系的改革与完善》,民主与建设出版社 2000 年版,第 86 页;孙光德、董克用:《社会保障概论》,中国人民大学出版社 2000 年版,第 26 页;丁建定:《社会保障概论》,华东师范大学出版社 2005 年版,第 76 页。

从上述社会保险应对的社会问题出发,中国社会保险制度的内容主要包括养老保险、医疗保险、失业保险、工伤保险和生育保险。养老保险是通过立法对达到国家法定的退休年龄或缴费满一定年限的劳动者,由国家或用人单位为其提供社会保险金,以保障其基本生活需要的一项社会保障制度;医疗保险是国家和企业对职工因患病(含非因公负伤)暂时丧失劳动能力时的治疗与生活给予物质帮助的一种社会保险制度;失业保险是劳动者由于非本人原因失去工作、中断收入时,由国家和社会依法保证其基本生活需要的一种社会保险制度;工伤保险也称职业伤害保险,是指劳动者在生产劳动或其他工作过程中遭受意外伤害或因长期接触有毒因素引起的职业病伤害后,由国家或社会向其个人或其所供养的亲属提供必要的物质保障制度;生育保险是指女职工因怀孕、分娩而无法从事正常的生产劳动,中断经济来源时,由国家和社会给予医疗保健服务和物质帮助的一种社会保险制度。①

中国社会保险制度在改革中不断发展变化。1986 年以前,中国社会保险制度表现出国家保障的特征,社会保险资金主要来源于国家或者企业,个人不用缴纳社会保险费。1986 年以来,中国社会保险制度进入改革年代,重新确立了社会保险的制度构架,强调参保者权利义务相结合,通过劳资双方缴费筹集社会保险基金,

① 丁建定:《社会保障概论》,华东师范大学出版社 2005 年版,第 80—84 页。

政府给予相应的补助,并从单位保险制走向社会保险制,从单一层次走向多层次。其中,社会养老保险采取了社会统筹与个人账户相结合的财务机制。随着中国人口老龄化的加剧,老年人的护理需求不断增加,但中国还没有建立护理保险制度,这个矛盾促使中国进行护理保险的探索和理论研究。

三、社会救助概念的解析

从表2中可以发现,尽管中国学者对于社会救助概念的认识在表述上存在差异,但其本质较为接近。社会救助概念可从以下几个方面进行认识:一是社会救助的主体主要为政府和社会,政府承担社会救助的主要责任,社会则以捐赠、互助等方式承担社会救助的补充责任。二是社会救助的对象具有选择性,社会救助对象主要是弱势群体(或社会脆弱群体),因此救助对象获取救助资源需要经过较为严格的审查。三是社会救助的水平以保障最低生活水平为标准。四是社会救助的方式以提供货币或者实物进行。

表2　中国不同学者对于社会救助概念的界定

提出者	社会救助概念
郑功成	社会救助是指国家与社会面向由贫困人口与不幸者组成的社会脆弱群体提供款物救济和扶助的一种生活保障政策
孙光德、董克用	社会救助是国家通过国民收入的再分配,对因自然灾害或其他经济、社会原因而无法维持最低生活水平的社会成员给予救助,以保障其最低生活水平的制度
丁建定	社会救助是国家通过立法,对于因为自然和社会等不可抗拒因素造成生活困难,难以维持最低生活保障的社会成员,按照法定程序,以货币或者实物的形式进行救助,以维持其最基本的生活需求的社会保障制度
钟仁耀	社会救助是指通过立法由国家或者政府对由于失业、疾病、灾害等原因多造成收入中断或者收入降低并陷入贫困的人员或者家庭实行补偿的一种社会保障制度

资料来源:郑功成:《社会保障学》,商务印书馆2000年版,第13—14页;孙光德、董克用:《社会保障概论》,中国人民大学出版社2000年版,第28页;丁建定:《社会保障概论》,华东师范大学出版社2005年版,第85页;钟仁耀:《社会救助与社会福利》,上海财经大学出版社2013年版,第18页。

中国社会救助的内容也在改革中不断发展和完善。20世纪80年代以前,社会救助内容主要包括救灾救济、五保供养制度、流浪乞讨人员临时救助。① 1999

① 丁建定:《中国社会保障制度体系完善研究》,人民出版社2013年版,第19页。

年，中国建立了面向城市居民的最低生活保障制度并在2007年将这种制度覆盖到农村居民，同时还制定了医疗救助、教育救助、住房救助等制度，加上原有的灾害救助等，中国逐渐形成了包括长期生活类救助、专项分类救助和临时应急类救助的综合型社会救助体系。其中，长期生活类救助包括最低生活保障制度和五保供养制度，专项分类救助包括医疗救助、住房救助、教育救助和法律援助，临时应急类救助包括灾害救助、流浪乞讨救助和临时救助。① 在中国社会的发展和转型中，形成了不同的社会问题和不同类型的弱势群体，中国社会救助制度内容的发展和完善需要与时俱进，应对不同种类的社会问题，覆盖不同类型的弱势群体。

四、社会福利概念的解析

在中国，对社会福利概念存在两种不同的看法，一种是大社会福利概念，一种是小社会福利概念。大社会福利概念将社会福利等同于西方国家的社会福利概念，小社会福利概念将社会福利作为社会保障的一部分。

对于社会福利的概念，官方文献、多数学者和社会保障实务部门通常认可小社会福利概念，即将社会福利作为社会保障的一个组成部分来看待。郑功成指出，基于中国的实践，中国的社会福利其实是专指国家和社会通过社会化的福利设施和有关福利津贴，以满足社会成员的生活服务需要并促进其生活质量不断得到改善的一种社会政策。② 钟仁耀认为，社会福利是指政府与社会通过专业化的福利机构，为解决社会上的特殊群体以及一般社会成员的实际困难，提高国民的生活质量而有针对性地提供服务和设施的一种社会保障制度。③ 陈良瑾认为，社会福利是国家和社会通过社会化的福利津贴、实物供给和社会服务，满足社会成员的生活需要并促使其生活质量不断得到改善的一种社会政策。④ 对于社会福利概念的理解，需要把握以下内容：一是社会福利的实施主体是政府和社会，政府对社会福利提供制度设计、财政支持、管理监督等责任，社会机构是社会福利的重要实施者。二是社会福利的对象是全体社会成员。三是社会福利主要采取服务的形式。四是社会福利的水平是以促进社会成员的生活质量不断得到改善和提高为标准。

---

① 郑功成：《中国社会保障改革与发展战略——理念、目标与行动方案》，人民出版社2008年版，第261页。

② 郑功成：《社会保障学》，商务印书馆2000年版，第20—21页。

③ 钟仁耀：《社会救助与社会福利》，上海财经大学出版社2013年版，第214页。

④ 陈良瑾：《社会救助与社会福利》，中国劳动社会保障出版社2009年版，第81—82页。

中国社会福利的内容伴随改革与发展而发生了重要的变化。传统中国社会福利的内容主要包括以下内容：一是民政福利，包括社会福利设施、福利企业、社区福利和收容遣送等，实施对象主要是孤老残幼；二是单位福利，包括生活服务、文化福利、职工住房、职工补助等，实施对象为单位职工及其家属；三是公共社会福利，包括教育社会福利、价格补贴、卫生社会福利和公共住房分配等，实施对象为一般社会成员。① 随着经济体制改革的推进，中国社会福利开始进行社会化改革。现行中国社会福利的内容主要包括老年人福利、妇女福利、儿童福利、残疾人福利、职业福利等。中国逐渐形成了包括老龄津贴、教育、养老服务、健康等为主要内容的老年福利体系，形成了包括福利津贴、福利设施和福利服务的职业福利体系，形成了包括教育、就业、健康、生育、法律援助、社会保障服务在内的妇女福利体系，逐渐形成了面向普通儿童、贫困儿童、孤残儿童、流浪儿童、留守儿童、受艾滋病影响儿童的健康、教育、生活环境、社会保障服务、校车安全等方面的儿童福利体系，形成了包括就业、教育、康复、救助为主要内容的残疾人福利体系。②

对于中国社会福利的发展，有的学者提出要从“救济型”福利向“制度型”福利、从“补缺型”向“适度普惠型”福利转变。③ 而《中华人民共和国国民经济和社会发展第十二个五年规划纲要》指出，以扶老、助残、救孤、济困为重点，推动社会福利由补缺型向适度普惠型转变。可见，未来中国社会福利发展的方向是适度普惠型社会福利。景天魁指出，“普惠”是要建立一种全体国民均能享受的福利模式，“适度”是指这个社会福利的建设具有阶段性。④ 适度普惠型社会福利是由政府和社会基于本国（或当地）的经济和社会状况，向全体国民（居民）提供的、涵盖其基本生活主要方面的社会福利。⑤

五、福利国家概念的解析

中国学者对于福利国家概念的认识并没有取得较为一致的看法。周弘指出，福利国家是一种国家形态，这种国家形态突出地强化了现代国家的社会功能，所以

① 钟仁耀：《社会救助与社会福利》，上海财经大学出版社 2013 年版，第 223 页。

② 丁建定：《中国社会保障制度体系完善研究》，人民出版社 2013 年版，第 25—27 页。

③ 林闽钢：《中国适度普惠型社会福利体系发展战略》，《中共天津市委党校学报》2011 年第 4 期。

④ 景天魁、毕天云：《从小福利迈向大福利：中国特色福利制度的新阶段》，《理论前沿》2009 年第 11 期。

⑤ 王思斌：《我国适度普惠型社会福利制度的建构》，《北京大学学报（哲学社会科学版）》2009 年第 3 期。

它是一个政治学的概念;"福利国家"还有一层意思,那就是特指国家中专司福利的那部分职能和机制。① 林卡指出了福利国家的几个认识,"福利国家"模式则强调国家对于国民的福利保障责任,并通过公共财政和社会政策的手段来运作国家福利体制;"福利国家"的理念则与此相反它采取自上而下的视野,从国家的角度来考虑社会福利的制度安排,它关注政府的公共财政和社会保障政策的制定和执行,并致力于推进国家福利体系的成长。② 代恒猛指出,"福利国家"实际上已经成为一种特定的概念被人们所接受,具有特定的内涵,主要是指以推行覆盖所有社会成员的、"从摇篮到坟墓"的社会福利为基本特征的西欧发达资本主义国家,也可以理解为在这些国家实施的具体社会福利制度本身,或者理解为一种与美国自由市场经济相区别的一种经济和社会发展模式。③ 除此之外,基于意识形态原因的考量,福利国家专指哪些建立了完善的社会保障制度的资本主义国家,比如瑞典、英国、美国等。

可以发现,基于不同的视角,对福利国家可以进行不同的界定。但无论哪种界定,都接受福利国家具有完善的社会保障制度的特点。当然,福利国家的出现、衰退是伴随着社会经济的变化而不断发生变化的,福利国家的概念在这种变化中也不断演变。

六、福利社会概念的解析

在社会保障制度发展中,中国学者提出了福利社会的主张。对于福利社会的解析,可以从不同角度来进行把握。林卡归纳了福利社会概念的四个角度,他指出,福利社会的内涵可以从以下四个方面把握:其一,它反映了一种从"社会"的角度来看待福利体系的视野;其二,它指称一个社会中的福利"状况"或反映一个社会总体的幸福"状态";其三,它作为人们所追求的理想社会目标来界定;其四,作为一种政策模式或发展战略,它将目标设定在如何提升市民社会组织的自我运作、自我依靠、自我保障能力上。④ 对于中国而言,对福利社会的理解主要是第三个含

① 周弘:《福利国家向何处去》,《中国社会科学》2001 年第 3 期。

② 林卡:《走向"福利社会"——"福利社会"概念辨析及其蕴意》,《人民论坛》2009 年第 10 期。

③ 代恒猛:《从消极福利国家到积极"福利社会"——经济全球化视角下西欧福利国家问题研究》,中共中央党校博士学位论文,2004。

④ 林卡:《"福利社会":社会理念还是政策模式?》,《学术月刊》2010 年第 4 期。

义，即将福利社会看作是一个以关注民生为导向，追求广大群众社会福祉的社会。①

对于中国福利社会的特点和发展，《中国社会保障改革与发展战略》一书进行了描绘。指出，中国特色社会主义福利社会不仅体现在社会保障对全体国民的全面保障方面，而且体现在社会保障决策机制中的中国特色、制度结构中的中国元素、服务供给中的家庭及社会区分、物质基础中的国有资产和公有化土地制度，以及制度化与非制度化之间的平衡智慧等方面。② 可见，未来中国福利社会将社会保障的一般特征与中国特色紧密结合起来，注重中国元素在社会保障中的作用。

七、社会服务概念的解析

社会服务受到中国学者的关注时间较短，因而较少有学者对社会服务概念进行界定。王思斌指出，社会服务是现代国家的一项帮助脆弱群体，解决其基本生活困难的服务活动，是以非现金形式支付或提供的优惠，是以劳务为基础的具体的直接满足服务对象基本需要的服务，从广义上可以这样说，社会服务是在社会保障（社会福利）制度框架下，由政府或社会力量向民众特别是困难群体提供的公共—福利服务。③ 在社会服务概念的理解上，需要关注以下内容：一是政府和社会主体是社会服务的主要提供者；二是社会成员尤其是弱势群体是社会服务的服务对象；三是提供服务是主要方式。

中国社会服务主要体现在养老服务、医疗服务和就业服务上。在中国“重保险、轻服务”的社会保障制度发展框架下，中国社会服务远远滞后于社会保险制度的发展。1996 年，《中华人民共和国老年人权益保障法》颁布，提出发展社区服务。2006 年的《中国老龄事业发展“十一五”规划》提出，加快建立以居家养老为基础、社区服务为依托、机构养老为补充的老年人社会福利服务体系。2011 年的《社会养老服务体系建设规划（2011—2015 年）》指出，社会养老服务体系是与经济社会发展水平相适应，以满足老年人养老服务需求、提升老年人生活质量为目标，面向所有老年人，提供生活照料、康复护理、精神慰藉、紧急救援和社会参与等设施、组织、人才和技术要素形成的网络，以及配套的服务标准、运行机制和监管制度。

① 林卡：《走向“福利社会”——“福利社会”概念辨析及其蕴意》，《人民论坛》2009 年第 10 期。

② 郑功成：《中国社会保障改革与发展战略——理念、目标与行动方案》，人民出版社 2008 年版，第 109 页。

③ 王思斌：《社会服务的结构与社会工作的责任》，《东岳论丛》2014 年第 1 期。

八、慈善事业概念的解析

在慈善事业的认识上，郑功成指出，慈善事业是建立在社会捐献基础之上的民营社会化社会保障。① 丁建定指出，慈善事业是指民众在自愿基础上对社会弱势群体的无偿救助行为。② 可以发现，慈善事业概念具有以下特点：一是慈善事业所需的资金主要来源于社会捐赠；二是慈善事业需要政府和社会的参与，政府主要承担支持和引导作用，社会则主要承担筹集捐款和提供服务的作用。

中国慈善事业的发展经历了曲折的历程。尽管传统中国也存在慈善行为，但在大多数情形下，中国人的仁爱与慈善通常限于家族内部或亲近之人，虽然也有帮助非亲非故者的诸多事例，但总是遵循着由亲及疏、由近及远的潜规则。③ 中华人民共和国成立后，由于存在将慈善作为封建、虚伪事物的错误认识，慈善事业的发展受到阻挠。20 世纪 90 年代以来，随着慈善组织的建立、慈善捐赠税收优惠政策的实施，中国慈善事业得到了一定的发展。在这种背景下，现代慈善事业逐渐形成，它具有以下特征：以社会成员的善爱之心为道德基础，以贫富差别的存在为社会基础，以社会捐献为经济基础，以民营机构为组织基础，以捐献者的意愿为实施基础，以社会成员的普遍参与为发展基础。④

九、其他概念的解析

保障性住房制度概念的解析。关于保障性住房制度，丁建定指出，住房保障制度是社会为“弱势”群体提供满足其基本生活所需住房的保障制度。⑤ 随着 1999 年的《城镇廉租住房管理办法》、2007 年的《经济适用住房管理办法》的颁布和实施，中国逐渐形成了以住房公积金制度、经济适用房制度和廉租住房制度为主要内容的保障性住房制度。其中，住房公积金是中国的一种住房福利政策，它以货币形态出现，由国家机关、事业单位、各类型企业、社会团体和民办非企业单位及其在职

① 郑功成：《社会保障学》，商务印书馆 2000 年版，第 28 页。

② 丁建定：《社会保障概论》，华东师范大学出版社 2005 年版，第 94 页。

③ 郑功成：《中国慈善事业的发展与需要努力的方向》，《学海》2007 年第 3 期。

④ 郑功成：《现代慈善事业及其在中国的发展》，《学海》2005 年第 2 期。

⑤ 丁建定：《社会保障概论》，华东师范大学出版社 2005 年版，第 93 页。

职工按职工工资的一定比例逐月缴存，归职工个人所有，实行专户存储，专项用于职工购买、建造、大修自住住房，并可以向职工个人住房贷款，具有社会保障性特点。经济适用房是由政府提供政策优惠、限定建设标准，供应对象和销售价格，具有保障性质的政策性商品住房，但因实践中存在着标准难以界定等问题，一些地区已经取消。廉租房是由政府以租金补贴或实物配租的形式给低收入家庭提供保障性住房，这种住房租住者只有居住权，而无所有权。

全国社会保障基金概念的解析。为应对人口老龄化发展对养老金需求的增长，中国政府在2000年建立了全国社会保障基金，这一基金不同于根据社会保险制度筹集的社会保险基金，而是中央政府建立的、专门供未来养老金支付需要的战略储备基金，同时成立全国社会保障基金理事会作为业务管理机构，并接受国家社会保险主管部门与财政主管部门的双重监管。2001年，颁布了《全国社会保障基金投资管理暂行办法》，对全国社会保障基金的投资范围、原则等予以确定。全国社会保障基金主要来源于国有股减持划入资金及股权资产、中央财政拨入资金、经国务院批准以其他方式筹集的资金。

日本社会保障相关专业术语

野口定久[1]

在日本社会,超老龄、少子化、人口减少、就业形势恶化等带来的贫困和差距的扩大、社会排斥、地方的衰退、家庭和社区的变化等,不断有新的福利问题喷涌而出。再加上受到前所未有的大地震和核电站事故的侵袭,这样来看,日本可以说是"问题发达国家"(小宫山宏),始终处在需要不断应对诸多问题的状态。而在东亚地区,也普遍面临超低出生率、快速老龄化、家庭主义式福利濒临极限、城市的繁荣和地方的衰退、国际移民女性化、灾害福利等共同的问题。

本文基于第4届社会保障国际论坛(日本福祉大学、2008年)上的主题发言"中日韩的社会福利相关术语比较"以及日本文部科学省科学研究经费基础研究(2010年)的研究成果《2010年度版日本、中国、韩国、中国台湾地区的社会保障与社会福利一览(修订)》,通过中国、日本、韩国的社会保障与社会福利相关术语的比较研究,提出了从以中、日、韩三国为中心的人口构造的趋势出发的社会保障与社会福利的国际合作的两个方法,论述了从中、日、韩社会保障与社会福利相关术语比较研究得出的成果与其影响效果,最后,提出了为今后建设东亚福利社会的新框架与积极的社会保障的思维方式。

一、社会保障相关术语比较研究的方法

(一)东亚人口构造的特征

从20世纪后半期开始到21世纪前半期,亚洲人口构造的趋势是进入了从高出生率、高死亡率向低出生率、低死亡率的人口构造转型的时期。特别是在东亚各

① 野口定久,日本福祉大学教授。译者为日本福祉大学福利社会开发研究所客座研究员罗佳。

国，少子化和长寿化的动向比较明显，人口构造呈现出总人口数从增长转向减少的趋势，0—14 岁的人口和生产年龄人口也从增长转向减少，老年人口则始终在增长。这样的人口构造的变化表现出东亚各国中的明显的时间差。例如，从人口总数来看，日本是在 2004 年达到高峰，并且根据有关预测，韩国将在 2023 年，中国将在 2032 年达到高峰。印度将在 2028 年超过中国成为世界第一人口大国，并且在 2050 年也还会持续人口增长的趋势。从劳动年龄人口来看，日本是在 1995 年迎来了高峰，是 8700 万人。据有关资料推算，韩国预计在 2016 年到达高峰期的 3600 万人。中国预计在 2015 年到达高峰期的 9 亿 9800 万人，而印度预计在 2045 年增长到 11 亿人。① 也就是说，日本以外的亚洲各国在一段时间内被抚养人口指数（译者注：日本的被抚养人口是指 0—14 岁人口与 65 岁以上人口的合计人口）还在受益于相对较低的"人口红利"，正是在这个时期里为发展经济以及迎接即将到来的超老龄社会时代做准备而构筑社会保障和社会福利制度留下了充足的时间。在中国和韩国，有效利用这个人口构造的长处，的确可以说在经济发展与扩大社会保障、社会福利制度中占有优势。

相反，这个"人口红利"现象之后，伴随着作为社会成熟的象征的老龄社会而产生的是"人口负担"现象。少子化开始后不久，原本人数就很多的 0—14 岁的儿童人口进入劳动年龄人口，因此，劳动人口的比例增加，这正是"人口红利"。日本在 1947—1949 年里每年大约有 270 万人出生，形成了婴儿潮的一代。作为这一代的下一代是第 2 次婴儿潮的一代（1971—1974 年），当时每年大约有 200 万人以上出生的第 2 次婴儿潮的一代从 20 世纪 80 年代开始到 1995 年的这段时期进入到劳动年龄人口，这一时期也正是日本经济的黄金时期。换句话说，是"人口红利"现象的好处。这一大规模人口的一代带动了大量生产、大量消费（福特主义）式的经济高度成长，成为激活社会的原动力。但是，膨胀起来的劳动年龄层不久就步入老龄期，伴随少子化的进程，劳动人口的比例（劳动年龄人口）开始减少了。这正是"人口负担"。关于近几年造成日本通货紧缩趋势的主要原因是"人口负担"的说法比较占优势。也就是说，劳动年龄人口是消费的主角，可以预测，这个劳动年龄人口减少会带来内需的减少。另一方面，企业的供给量没有变，因此，拉开了需求和供给的差距导致了通货紧缩。②

特别是东亚地区，可以把"人口红利"和"人口负担"存在的时间差看做是开展经济社会的国际合作的良好机会。人口构造的转型和经济发展同步进行，因此，发

---

① 摘自 2008 年版《联合国世界人口推算》。

② 藻谷浩介：《通货紧缩的真面目》，角川书店 2010 年版。

达国家和新兴国家之间保持互补关系（通过人、物资、资金的往来双方受益）是非常重要的。例如，在日本引进亚洲区域的青年人才的同时把具有丰富的日本经验的年长人才输出到亚洲各地区，需要在国际交流方面创造劳动机会。在预测了人口动态的基础上建立和加强社会政策（社会保障和社会福利制度）的国际关系框架是需要解决的重要问题。

（二）比较研究方法论

根据日本学者埋桥孝文提出的国际比较研究的 3 个阶段发展论，在第 1 阶段（赶超欧洲）、第 2 阶段（客观的审视在东亚区域内的定位）、第 3 阶段（应用于国内政治、制度的开发）里，埋桥认为现在正处于从第 2 阶段向第 3 阶段发展的过程中。① 并且，该套丛书的目的是为了培养出兼备从亚洲出发的社会保障和社会福利相关概念与分析框架的人才创造教材，同时包括向欧盟和美国等地区发出信息。

在东亚，为了稳固通过经济和文化方面的交流建立的友好关系，从社会政策、社会保障、社会福利的角度出发的研究合作与实践交流应该具有重要的意义。基于这样的友好关系的东亚社会政策、社会保障、社会福利的发展战略需要在维持环保式经济成长率的同时，形成多层次的中等收入群体，开发使衰弱的家庭、社区重新坚固起来的家庭政策和社区政策项目，重新铺设以社会保障和社会福利制度为基础的强大的安全网，形成让民主主义稳定发展的市民社会。因此，①从东亚各国或区域所具有的家庭、社区的多样性出发，②从社区福利的视角构建公共服务的多元化供给体系，并由多元化的部门来合作经营和运营，③最终得出以地方政府的责任为根本的社会福利服务、社会保障制度的共通性。

将这个方法论具体化的话，首先，可以描绘出通过分析东亚各国各自的经济发展阶段、国内政策环境、国外政策环境、文化特征、地区特征、社会问题的表现方式等来看到的“东亚福利社会”的具体形象。其次，通过中国、日本、韩国的社会保障、社会福利制度的比较研究，明确地提出国际合作的具体内容。例如，在制度设计层面，日本的国民健康保险制度和护理保险制度、社区福利计划等向农村地区或半山区等地区开展制度普及是一个大问题。像日本这样的经验应该可以给予中国和韩国一定的启发。并且，在制度操作和实施层面，可以在社会福利服务的多元化提供体系、居家福利服务和长期介护保险制度的运行、数据管理体系完善等方面开展合作。在技术乃至临床层面，社会工作的实践和援助技术、护理服务等领域的技

① 埋桥孝文：《福利政策的国际动向与日本的选择》，法律文化社 2011 年版，第 18 页。

术性建议、社会福利人才培养的经验等也可以得到应用。

在这里介绍一下中、日、韩的社会政策、社会保障、社会福利比较研究的2个方法论。其一,可以追溯到20世纪60年代,当时发挥了积极作用的日本中国文学领域的文学家、思想家——竹内好主张的“作为方法的亚洲”。竹内认为,以往的欧美=近代化的格式即世界向西方式近代汇集,其中充满了很多问题,“为了更大规模地实现西方卓越的文化价值,西方通过东方进行再包装,反过来西方自身从这里变革,通过这种文化的逆卷,或是价值上的逆卷创造出普遍性”,因此,亚洲的存在可以被认为是一种“方法”。① 像这样的主张,在以西方为中心的福利国家或福利社会的讨论里经常被提到的关于“克服福利东方主义”②的讨论中也是通用的。

另一个方法是圣雄甘地主张的佛教思想“多即是一,一即是多”。在承认“多”里存在的差异的同时共享“一”里的真理,这是使它们同时实现的存在论和认识论。③ 也就是说,既不是东亚多样文化性的单纯的相对的“分散”,也不是强迫“普遍的”社会保障、社会福利的“聚拢”。也就是“价值相对主义”(即使对方的想法和自己的想法不一样,但是可以作为一种思维方式来认可)的立场。姑且认可和自己的意见不一致的对方的思维,但是又不深入到价值观共享的层面,这就是相对主义。这是一种追求“分散且聚拢”的境界的思想,也是一种方法论。

(三)文化的多样性与社会保障制度的普遍性

现在,随着全球化的进展,发生在家庭和个人生活上的戏剧性的变化已经超越了国界。其中,东亚区域内有需要我们共同来解决的问题。一个是人口的少子老龄化,另一个是差距的扩大。全球化的进展作为亚洲区域内的共同问题,有与现代压力或社会病理现象相互作用并以复杂的形式出现在社区里的倾向。在家庭形态变化方面,从每户的家庭成员减少和女性步入社会劳动的倾向来看,由家庭来提供护理或抚养的功能在变化,需要育儿援助、需要介护的老年人或失智老人、还有需要护理预防等保健、医疗、福利服务的人数剧增。东亚区域内还有一个共同的问题是全球竞争中不断扩大的收入差距或区域间差距的问题。在中国、日本和韩国,社会政策的问题里最重要的一个是工薪劳动力的贫困率和个体经营者的贫困率的上

① 参照中岛岳志:《超越文明的冲突》,《日本经济新闻》2008年8月11日。

② 参照武川正吾:《福利东方主义的结束》,武川正吾、金渊明编:《韩国的福利国家与日本的福利国家》,日本东信堂2005年版。

③ 摘自中岛岳志:《差异性的同一性》,《日本经济新闻》2008年7月30日。

升、低收入女性为户主的家庭、双收入家庭、单身老年人家庭、老年人照顾老年人的家庭等,即安全网应该保护的对象及其范围正在迅速扩大。这是从社会福利项目的视角来看的,是指为了解决由于缺乏市场机制造成的收入分配不平等和构造性的贫困问题来开展的通常的社会福利项目。例如,社会救济、公共年金制度等是其代表项目。

东亚的社会政策、社会保障、社会福利比较研究的工作目的,可以说是为了解决城市和地方的不平衡、经济增长和社会体系的不一致、全球化和地方分权化的紧张局势、地区差距的扩大等各种问题,从而避免冲突,保持经济、福利、文化的和谐并使其发展。在此意义上,这个工作无论是在思考以后的中日韩社会保障、社会福利制度的发展方向上,或是在思考社区福利、护理体系的构建等更为普遍且个别性的主题时,都给我们提出了极其重要的问题。因此,在解决方法上需要在区域内积累家庭、社区、文化、互助等社会资本(信赖关系),开创丰富的公共圈。并且,尝试解决个人或家庭的个别问题与社区的共同问题,重构家庭和社区的亲密圈,可以说这正是在为酝酿东亚区域内的和平、环境与福利文化积极地作贡献。

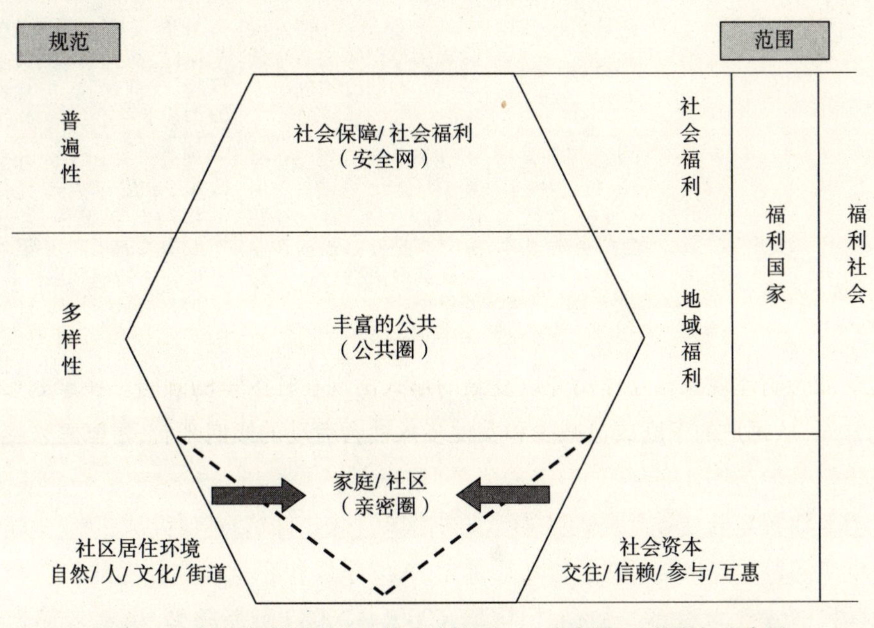

图 1 开创包容型福利社会模式的构图——亲密圈、公共圈与安全网

二、中、日、韩社会保障相关术语比较研究

(一)社会政策、社会保障、社会福利的“隔离”与“互补”

表1　中日韩的社会政策・社会保障・社会福利的分类

领　域	日本(JP)	韩国(KR)	中国(CH)
社会政策相关	资本主义社会中的劳动问题为中心的社会问题以及生活问题骨干的国家政策	*比社会福利政策更广泛的概念但在使用时与社会福利政策有相同的内涵	*为解决生活困难人员、社会弱者的基本生活问题而采取的国家政策,是反映政府的基本责任、基础社会公平要求的政策
社会保障相关	*社会保障:以国家为中心对需要提供生活保障的人提供一定收入或服务的政府供给 *社会保险:针对成为生活穷困的生活上的风险,以防止其陷入贫困状态为目的	*社会保障是由于人们在生活中面对各种各样的危险而陷入无法生活的状态时,为使其恢复到原有的生活状态的国家项目 *社会保险:由收入保障和医疗保障的2个领域的5种制度构成	*社会保障体系包括社会保险、社会救济、社会福利、优抚安置、社会扶助、个人储蓄积累保障,6各方面(中国共产党第14届三中全会) *社会保险:形成由养老保险、医疗保险、失业保险、工商保险、生育保险构成的社会保险体系
社会福利相关	*狭义的社会福利是指对人社会服务,但是广义的社会服务与社会政策、社会服务等基本同义 *社会福利士国家资格(1988年引进,2007年新的大纲改订)	*相互扶助、慈善、博爱、社会救济、社会保险、对人服务、社会补贴 *含有把社会福利事业与社会政策融合在一起的意思 *社会福利士资格(1983年引进,分为1级、2级、3级)	*与老年人相关的社会政策、未成年人与儿童的福利制度服务、与残疾人相关的福利政策 *社会中的福利服务 *2008年6月28日开始实施国家资格考试,分初级社会工作师与社会工作师2个资格。有14万人左右报名

图1和表1是与第3届社会保障国际论坛(韩国、首尔)的研究成果①,一起作为日本文部科学省科学研究经费基础研究(A)“东亚包容型福利社会的创建与形成社区福利专业人员培养的循环体系”(2006—2008)研究成果,由笔者编辑的《2010年度版日本、中国、韩国、中国台湾地区的社会保障与社会福利一览(修

① 摘自第3界社会保障国际论坛(韩国・中央大学)论文摘要集。韩国:洪埛骏教授(成均馆大学),中国:关信平教授(南开大学),日本:埋桥孝文教授(同志社大学)。

订)》的基础上①,对中日韩的社会政策、社会保障、社会福利的术语进行的试分类。

1. 社会政策相关术语。

welfare state(JP · KR:福利国家)、Social Welfare(KR:包括社会福利事业与社会政策)、Social Policy(JP · KR:社会政策;CH:公共管理)、Social Welfare Policy(社会福利政策)、Social Assistance(JP:公共援助;KR:国民基础生活保障;CH:社会救济)、Social Service(JP · KR:社会服务;CH:公共服务)

特征是,①在日本(JP),以劳动问题为中心的与社会问题和生活问题相关的国家应对措施与规定。②在韩国(KR),是比社会福利政策更广泛的概念,但在运用上与社会福利政策具有相同内涵的情况较多。③在中国(CH),被规定为,为解决生活困难人员、社会弱者的基本生活问题而采取的国家政策,反映政府的基本责任与基础社会公平要求的政策。

2. 社会保障相关术语。

Social Security(社会保障)、Social Insurance(社会保险)、Long-term Care Insurance(JP:公共护理保险;KR:老人长期护理保险)

特征是:都是规定为通过国家提供的关于生活保障的各种制度和服务,但是,在韩国,被定位为使其恢复到原有的生活状态的国家项目。社会保险在系统性的不断完善中(在日本和韩国有年金、医疗、劳动、就业、护理保险,在中国虽然没有护理保险但有生育保险)。

3. 社会福利相关术语。

Social Welfare(JP:狭义和广义的社会福利)、Social Welfare Policy(社会福利政策)、Social Work(JP · KR:社会福利事业;CH:社会工作)、Social Worker(JP:1988 · 社会福利士国家资格;KR:1983 · 1 级 · 2 级 · 3 级;CH:2008 · 社会工作师)、Personal Social Service(个人社会服务)、Community Welfare(JP:地域福利;KR:地域社会福利;CH:社区福利)

特征是:①在日本(JP),社会福利被区分为狭义(对人社会服务)和广义(与社会政策或社会服务几乎同义)来使用。②韩国的社会福利范畴包括相互扶助、慈善、博爱、社会救济、社会保险、对人服务、社会补贴等内容。③中国的现状是,与老年人、儿童、残疾人等相关的社会政策呈现在社区中不断完善福利服务的趋势。④在中国,2008 年 6 月 28—29 日开始实施了社会工作师国家资格考试。这意味着东亚三国中都具有社会工作者的国家资格,也使教学计划的相互比较成为可能。

---

① 本文使用的“中、日、韩社会保障与社会福利制度以及文化的比较研究”术语整理是在平泽惠美、永井裕子、长谷中崇志、角野雅美、朱珉等各位学者的合作下完成的。

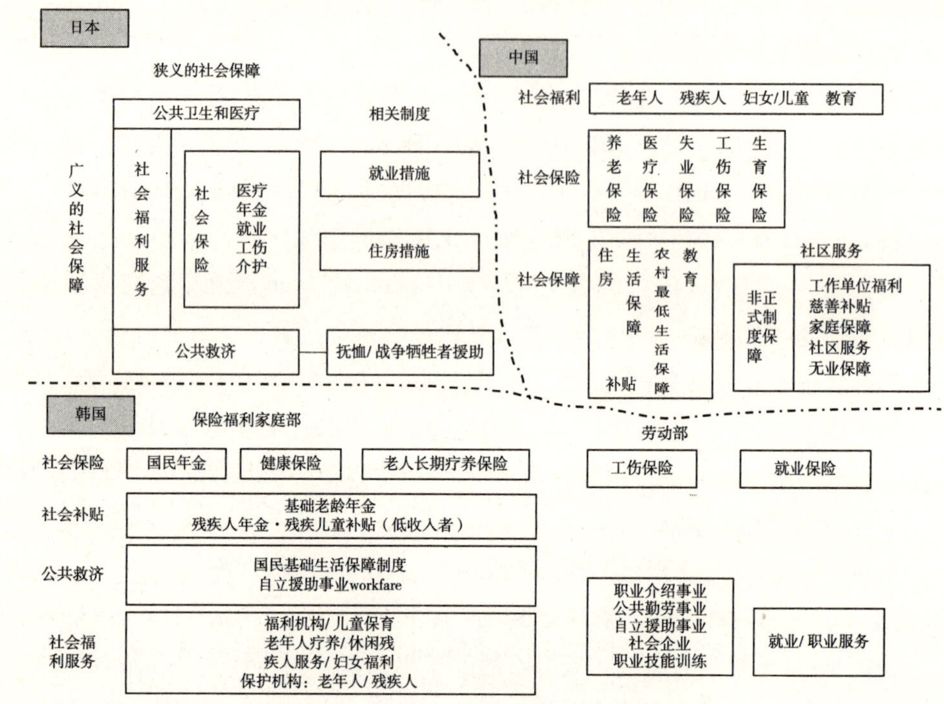

图2　社会保障/社会福利的范围与定位(中、日、韩)

(二)社会政策、社会保障、社会福利的范围与领域

日本学者古川孝顺提出了不同于以往的社会福利发展的新的潮流——“社会福利的L字型构造”论①,“从20世纪90年代初开始,需要把社会福利的研究从传统的社会政策的桎梏中解放出来”,其主要观点是提出了“作为涵括了比传统社会政策更多样化的社会对策的Social policy或者是Social services的范畴进行重新认识,把社会福利作为它的一个部分来构成的政策”(日本社会福利学会编,2008:329)。古川以这个“社会福利的L字型构造”论为基础,在福利服务<社会福利(包括社会救济)<福利政策<社会保障<社会政策的关系里,把福利政策放在相对于狭义的福利服务到广义的社会政策的中间位置进行了定位。也就是说,“福利政策”包括“把社会福利作为关键部分的同时,人权维护、监护制度、消费者保护制度、健康政策、教育、收入保障、保健服务、医疗服务、少年和家庭裁判制度、社会矫正事业、住宅政策、街区建设等具有部分性的重叠,并且,通过它们与一般的社会服务之

① 古川在《福利政策理论的验证与展望》(中央法规,2008)里验证了“社会福利的L字型构造”论的目标与20世纪90年代以后的社会福利的开展是一致的(日本社会福利学会编,2008年,第329页)。

间的联系、调整、合作开展的对策活动”在内的概念来进行定位。

日本学者武川正吾提出把“福利政策”定位在“公共政策”里，“一般来说，把与人们的福利有关的公共政策作为福利政策”，定位在社会福利政策（=狭义的福利政策）<福利政策<社会政策（=广义的福利政策）的关系构造里[①]。公共政策是指政府的政策，承担公共政策的包括中央政府和地方政府以及各种国际机构等。政策是指，某个主体为了解决某个或某些问题而提出的普遍方针，基于这个或这些方针而采取的解决问题的系统化程序的体系开展过程[②]。在社会政策（=广义的福利政策）里，包括①以就业保障或劳动条件的限制为目的的劳动政策，②为某种社会事故做准备的收入保障，③与治疗疾病或维持健康相关的健康政策或保健政策，④对处于社会不利条件的人们的自立提供帮助的个人社会服务，⑤为了谋求人们的居住稳定或居住环境改善的政策，⑥与人们的成长发育时期学习或教育相关的政策等。社会福利政策（=狭义的福利政策）主要是指日本的社会福利法（旧的社会福利事业法）里规定的各种对策[③]。因此，新的福利政策是，①把以往的社会福利政策（=狭义的福利政策、福利政策的核心部分）作为支柱，②社会福利政策以外的社会政策领域中的福利政策——在传统的社会福利政策概念较少被主动重视的领域，通过这两个领域来使它成立[④]。

表 2　东亚社会政策/社会保障/社会福利的范围与领域

狭义的社会福利	社会保障	社会政策	广义的社会福利
对人社会服务	社会保障制度	公共政策	福利国家
地域福利的推动方法	社会服务以及社会补贴、公共救济等	就业保障	福利社会
社会工作	社会保险	社会保障	社会政策
专业人员国家资格	针对年金/医疗/劳动/就业/住宅/介护等生活困难的风险，防止其陷入贫困状态	生活保障	社会福利政策
		劳动市场对策	地域福利政策
		少子化/家庭对策	

注：野口定久作图。

① 武川提出福利政策是“与（作为）广义的福利政策（的社会政策）和（作为）狭义的福利政策（的社会福利政策）都相关的公共政策，位于两者之间”的见解。参照“福利政策的理论与实际”社会福利士培养讲座编集委员会编：《新·社会福利士培养讲座4　现代社会与福利——社会福利原论》，日本中央法规，2009年3月，第43—65页。

② 《福利社会事典》（日本）弘文堂，（武川，1999：863）。

③ 《福利社会事典》（日本）弘文堂，（武川，1999：863—864）。

④ 参照武川正吾“福利政策的理论与实际”社会福利士培养讲座编集委员会编：《新·社会福利士培养讲座4　现代社会与福利——社会福利原论》，日本中央法规，2009年3月，第43—65页。

如表2所示,既依靠这些福利政策的概念或领域,同时笔者又把福利政策试着定位在福利国家(广义的社会政策与狭义的社会福利政策领域)与福利社会(传统的社会福利政策概念中较少被主动重视的领域)的互补关系中。

(三)今后的社会保障相关术语比较研究

表3运用社会保障相关术语比较研究方法对开创东亚福利社会进行了描画。其框架设定为领域、问题、方法、指标。

(1)“家庭、社区”——从亲密圈领域来看,作为对象的问题是由于家庭功能的减弱、社区共同性的衰退等产生的个别福利问题,需要找出应对这些事象的方法。其方法需要储备社会资本和开创新的区域共同性。并且,作为构建亲密圈的社会指标,提取与社会资本的积累和社区居住资源的相关条目,力争对弱化了的家庭和社区进行相互补充和加强。

(2)“丰富的公共”——从公共圈领域来看,作为对象的问题有区域间差距、地方财政危机、社会排斥和冲突,即社区和生活问题。并且,解决这些问题的方法需要地方治理的政策化和实践化。另外,尝试整理了形成地方治理的各个条目。有社会服务(保健、医疗、福利、福利机构、教育、住宅等),地方分权和财政(地方自治、财政能力指数、经常收支比率),企业福利、市民组织、社会教育(当事人团体、NPO、外国国籍居民等少数派或志愿者活动)等。

(3)在“社会保障、社会福利”——安全网领域里,从政策和实践来应对贫困、收入差距等社会问题的同时,主要需要由中央政府和地方政府来完善强大的社会安全网。作为其个别指标的有社会保险(年金、医疗、劳动、就业、介护)、社会保障制度(社会救济、住宅、教育、保健)、社会福利(社会福利专业教育、国家资格)等。今后需要对每个条目进行定量测量并通过定性研究掌握其实体。

本文最后在这里举出日本与韩国的研究合作的3点影响效果。①在由于家庭功能的衰退或地域共同性的衰退而带来的个别福利问题中,由社会福利专业人员来进行实务介入,再通过积累社会资本或灵活运用地区里的居住资源(储备)应该可以对不断缩小的家庭或地域社会的亲密圈起到增强的作用。②通过地方治理来提高形成丰富的公共圈(市民社会)的可能性。③在改善世界各国里不断扩大的差距社会时,在各国或各地区中通过重新铺设安全网(社会保障和社会福利制度)的工作,来确立国民或居民的生活保障等。社会政策理论的发展将是一个引导“贫困、差距、排斥的社会”向“包容型福利社会”发展的切实有效的道路。

表 3 开创包容型福利社会与社会指标

领域	问题	方法	指标
社会保障・社会福利（安全网）	贫困・收入差距（社会问题）	重新铺设社会安全网	*社会保险（年金、医疗、劳动、就业、介护） *社会保障制度（社会救济、住宅、教育、保健） *社会福利（社会福利专业教育、国家资格）
丰富的公共（公共圈）	地区间差距・地方财政危机・社会排斥、社会摩擦（地区・生活问题）	地方治理的政策与实践	*社会服务（保健・医疗、福利、设施机构、教育、住宅等） *地方分权与财政（地方自治、地方财政力指数、经常收支率） *企业福利 *市民团体、社会教育（当事人团体、NPO、外国国籍居民等少数派、志愿者活动）
家庭・社会（亲密圈）	家庭功能低下・社区共同性的衰落（个别福利问题）	积累社会关系资本与建设新型公共	*家庭成员的关系 *宗教、文化 *社区居民的关系 *社会关系资本 *社区资源 *居民的福利意识

三、总括

本研究的影响效果首先是在改善东亚三国中不断扩大的差距社会时，在各国或各地区中通过重新铺设安全网（社会保障与社会福利制度）的工作，来确立国民或居民的生活保障。其次，通过地方治理来提高形成丰富的公共圈（市民社会）的可能性。再次，在由于家庭功能的衰退或地域共同性的衰退而带来的个别的福利问题中，由社会福利专业人员来进行实践性的介入，再通过积累社会资本或灵活运用地区里的居住资源（储备）应该可以对不断缩小的家庭或地域社会的亲密圈起到增强的作用。承认亚洲社会所具有的各个国家或地区的多样性（分散），同时期待能够使东亚地区内的非紧张的合作（聚拢）得到确认。

韩国社会保障相关专业术语

洪 垌 骏[①]

在进行韩国、中国和日本社会保障体系的研究,进一步到东亚社会保障体系的比较研究时,正确理解各国使用的社会保障及相关的基本概念尤为重要。很多情况下内容相同但制度的用语不相同,或者相同的用语所代表的内容却不同。本节罗列了在韩国使用的社会保障及相关的基本概念。希望对东亚三国,进一步到东亚整体社会保障比较研究的研究人员有所帮助。

为了介绍韩国社会保障相关专业概念,本节选取了韩国大学中使用的社会福祉主要教材—主要概论书中使用的概念定义进行叙述,并且在必要的情况下也添加了笔者对于概念定义的意见。

一、福利国家(welfare state)

1. [白钟万等,2001]:是指国家对所有市民提供的最小限度的教育、住房、保健、营养和收入保障,并且这些保障不是慈善而是一种政治权利。

2. [金泰星·成炅隆,2001]:对于福利国家的概念规定根据①实现哪种程度的哪些平等的(或者应该实现)立场,②追求哪种程度的资本主义的变革(或者应该追求)的不同而呈现出多样性。尽管存在着差异,但是在下面这三个方面上还是能找到概念规定的共同点:

·**福利国家**是在资本主义经济体系中发展起来,为了解决资本主义市场机制作用下的各种社会问题而登场的。

---

① 洪垌骏,韩国成均馆大学社会福祉学科教授。译者为中国人民大学中国社会保障研究中心讲师金炳彻。

·福利国家的必要条件，或者说是必须相伴相随的条件就是政治的民主主义。

·为了所有公民生活的安定和基本需求的满足，至少也是提供“最小限度的”全国范围的福祉的国家

二、社会福祉（social welfare）

1.［白钟万等，2001］：作为满足人的社会基本要求的社会对应样式，由①相扶相助（mutual aids）②慈善和博爱（philanthropy）③公共补助（public assistance）④社会保险（social insurance）⑤对人社会服务（personal social service）⑥社会补助金（demo-grant）构成。

2.［金尚均等，2001］：所谓社会福祉传统概念的剩余性福祉，是为了解决家庭或者经济这两个主要的制度不能履行其功能的问题；制度性福祉是现代产业社会中家庭和市场经济制度无法健全地运行时，通过社会福祉来维持社会必需的机能。

·在韩国，社会福祉是社会（福祉）工作和社会（福祉）政策的合称。

三、社会事业（social work）

1.［金泰星·洪善美，2006］：是指个人、集体和地区社会帮助社会或个人获得满足或独立性，以人际关系的社会科学知识或技术为基础的专业性服务。社会福祉是为了社会成员们的福祉，解决社会基本需求的概况性的体系，相反社会事业是指履行社会福祉体系内的特定机能的专业性服务。

2.［笔者的意见］：社会事业社会工作师的专业性动机不同于具有特定宗教性动机而履行的社会福祉。

3. 社会事业实践（social work practice）

（1）［白钟万等，2001］：是追求社会福祉的方法之一，是指社会福祉师们进行培养并恢复人们解决问题的能力，同时改善社会环境来更多地满足人们需求的一系列活动。

（2）［金泰星·洪善美，2006］：个人、集体和地区社会为恢复或提高必要的社会机能，创造适合的社会条件以达成这一目的的专业活动。

（3）［笔者建议］：社会福祉实践指向于通过对个人的介入，或者介入围绕着个人的生活环境，试图解决“人”的问题的双重焦点。

(4)[崔日燮·郑恩,2006]:社会福祉实践是专业社会福祉师通过直接或间接的服务,帮助对方满足需求,解决问题的专业活动。社会福祉实践原本被称为社会事业实践,但是韩国在1980年代将社会事业学变为了社会福祉学,社会事业师也变为了社会福祉师,社会事业实践也随之变成了社会福祉实践。

四、社会政策(social policy)

1.[朴升熙,2005]:社会政策包括社会福祉政策和劳动政策。劳动政策包括劳动市场政策、劳资关系政策、工作场所上的劳动者保护政策等雇佣政策。其中增加就业岗位、就业介绍、失业人员的收入保障等要求和对具有相关问题的人群提供财务和服务帮助、劳动者保险政策、劳动基本法等,以及管理劳动关系和劳动者保护等社会福祉政策的相关政策都归属于社会福祉政策。

例如,为解决失业问题而制定的劳动市场政策不仅和经济政策有很大的联系,和社会福祉政策也密切相关。相反,促进经济活性化的劳动市场政策和劳资关系的政策等就和社会福祉政策有一定的距离。尽管如此,这些政策也会被归为广义的社会福祉政策。但是一般来看劳动政策被视为社会政策,而不归属于社会福祉政策。

2.[金尚均等,2001]:社会政策相比社会福祉政策范围更加广阔,但是在很多情况下和社会福祉政策作为相同的意义使用。社会政策是影响国民或市民的国家政策(狭义上的社会福祉政策),包括税收、交通、公众保健和环境政策。

3.[笔者意见]:社会政策是否具有与社会福祉政策相同的意义在韩国存在些许混乱。随着社会福祉学的发展,社会福祉政策被视为社会政策的同义语的倾向在不断扩大。但在英美的观点上,一般化的社会政策的概念和来源于德国的社会政策的概念之间存在差异,其核心就是劳动政策领域。当然这一差异和各国的历史经历有密切的关系。若归属于劳动政策的各政策领域不包含在社会福祉政策内,可以说社会政策是社会福祉政策的上级概念。

五、社会福祉政策(social welfare policy)

1.[朴炳铉,2007]:社会福祉政策是解决人们的依存问题,提高生活质量的政府的指南、计划,或和过程相关。社会福祉政策如果从狭义上来看,是指向贫困人口、老人、患者等社会弱势群体提供收入和服务的政府的指南或计划，从广义来看不仅是社会弱者，所有公民的住房、教育、税收以及劳动政策也都包含在内。核心项目就是年老后的收入保障和预防贫困的养老金制度、工伤灾害或预防失业的社会保险制度，保证人们健康预防疾病的医疗保险制度，保证低收入群体基本生活的公共补助制度，儿童、残疾人和老人等弱势群体的社会福祉服务等。

2.［金尚均等，2001］：更多地被认为是限定在社会福祉政策国家层次（中央政府层次），但是也可以在地方政府或策划・实践社会福祉活动的具体组织内实现。社会福祉政策一般更多的是由中央政府执行，传达到下级政府组织其政策机能就会降低，但是政策实行或实践的机能会有所增加，这是由于一般提到社会福祉政策就会被认为是中央政府层次的政策。

六、社会保障（social security）

1.［金泰星・洪善美，2006］：在国际上广为人知的社会保障的定义如下。“社会保障是人们在生活中会面临的各种危险—疾病、老化、失业、残疾、死亡、生育、贫穷等，而导致收入临时中断或长期丧失，相反支出却大幅增加而难以维持以前的生活时，为了恢复之前的生活而进行的所有国家项目。”正如这一定义所述，社会保障中最重要的就是收入保障。社会保障的概念较社会福祉的概念相比相对狭隘，可以说是社会福祉各领域中的一个。

2.［社会保障基本法］：“社会保障”是指在出生、养育、失业、老化、残疾、疾病、贫困和死亡等社会危险中保护所有公民，提高公民的生活质量所必需的保障收入・服务的社会保险、公共补助和社会服务。

七、社会保险（social insurance）

1.［社会保障基本法］：“社会保险”作为在发生社会危险时保护公民的方式和对策，是保障公民的健康和收入的制度。

2.［李寅栽等，1999］：社会保险制度作为社会保障的核心制度，将“分散危险”的保险技术作为社会保护的手段。社会保险具有民营保险的特征，为了达成社会性的保险，同时也具备了社会福祉的性质，即在具有分散危险和共同承担的保险的特性的同时，社会保险是强制加入的，这一点与法律权利所有出入。韩国的社会保障基本法将社会保险定义为“作为在公民发生社会性危险时的保险方式的对应措施，是保障公民健康和收入的制度(3条)”。

3.[补充]:韩国的社会保险包括收入保障和医疗保障两个领域的5种制度。首先在收入保障领域:①分散老化和残疾等社会危险的公民年金和特殊职位年金，②产业灾害的产业灾害补偿保险，③关于事业的雇佣保险;在医疗保障领域有，④国民健康保险，⑤长期护理保险。

八、公共补助(public assistance，social assistance)

1.[社会保障基本法]:“公共补助”是指在国家和地方自治团体的责任下，保障无能力维持生活或者生活困难的国民的最低生活，支援其自立的制度。

2.[李寅栽等，1999]:公共补助是对于社会保险无法对应的社会危险的社会性保护措施。公共补助又被称为社会补助或国民补助。公共补助的主要对象是没有生活能力或者没有达到一般国民生活标准的低收入群体，除了为他们提供基本的生活保护外，还提供住房补贴、教育补贴、灾害补贴、丧葬补贴、自救补助等。公共补助的财政来源是政府的一般预算，公共补助的对象是否是法律规定的合适的补助对象需要接受财产调查等一般的审查。

3.[补充]:公共补助是通过对收入和财产进行调查，决定其是否满足接受补助的资格，又区分为一般的公共补助，和除收入和财产的资产调查外还要求满足其他的资格标准(人口学标准或是否有劳动能力)的专项性公共补助。在韩国一般性公共补助和范畴性公共补助共存。一般性公共补助主要是收入保障和医疗保障两个领域，收入保障制度主要有国民基础生活保障制度，医疗保障制度主要有医疗补贴制度。另外范畴性公共补助包括对一定年龄以上的老年人提供的基础养老金，对儿童提供的青少年家长支援制度，对单亲家庭提供的单亲家庭支援制度，对残疾人提供的残疾人养老金，轻度残疾人补贴和残疾儿童补贴等。

九、社会服务(social service)

1.[社会保障基本法]:“社会服务”是向需要国家·地方自治团体和民间部门的帮助的所有国民保障其正常的福祉、保健医疗、教育、雇佣、住房、文化、环境等领域的生活，通过商谈、自救、照顾、提供信息、相关设施的使用、力量开发、社会参与支援等提供国民生活质量的支援制度。

2.［金尚均等,2001］:社会服务是指以人力资源的保存、保护、改善为直接目的进行的组织活动。

3.［补充］:福祉事业分为:①流通服务(批发零售和运输保管业韩国标准事业分类 G 和 I);②生产者服务(顾客主要企业的通信业、金融和保险业、房地产和租借业、事业服务业是韩国标准产业分类 J,K,L,M);③社会服务(教育、保健医疗、公共行政、社会福祉是韩国标准产业分类 N,O,P);④个人服务(主要是顾客个人的住宿、饮食业、娱乐和文化、修理和个人服务、家事服务等是韩国标准产业分类 H,Q,R,S)。

十、社会福祉服务(social welfare service)

1.［李寅栽等,1999］:社会福祉服务是社会保险、公共补助和社会保障制度三大范围之一。社会保险和公共补助主要提供物质上的保障,社会福祉服务则是提供非物质上的保障等个别层次的社会服务。社会福祉服务根据对象的不同主要分为老人福祉、残疾人福祉、儿童福祉和女性福祉等领域。并且财源和公共补助一样主要依靠一般税收。

2.［金泰星・洪善美,2006］:是指老人、儿童、残疾人等社会弱势群体的各种服务活动。

3.［金尚均等,2001］:社会福祉服务和社会福祉事业这样的用语在韩国和日本很常见,可以理解为是社会福祉制度框架内提供的对人社会服务。

十一、所得保障(income security,income maintenance program)

1.［金尚均等,2001］:(社会福祉政策)按照项目和服务基准分为 4 个或 5 个领域:①所得保障;②医疗保障;③住房保障;④社会服务保障;⑤教育保障。

2.［金泰星・洪善美,2006］:收入保障是通过直接的收入转移解决贫困的政策。收入保障政策分为很多项目,但是主要可以分为如下三种形态:①非贡献—非资产调查项目,②贡献—非资产调查项目,③非贡献—资产调查项目。

3.［补充］:所得保障是因失业或疾病灾害等导致收入中断,或因年老退休或抚养者死亡等丧失收入，在生育或死亡发生支出时，保障其维持一定生活水平的政策。所得保障政策又包括：①只要是该国国民，或者是根据人口学特性只要具备一般的条件，不管是否贡献，无资产调查由政府一般预算提供的社会补贴；②以贡献为基本原则，事先规定当发生社会危险时提供一定补助的社会保险；③通过资产调查按照补充性原则保障最低收入的公共补助。

十二、长期护理保险(long-term care insurance)

[国民健康保险公团]：因高龄或老年性疾病而在日常生活中不能自理的老人，按照社会连带原理提供的身体活动或家事资源等长期疗养补贴的社会保险制度。在韩国长期疗养以65岁以上的老人和64岁以下患有痴呆等老年性疾患者的公民为对象实行。所需财源由加入者缴纳的长期护理保险费、国家和设施补贴、在家补贴(访问护理、访问洗浴、访问看护、每周夜间保护、短期保护等)和特别现金补贴(家庭护理费和特例护理费等)构成。

参考文献

金尚均、崔日燮、崔成在、曹兴植、金惠兰：《社会福祉概论》，首尔：Nanam出版社2001年版。

金泰星、成炅隆：《福祉国家论》，首尔：Nanam出版社2001年版。

金泰星、洪善美：《社会福祉概论》，首尔：青木出版社2006年版。

朴炳铉：《社会福祉政策论：理论和分析》，坡州：Hakhyunsa2007年版。

朴升熙：《韩国社会福祉政策论》，首尔：成均馆大学出版社2005年版。

白钟万、崔元圭、崔玉彩、尹明淑、洪坰骏、李相禄、朴炫宣：《社会福祉》，首尔：House of Sharing 2001年版。

李寅栽、柳进硕、权文一、金振九：《社会保障论》，首尔：Nanam出版社1999年版。

曹兴植、金珍秀、洪坰骏：《产业福祉论》，首尔：Nanam出版社2001年版。

崔日燮、郑恩：《现代社会福祉的理解》，高阳：共同体2006年版。

Essence国语辞典：首尔：民众书林2001年版。

国民健康保险公团：《老人长期护理保险》，http://www.nhis.or.kr。

韩国社会福祉师协会：《资格管理中心》，http://lic.welfare.net/lic。

第三篇

东亚地区社会保障综合比较与方法论

东亚社会保障模式研究方法论

林义 林熙[①]

20世纪90年代以来,东亚社会保障模式(或福利模式)开始引起学术界的关注并成为一个热点研究领域。但东亚社会保障模式是否成立,迄今仍在中、日、韩三国学者中存在争议。笔者认为,东亚社会保障模式是否成立,东亚社会保障模式能否继续?在很大程度上取决于分析视角与研究方法。如果是基于安德森福利模式的三分法,则东亚社会保障模式界定尚存歧义,如果是基于历史比较制度分析框架,则东亚社会保障模式存在着与欧美社会保障制度的明显差异和特色,尤其是当关注的焦点不是仅仅局限于各国社会保障制度的技术机制和技术参数,而是深入到制度安排的内核及其内在约束条件分析,则不难梳理出东亚社会保障制度中迥异于欧美国家的典型的制度化特征。

一、东亚社会保障模式存在与否的评判标准及其方法论意义

研究东亚社会保障模式是否成立需要首先讨论评判标准是什么,或是以什么样的参照物来讨论东亚社会保障模式,这是中、日、韩三国学者研究东亚社会保障模式需要首先需要讨论的关键性问题,是能否进一步深化研究的一个基本前提。如果对东亚社会保障模式能否成立的立题标准或参照物缺乏基本认同,后续讨论则可能脱离研究者预设目标的主线,东亚社会保障模式的研究将成为毫无结果的漫长马拉松。在此意义上,研究东亚社会保障模式的方法论问题具有重要理论价

① 林义,中国西南财经大学社会保障学科教授、保险与社会保障研究中心主任;林熙,中国西南财经大学博士生。

值和政策意义。

与欧美社会保障模式比较是否存在与其发展路径及内在制度演化逻辑有重大差异的东亚社会保障模式,应该是讨论东亚社会保障模式的一个基本问题。而亚洲各国社会保障制度事实上存在的种种差异应该与东亚社会保障模式是否存在并无直接关联。如果研究聚焦于各国现行社会保障制度的不同来展开讨论,事实上是很难达成共识和一致的。

东亚社会保障模式研究的一个重要方法论基础在于是否将历史维度的分析作为东亚社会保障模式的一条基本主线,既考察西学东渐二百多年的历史发展,研究西欧早期社会保护的基本形式及其与非欧洲以外地区社会保护模式的异同。同时研究东亚地区工业化以前长期历史形成的福利制度及福利政策,考虑传统福利制度与近代 引入西方社会保障理论及制度体系后在制度框架、制度形式上的诸多制度化特征,研究不同制度融合进程中的暂时性制度化特征及未来发展趋势。唯有东亚社会保障发展历史研究的坚实基础,才能够找到制度演化的未来方向,制度存在的历史维度的方位与坐标。而这恰恰成为学术界主流话语的集体无意识。

基于文化的传承与创新,价值观念、思维方式、行为模式的比较制度分析是研究东亚社会保障模式形成、发展和未来发展趋势判断的最为重要的参照系统以及根据性约束条件,离开这一根本,东亚社会保障模式存在与否,则无实质性的意义和价值。理解东亚社会保障模式方程式的内在链条,在于基于跨文化比较基础上的一种形而上宏观领悟,而绝非当下流行的实证方法或模型检验所能够企及。需要有超越欧美社会保障模式的既有概念术语,既有分析框架,既有思维定势,立足于东亚各国经济、政治、文化构建前瞻性,从东亚地区历史与现实的结合中,从文化的继承与创新中,寻求基于长期历史与文化传统而形成的东亚诸多非正式制度保障的基本共识,实现与欧美的平等对话,打破长期以来欧美社会保障学者垄断国际学术话语权的局面,实现多元文化的融合发展,探索东亚社会保障制度的可持续发展路径及发展规律。

二、东亚社会保障研究方法的历史发展维度

近百年来,东亚社会保障制度的发展从总体上说是与东亚的现代化历史进程密不可分的。而现代化进程都是以西方工业化国家为先导,其他东亚国家跟随其后。正是在这一大的发展背景下,东亚各国的社会保障制度与其制度形式、制度安排、运行机制等方面无疑都是西学东渐的产物,尤其是以社会保险为核心的社会保

障制度更是深深地刻印着西欧和北美模式的烙印。从社会保障制度设计的主要框架及其近年来的演化分析，东亚社会保障制度的诸多方面，似乎更多向趋同化方向发展，自身的制度化特征很难显现。加上欧美社会保障主流研究的导向，社会保障知识结构、知识体系的传播及影响，尤其是国际潮流的主导及影响，更是强化了全球社会保障发展的一般趋势，社会保障发展的全球化、一体化的特征似乎更为明显。凡此种种，难以使人清晰地把握东亚社会保障模式的一些固有的制度化特征，世界众多的学者包括东亚地区的学者，难以形成东亚社会保障模式存在的共识。这有其相当的合理性。然而，结合东亚国家和地区总体经济史、社会史、制度史及文化史考察，东亚经济社会发展独特的制度化演化特征，在思维方式、行为方式、生活习俗、文化传统迥异于欧美国家的发展路径。这种历史发展的不同演化路径和方式，从根本上制约、影响并决定东亚社会保障模式的未来发展方向。可以说在相当时期中，东亚国家和地区对肇源于西欧的现代化发展道路及市场经济发展模式，是一种挑战——应战压力下的被动选择。而伴随着东亚经济的崛起尤其是中国模式受到更多关注，东亚国家和地区对现代化发展道路给予了更多的反思，更多强调可持续发展的经济社会发展模式。而东亚国家主体性意识的制度与重建，将从根本上扭转长期以来西方中心论的思维惯性。显然，在东亚社会保障及福利模式的研究方法中，强调宏观历史发展观的思维引领作用具有非常重要的意义。如果说，近百年东亚社会保障模式发展在若干正式制度的发展演化，受多种因素的影响，难以显现东亚社会保障模式自身的制度化特征，与欧美社会保障制度在机制政策等诸多方向显示出趋同化；那么，在东亚社会保障的若干非正式制度领域，这种影响和变化则相当缓慢并表现出的相当大的差异性。若干非正式制度的影响，往往通过隐蔽的，隐喻的形式出现，通过正式社会保障制度实际运行效果的重大差异性来实现，通过人们种种社会行为的变异来实现。这从中、日、韩三国社会保险制度改革进程步履维艰可以得到充分证明。社会保障制度史的分析表明，社会保障正式制度安排必须同非正式制度约束保持某种内在一致性或同向发展。这种制度的长期可持续发展方向得以保证。否则，外来制度的模仿或移植则因缺乏来自非正式制度约束的文化认同及其行为基础，最终面临低效、无效或失效的制度演化结局。

因此，东亚社会保障模式研究的方法论必须强调和重视历史维度的分析，只有从长期历史进程的分析中，才有助于更好把握东亚社会保障模式自身的演化轨迹，发展阶段的特点及规律。东亚各国社会保障制度演化的某些阶段性特征，可能因种种因素的制约，呈现比较为明显的欧美趋同性，使一般性规则呈现出较为明显的时间性特质，但东亚社会保障制度演化的内在规律性或本质性特征，则一定在长期的历史发展轨迹中，将会明显地得以显示。所以东亚社会保障模式应该而且首先是在历史发展进程中才能够真正被认识。这种历史分析的维度，既包括东亚社会保障制度建立以来的历史分析，还必须充分关注早期社会保护制度与近代社会保障制度引进、融合的历史分析，注重对不同历史阶段东亚社会保障重大历史事件的深入分析。

三、东亚社会保障研究方法的比较维度

研究东亚社会保障模式必须重视比较维度尤其是制度比较分析维度，是研究方法论的重要方面。无论是早期法国学者托克维尔对美国民主制度的比较，美国学者本尼迪特基于文化人类学对日本社会的比较分析，还是20世纪90年代以安德森三种福利模式的研究思路。应该是基于制度比较的分析思路和研究视角的可喜成果。可以说，东亚社会保障或福利模式正是基于比较制度分析的维度而提出并受到世人关注的。20世纪70—80年代以来，挪威著名学者Rukkan教授提出基于经济社会文化的宏观比较框架，倡导福利国家的比较制度分析方法，引发了对北欧福利国家划分的研究。继之由德国社会学家Flora领导的由多国学者参加的跨国、跨学科大型福利国家比较研究项目，对北欧、中欧、南欧社会福利国家的演化发展、制度框架、改革发展进行全面系统研究，形成了颇为丰富且极具参考价值的系列研究成果，大大推进了福利国家的比较研究。并对后来的福利国家比较研究，提供了研究方法的重要的参照系。随着安德森《福利资本主义三个世界》在1990的出版，形成福利模式比较研究的另一个高潮，涌现了大量的研究成果，由福利三种模式拓展到日本或东亚福利模式，南欧家族福利模式、亚洲生产性福利模式等研究成果，成为这一时期比较福利制度研究的一个典范。2000年以来，尽管关于社会保障改革和福利制度比较研究成果的数量成倍增长，但具有长期历史影响力的重大成果却越来越少。同经济学研究的特点类似，该研究陷入为方法而方法，为实证而实证，为模型而模型，为发表而发表的研究误区。比较制度研究方法论的重要价值并未受到学术界的广泛关注和应用。

正是基于比较制度分析的框架及其拓展，使社会保障与福利模式的比较研究，从社会保障及福利支出与GDP的比重，延伸到社会结构、政治政党结构，观念文化及习俗传统等研究领域。在比较制度分析的框架内，才得以更清楚地表现出各种社会保障模式得以成立的根本缘由。在现存的各类社会保障制度模式大多以欧美模式为其制度蓝本，不论是强调俾斯麦模式、贝弗里奇模式还是美国的自由福利模式，既显示社会保障制度的一般规则属性，又呈现出各自制度文化条件下的某些特

性。由于欧美国家法律政治制度、制度文化上的差异性，较之于东亚各国而言，无论在历史文化传承、行为方式与思维方式上均存在重大的差异，即使在制度化的社会保障规则、条文上可以呈现出相当多的一致性，但在实际运行中的解释、实施及人们的接受方式上，也体现出更多本土化的行为特征，体现出明显的东亚社会保障模式的一些制度化特征。追求福利公平原则的方式也存在着明显的差异性。事实上，一种制度的形成与发展演化，就长期发展路径分析自有其内在的行为规范和演化逻辑的规律性特征。但就短期而论，则显示出受诸多偶然性因素的制约，在技术层面表现出较多的趋同性，并且会遮蔽制度演化的规律性特征。

不仅如此，东亚国家和地区因长期历史形成的政府主导经济社会的发展模式，生产性福利模式，注重家庭、家族保障的福利保障的制度化特征等，都是与欧美社会保障差异迥然的，体现了东亚社会保障及福利的内在制度化特征。社会救助是亚洲各国社会保障的重要制度化保障方式。社会保险机制的运行，长期以来认同度低，制度效率不高，可持续发展面临较大的不确定。或许与社会保险的制度安排与东亚地区长期存在的非正式制度安排根基存在某种脱节，也可能与这一地区长期缺乏对保险制度信任的文化认同密切相关。东南亚一些国家采取公积金的制度形态，与社会保障采取多样化的制度特征有关，也呈现出对社会保险制度形式的认同度很低。这应当是讨论东亚社会保障未来发展趋势需要重视的一个重要制度特征，也是东亚社会保障模式存在的一个重要制度化基础。

而这些特征的被挖掘及其受到广泛重视，正是在比较制度分析的宏观分析框架下才成为可能。东亚社会保障的比较制度分析，可以包括与欧美社会保障制度的大跨度的宏观比较，也可以是社会保障及福利制度的各子项目的比较，也可以是中、日、韩及东亚其他地区之间的比较分析，可以是东亚各国社会保障子项目之间的微观比较、案例分析与实证研究等。同时，注重在宏观与微观之间的中观层面的制度比较，也非常有助于提炼出东亚社会保障与福利模式的一些显著特征。基于东亚社会保障制度内在约束的文化和跨文化的研究，则是长期以来研究的短板。这或许同这一地区长期处于欠发达的经济水平有关，更是由于在西方发达国家的强势下长期缺乏文化自信、文化自觉的直接后果。

四、东亚社会保障研究的文化维度与跨文化视角

迄今为止的社会保障发展路径，大多是近代欧美以社会保险为核心的社会保障制度发展模式，强调风险分散的保险机制，强调三方负担的财务供款模式，高度

复杂的技术及运行机制。事实证明，这种模式在众多非西方的发展中国家的运行效果非常不理想。一是受制于这些国家的二元经济结构和社会结构的历史积淀，制度覆盖面十分有限。二是受制于既有观念文化、行为模式及习俗等因素，社会保险制度运行的实际效果及可持续性较差。三是与发展中国家长期存在的非正规保障制度难以实现有效融合。

因而，多元文化视角下的社会保障改革发展，构成我们时代理论研究的一个重要前沿课题。尤其对在东亚以中国儒家文化圈基础上形成的福利模式，是否在其制度内核及制度可持续的内在约束条件中存在着与欧美社会保障制度发展路径及约束条件的重大差异？家庭、家族及扩展的家族基础上形成的宏观社会结构、社会组织、行为模式及思维定式将如何内在地制约和影响社会保障制度的模式选择及可持续发展？对这些重大基础理论问题的探索，虽然看似远离现实需求，但却是根本性和方向性的。对于探索符合本国文化传统与特色的可持续发展的社会保障制度，具有关键性决策价值。受多种因素的制约，社会保障的改革发展日益成为当今世界的中心议题之一，受到广泛关注。社会保障的理论与政策研究也逐渐成为"显学"而备受社会关注和重视。然而，从基础理论尤其是从历史和比较的视角，对社会保障制度进行福利文化层面的深度解析，仍然是各国社会保障理论研究的一个薄弱领域。显然，如果对社会保障制度的若干根源性、基础性问题，未能给予更多的关注，那么对社会保障制度的改革及未来发展趋势，则难以从宏观角度把握！

东亚社会保障模式受到关注的重要之点在于东亚国家和地区有着迥异于欧美国家的文化传统。受中国儒家文化的影响，固化并内化于社会结构、行为方式、价值观念和民族集体无意识深层积淀等诸多方面。尽管近百年来受到西方文化的影响，在吸收欧美国家科技及制度文化经验的同时，中国儒家文化长期熏陶下的思维定势仍然是制约乃至决定东亚国家社会保障制度运行、实施和接受方式的重要制约因素，仍然是社会保障若干正式制度尤其是非正式制度安排形成并发挥重要作用的关键性约束条件。儒家文化强调仁、义、礼、智、信及以家庭、家族为中心，以集体为中心，在漫长的历史岁月中形成的家国同构的社会结构，独特的政治文化及其管理制度构架，根深蒂固的忠孝文化观等，都在深层次上影响东亚社会保障模式的形成，主体制度框架，法律规范及人们的行为方式，并作为内嵌于福利制度中的基本制度元素。对东亚社会保障制度的过去、现在及未来都将产生人们无法估量的重要影响作用。只有从文化的传承、融合、创新的角度透视社会保障及福利制度，才能可能对社会保障制度的演化及发展趋势有一个宏观维度的审视，才有可能科学地揭示东亚社会保障模式的若干重要制度化特征，才有可能更清晰地把握东亚社会保障模式的独特发展道路,才有可能科学地解答比较福利制度研究中长期以来的种种困惑。

一个不容回避的事实是,近代一百多年是西方经济力、科技力、军事力领先东亚各国的特定历史格局,一种挑战与应战,主动与被动,学习与借鉴是东亚各国迈向现代化的经济社会发展的主流。同时,东亚国家早期派出大量留学生留学欧美,学习西方经验的教育背景及其对引导各国走西方国家的发展道路,一直在探索中摸索前行。

只是到了最近以来,随着东亚各国经济崛起,东亚文化再度复苏与文化自觉时代的到来,才开始冷静审视与检讨历史演化进程的经验教训,才开始逐渐跳出西方中心论的思维定势。在跨文化的比较制度视野下审视东亚各国自身的历史文化传统,反思文化及知识体系的传承、借鉴、融合、创新中的经验与教训。因而,只有重视从文化发展的维度和跨文化的研究视角进行创新研究,才能够深刻把握东亚社会保障模式的本质性特征,也正是文化的传承、融合、创新才能够正确分析东亚社会保障模式的演化,形成及未来发展趋势的若干制度化特征。如果目前的东亚社会保障模式尚难以达成共识,正是因为它的发展进程融入了在既有西方社会保障知识体系及制度框架的烙印,受到了过多的西方知识体系和思维模式的影响。一些基于文化约束而存在的东亚社会保障模式的本质性特征尚未显露,而西方国家及国际机构主导的社会保障改革的国际潮流,在全球化、信息化时代宣传普遍性的制度模式和社会保障发展道路的倾向更为明显。

文化在社会保障制度形成、制度变迁进程中发挥何种作用,文化因素是如何内在地影响社会保障模式选择极其可持续发展?文化在正式和非正式社会保障制度安排中的作用方式等都是有待深入研究的重大基础理论问题。对这些问题的探索和求解,对探索东亚社会保障发展模式具有重要的理论价值和决策意义。在多元文化发展的世界格局下,不同福利文化的相互碰撞与融合对各国社会保障制度的改革发展都将产生重要的影响作用。对于经过长期历史传承与积淀而形成的本土福利文化内核需要系统提炼、梳理与归纳,并认真研究其对本国社会保障与福利模式发展的基础性关键性约束作用。唯有在此基础上广泛地吸收世界各种福利文化的优点并结出丰硕的社会保障及福利制度之果。遵循中国的历史与现实,反映中国文化特质的社会保障制度模式及其运行条件,方具有可持续发展的制度文化基础。

文化对社会保障制度的形成、发展与改革完善有其重要的影响作用,现代以社会保险为核心的社会保障制度的形成并成为全球的主导制度形式,实际上是多元文化融合发展的产物,是以欧美主流制度文化在全球传播和影响的结果,而这种制度类型能否在欧美文化圈以外的其他诸多国家稳定可持续地健康运行，则必然涉及多元文化的融合问题，必然涉及由本土文化长期传承而形成的非正式制度安排与外来文化舶来品制度形式的融合、吸收、改进、再造，进而形成能够长期稳定发展的社会保障制度化形式。相反，如果单纯移植外来制度形式、运行机制及各种技术机制，而忽视与本土文化制度约束的内在要求，忽视它与非正式制度表达意愿的内在协调，忽视与本土文化认同的内在关联，那么，这种简单化移植的社会保障制度类型，最终难以摆脱失败或失效的制度归宿。不论这种制度类型如何精巧、复杂、时髦，最终需要改革调整，以适应内生信任与文化认同的内在要求。这应该是各国社会保障制度可持续发展的关键约束条件之一。

文化对社会保障制度的影响更体现在价值体系、行为方式、社会心理积淀乃至集体无意识深层层面。共济互助、扶弱济贫的社会保障思想应该是人类社会不同文化、不同社会族群的共有理念。无论是儒家文化、佛教文化、基督教文化、伊斯兰文化，还是其他民族文化的古老典籍中都有丰富的社会保障思想渊源。而共济互助、扶弱济贫社会保障的制度化形式，在不同文化背景、不同时代的表现形式则有很大差异。如早期家庭保障、教会保障到近现代政府主导社会保障的制度形式。在家庭保障传统深厚的东亚各国，尽管都相继建立了政府主导的社会保障制度，家庭保障体系仍然发挥着社会保障制度无法替代的经济保障和精神慰藉功能。家庭保障与社会保障的融合发展应当是东亚各国社会保障重要制度发展方向，成为东亚国家和地区社会保障与欧美国家重大差异的制度化特征。多元文化的融合发展，只能是以本土文化为核心而对外来文化进行吸收消化，呈现出多样化的制度演化特征。如果离开本土文化的传承与创新，一味追求外来文化的先进与合理，并在此基础上构建一国的社会保障制度，那么，缺乏本土文化支持和制度基础的单纯植入性社会保障制度，其发展进程必然受阻，必然缺乏社会保障制度长期可持续发展的内在信任及文化支持，出现制度运行低效、混乱乃至最终失效，这是已被证实并将被继续证实的历史事实，是需要认真深入研究的重大前沿课题，是全局性和影响深远的长期性的战略课题。

在此意义上，东亚社会保障模式的典范意义并最终为人们所接受，仍需要漫长的探索努力。因为，东西方文化融合的进程仍在继续，但曙光已经展现。而基于文化维度、思维方式及跨文化比较的分析框架的确立，则是东亚社会保障模式研究仍有待进一步深化的研究前沿。最终能够为东亚社会保障模式的研究提供一个非常有益的方法论指南，并在吸取西方社会保障经验教训的基础上，探索东亚社会保障模式及其可持续发展之路。这是东亚各国社会保障知识共同体面临的重要而艰巨的任务和需要深入研究的重要理论前沿。而东亚社会保障研究方法的反思与创新,则是实现这一目标至关重要的前提条件。

参考文献

郑功成:《东亚地区社会保障模式论》,《中国人民大学学报》2012 年第 2 期。

林闽钢、刘璐婵:《东亚福利体制研究:何以可能和何以可为》,《社会保障研究》2012 年第 2 期。

林义:《社会保险制度分析引论》,西南财经大学出版社 1997 年版。

林义 :《关于东亚社会保障模式的理论思考》,《中国人民大学学报》 2012 年第 2 期。

林义:《东亚社会保模式初探》,《财经科学》2000 年第 1 期。

朴炳铉、高春兰:《儒家文化与东亚社会福利模式》,《长白学刊》2007 年第 2 期。

Gough, I: WELFARE REGIMES IN EAST ASIA, (2000).

Goodman and White: "Welfare Orientalism and the search for an East Asia welfare model", 1998.

Flora, P: *Growth to Limits: The Western European Welfare States since World War II*, W. de Gruyter, 1987.

Jone s, C: "The Pacific challenge: Confucian welfare states", 1993. In: C. Jones (ed). *New Perspectives on the Welfare State*. London: Routledge. 1993.

Holliday, Ian. *Productivist Welfare Capitalism: Social Policy in Eastern Asia*, Political Studies, 2000.48.

东亚社会保障研究方法论

朴炳铉[①]

从个人的能力、责任和所得关系的角度来看，社会保障制度是人类文明发展的产物，也是现代各国的政治理念，它与经济增长的高速化程度无关。社会保障制度正在全世界范围内被广泛地采纳，其发生与发展已是全世界公认的事实，收敛理论学家们也将福利制度的发展是现代社会最大的同质性构造作为自己的理论依据。从这些观念可以看出：与西方国家相比，异军突起的东亚社会保障制度并没有避免走上对西方福利制度的模仿之路。

虽然东亚各国在构建制度时参考了西方的福利模式并付诸行动，但事实上无论是社会保障发展的道路还是内容都与西方社会大有不同。西方国家的社会保障制度是通过产业化和公民权等一系列过程发展而来，具有一致性的特点。与其说东亚国家的社会保障制度发展过程是按照一贯的计划进行的，倒不如说它具有能够"即兴地"反映政治、经济发展状况的特质。到目前为止，这些国家在急速西方化的同时仍旧保留了家长制度和家庭成员间相互照顾，依存着固有的传统文化，这些特殊的情况也将自身的社会保障制度性质与西方国家区分开来。

1986年，米奇利(Midgley)在《East Asian welfare regime》中第一次对东亚福利制度进行的论述引起了世界对东亚国家福利制度的关心，埃斯平·安德森(Esping-Andersen，1990)以去商品化的程度、阶层化的类型、国家和市场的相对性比重等三方面为基准将18个国家的福利体系分为自由主义体制、保守型社会合作主义体制，以及社会民主主义体制三大类型。其中，他认为日本属于保守型社会合作主义体制。但是埃斯平·安德森在之后的论文中曾提出：由于日本同时混合拥有三种体制的要素，所以不能简单地将它归为三种类型中的某一种类型(埃斯

① 朴炳铉，韩国釜山大学社会福祉学科教授。译者为中国人民大学中国社会保障研究中心讲师金炳彻。

平·安德森,1997:183,187)。在提出类型理论之后,埃斯平·安德森在1999年出版的著作中以进一步优化的家族主义概念为中心,强调了保守主义福利体制的特性。他认为:同日本相似的韩国、中国台湾是与西方国家不同的一种特殊形态的资本主义体系,并不适用于自己提出的福利体制类型论。但是以日本为例,东亚国家基本上都同时具有自由主义性要素和保守主义性要素的复合(混合)性特点,总的来说还是包括在保守主义体制的范畴之内(埃斯平·安德森,1999:91—92)。

同一时期琼斯(1990)在对中国香港、中国台湾、新加坡、韩国等的福利制度进行分析时,发现他们之间存在着很多共同点和不同点。共同点为:经济增长是制定政策的首要目标;家族、义务和责任等要素是决定福利提供者的依据;维持社会的安定秩序,强化地域社会的职能;对政府较低的期待值,对社会定义、社会权利、政策等再分配的漠不关心是制定福利制度和提供福利服务的理论基础。福利制度的不同点主要体现在对健康卫生事业的财政投入和组织关系的不同;住宅方面政府职能的不同;对待社会保险的态度不同。

三年后琼斯(1993)将研究范围扩大到了韩国、中国香港、新加坡、中国台湾等地,并将它们的社会保障体系与儒教主义相结合进行了分析。由于受到儒教的影响,在这些国家和地区中相对于个人来说更强调集体,主张优先建设地域共同体,维持其共同的秩序、规律、安定和集体性的自立。并且恢复了以家庭为中心单位的社会政策,与西方不同的还有赋予了邻里关系与传统的村落类似的概念。所以琼斯认为东亚国家不属于埃斯平·安德森所主张分类的自由主义福利体制、保守主义福利体制或者社会民主主义福利体制的任何一种,而是以一种全新的形态出现的,我们可以称它为儒教福利国家体制。儒教主义福利体制具有劳动者不参与的保守型社会合作主义;与教会平等并且无连带性;不属于自由至上主义的自由放任主义的特点,它是一种以家庭经济为中心的福利国家形态。之后林(Lin,1999)将中国、中国香港、日本、新加坡也归为儒教主义福利国家的范围之内。由于韩国也受到了儒教文化的影响,在韩国国内也出现了儒教福利国家的论述声(朴炳铉,1996;洪景俊,1999)。

琼斯之后出现的Goodman and Peng(1996)通过对日本、韩国、中国台湾的社会政策进行分析得出:这些国家和地区以市场为中心,发展的是一种与西方国家不同的独特的“东亚福利制度机制”。具体来说,这些国家和地区都受到了儒教主义的影响,主要表现在:尊老爱幼、孝敬父母、兄弟友爱、个人服从集体、回避矛盾、忠诚、有责任感、充满学习热情、仁慈之心、精英主义等。

关于东亚国家福利制度类型的研究,对福利制度的发展和如何判定东亚国家福利体制的性质和特征具有重大的意义。但是,迄今为止,此类研究还有很大的局限性。

第一,这些研究大多都没有从东亚自身的角度和用语习惯出发,而是套用西方社会已经发展成熟的模式。同时也没有把东亚国家的福利制度类型作为一种新类型去发掘研究,而是只当作西方社会已存类型论的“例外”。换句话说,西方国家在将福利体系类型化的过程中以自身的经验和历史为基础建立了相应的概念模式,但是这种模式并不适用于东亚国家。而且西方国家的福利资本主义生长发展的基石是冷战体制下的凯恩斯福利国家体制,这同样也不适用于没有经历过此阶段的东亚国家。我们对于东亚国家福利体制的研究需要从自身的历史性、文化性等特殊情况出发,而不是死搬硬套西方国家已存的基准和分析模式。

第二,现在对于东亚国家福利体制的研究仅仅局限在部分东亚国家。即目前为止对于东亚福利体制的研究大多数只是针对部分东亚国家的福利制度的历史、类型和现行制度的记述性研究。我们可以了解到这些部分国家的特殊情况,却不能全面地掌握东亚国家的社会特征。

东亚国家的福利制度发展过程和内容与西方国家虽然存在着一些共同点,但是东亚国家没有复制西方国家的福利体制在发展过程中所经历的特殊事件。东亚国家之间也有一定的共同性,它们所属的类型分析和概念模式具有特殊性,我们不能简单地依靠西方国家的经验来解决东亚国家的问题。所以我们有必要重新审视“把东亚福利体制归为欧洲型福利体制”的这一假设。而且有在“东亚国家的政治、经济、社会、文化性背景下可以存在着东亚型福利模式”的认识下开展研究工作的必要性。西方国家为了应对新的社会问题而不断地更新试行新的社会福利措施,东亚国家也应该将东亚型的福利体制研究活动提上日程。若要开发东亚社会保障或福利模式,对 21 世纪东亚福利体制的特征和发展方向进行研究,就应首先掌握 20 世纪末以来全球性、趋势性转换对东亚国家的政治、经济、社会、文化的影响。众所周知,福利制度和全球化、去产业化是密不可分的,特别是对于东亚国家来说,社会保障的发展更要和其特殊的历史性、文化性特点相结合。

因此,在之后进行的东亚社会福祉研究之前有必要认识了解以下的研究方法。

第一,考察在东亚国家的研究中出现的对东亚福利的哲学性、解析性论证方法,积极探索福利东洋主义的可行性。

第二,追寻东亚国家的社会保障发展过程,分析影响其发展的决定性因素,还需要推究这些国家的福利制度体系的构造及其特征。

第三,在追寻东亚国家的社会保障发展过程时,不仅要找出它们与西方国家的差别,而且要对这些差别表现在哪些方面以及造成差异的原因进行分析总结。

第四,寻究关于这些国家在开展社会保障活动时的目的和手段的优先顺序。

他们优先保护的人是谁？如何进行保护？从何种危险等级开始进行保护？并且要分析这样的优先顺序是按照什么样的社会规则来划分的。

第五,需要探明构成社会保障的主体——国家、市场、家庭的协力体系是如何构成的。

关于东亚社会保障内容的研究方法可以分为选择分析、历史性分析、过程分析和比较分析四种。

一、选择分析

依据 Gilbert 和 Specht(1974)的研究理论,选择分析方法适用于分析东亚的福利政策。选择分析主要是在多个方案中选择其中一个角度进行分析。选择的角度可以分为四种:关于所适用的福利(补助)对象的选择;所适用的福利(补助)形态的选择;所适用的福利(补助)传达体系的选择;所适用的福利(补助)资金来源的选择。通常,我们使用此种方法对东亚各国的社会福祉政策的内容进行分析研究。

(一)关于所适用的福利(补助)对象的选择

福利对象的选择与政策施行对象的选择具有很大的关系。Gilbert 和 Specht(1998:101—103)主张以归属性需求、补偿、评估性的划分结果、资产调查的结果四个方面为基准来对福利对象进行选择。

1. 以归属性需求为依据选定福利对象。

人们都有像健康保护一样的归属性需求,例如:即使家庭中的两人都有工作,在困难家庭中也会出现类似于无法监护子女等问题。为了解决类似于这些需求性问题而去选定福利对象的方法就是以归属性需求为依据选定福利对象。这种方法积极地反映了“社会的失误”,说明了产业社会是自身需求产生的原因。因此,所有的人都拥有成为社会福祉对象的资格。也就是说,与产业社会中个人的属性无关,老人、儿童、劳动者的子女也会产生各种各样的需求,他们也都能成为社会福祉对象,且有满足自身需求的权利。

2. 以补偿为依据选定福利对象。

以补偿为依据选定福利对象是指:如退役军人、农业工作者等具有社会性或者经济性贡献的人群,受到宗教性、人种性偏见的受害人群也都能被认定为社会福利的对象,并从补偿的角度向他们提供社会保障与社会福祉服务。1961 年,韩国在颁布国民年金制度之前就已经开始实行军人年金制度和公务员年金制度,而且补助条件也比国民年金制度要好很多。军人和公务员是最早被政府包纳的人群,这是为了表彰他们对国家发展所作出的贡献,韩国政府最早并且以最优厚的条件颁布实施了这两种保险制度。以农渔民为对象的特别年金制度也是以补偿为依据来选定福利对象的。历史上在福利先进国,相对于其他保险来说向从事铁路和矿业的工作者所提供的社会保险也具有投入早、条件好的特点,这也可以作为以补偿为依据来选定福利对象的一个典型事例。

3. 以评估性的划分结果为依据选定福利对象。

以评估性的划分结果为依据选定福利对象是指:以专家的评估结果为基础来决定是否对那些有着特殊需求的人群提供社会保障与福利服务。以归属性需求、补偿为依据选定的福利对象集团是单一且完整的,但是以评估性的划分结果,以及之后将提到的资产调查结果为依据选定的福利对象却具有个别代表性。只有经过社会工作师、医生、行政人员的专家评估后才能成为社会保障所补助的对象。

4. 以资产调查结果为依据选定福利对象。

它所反映出的主要是“个人性的失误”,调查证明是否属于没有购买个人性商品和服务的能力的贫困阶层,并依据此结果选定福利对象。大部分的公共补助制度采用的就是此种方法。

(二)关于所适用的福利(补助)形态的选择

第二个角度就是分析所提供的福利(补助)是以什么样的形态存在的。主要有实物(现物)、现金、机会(机遇)、代金券、权利等。

1. 实物(现物)。

关于社会保障政策的补助形态应是实物还是现金的论议持续已久。瑞典的Myrdal最早提出将实物作为社会保障的一种补助形态。Myrdal(1968:133-153)从经济规模的观点出发,结合20世纪30年代瑞典的儿童津贴的补助形态,提出了实物补助形态更具有优越性的主张。即在大量生产的经济社会中,补助实物所支出的费用是最低的。

再者,由于实物能更准确地将福利传达给所补助的对象,这样才能更有效地达到所制定政策的目的。例如,儿童福利政策是为了保护儿童的利益而制定的,如何能直接地实现这个目的就是问题的关键,从这个角度出发,比起很难统计到支出流向的现金来说补助实物则更有效,更直接便利。

从政治的角度出发,实物补助法也比现金补助法更具有优越性。因为纳税者对自己所缴税金的使用用途、达成效果等都很关心,由此看来,实物补助法能直观地进行比较并得出明确的结论。Myrdal认为实物补助法虽有一定的局限性,但在像儿童津贴这样的情况中，由于我们无法决定各个家庭的支出，所以实物补助法能更好地达到我们预期的效果。

现如今以补助实物形态出现的福利制度类型主要是医疗服务和教育服务。大部分福利国家中，这两项服务的支出占到了国民生产总值的 10%以上。公共补助事业中的实物则以大米和衣服为主。

2. 现金。

社会保障中规模最大的就是现金补助方式。它的第一个优点就是使被帮助者可以有更多的选择以达到效果最大化。从理论上看，如果收到可以随意使用的 1 万元现金，比起那些同等价值的 1 万元物品或者服务，会更让他们感到幸福。当然，在这种情况下，受助人自己怎样最大化的合理利用这些钱可以按自己的情况判断。但是万一用这些现金去购买毒品的话，那么现金福利就会变得适得其反，毫无积极意义。

现金的第二个优点是消费者的主权、受助者选择的自由和决定的权利得以保障。现金福利以现金的形势给予了更多的选择。所以，民主社会中重视的价值观，自由及自主决定的价值得到了实现。

现金的第三个优点是可以消除以实物形式接受补助时的耻辱感等负面情绪，人的尊严感得到维护。

现金的第四个优点是实物福利的保管、运送及发放等需要一些费用，但是现金福利的运营费用相对要低得多。

现金的缺点是受助者的需求不能得到充分的满足。不仅使用的区域方面有所限制，而且消费的内容有时也会有很多局限。但是这种情况并不是绝对的，例如，儿童津贴在不受政策限制的地方也可以使用。

3. 代金券。

代金券和现金拥有同样的价值，但是它只能在规定的额度内选择所需的实物和服务类型。代金券制度是服务提供者间的有效的竞争手段，同时使消费者的选择权得到保障。代金券制度以一些有需求但却没有购买力或经济能力较弱的低阶层人为对象。这样在满足他们需求的同时，还能有效地刺激服务项目的机能。所以代金券是一种比实物更有效率，比现金更能保证被补助者权益的补助形态，可以看做是结合了前两种补助形态优点的新形态（Gilbert and Terrell，1998）。

代金券使消费者既可以享受选择的权利，同时又可以避免现金形态会造成的不良后果。

4. 机会（机遇）。

机会的目的是清除劳动市场内不合理的竞争因素。补助形式的机会和物品、服务项目不同，它提供的是额外的机会。这是一种以活用额外的机会来获取其他福利的方法。

5. 服务。

服务是指向客户提供教育、商谈咨询、事例管理、职业训练项目等。它是一种无形的，虽不能即刻使用市场价值进行衡量，却是可以帮助客户自立、自强的一种重要补助形式。

6. 权利。

以补助形式存在的权利是指可以调配商品或资源，以达到一种再分配的效果。例如，补助某些特定人群可以参与到社会福利政策的制定过程，并引导其内容向着有利于自身的方向发展的权利。

（三）关于福利服务传达体系的选择

选择的第三个角度是服务传达体系的选择。它指的是将社会保障与福祉服务的提供者和消费者联系起来的组织性体系，与社会保障的分配有关。通过以上的分析我们可以看出通过社会保障政策所提供的物质种类和服务种类是多种多样的，而且将这些资源提供给需求者的途径也有很多种。一些是由中央政府向全体国民直接补助，一些则是通过地方政府和民间团体，还有的是以中央政府、地方政府、民间团体混合补助的形态出现的。

由此我们得出：社会福祉政策的传达体系主要有六种类型：①中央政府；②地方政府；③中央政府和地方政府的混合体系；④政府和民间部门的混合形态；⑤纯粹民间部门；⑥志愿服务部门。

（四）关于推动政策实行的福利财政选择

社会保障政策的实施需要财政资金的支持，这些资金的来源主要分为租税、服务使用费、自发性捐献（捐赠）三种。

1. 租税。

一般在拥有社会福祉制度的国家内，公共部门的资金来源主要是租税，民间部门的资金来源则是自发性的捐赠或收取的服务费用，而且租税所占的比重已经远远大于捐赠和服务费用。社会保障政策中所应用到的租税主要是一般租税和社会保障性租税（社会保险费），社会保障政策中所活用的租税制度有租税支出、减少所得税、劳动奖励税制等。

（1）一般租税。

一般租税是依照国家的法律向个人、法人征收的一种强制性费用。按照其目的不同可以分为一般税项和特殊税项，按照缴纳方法的不同可以分为直接税项和间接税项，而根据征缴对象可分为个人所得税、法人税、消费税、财产税等。一般租税是社会保障政策的重要资金来源，这是因为相比于其他的手段来说，一般租税制度能更好地反映出社会保障政策的平等和再分配理念，能很快实现其目的。在资本主义社会中，市场经济导致不平等的发生是显而易见的，所以，资本主义社会要以实行各种租税制度来缓和不平等现象所造成的各种矛盾。本研究中主要论述以租税为资金来源的社会保障政策具有的所得再分配和减缓所得不平等理念。

一般租税的种类随着对所得再分配的影响程度而变化。一般租税中最具有累进性特质的是劳动所得税。劳动所得税的原则是对于经济能力较弱的人来说，经济力较强的人要负担更多的税金。所以，根据个人能力的不同，税率也不同，总的来说，高收入层比低收入层所缴纳的税率要高。而且，劳动所得税对低收入层实行税金减免或免税政策，所以相比于其他租税制度，它的累进性更高，所得再分配效果也更好。也就是说，当社会福祉政策的主要资金来源为劳动所得税时，社会福祉政策的所得再分配效果也能实现最大化。规模上仅次于一般租税的是消费税。消费税的税率根据个人所能负担的能力的不同而不同，它是只有人们在购买商品时才需要缴纳的一种税金，由于消费税率的固定性，低收入层所负担的税金则高于高收入层。消费税中最具有累退性特质的是向所有商品收取统一税率的一般消费税。所以，一般消费税若作为社会福祉制度的主要资金来源，那么社会福祉制度也是累退的。相反，若对高收入层在购买高级品时收取一定的高税率，低收入层在购买衣食住行等基本品时收取相对较低的税率，则也可以达到较好的所得再分配效果。

附加价值税则是在生产的不同阶段采取不同税率，它的所得再分配效果要高于一般所得税。即若按照生产和消费中出现的各个要素的价值的不同来收取税金，那么高收入层的租税负担率会大大的高于低收入层。

财产税是地方财政的主要资金来源，它采取的是单一税率，但是财产的价值评价额不能及时地随着市场价格的变化而变化，因此，从这个方面来说，低收入层的租税负担大于高收入层。对“富”所收取的税金制度还有继承税、赠与税等，它们都属于累进性税率。但这些税金的纳税者是少之又少。

(2)社会保险费。

国民年金、产灾保险、雇佣保险、健康保险四种保险的资金被称为社会保险费。由于社会保险费是与工资水平决定的，具有平衡价值的作用，所以高收入层缴纳的社会保险费水准比低收入层要高。也就是说，社会保险作为一种具有所得再分配作用的保险商品来说，低收入层得到的价值远远超出了本身所缴纳的费用。而且，与租税不同的是,缴纳社会保险费可以保障将来能够接受福利补助的权利。

(3)税式支出(租税减免制度)。

税式支出方法是指政府通过减税、免税制度使纳税者减少必须要缴纳的租税金额。但是实行减免税制度会相应的减少政府的收入。收入抵免、免税、非课税(不征税,免税)、税额抵免、优待税率、延长缴纳时间等都是税式支出的有效手段。

税式支出是和所得再分配等经济性需求密切相关的。其中各类的收入抵免、税额抵免、非课税(不征税,免税)形式最有代表性。收入抵免可分为必要性经费的抵免和必要性支出的抵免两种。前者最典型的是劳动收入抵免制度。必要性经费指不是为了满足个人欲望的各种消费,而是为了得到收入而花费的各项支出。

2. 服务费用。

主要分为两种:①以一般租税为资金来源的公共补助费用;②专门为社会福利补助和服务项目提供资金的捐助。第一种指的是前面提到的社会保险费,第二种指仅仅负担社会福利服务项目的费用。负担服务费用是指在本人负担一定的服务费用的前提下向其提供社会福祉服务。

3. 自发性捐献(捐赠)。

个人、财团、企业以及遗产都属于自发性捐献。一般来说,个人性质的捐赠所占的比例最大,之后依次为财团、企业、遗产。

二、历史性分析

在分析研究当前的社会保障之前,有必要对以前的内容进行研究。所以我们可以通过历史性分析方法来研究先前的社会保障。尤其是政府和民间机构的行动类型等内容。如果当前的社会保障现状是过去的延续,那么历史性分析就是致力于分析过去的政策以及过去的社会保障政策可以得以延续的原因。相反,如果当今的社会保障内容与过去的政策相差甚远,那么历史性分析的目的就在于解释现在社会保障政策的正当性。

当然,历史性分析最重要的课题之一就是指出先行研究的问题和提出新的假设。也就是说,首先,我们需要一种标准来更好地进行历史性分析。如果没有一种标准的话,历史性分析只会成为一种单纯的记述从而无从知晓其真正的意义。例如,在制定与贫困相关的新政策时,有必要考虑如下几个问题:①如何让这一政策得到响应?②为什么在此时要出台贫困政策?③如何对过去的贫困政策和当前的贫困政策的性质把握?等等。这些问题就代表了历史性分析的方向。其次,要研究社会福祉政策的历史,还要收集与问题、假设相关的证据。比起由旁人记录还原的二手资料,历史学家们往往更倾向于当事人直接记录的一手资料。所谓一手资料,就是指书信、日记、委员会议记录、听证会证词、行政记录、新闻纪要等。

历史研究的成果大小取决于资料的多样性,而二手资料正是通过对一手资料进行的缩减整合而丰富多彩。但是二手资料往往在选择一手资料进行解释的时候带有笔者的主观偏见。所以在进行历史分析的时候,要注意对一手资料和二手资料的分析和评定,将材料与研究课题相结合进行分析。

三、过程分析

过程分析在研究过程中所关注的并非社会保障的内容,而是社会保障现状形成的过程。与政治、经济、社会变数等有关的政策研究即可适用于此种分析方法。在此种研究方法中,政治学和历史学发挥着重要的作用。过程分析在于政治集团、政府、利益集团相互之间如果相互合作从而影响社会保障的发展。因此,过程分析要常常涉及社会保障制度的长期、全面的发展过程。代表性论文有詹姆斯·雷贝(James Leiby)的《美国社会保障和社会产业的历史》(*The History of Social Welfare and Social Work in the United States*),赫弗南的关于社会保障政策的政治、经济分析:《社会保障概论;权利,稀缺性和人类的共同要求》(*Introduction to Social Welfare Policy*:*Power*,*Scarcity and Common Human Needs*),派文和克劳伍德(Piven and Cloward)关于社会保障政策的政治社会研究《贫民控制论:公共福利的机能》(*Regulating the Poor*:*The Functions of Public Welfare*)等。

四、比较分析

(一)比较研究方法的学术性概念

我们在日常生活中,总会自觉不自觉地进行比较。将我们的生活环境与别人的条件相比较,再将本国的政治、经济、社会状况与外国进行比较;选举期间,又将各个政党的政策进行比较而后选择如何投票;等等,所以如果说我们的人生就是比较的人生,并非言过其实。

不仅是我们的人生,一些科学研究成果也基于比较之上。借用史璜森(Swanson,1971:145)的话:正像无法想象没有比较的思考一样,没有比较就没有科学的思考和研究。所谓科学，要具备两个重要要素：一是逻辑性、合理性；二是要有观察。也就是说想要科学地研究某些对象时，既要符合逻辑，又要符合调查研究。理论记述了研究对象中存在这儿的逻辑关系，调查研究则可以证明此种逻辑关系是否存在（Babbie，1986：16）。所以在科学中，比较的价值就在于可以作为调查研究的方法去验证理论的逻辑性。埃克斯坦和爱普特（Eckstein and Apter，1963：17）曾对科学中比较的概念进行了以下的说明：

科学起源于人类对宇宙万物进行有序的分类的探索中，为此我们需要比较。但是比较并不仅仅局限于单纯的分类中，而是验证理论是否真实的一种必要的研究方法。

也就是说科学就是探索特定对象的规律、逻辑以及其持续形态，而比较研究就是探索期规律、逻辑以及持续形态的必经阶段。正是因为有规律可循，自然科学的研究对象比社会科学的研究对象更具有一致性。

（二）社会保障学中比较研究的目的

在社会保障的研究过程中，使用比较研究方法的目的大概有以下四种：

第一，用以区分一般社会保障和特殊社会福利，即通过比较研究的方法，可以将社会保障现状相同的国家与一些独特的国家区分开来。如果不使用比较的方法进行研究，就无法探知一些政策或者制度是否只在某种特定政治体系或经济体系中出现。社会保障制度仅仅是在产业化发展成熟的国家中才会出现的现象吗？若不使用比较研究方法则很难找到这个问题的答案（希金斯 Higgins，1981：12—13）。由此看来，带着这种目的的社会保障比较方法是政府机关和国际学术团体在记述，区分各个国家的社会保障制度、政策时所使用的主要方法。特别是它可以从不同种类、不同职能方面发掘出各国家制度和政策的共同点。最具代表性的是：美国社会保障署（Social Security Administration）从 1937 年开始对全世界的社会保障项目开展了长期性的观察研究，按照各个国家进行了分类比较——*Social Security Programs Throughout the World*。罗杰斯（Rogers，1979）从社会保障、雇佣和培训、健康、教育、住宅五个方面对英国、法国、以色列、奥地利的社会保障制度进行了分析研究，并提取找到了各国家的共同性问题。

第二，通过使用比较研究方法来扩大制度选择的范围。众所周知，方法越多，越容易满足具有一定特征的社会性需求。所以，如果可以从其他国家的经验中总结出教训，就算这种经验并不适合自身发展，也能从一定程度上扩大我们选择制度的范围，更何况这个观点能对制度和政策开发研究起到些许的影响。例如，20 世纪 60、70 年代，美国和英国的社会科学学者以及政策制定者通过评价外国的制度政策而得到了很多对自己有用的教训。20 世纪 60 年代,美国为了修改儿童福利制度、家庭政策、医疗政策而去分析研究了整个欧洲与儿童、家庭相关的所有制度和政策;英国的国民保健服务制度和欧洲的医疗补助制度。同一时期,英国也通过分析美国的贫困消除政策,从中得出了美国的社会保障政策和制度对英国的适用可能性。虽然不考虑自身国家的政治、经济、文化、社会等因素所组成的整体性脉络,盲目地模仿他国的制度和政策是危险的,但是如果我们能合理恰当地将别国的先进经验加以借鉴、应用,充分发挥社会保障制度比较研究的长处则会收到意想不到的效果。

第三,通过比较研究方法明确全世界社会保障制度的发展趋势。即远可以了解从伊丽莎白《旧济贫法》时期到近代的社会保障制度的历史,近可以了解过去 20 年间的社会保障制度和政策(希金斯 Higgins,1981:14)。这是从历史性的观点出发掌握已经记述的社会保障制度比较研究,分析历史进程将有助于我们预测未来的制度走向。关于英国、德国、法国、美国、俄罗斯的社会保障制度的比较研究,Rimlinger 从各国的社会思想变迁和社会保障政策变迁过程的关系出发,做了详尽的记录。

第四,整理关于社会保障发展过程的理论,它也是社会保障比较的最终目的。在分析社会保障的发展过程时,不受时间、空间的限制,开发与政治、经济、社会、文化性体系相关联的普遍性,解释说明性模式(explanatory model)是社会保障发展的目的。前面介绍的三种目的都是以各国家的社会保障构造和内容,相似国家间的片段性政策,或是特定国家的单一事例为主进行比较分析,属于一种初步的记述性分析。而且,这样的分析不能把社会制度的问题进行概念化的抽象意义,也不能在一定程度上实现一般化。因此,最近常采取的是能够普遍使用的社会保障制度发展分析法,最具代表性的是福罗达和安柏(Flora and Alber,1984)立足于"美国和欧洲福利国家的近代化发展以及民主主义发展模式"所进行的分析研究。

(三)社会保障比较研究的局限性

尽管社会保障比较研究有多方面的优点。但同时还具有一定的局限性。这就涉及了社会保障比较方法论中关于政治、经济、社会、文化环境都不同的国家间如何进行比较的问题,以及社会保障制度的各个方面和内容如何进行比较的问题。具体来说,可以概括为以下三个方面:

第一,专业术语和概念的混乱。在不同的国家、不同的学者眼中,社会保障的概念也有很大的区别。例如,社会保障政策又被称为福利政策、社会政策、公共政策、社会行政、社会保障行政。很多情况下,这些概念互相重复或迥然有别(如:所包含的范围不同)。Wilensky(1975)和Kaim-Caudle(1973)就指出:"社会保障费用中是否包含了教育费用?"在不同的国家内情况就完全不同。而且,关于社会保障的定义,在美国是指关于老人、遗属、残疾人、健康保险等项目(Federal old-age, survivors, disability and health insurance program)。在英国却是指除教育补助以外,通过社会性手段向个人提供的所有现金形式的福利。新西兰的社会保障则是现金形式的福利和医疗服务形式的福利所组成的综合体系。由此看来,各个国家对同一概念的解释有很大的差别,而我们通过比较方法论这个概念进行比较也很容易得出结论。所以,在对各个国家的社会保障政策进行比较前,要先找到一个在各个国家都能够代表"社会保障政策"概念的专业术语。

第二,缺少社会保障比较的理论性背景。所有的科学性研究都要找到一个能够维系研究继续进行的理论性背景。所以在我们进行社会保障比较研究时,不仅要找到此种研究的理论性、概念性依据,而且要考虑到各个国家间的变数以及影响变数的各种理论性、概念性依据。

第三,资料的不足。收集到合适完整的资料是进行比较研究的重要前提。根据前文提到的与社会保障政策相关的专业术语和概念的差异、资料来源的多样性、资料数量的差异等情况,我们可以看出收集起已经核实完整的资料是十分困难的。特别是在第三世界国家、发展中国家、社会主义国家,由于很多是人为撰写的,即使搜集到完整的资料,也不能保证其真实性和可靠性。然而,随着网络时代的到来,我们可以通过国外收录的一些资料在一定程度上来弥补这一局限性。

参考文献

朴炳铉:"Confucian Culture and Social Security Programs in Korea",《社会福祉研究》6:267—280,釜山大学校,社会福祉研究所,1996年。

李慧景:《关于韩国福利国家性质的论证意义和研究方向》,《状况与福利》2001年第11期。

洪坰骏:《关于福利国家类型的质性分析:加入主义,自由主义,以及儒教主义的福利国家》,《韩国社会福祉学》1999年第38期。

Esping-Andersen, G.1990, *Three Worlds of Welfare Capitalism*, Cambridge: Polity Press.

Esping-Andersen, G.1997, "Hybrid or Unique: The Japanese Welfare State between Europe andAmerica", *Journal of European Social Policy*, 7(3); 179-189.

Esping-Andersen, G.1999, *Social Foundations of Postindustrial Economies*, Oxford: Oxford University Press.

Goodman R.andI.Peng.1996,“The East Asian Welfare States:Peripatetic Learning,Adaptive Change and Nation Building”,in G.Esping-Andersen(ed.),*Welfare State in Transition:National Adaptations in Global Economics*,London:Sage.

Jones C.1990,“Hong Kong,Singapore,South Korea and Taiwan:Oikonomic Welfare States”,*Government and Opposition* 25(4):446-462.

Jones C.1993,“The Pacific Challenge:Confucian Welfare State”,in C.Jones(ed.).*New Perspectives on the Welfare State in Europe*,London:Routledge,pp.198-220.

Lin K.1999,*Confucian Welfare Cluster:A Cultural Interpretation of Social Welfare*,Tampere:University of Tampere.

Midgley J.1986,“Industrialization and Welfare:the Case of the Four Little Tigers”,*Social Policy and Administration*,20(3):225-237.

东亚福利体制比较

——以中日韩为主

安 祥 薰[①]

围绕东亚福利模式的讨论由来已久。一些学者试图论证东亚福利模式独具特色，并可被视作福利资本主义三个世界之外的第四或第五种体制(Esping-Andersen，1990、1999)。另一些学者却认为东亚国家间差别巨大，应该慎用东亚福利模式这一表述。本文将涉及的三个国家，韩国、中国和日本，在其政治、社会、经济方面的差异巨大，分析起来更为复杂。那么，我们如何能在东亚模式这个单一术语下比较三个国家的不同情况呢？从某种意义上说，该研究旨在发掘和描述相似性，而并非为了论证这三个国家只能被归类于东亚福利模式。

如果我们认同该研究是初步的，则接下来就可考虑为了有效描述这三国的福利体系，可以选取怎样的比较指标。简言之，本文将围绕三个主题依次展开。一是三个国家的概况，包括国内生产总值、人口老龄化、政治和治理状况等，这些背景信息有助于理清各国的制度线索。二是与福利更为相关的指标，包括社会支出以及各子福利系统的制度特征。三是试探性的讨论三国之间的异同，并考虑“东亚模式”是否成立。

---

① 安祥薰，韩国首尔大学社会福祉学科教授。译者为中国人民大学中国社会保障研究中心博士华颖。

编者注：安祥薰教授在本文中所使用的三个国家的数据一般只到2006年，而中国在2007年以来却是社会保障发展最快的时期，这一最重要的时期的相关数据未能纳入，影响到了对中国社会保障制度现实情况的评估。要了解中国的社会保障发展情况，可参见本书之第四篇中的“中国社会保障相关统计”。

一、背景信息

(一)国内生产总值

众所周知,经济表现被视作福利发展理论的重要指标。根据权利资源理论,尽管政治因素是福利国家发展的关键驱动力,但是经济增长也是福利国家发展的必要条件,一系列实证研究表明,经济发展和福利开支水平(例如社会支出占国内生产总值的比例)的联系紧密。韩、中、日三国经济发展水平不同,人均 GDP 水平不同,我们可以预期到福利开支水平相应地也各异。国内生产总值一般用于衡量一国的整体经济表现。由于本节主要研究福利问题,因而将使用按购买力平价计算的国内生产总值来对三国进行比较。

韩国在最近40年间经济增长迅猛,2009年人均GDP达到约28000美元(按购买力平价计算)。中国经济在过去30年间经历了从中央计划经济体制向市场化方向的急剧转变。中国取得了显著的经济增长成果,2009年已成为仅次于美国的世界第二大经济体。2009年中国的人均GDP据估计为6600美元(按购买力平价计算),与其他两个国家相比较低。日本的经济在第二次世界大战后也获得了腾飞,现在已是世界上最先进的经济体之一。在日本取得的经济成就背后,有着一系列日本模式显著的特征,例如政府和产业界的合作,强烈的职业道德,精尖的高科技和较少的国防开支(占 GDP 的 1%)等。以购买力平价计算,日本现在是仅随美国、中国后的世界第三大经济体。2009 年,日本的人均 GDP 达到约 32600 美元(按购买力平价计算)。

(二)人口老龄化

在上述工业化主题的逻辑下,人口老龄化也被视作推动一国成为福利国家的关键因素。在具备经济资源的情况下,国家想回避老年人扩张老年社会保障项目的要求,例如养老体系等,在政治上是不可能的。同时,一旦某项社会保障项目建立,人口老龄化便会自动的推升养老、医疗保险等方面的社会开支。在养老保险和长期护理保险方面,人口老龄化意味着受益人数越来越多。目前,65岁以上人口的比例在韩国为11.1%,中国为8.6%,日本为22.6%。据估计,这三个数据在2030年将分别达到23.2%,15.9%和30.8%;2050年达到34.2%,23.3%和37.8%。①

① 资料来源:UN,World Population Prospects.http://esa.un.org/unpp/.

目前,韩国、中国、日本的人口抚养比率分别为0.37,0.36和0.56。由于三国的出生率都很低,人口抚养比未来将会急剧增加。

表1 韩、中、日人口相关指标

	总人口	65岁及以上人口比例(%)	人口增长率(%)	出生率/每千人口出生人数
韩国	48636068 (人口世界第26位)	11.1	0.258 (第175位)	8.72(第214位)
中国	1330141295 (人口世界第1位)	8.6	0.494 (第153位)	12.17(第164位)
日本	126804433 (人口世界第10位)	22.6	-0.242 (第216位)	7.41(第222位)

数据来源:美国中央情报局:《世界概况手册》,2010年数据。

(三)劳动市场关键指标

东亚福利国家的社会开支水平较低这一事实已被广泛证明。然而,在东亚国家的个人经济福祉方面,东亚地区人民都享有相当程度的经济满意度。这从何而来呢?三个国家的失业率都比较低,韩国为4.1%,中国为4.3%,日本为5.6%,这与西方国家相比是相当低的。

虽然三个国家正在经历人口老龄化,但它们仍拥有规模可观的劳动力。中国拥有世界上最多的人口,同时拥有最多的劳动力,约为8.127亿。日本有6593万劳动力,韩国有2437万劳动力(2009年数据,美国中央情报局,《世界概况手册》)。

(四)政治和治理

如果我们考虑中国未来发生的变化,以上讨论的背景特征在三国间将会呈现聚合。然而,当涉及政治体制,要讨论三国的未来变化就非常困难了。粗略计算,至少有半数的福利国家理论均强调政治作为福利国家发展主要动力的重要性。权利资源理论家认为,虽然经济财富是必要的,但赞成福利的政党的存在,例如社会民主党或工党,增加了一国成为"真正"福利国家的几率。公共选择学者认为,当选举周期缩短时福利国家会扩张。利益政治的理论家认为,不同利益集团之间的竞争强度是福利国家扩张的关键因素。总之,谈及福利国家时政治总是关键的。这也是我们需要分析这三个国家的政治和治理的原因。

让我们从韩国谈起。韩国经历了相当长的专制统治。虽然韩国现在被视作民主国家,但实际上直到1987年,专制统治落幕,正式的民主政体才得以建立。又过了十年,福利政策才开始在政治竞选的口号中得以明确阐述。目前,韩国有两个最大的政党——民主党和大国家党，它们一直是竞争对手。保守的大国家党现在是执政党。另外还有其他的反对党，民主工党(激进的)，自由先进党(保守的)，亲朴联盟(保守的)和议会外的新进步党(激进的)。

那么中国的政治是怎样的呢？第二次世界大战结束后，毛泽东领导下的共产党建立了集权的社会主义制度。1978 年以后，毛泽东的继任者邓小平和其他领导人认可并支持市场导向的经济发展方式。中国共产党的政治权威和权力是通过其控制的国家机器和立法程序来实现的。由于国家权力没有分散于相互竞争的政党间，中国的政治决策非常有效率。只要中国共产党决定中国需要发展福利国家制度，在不久的将来就会实现。

在日本，虽然皇室作为民族团结的象征得以保留，但是选举产生的政治家实际掌握决策权。日本实行多党制，但自由民主党(保守的)在相当长的一段时间内是执政党(1955—2009 年)。在 2009 年的选举中，成立于 1998 年的由几个反对党合并而成的民主党当选为执政党。

二、三个东亚福利国家的制度比较

(一)社会支出趋势

在本节中，我们将首先描述三个国家的社会支出趋势，然后详细探讨福利制度的特点。社会总支出的数据源来自亚洲开发银行的数据库。该数据库中社会支出由四个子项目组成：卫生，社会保障、社会福利，教育和住房。本节中的社会开支是指四个项目的支出总和。

图 1 显示了韩国 1994 年至 2006 年间的社会支出变化，该指标是通过占 GDP 的比重来衡量的。在给定的时期内，韩国社会支出增长较慢。一个特殊的飞跃发生在 2000 至 2001 年间，原因是 1998 年的外汇危机引发了大规模失业，在此背景下金大中政府推出了国家基本生活保障制度。①

日本重要的福利飞跃在 20 世纪 70 年代末就已发生。此后特别是在最近的几十年中，社会支出的上升趋势非常缓慢(参见图 2)。日本社会支出的最近发展或多或少可以归因于自然的、必然的原因，如人口结构的变化，即人口老龄化、家庭结构的变化等。日本似乎已经进入制度成熟期，从而没有福利制度方面明显的变化。

① 这个新的社会救助项目使得在职贫困者有资格获益，此后失业与社会支出水平的关系开始变得更加密切。

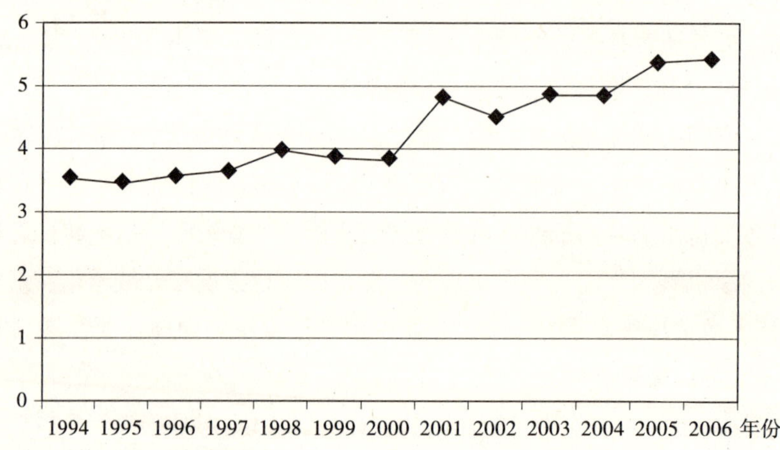
图 1　韩国社会支出变化趋势(占 GDP 的比例)

日本社会支出占比在 20 世纪 90 年代后期突破了 20%的大关,最近保持缓慢增长,向 25%爬升。总之,相较于另外两个国家,日本可被描述为一个已经建成的(或更高发展阶段的)福利国家类型。

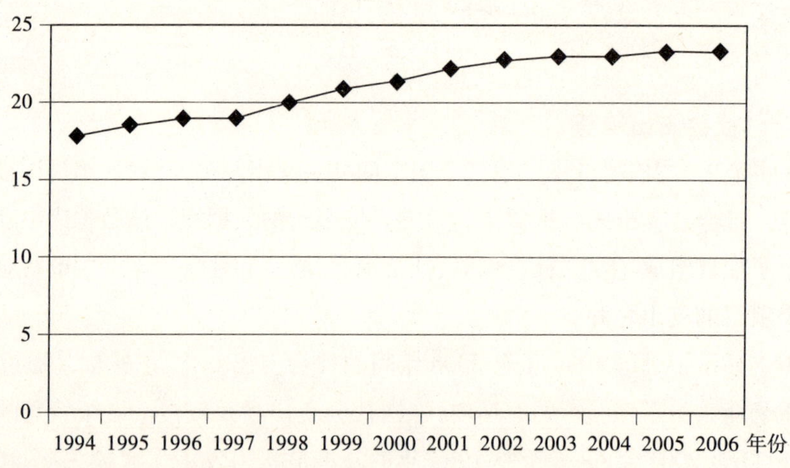
图 2　日本社会支出变化趋势(占 GDP 的比例)

自 20 世纪 90 年代末,中国开始将更多的经济资源倾斜于解决由以市场为导向的经济改革所造成的社会问题。图 3 清晰地表明了这一趋势。在 1994 年至 1999 年间,中国社会支出占比呈现急剧上升的趋势,此后在一定程度上停滞,自 2005 年起又开始向 5%的水平回升。将中国和韩国的社会支出进行比较,中国似乎更积极地通过增加人均 GDP 水平来发展自身的福利,虽然其人均 GDP 还是低于韩国。

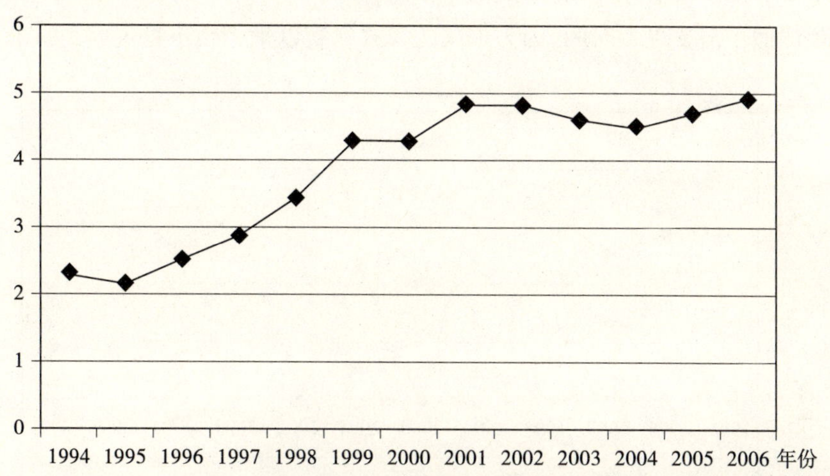

图 3　中国社会支出变化趋势（占 GDP 的比例）

接下来我们探讨三个国家公共支出的增长趋势，从中可以了解其社会支出增长的模式。图 4 展示了公共支出较上一年增加和减少的百分比。有趣的是，韩国的公共支出趋势呈现周期性的增长和回落，但是增加的程度高于回落的一般程度。韩国处于福利国家的发展阶段，因而呈现这种模式。换言之，支出的增长受到新的政策推出或现有政策成熟的影响，过后便是支出增长率的回落，周而复始。然而，公共支出的暂时回落趋势似乎在逐渐减弱，该增减模式已逐渐演变为增长放缓的模式。这意味着韩国的公共支出此后将会稳步增长。

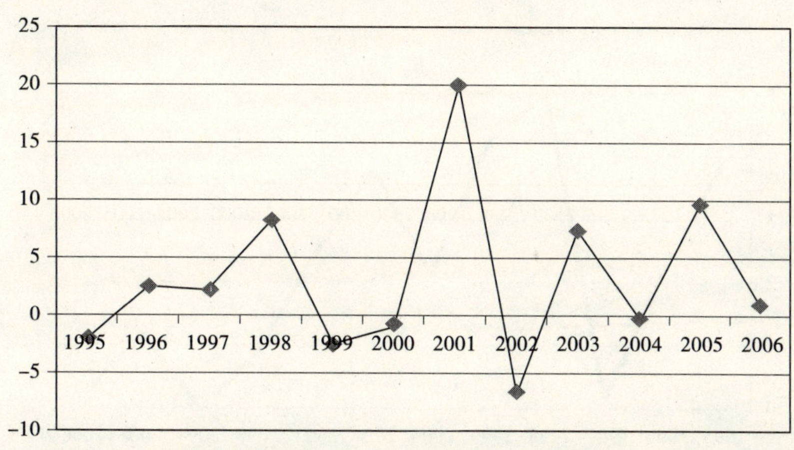

图 4　公共支出较上一年的变化率（%，韩国）

虽然中国的公共支出不像韩国那样呈现明显周期性骤变，但也呈现增长和回落的循环模式。中国从 20 世纪 90 年代中期直到 21 世纪初，公共支出的增长保持较高水平。之后经历短期的回落，自 2004 年后开始回升。然而，对于支出长期趋势的预测似乎需要更多时间，因为中国的模式一直以来相当不稳定(参见图 5)。

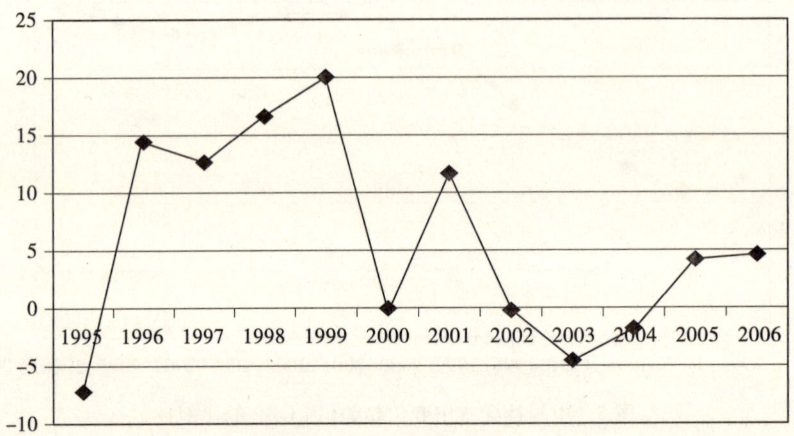

图 5　公共支出较上一年的变化率(%,中国)

不同于韩国和中国，在已具备成熟制度的日本，公共支出呈现稳定的增长。但是从图 6 中仍可以发现，公共支出在 1999 年和 2000 年有两次飞跃。1999 年增长的原因可能是新天使计划(1999)和黄金计划 21(1999)的出台，这两项政策旨在应对人口老龄化和低生育率社会。2000 年的增长可能是受到长期护理体系引入的影响。公共支出的增长稳步放缓，我们可以预测到日本的公共开支不会有迅速的增长，在某一时点将达到稳态。

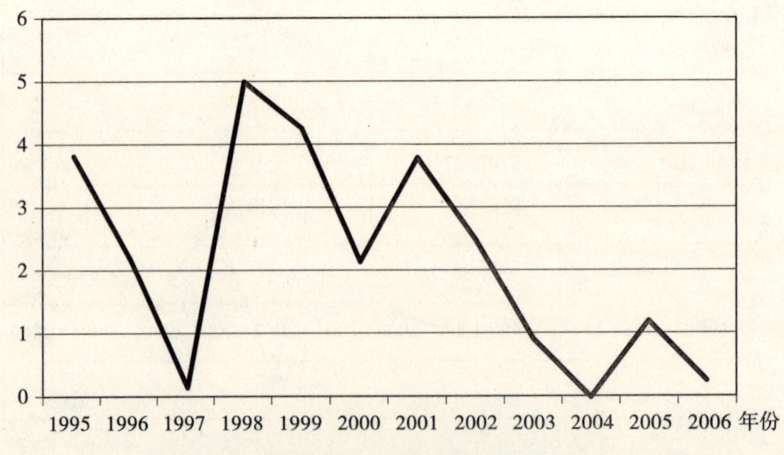

图 6　公共支出较上一年的变化率(%,日本)

（二）福利政策的特点

目前本文已经探讨了三个国家公共开支的大致趋势。接下来将研究三个国家福利政策的制度特征。每个国家有着不同的历史经验和福利政策的发展环境。在公共支出的角度来看，日本在 20 世纪 70 年代已经建立了福利国家，这一时期 Wilensky 所提出的福利国家发展的两个重要条件——经济增长和人口老龄化——在日本都已具备（Takegawa，2005）。另外，70 年代后期西方福利国家经历危机。虽然"韩国福利国家已到来"这一论断有些夸张，因为韩国福利政策还没有根本性的转变（Baek & Ahn，2007），但这一看法仍然是有价值的。许多学者一致认为，韩国的福利支出水平和制度性的福利政策安排已进入新的时代，并在 20 世纪 90 年代末迈向福利国家（Kim，2002；Song & Hong，2006；Takegawa，2005；Peng & Wong，2008）。在受到亚洲金融危机的冲击后，在全球化深化的背景下，韩国开始切实向福利国家迈进。最近中国对福利政策的兴趣也增加了，比如胡锦涛主席表明要强调"以人为本的发展"。虽然中国在引入市场机制后的 20 多年里取得了高水平的经济增长率，但是社会不公和贫困也成了不可避免的严重问题。目前，中国以在一般体制结构上进行渐进改革的方式，尝试各项政策以解决社会问题（Oh，2006）。

表 2　三个国家重要的政策工具

	韩国	日本	中国
医疗 实施年份 实施时的人均 GDP	保险型 （1977） 1842.34	保险型 （1927） （无数据）	保险型 （1998） 817.147
养老 实施年份 实施时的人均 GDP	保险型 （1986） 5270.01	保险型 （1942） （无数据）	保险型 （1956） （无数据）
贫困 实施年份 实施时的人均 GDP	救助型 （2000） 15702.27	救助型 （1946） （无数据）	救助型 （1999） 861.212
失业 实施年份 实施时的人均 GDP	保险型 （1995） 13484.69	保险型 （1974） 4658.81	保险型 （1999） 861.212
工伤 实施年份 实施时的人均 GDP	保险型 （1964） 366.82	保险型 （1947） （无数据）	保险型 （2003） 1269.83

资料来源：韩国（CWSD，CGDP）、日本、中国（国际货币基金组织，世界经济展望数据库，历年）

表 2 展示了三个国家为应对各种社会风险，首次正式引入的制度安排。从中可以看出三国福利国家发展的三个鲜明特征。首先，政策发展历史有明显的区别。日本主要在第二次世界大战后引入了重要的政策，韩国实施新政策的关键时期是

20 世纪 70 年代,而在中国是 21 世纪初期。其次,除了扶贫政策外,三个国家的福利政策都倾向于保险型制度。最后,三个国家的政策扩张期不同。在日本,第一项和第五项政策之间相距 20 年。在韩国,在第一项政策引入后,历经 35 年第五项政策才得以引入。而中国是在 2000 年左右开始推行大部分的政策。

在下一节中,本文将研究三个国家主要福利政策的特点,特别将聚焦于每一项政策的目标群体和局限性。

1. 养老。

表 3 是三国关于老年收入维持计划政策的信息摘要。韩国和日本都保持着为特殊人群,如公务员,私立学校教师等而设的养老体系。这可能是发展状态中的遗留物。日本首先采取的是为核心员工而设的雇员养老保险(EPI),之后为其他人群设立国民年金(NP)。韩国的基本养老体系(BP)与日本的国民年金一样,具有补充性的特点。但是该基本养老体系(BP)具有津贴的性质,是通过税收筹资,而不同于日本保险型的国民年金(NP)。因而基本养老体系(BP)有可能面临较大的筹资压力和较低的慷慨程度。中国的福利体系是城乡二元分割的。在建立覆盖城市职工的养老体系的 40 年后,农村居民才开始享有养老金。这意味着曾存在许多未被养老体系覆盖的退休人员。中国的养老体系覆盖面窄是个严重的问题。另外,

表 3 三国的养老体系

		实施时间(现行)	主要目标群体	主要问题
日本	国民年金	1959	▶未被雇员养老保险覆盖人群	▶财务压力 ▶未缴费率高
	雇员养老保险	1954	▶非公职劳动者	
	互惠联合会	不等	▶中央政府雇员 ▶地方政府雇员 ▶私人学校的老师和员工 ▶海员	
韩国	国民年金	1986	▶全体国民(除了被其他保险体系覆盖的人群)	▶未缴费率高 ▶未被覆盖人群 ▶缴费与待遇的平衡
	互惠联合会	不等	▶私人学校的老师和员工 ▶海员 ▶中央/地方公务员	
	基本养老金	2007	▶低收入老年人	▶待遇水平低 ▶财务压力
中国	养老保险	1952	▶公务员、军人和城市劳动者	▶参保率低
	农村地区养老保险	1992	▶农村居民	▶基金完全积累

由于农村地区的养老保险计划采用基金完全积累的方式,其激励性和慷慨程度都很低。

2. 医疗保险。

在这三个国家中,医疗保险的覆盖面都是一个问题,表4显示这一点。特别是在中国,关键部门和非关键部门劳动者间、农村和城市地区间医疗服务差距巨大。除了城镇职工医疗保险外,其他项目都是自愿参保,因而社会保险发挥的功效很有限。日本和韩国面临人口的快速老龄化,长期护理保险已经出台,但这两个国家已经暴露出基础设施缺乏和高自付额的问题。中国人口正处于加速老龄化的过程,引入长期护理的必要性已经显现。

表4　三国的医疗保险

		实施时间（现行）	主要目标群体	主要问题
日本	医疗保险	1922	▶一般雇员、公务员等	▶低覆盖范围
	公共医疗保险	1938	▶非被医疗保险覆盖者	▶低覆盖范围
	长期护理保险	1997	▶需要护理服务的老年人	▶缺乏基础设施 ▶高自负额
韩国	公共医疗保险	1999	▶全体国民	▶低覆盖范围
	长期护理保险	2007	▶需要护理服务的老年人	▶缺乏基础设施 ▶高自负额
中国	城镇职工基本医疗保险	1998	▶城市关键部门劳动者和公务员	▶保留个人账户的问题
	城镇居民基本医疗保险	2007	▶城镇居民	▶自愿参保
	新型农村合作医疗	2003	▶农村居民	▶自愿参保

3. 职业伤害。

三个国家的工伤事故保障范围相对来说都比较广泛,表5展示了这一特点。这一特征可视为与东亚国家的发展强调保持和提高生产率相匹配。在日本,悬而

表5　三国的工伤保险

		实施时间（现行）	主要目标群体	主要问题
日本	工伤事故补偿保险	1973	▶全体雇员	▶财务压力
韩国	工伤事故补偿保险	1963	▶全体雇员	▶适用范围扩大
中国	工伤保险	2003	▶全体雇员	

未决的工伤事故保障的财务安全问题将更为凸显，这是因为由工作压力、超负荷工作而导致的自杀和过劳死增多，从而导致工伤事故增加。韩国的工伤事故补偿保险就其他保障项目来说，推出的更早。然而在工伤事故的认定上存在适用范围过窄的问题，有必要增强保障性。

4. 失业保险。

表6显示了三个国家主要的失业保障体系。三国的失业保障体系相对其他主要的社会保险项目而言引入较晚，但似乎呈现扩张趋势。这种趋势与这样一种新的发展路径相联系：在高速的经济增长后，高失业率才作为一种社会问题出现。在日本，由于失业率的不断增加，失业保险的财务压力成为日益严重的问题，需要采取措施以确保未来的财务平衡。在韩国存在未参保人增加的问题。在面临与日本一样的支出压力的同时，韩国的失业保险财务状况也令人堪忧。中国失业保险的问题在于存在许多没有资格参保的劳动者，因为失业保险只适用于城市的关键部门劳动者，包括城市国有企业、大型企业、外资企业等。这也是能够解释的，因为目前中国经历着快速的经济增长，所以对失业保障体系的需求较低。然而，由于中国长期存在地区差距问题，各地的失业状况也存在差异。根据地区的特点，对相关的制度进行补充也是必要的。

表6　三国的失业保险

		实施时间（现行）	主要目标群体	主要问题
日本	失业保险	1974	▶全体雇员 （雇员规模5人以下的自愿参保）	▶财务压力
韩国	失业保险	1993	▶全体雇员，部分自雇佣者	▶有未被覆盖人群
中国	失业保险	1999	▶城市关键部门劳动者	▶待遇水平低

5. 贫困。

表7显示了三个国家对抗贫穷问题的社会保障项目。如前所述，这三个国家处理贫困问题都是通过救助的方式。这个特性可能反映了残补型的发展特征，扶贫的对象是哪些市场竞争中的失败者。在日本，最近贫困率迅速上升，接受救助者大幅增加，财务压力成为了主要的问题。在韩国，受益人群的选择标准是一个问题，救助存在盲点，较低的覆盖率也被视作具有局限之处。在中国，与其他社会保障项目一样，社会救助的实施也是城乡二元分割的。有人指出城乡社会救助的覆盖范围都很窄，特别是在农村地区受益者的选择标准模糊。另外，对受益者进行公示，侵犯其相关隐私权这一点也遭到诟病。

表 7 三国的生活救助

		实施时间（现行）	主要目标群体	主要问题
日本	基本生活保护制度	1950	▶低收入家庭	▶财政压力
韩国	国家基本生活保障制度	1999	▶低收入家庭	▶存在盲点 ▶低覆盖范围
中国	城市居民最低生活保障制度	1999	▶低收入城市家庭	▶低覆盖范围
	农村居民最低生活保障制度	2007	▶低收入农村家庭	▶低覆盖范围 ▶标准模糊 ▶受益者的公示

（三）三个福利国家的共性或相似处

在导论中本节指出三个国家几乎在各个方面都存在巨大差异，以至于难以将其归于东亚福利模式这个单一标题下。这主要是由于各个国家历史不同，特别是发展时间存在滞差。尽管如此，我们仍可以在三个国家的福利制度中发现一定的共性或相似之处。在本节中，我们将探讨本研究的第三个问题，即三个福利体系是否有共同的基础，以此为基础又是否可以将其与西方的福利模式相区分。

第一个共性是三国的国家战略均以生产为中心。如果以一国的核心保障项目来划分福利制度类型，则可以划分为三类，即公共援助型（美国）、社会保险型（欧洲大陆）和社会服务型（北欧国家）（Ahn，2007）。不难发现韩、中、日三国的核心保障项目均为社会保险。由于社会保险基于劳动力市场参与和福利权原则，因而在三种类型中是与生产联系最为紧密的。三国的主要社会保险项目原本都是为城市劳动者而设立的，同时伴随着国家主导的工业化过程。这一点已经被作为证明东亚模式为“生产型”或“发展型”的实证性证据（Johnson，1982；Kwon，1997；Holliday，2000）。

三个国家之间第二个相似之处是本质上都强调父权或以家庭为中心。与西方国家相比，社会福利项目的质量就覆盖范围、充足性来说都相对较低。虽然这与制度的不成熟有一定的关系，但直至今日，家庭还是主要的福利服务提供者。尽管社会保险项目正在扩张，但社会服务在三个国家内都并非普遍的项目。因此，照护的责任主要还是由家庭承担。一些学者指出了这一特征是区分东亚模式（或儒教模式）与其他西方福利模式的主要因素（Jones，1990）。

前文已经提到，上述的特征只是描述发展的初始阶段。事实上，这三个国家都经历了福利制度的迅速变化，同时还伴随着其他领域的巨大变革。至今，以上提到的共同特征并非十分鲜明，而是在很大程度上将经历削弱或转型。为了得出更加可靠的结论，我们必须等待东亚国家，尤其是中国的正在持续中的变革告一段落。

三、结论和下一步的研究

本文极力试图在东亚福利国家的共同框架下比较韩、中、日三国。尽管如此，由于中国有关福利的数据其可靠性和可比性存在问题，我们不能有把握地得出这三个国家的差异和共性处。然而，通过比较制度定性化的特征，我们仍可以得出一些线索来把握东亚福利制度的雏形。

虽然三个国家之间有一些共性，在这些共同点的基础上我们才得以讨论东亚福利模式，但是本文建议待到各国正在持续中的巨大社会和经济变革达到相对静态后，再得出结论，尤其对于韩国和中国来说。在此期间，我们最需关注的，是就收集关于中国的可比较的、定量和定性的数据展开学术合作。日本和韩国都已有一系列公开的数据库(SOCX 和 CWSD)，我们希望中国的同仁能够更重视这一问题，并以此为东亚模式的下一步研究作出贡献。

参考文献

Kim, Y.-M.(2002):《韩国福祉国家性格论争Ⅰ》,《人间与福祉》,第109—141页。

Song, H.-K.and Hond, K.-J.:《福利国家的胎动》,Nanam 出版社2004年版。

Baek, S.-H.and Ahn, S.-H.:《关于韩国福利国家支出增加的结构和性质的比较社会政策研究》,韩国社会福祉学会2007年度世界学术大学论文集,2007年版,第348—353页。

Oh, J.-S.(2006):《中国的社会保障》,集文堂。

Ahn, Sang-Hoon(2000), *Pro-Welfare Politics: A model for changes in European Welfare States*, Uppsala: Uppsala University Press.

Ahn, Sang-Hoon(2007), "*Multi-pillar Model of Livelihood Security for a New Welfare State: Towards a 'Social Service State'*", in Choi, Kyngsoo(ed.), *Towards an Effective Social Protection System*, KDI-Word Bank, 375-411.

Holliday, I.(2000), "Productivist Welfare Capitalism: Social Policy inEast Asia", *Political Studies*, 48:706-723.

Johnson, C.(1982), MITI and The Japanese Miracle, Stanford, CT: Stanford University.

Jones, C.(1990) Hong Kong, Singapore, South Korea and Taiwan: Oikonomic Welfare State. Government and Opposition 25:446-462.

Kwon, H.J.(1997), "Beyond European Welfare Regimes: comparative perspectives on East Asian Welfare Systems", *Journal of Social Policy*, 26:467-484.

Peng, I, Wong, J. (2009), "Institution and Institutional Purpose: Continuity and Change in East Asian Social Policy", *Politics and Society*, 36(1):61-88.

Wilensky, H.L. (1975), *The Welfare State and Equality: Structure and Ideological Roots of Public Expenditures*, Berkeley: University of California Press.

Takegawa, Shogo 武川正吾:"福祉オリエンタリズムの終焉—韓福祉國家性格論爭からの教訓",(武川正吾,キムヨンミョン編)韓の福祉家日本の福祉國家,東信堂 2005 年版。

东亚社会政策研究方法论

武川正吾[①]

一、在社会政策研究里聚焦东亚

世界银行于1993年刊发了名为《东亚奇迹》的报告(World Bank 1993)。东亚各国与拉美各国相比,同是发展中国家,但是东亚各国实现了较高的经济成长率,因此,世界银行对东亚各国也很关注。因为拉美各国在20世纪80年代时的平均增长率为1.7%,而东亚各国则达到了6.6%。世界银行把中国香港、印度尼西亚、日本、马来西亚、韩国、新加坡、中国台湾、泰国这八个国家和地区赞誉为“实现了高水准成果的亚洲经济群”(HPAE:High-Performing Asian Economies),并把这些国家和地区的开发手法看作是发展中国家的一个有力的模式。因此,东亚各国受到了来自世界各国的瞩目。

这种对东亚地区的关注以往主要集中在经济体系方面。世界银行在1993年刊发的报告里指出“支撑东亚经济发展功能的框架”需要三个部分构成:①经济的基本要求;②政府的经济政策;③与经济相关的制度、组织。并且,针对这些做出批评的克鲁格曼也涉及了技术普及、世界经济重心的转移、经济计划等的论点。据说,货币危机以后的世界银行或IMF对亚洲各国在金融制度和企业经营等方面,“从‘亚洲的方式’向‘盎格鲁—美国方式’谋求制度改革”(末广2003:19)。

然而,与对东亚经济体系的关注相比,对东亚的社会构造和社会变化的关注就显得比较薄弱了。并且,对作为解决社会变化带来的社会问题的社会政策或是作为经济发展的必要条件的社会政策的关心程度也是一样的。不仅在研究领域的关注比较薄弱,通过东亚经济专家们的观察发现,这些区域里的经济发展与社会政策

① 武川正吾,日本东京大学教授。译者为日本福祉大学福利社会开发研究所客座研究员罗佳。

之间存在差距。例如，日本学者末广昭指出，在东南亚各国，虽然现在还是“多国籍企业正在‘蒸蒸日上’，但是工人运动和劳动行政方面现在是持续处于停滞不前的状态，更谈不上发展了”（末广 2003：91）。

虽然如此，但事实表明，从 20 世纪末开始，针对东亚，特别是针对以中、日、韩三国为中心的社会政策的研究开始增多（社会政策学会编 2006）。例如，日本的社会政策学会 1997 年召开的第 94 届大会上，“亚洲的劳动与生活”成为大家讨论的一个共同主题。后来成为该学会秘书长的上井喜彦（当时为编审委员长）说过，这是为了让“该学会亚洲研究正式起步”的一个契机（社会政策学会编 1998）。在这之后，该学会的年度大会里，以中日韩为中心的社会政策相关的研究报告不断涌现，2006 年的第 113 届大会上，“东亚的经济发展和社会政策”又一次成为大家讨论的共同主题（社会政策学会编 2007）。其他的与社会政策相关的学会（例如，日本社会福利学会、福利社会学会）里也出现了同样的现象。也就是说，21 世纪最初的 10 年里，日本的社会科学领域里针对东亚地区的研究在经济层面上又增加了社会层面的研究（广井・驹村 2003，上村・末广 2003，大泽 2004，田多 2004，武川・金 2005，武川・李 2006，野口 2006，白鸟 2006，广井・沈 2007，金 2008，埋桥・木村・户谷 2009）。

二、时间轴和阶段轴的视角

从 20 世纪末左右开始，围绕东亚社会政策的状况发生了很大的变化。主要的变化可以说有以下三点：①韩国和中国台湾的福利国家化；②中国大陆的市场经济化；③东亚的区域统合。针对这些变化，21 世纪东亚社会政策研究里需要三个重要的视角：①时间轴和阶段轴的视角；②体制转换的视角；③通用的社会政策的视角。下面对这三个视角进行个别论述。

中国台湾地区与韩国是在 20 世纪 90 年代末开始到 21 世纪初迅速开始福利国家化的。因此，21 世纪的东亚社会政策研究在 20 世纪 90 年代里具有支配性的影响力的艾斯平・安德森提出的静态类型论方法之上，需要新增融入时间轴的动态阶段论方法。实际上，这一类的研究已经开始了（武川 2007，金 2008，李 2011）。

阶段论和类型论是社会科学历史中的传统主题。两者之间不存在矛盾，因此可以说社会科学里的任何一个理论都可以从这两个角度使其平衡。虽然如此，但是阶段论优先还是类型论优先，这是社会科学理论里的分水岭，在研究的发展历史里也可以区分出阶段论占支配地位的时期和类型论占支配地位的时期。例如，与20世纪的资本主义发展相关的理论，起初是阶段论的认识占了优势（作为资本主义最高阶段的帝国主义、后期资本主义、组织资本主义、国家垄断资本主义等）。但是到了20世纪90年代以后，出现了与"资本主义的多样性"相关的理论，类型论的认识占了优势①。翻阅比较福利国家论的研究历史的话可以看出，20世纪70年代里的阶段论的集中学说具有一定的影响力，20世纪90年代以后则是类型论的福利国家范式论具有影响力并持续到现在。

欧洲福利国家的多样性通过类型论可以做充分的说明。因为可以说欧洲的主要国家（虽然在关于具体的特定年代上还有分歧）都是在同一个时期开始向着福利国家起飞的。但是东亚的福利国家的多样性具有阶段的多样性部分和类型的多样性部分的混合存在的特点，只用类型论来说明的话有一定的困难。也就是说，在东亚的情况下，必须在探讨阶段论的基础上才能谈论福利国家的类型。以往可以说只根据亚洲新兴工业化经济体（NIEs）作为对象，或是只根据东南亚各国作为对象来从事实上采用了阶段论，但是很多时候在没有觉察的情况下犯下了一个错误，就是在没有运用时间轴的情况下对东亚各国进行了平面式的比较。甚至在某些情况下会在此基础上谈论东亚福利范式或东亚模式等。但是，韩国和中国台湾的福利国家化再次认识到了这样的方法论是不合逻辑的。并且，这一点也是对欧洲的比较福利国家研究的一个反弹。伴随欧盟（EU）的扩展处于不同发展阶段的各个国家成为了欧盟的新成员，因此，可以看出欧洲的比较研究里也需要包括类型论和阶段论这两方面的视角。

通过引进时间轴和阶段轴的视角，可能会推翻以往的一般说法，或者会对以往的一般说法给予新的定位。

例如，如果从欧洲中心主义的思维方式来看的话，（与美国一起）日本被看做福利国家的例外或是特殊的福利国家。但是，其"特殊"型的一部分可以说是因为日本向福利国家的起飞比欧洲各国晚了25年（武川1999，2007）。而无需搬出儒教主义或家庭主义等民族中心主义来进行说明。

另外，韩国和中国台湾地区的福利国家化使东亚社会政策研究里带来福利国家的视角——作为资本主义的一个发展阶段的福利国家的视角成为可能。因此，通过东亚的福利国家比较应该能够揭示出通过后发性——起步晚这一重要原因来

① 日本学者山田锐夫把19世纪以来的社会科学历史从阶段论和类型论的角度进行了整理，日本的社会科学历史也适用于这一格式。例如，山田指出，日本资本主义论战里的劳农派是阶段性，而讲座派是类型论，战后社会科学里的宇野理论是阶段论，而大塚史学是类型论（山田2007：15）。并且再试着列举的话，可以说马克思的社会认识是阶段论，韦伯则是类型论。

说明的日本还存在的福利国家的“特殊”性里到底哪个部分是真的特殊，或哪个部分不是。

以往的东亚社会政策研究里，在开发主义或“生产主义”(prodctivism)里谋求东亚特有的特征的见解比较有力。20世纪80年代以来，这一类的研究连绵不绝，作为这些研究的总汇的有Ian Holliday等人的研究。针对“东亚福利模式是否存在?”这一问题，他们很干脆地回答道:“我们得出的答案是存在第四个福利资本主义。”并且他们继续指出:“我们的研究发现，在这四个国家或地区(韩国、中国台湾、中国香港、新加坡)里，存在着于艾斯平·安德森所提出的三个世界的方法有根本上的区别的另一种方法。在本质上所不同的是这四个国家或地区在其根本上具备生产主义的本质”(Holliday and Wilding 2003:194-5)。但是，这样的说明也需要通过阶段论的视角相对的去思考。因为正如韩国学者金渊明所指出的，由于最近10年里的福利国家化，Holliday等人主张的PWC(生产主义型的福利资本主义)的论题至少在韩国已经不成立了(金,2008)。即使把生产主义的理论认为是恰当的，其范围估计也仅限于20世纪后25年的特定的发展阶段里的亚洲新兴工业化经济体(NIEs)吧。这是只通过类型论所看不到的而通过阶段论可以得出的见解。

引进阶段论的视角会发现后发性的问题。在工业化领域，英国以外的国家都是后发国。迄今为止关于后发资本主义的研究非常多，其中之一是揭示了由于蛙跳(Leapfrog)现象，后发国比先发国在发展上节省时间且更快的事实。从人口老龄化的速度上也可以看出，晚出现的国家老龄化的速度快。20世纪80年代的时候，人们总是说日本65岁以上人口比例从7%上升至14%所需的时间比西欧各国要快，但是现在来看，韩国、新加坡的老龄化的发展速度更快。这一原理也应该可以适用于福利国家的形成。也就是说，在日本的“武川—田多论战”里，日本的福利国家成立时期是一个焦点，武川认为应该是在被称为“福利元年”的1973年，而田多则主张应该是在全民保险、全民年金制度成立的1961年(抑或是20世纪50年代末)，但是在有关韩国的福利国家成立时期的问题上，武川和田多的意见是一致的。这应该也是因为韩国的发展速度太快了吧。韩国在仅仅几年的时间里就经历了日本从1961年到1973年所经历的变化——这种蛙跳现象在韩国的老年人长期护理制度成立过程中也可以看得出来，因此，对韩国进行分析时可以产生意见对立的要素很少，这与对日本进行分析时是不同的。

换个角度，从日本与欧洲各国之间的关系里我们也可以看出，关于英国的福利国家成立时期有两次世界大战之间之说和第二次世界大战结束后之说，前者的根据是这一时期已经具备有社会保障等福利国家的基本制度，在战后实施只不过是单纯的体系化的问题。上述提到的日本经历的1961年和1973年之间有12年,这与韩国的变化相比经历的时间比较长,但是与英国相应的时期相比就比较短了。如果把日本1961年到1973年的这段时期与英国的两次世界大战之间到第二次世界大战结束后的时期看作是原型福利国家时期的话,可以推论出越是后发国其经历原型福利国家的时期越短的假设。

像这样通过引进阶段论的视角开展研究的话,东亚社会政策研究就能过渡到与21世纪相符的研究了。

三、体制转换的视角

第二点要说的是需要体制转换的视角。

中国在东亚区域的经济领域占有重要的地位,这一点已经是毋庸置疑的了。中国的经济实力超过日本只是一个时间上的问题,购买力平价在2011年的时候已经超过日本了。并且中国在改革开放政策实施后向市场经济转型的过程中由于各种各样的理由也一直在谋求社会政策的扩展和转型。因此,东亚(不仅是区域经济研究)社会政策研究里也不能忽视中国的存在。

但是在以往的比较社会政策或比较福利国家理论里,确定中国大陆地区的定位却不是一件容易的事情。如上所述,韩国和中国台湾由于实施福利国家化,因此可以通过东亚社会政策研究里福利国家的视角来进行分析。但是中国大陆很难说可以套用这样的方法。中国大陆是否是福利国家这个问题可以依据福利国家的定义来判断,但是如果把福利国家看做是资本主义一定发展阶段的体制来思考的话(因为比较抽象、普遍,所以针对这一规定应该不会产生什么异议),至少现在还很难把中国大陆看做是福利国家。从经济发展水平来看,沿海地区的很多城市或中国香港、中国台湾比较发达,但是从整体上来看,大陆地区现在的经济发展水平很难说已经达到了向福利国家起飞的水平。并且,(根据很多经济学者指出)虽然改革开放带来市场经济的渗透,但是中国大陆现在仍然是社会主义市场经济体制,而且,所有权或金融体系等方面大陆地区也不是完全的资本主义体制。另一方面,有的人把社会主义看作是"自上而下的资本主义",如果把现在的状况看做是向资本主义的过渡阶段的话,即使将来中国有可能转变为资本主义国家,但是如果从Flora等人的大众民主主义是福利国家的一个重要条件来思考的话,还有从T.H.马歇尔把福利国家看做是民主主义、资本主义与福利这三个要素的混合的观点来思考的话,从政治体系的视角来看中国很难说是福利国家。不论将来中国的政治体系是否会有变化,至少现在这个时期里可以说中国还不能被定位为福利国家。

关于日本、韩国和中国台湾,在阶段论的格式里对各自的不同进行说明是比较容易的。它们各自向福利国家起飞的时期的不同带来了初始条件的不同,并且初始条件的不同又对其后的福利国家发展的形态起了一定的决定性的作用。同时,起飞的晚会带来由于蛙跳现象产生的后发利益,或环境条件的不同和矛盾的累积带来的后发的缺点等。中国大陆应该也有可以用后发性来进行说明的现象。例如,人口的老龄化就是一个例子。中国开始发生人口转变的时候,在公共卫生和生殖技术等方面,与先发国的人口转变时期的环境条件有所不同,还有作为公共政策的独生子女政策的影响。因此,中国大陆经历了与其他先发国所不同的老龄化的道路。也就是说,在其他的国家,工业化带动经济发展,其后开始了人口老龄化,但是在中国,经济发展与老龄化几乎是同时进行的。因此,中国大陆也自我意识到"未富先老"的问题,这不同于其他国家的"先富后老"。这是又一个能说明后发国的发展速度快的例子吧。

中国的定位比较难这一论点在发展经济学领域里也发生了。与比较社会政策研究的情况不同,在这一研究领域里把时间轴和阶段论的视角运用到研究里原本就是常见的。在东亚各国里,经济发展的顺序按照日本、韩国、中国台湾、东南亚各国等进行排序的经济发展雁行模式(flying-geese pattern of economic development)是一个典型。并且,被称为"追赶工业化"①或"立体式追赶工业化"的开发模式也在时间轴里定位了各国的发展路径(末广 2003:123)。人们经常用这些模式来说明到 20 世纪 90 年代为止的东亚各国的工业化。但是,进入 21 世纪以后,由于中国进入了世界市场,所以情况发生了很大的转变。为什么这样说呢? 因为"中国比(其他的)东亚或东南亚各国参与进来的要晚很多",但是中国并不是排在雁行模式的尾部,而是"排在了韩国、中国台湾与东南亚各国之间的位置"(末广 2003:121,124)。因此,似乎"已经有人认为支撑亚洲各国经济发展的'追赶式工业化模式'已经瓦解了"(末广 2003:124—5)。

但是中国的社会政策的变化不能只从阶段论的视角来捕捉。正如末广指出的"排在了韩国、中国台湾与东南亚各国之间",中国的社会政策也可以在某种程度上看做是在韩国、中国台湾与东南亚各国的中间阶段,但是仅仅这样分析是不够的。需要把它作为伴随经济体制转换或过渡的事物来进行捕捉。

① 末广指出:"日本作为后发工业国,韩国和中国台湾等作为后后发工业国,从国外或本地区以外引进技术,从技术集约程度低的领域逐渐向高领域过渡的发展模式"(末广 2003:123)。

关于前共产主义阵营的社会政策的特征，从东欧革命以前就有研究了。例如，根据Deacon的研究，前共产主义阵营的收入保障过度强调“按劳分配”原则，因此对社会弱势群体的关注比较薄弱，没有社会救济或即使有社会救济也不够完善，而失业补贴方面由于在原则上认为不存在失业所以没有失业补贴，或者即使有也不够完善。关于卫生保健方面，因为医疗是国营的，这与资本主义国家存在很大的区别，不仅如此，还有医生的地位相对比较低、医疗从业人员的女性化进程明显等特征。另外，与西方资本主义国家相比，前苏联、东欧的婴儿死亡率较高、预期寿命较短，但是中国或古巴等第三世界的社会主义国家里比经济发展程度相同的资本主义国家更重视预防，婴儿死亡率较低、预期寿命较长（Deacon 1983）。还有国营企业在社会政策里的作用非常大这一特征。前共产主义阵营里共同的特征是通过企业保障来实现社会政策，而不是通过社会保障来实现社会政策。这些特征里有与市场经济兼容的，但是很难兼容的部分也不少。它们需要伴随市场经济化的进程不断发生改变。这个变化超过伴随经济发展的变化，是伴随体制转换的变化。

体制转换的视角乍一看与阶段论相比好像更接近类型论。因为体制转换是不同类型之间的转换。但是类型论（或范式论）里包含类型（或范式）不发生变化（或很难发生变化）的意思，因此。体制转换的视角与类型论的视角有所不同。可以说，从它是动态的而不是动态的这一点来看，可以说它更接近于阶段论。

四、通用社会政策的视角

第三点，随着东亚的区域一体化，通用的社会政策这一视角将变得非常重要。

包括东南亚在内的东亚各国与西欧各国相比，不仅政治、经济方面有不同之处，在各自的历史、语言、文化、宗教等方面也是存在很多的多样性。即使仅限于过去构成“东亚世界”的东北亚各国，其经济发展阶段和政治体系也是各种各样的。因此，在比较社会政策的研究里，需要慎重对待“东亚模式”或“东亚福利范式”的概念。前文中也已经提到过Ian Holliday等人指出，东亚（韩国、中国台湾、中国香港、新加坡）的社会政策在具有“生产主义的本质”这一点上具有共通性，从这个角度来判断的话可以得出结论，即社会政策里的“东亚模式”是存在的（Holliday and Wilding 2003:194-5）。但是支撑他们的研究结论的数据有很多是20世纪的数据，即使“东亚模式”这样的事物存在，它也仅限于适合东亚里属于特定的发展阶段的一部分国家，并且，正如韩国学者金渊明（2008）指出的，应该说仅限于在韩国和中国台湾地区的福利国家化之前的特定时期里①。因此我们首先需要确认的一件事是,先不说将来,至少在现在这个阶段,仅限于东北亚来看也很难假定一个中国大陆、日本、韩国、中国台湾地区能够通用的“东亚模式”,更不用说包括东北亚和东南亚在内的符合东亚整体的“东亚模式”了。

即使如此,上述论点是关于区别存在与应该存在的情况的论点。模式这个词里一方面包含为了记述和说明现实的抽象的意思——韦伯的理想型是一个典型,但另一方面包含相对于现实的理想或引导出现实的目标的意思。在前者的意思里探索“东亚模式”的话其意义比较薄弱,但是在后者的意思里去思考东亚模式却是有一定的意义的。因为在20世纪80年代中期以后,东亚的市场主导型区域一体化发展的进程中,加入社会层面的实践意义是非常重要的。

东亚共同体构想登上国际政治历史舞台可以上溯到马来西亚的马哈蒂尔总理在1990年12月提倡的“东亚经济集团”(EAEG,为了缓和与美国的对抗,于1991年10月更名为“东亚经济核心论坛),但是它没有受到相当的重视②。另一方面,在市场主导型的区域一体化进程中,1997年的亚洲货币危机以后,形成了有关东亚的区域合作必要性的共识。自1997年的东盟(即东南亚国家联盟简称)首脑会议上邀请了中日韩的首脑以来,东亚共同体构想也在以往的以东盟为中心的基础上变化为以东盟+3的格式。中国对此做出了积极的反应,当时的朱镕基总理于2000年11月提出了“创建中国・东盟自由贸易区域”的建议。韩国的卢武铉前总统也于2003年2月的就职演说中提到了对东北亚的重视,并建议通过中、日、韩三国形成共同体。日本当时对于东亚共同体的态度比较暧昧,但是到了2002年1月,当时的小泉纯一郎首相提出了“东亚社区”的构想,并在2002年2月召开的国会施政方针演讲里也承诺了“努力加强与东亚近邻各国的关系”。2008年12月在日本福冈召开了中日韩首脑会议,当时的麻生太郎首相把这次会议称为“第1次中日韩峰会”,在这次会议上再次确认了东亚区域合作的意义。并且,2009年9月,日本当时的鸠山由纪夫首相在中日首脑会议上建议创建东亚共同体,并于同年10月的中日韩首脑会谈上在把东亚共同体作为“共同的长期目标”上达成了共识。进入21世纪后,除了在市场主导型的区域一体化以外,政治主导型的区域一体化也发展的很快。

① 上村泰裕从福利国家形成的路径区别出发,指出“福利国家里也有‘东亚模式’的假说是相当值得怀疑的”(上村 2004:44)。

② 日本的学术界里在较早阶段里提出东亚共同体构想的是森嶋通夫(森嶋 1995)。并且,在1994年,哲学家广松涉在辞世之前以“东北亚成为历史的主角 欧美为中心的世界观开始瓦解”为题投稿并刊登在朝日新闻上了(1994年3月16日晚报)。

在这样的区域一体化变化的背景下，国际政治学和国际经济学的学者之间不断展开与东亚共同体相关的研究。其中有关于东亚共同体的区域合作或通用政策的研究，这些研究并不局限于市场一体化或自由贸易。例如，日本学者谷口诚提出作为区域合作的对象的领域可以分为①环境、②能源、③农业（“东亚通用农业政策”）、④货币·金融（“亚洲通用货币区”）（谷口 2004：123-210）。好像是跟谷口进行呼应一样，日本前首相鸠山于 2009 年 9 月的联合国大会上的发言里，列举了东亚共同体[①]里应该开展合作的领域，例如有“自由贸易、金融、货币、能源、环境、灾害救援等”。在这里虽然没有包括农业，但是加入了灾害救援。鸠山在大选之前发表的论文里更进一步的提到了“亚洲通用货币”或“安全保障框架”[②]，并且，当时，鸠山作为党总书记的日本民主党的政党宣言里列举了“贸易、金融、能源、环境、灾害救援、传染病对策”等。另外，日本的一些学者组织里有的已经公布了“东亚共同体宪章”草案（中村 2008）。他们的“共同体政策”与谷口和鸠山的相比涉及的内容相当广泛，即①区域安全保障、②国际犯罪、③公共卫生·自然灾害、④粮食合作、⑤缩小开发差距·缓解贫困、⑥构建市场、⑦货币·金融合作、⑧能源合作、⑨泛东亚网络、⑩统计、⑪环境合作、⑫研究·科学·教育合作、⑬人员流动、⑭司法合作等。

但是迄今为止，作为东亚共同体的通用政策里与社会政策相关的内容似乎还没有被认知。谷口和鸠山的构想里就不用说了，即使是在中村等人提出的比较广泛的“东亚共同体宪章”里也仅有③和⑤是与社会政策和社会保障相关的，并且，贫困和公共卫生以外的社会政策领域并没有作为“共同体政策”被提出来。

这可能是因为社会政策被认为是各国的国内政策吧，但是在全球化的世界里，与社会政策相关的各国政府的裁量余地不免会变得狭隘（武川 2007：chap.3）。因此，通过各国政府之间的合作来应对的话，有不少问题能够找到更好的解决方法。并且，随着经济一体化的进展，包括环境和能源领域在内，可以说实际上已经开始出现了应该通过共同努力解决的问题。今后有关东亚社会政策的研究需要通用的社会政策这一视角。

2009 年的时候，东亚区域的年金和医疗支付水平实施通用标准是没有意义

① 日本政府使用的东亚共同体的英译是从小泉时代一直使用的“an East Asian community”，不是普遍使用的“East Asian Community”。但是，能看出鸠山政权时期比起小泉政权时期其内容更接近后者。

② 参照一下文献：“日本先起步，其次是韩国和中国台湾地区、中国香港地区，在 ASEAN 和中国实现了高度经济成长的延长线上，还是要区域货币一体化，应该以实现‘亚洲通用货币’为目标，必须无怨无悔的努力创造作为其背景的东亚区域里的恒久的安全保障框架”（鸠山 2009）。

的。但是对通用的社会政策进行构想是可能的,或者说是需要的,以下是现阶段已经有的几点理由:

• 东亚的经济一体化不断发展,超越国境的人员流动不断增加的话,将明显出现与社会保障相关的领取权随人迁移的问题。

• 虽然在现阶段一个社会保障制度来覆盖整个东亚区域不是问题,但是在各国的社会制度里如何维护外籍劳工和国内员工的完全平等也是现阶段需要解决的一个问题。

• 消除贫困已经是开发援助和国际社会保障的任务了。2008 年发生的金融危机和全球经济衰退让人们重新认识了针对贫困的安全网的必要性。这在创造有效需求来恢复经济方面也是不可或缺的。

• 社会保障制度里有关领取人的权利的问题或对制度设计方法的限制等,可以与支付水准相对独立的来进行讨论。例如,关于禁止男女有别的待遇或支付的收入代替率可以与经济发展的水平分开来进行规定。

• 禁止原始的劳动关系是可以独立于各国的经济发展阶段的问题。东亚各国的自由贸易或环境保护里几乎没有纳入劳动和环境等社会条款,但是欧美各国在建设自由贸易区时已经有纳入社会条款的经验了①。这是东亚的通用社会政策里最重要的问题之一。这个问题也许通过日本和韩国发挥领导作用下能够解决,但是迄今为止日本政府在这方面的态度还比较暧昧。

• 不仅需要禁止原始性的劳动条件,关于为了保护体面劳动而采取的必要的劳动条件的限制也是一样的。

• 由于全球化的进程,日本和韩国的劳动市场的弹性化也发展到了相当的程度。为谋求就业稳定的社会政策是各国能够共同来讨论的议题。并且也是需要共同来努力解决才能实现政策的实效性的领域。

• 在日本,护理领域的外籍员工还属于例外,但是东亚区域内的各个国家或地区,特别是中国台湾、中国香港、新加坡等与菲律宾、印度尼西亚、越南等之间,现在已经有很多护理领域的工作人员跨越国境在流动,形成了东亚的"全球护理链",不是人才外流而是出现了"护理外流"的问题。现在,东亚的老龄化已经确实实现了,这个问题不能单纯地作为自由贸易和环境保护里的劳动流动问题来解决,应该

---

① 例如,美国的克林顿政权对于 NFTA 集结了劳动和环境相关的补充协议。并且,EU 在与中南美洲各国缔结的 FTA 里,纳入 ILO 的核心劳动标准相关的条款,禁止强制劳动和童工现象、集体交涉权、禁止就业歧视等得以应用。但是,日本在与韩国缔结的日韩投资协议或与新加坡缔结的 EPA 里几乎找不到社会条款。日本厚生劳动省虽然赞同核心劳动标准的相关条款,但是在日本政府里,这一类的意见似乎几乎是被忽视的(成川 2004:7—8,5)。

需要作为东亚共同的老龄化和社会政策的问题来解决。

也有人认为现在构建东亚区域里的通用的社会政策还早。的确,欧洲一体化的历史过程中,通用的社会政策出现是在马斯特里赫特条约(1992 年签订)或阿姆斯特丹条约(1997 年签订)等区域一体化的最后阶段。但是东亚的情况可以有效运用“后来者的优势”,在较早的阶段把区域一体化的社会层面主题化。据说在 2001 年的某个会议上,作为现实主义者的日本经济学家田中直毅讽刺道:“对现在摆动东亚共同体等辞藻在讨论的人作为社会科学学者的资格表示怀疑”(进藤 2007:31)。一说到东亚区域的通用社会政策等有可能遭到更冷漠的讽刺(实际上,即使是现在,表面上恭敬暗地里否定的人也很多)。但是,现实的发展速度之快是出人意料的。

从东亚社会政策的问题来思考的话,如果可以来思考“东亚模式”的话,它既不是为了通过生产主义来说明现实的社会政策的事物,也不是为了通过家庭主义或儒家思想使现状正当化的事物。它应该是回答今后需要东亚区域共同来解决的问题的事物,是东亚区域一体化的社会层面,换言之,可以说是应对通用的社会政策的事物。包括东北亚和东南亚在内的东亚区域在时间和空间两个方面都与欧洲相同或具有更多的多样性,因此多样性的统一(In varietate concordia)这一口号在东亚或者说正是因为在东亚才具有重要的意义。21 世纪的东亚社会政策研究里,通用社会政策应该可以说是重要的论点之一吧。

【附记】本文在武川正吾的“作为方法的亚洲——后东方主义时代的社会政策研究”(收录于金成垣编:《现代的比较福利国家论——迈向从东亚出发的新的理论构建》,Minerva 书房 2010 年版)的基础上做了部分修改。

参 考 文 献

陈小红:《台湾社会政策的发展——启发与展望》,见埋桥孝文、木村清美、户谷裕之编:《东亚的社会保障——日本 · 韩国 · 中国台湾的现状与问题》,Nakanishiya2009 年版,第 138—163 页。

Deacon, Bob(1983), *Social Policy and Socialism*, London: Pluto Press.

Esping-Andersen et al. (2002), *Why we need a new welfare state*, Oxford: Oxford University Press.

萩原康生编:《亚洲的社会福利》,日本中央法规出版社 1995 年版。

原觉天编:《东亚各国的福利政策与国际合作》,亚洲经济研究所 1977 年版。

鸠山由纪夫:《向祖父 · 一郎学习“友爱”的战旗》,《Voice》2009 年 9 月号。

Holliday, Ian and Wilding, Paul, ed. (2003): Welfare capitalism in East Asia: social policy in the tiger economies, Basingstoke: Palgrave Macmillan.（埋桥孝文等译《东亚的福利资本主义》，法律文化社 2007 年）。

上村泰裕:《向福利国家形成理论的亚洲 NIEs 扩张》,《Soshiorogosu》1999 年第 23 期。

上村泰裕:《东亚的福利国家》,见大泽真理编:《亚洲各国的福利战略》,Minerva 书房 2004 年版,第 23—65 页。

金成垣:《后发福利国家论——比较里的韩国与东亚》,东京大学出版会 2008 年版。

Kim, Yeon-myung(2001): "Welfare State or Social Safety Nets?: Development of the Social Welfare Policy of the Kim De-jung Administration", *Korean Journal*, Vol.41, No.1, pp.169-201.

金渊明编:《韩国福利国家性格论争》(韩国社会保障研究会译),流通经济大学出版会 2006 年版。

Kim, Yeon-myung(2008), "Beyond East Asian welfare productivism inSouth Korea", *Policy and Politics*, Vol.36, No.1, pp.109-127.

Krugman, Paul(1994), "The Myth of Asia' s Miracle" *Foreign Affairs*, Vol.73, No.6: 62-78（山冈洋一译《亚洲的奇迹这一幻想》,见《良好的经济学 糟糕的经济学》,日本经济新闻出版社 2000 年版,第 231—258 页。）

李莲花:《东亚的后发近代化与社会政策——韩国与中国台湾的医疗保障政策》,Minerva 书房 2011 年版。

Midgley, James(1986), "Industrialization and Welfare: The Case of the Four Little Tigers", *Social Policy & Administration*, Vol.20 No.3: 225-238.

成川秀明:《东亚共同体构想的开展与日本工会的问题》,第 10 届 Asia Social Forum (2004 年 10 月 15—16 日于韩国·首尔)上提交的论文。

http://www. jichiro. gr. jp/international _ dept/kaigai/20041015 _ korea/1 _ NARIKAWA. pdf, 2009/10/13.

森嶋通夫:《日本的选择——迈向新国家建设》,岩波书店 1995 年版。

西嶋定生:《古代亚洲世界与日本》,岩波书店 2000 年版。

中村民夫等:《东亚共同体宪章草案》,昭和堂 2008 年版。

中村遥:《东南亚与社会福利》,Minerva 书房 1973 年版。

大泽真理:《亚洲各国的福利战略》,Minerva 书房 2004 年版。

Sakakibara, Eisuke and Yamakawa, Sharon (2005), "Market-driven Regional Integration in East Asia", in Julie Mckay, Maria Oliva Armengol and Georges Pineau, eds., *Regional Economic Integration in a Global Framework*, Frankfurt am Main: European Central Bank, pp.35-78.

Said, E.W.(1976), *Orientalism*, New York: Georges Borchardt Inc.(=1993, 今泽纪子译《东方主义》上·下,平凡社)

社会政策学会编:《亚洲的劳动与社会政策》,御茶水书房 1998 年版。

社会政策学会编:《东亚的社会政策学开展》,法律文化社 2006 年版。

社会政策学会编:《经济发展与社会政策——东亚的差异与共同性》,法律文化社 2007 年版。

下平好博:《发展中国家的社会保障制度——新加坡的一个实验》,《国外社会保障信息》1986 年第 74 期。

下平好博:《亚洲 NICs 的社会保障制度——新加坡与中国香港的比较分析》,《社会保障研究季刊》1987 年第 23 期。

进藤荣一:《如何构建东亚共同体》,筑摩书房 2007 年版。

白鸟令等编:《亚洲的福利国家政策》,芦书房 2006 年版。

末广昭:《进化的多国籍企业——现在,在亚洲发生了什么?》,岩波书店 2003 年版。

田多英范编:《现代中国的社会保障制度》,流通经济大学出版会 2004 年版。

武川正吾:《社会政策里的现代》,1999 年。

武川正吾、金渊明编:《韩国的福利国家·日本的福利国家》,东信堂 2005 年版。

武川正吾、Lee Hye-kyung 编:《福利范式的日韩比较——社会保障·性别·劳动市场》,东京大学出版会 2006 年版。

埋桥孝文、木村清美、户谷裕之编:《东亚的社会保障——日本·韩国·中国台湾的现状与问题》,Nakanishiya 出版。

World Bank(1993), *The East Asian miracle: economic growth and public policy*, New York, N.Y.; World Bank(=1994,白鸟正喜监译:《东亚的奇迹——经济成长与政府的作用》,东洋经济新报社 1994 年版。)

山田锐夫:《资本主义经济的多样性》,《比较经济研究》2007 年第 44 卷第 1 号。

王思斌:《迈向社会政策时代的中国》,社会政策学会编(2006)。

吴文杰:《台湾社会保障财政的可持续性》,见埋桥孝文、木村清美、户谷裕之编:《东亚的社会保障——日本·韩国·中国台湾的现状与问题》,Nakanishiya2009 年版,第 164—178 页。

东亚社会保障发展路径比较

——中日韩三国比较分析的视角

沈 洁[1]

直至20世纪末叶，东亚社会保障、社会政策的比较研究被禁锢在福利国家比较研究的框架中，研究的焦点被聚焦在亚洲新兴工业化经济体（NIEs）或者日本、韩国、中国台湾等同质性较强的地区或者国家。具有社会主义体制经验的中国，不在此研究视野之中。进入21世纪以后，中国经济改革和社会改革的瞩目成就，推动了以中、日、韩为轴心的东亚地域之间的多方位交流，特别是在经济、科技、文化、人际方面的交流，超过了历史上任何一个时期。“东亚”已经不仅仅是一个地理空间概念，而是一种思维方式和知识生产方式。其中，中国的经济发展和社会保障制度改革取得了瞩目的成果，为构想东亚社会保障的知识共同体和公共空间，提供了可能性以及新素材、新视野。以此为背景，东亚社会保障、社会政策的比较研究也进入了一个新的对话和交流时期，研究格局有了明显变化。

但是，综观近年来有关东亚社会保障制度研究动向，仍然难以脱离艾斯平·安德森提出的福利国家类型方法论的光环。近年来，日本和韩国学者提出了引入阶段论、时间轴等理论研究方法，虽然从中获得诸多启示，但是仍觉得用这一理论模式难以去照射既庞大又多元的中国这个实体。笔者认为，在套用模式进行中、日、韩的比较之前，首先需要厘清各个国家制度形成的路径，对历史事实有一个梳理。尽管这样的工作是一个很繁重很枯燥的工作，或者第二次世界大战期间，中、日、韩之间有一些不愿触摸的伤痛。但是，历史是无法隔断的。当我们在对中、日、韩三国现行制度进行横向比较之前，有必要对各自的历史进程进行纵向比较。各国现行制度的形成，都有独自的历史文化背景和社会土壤，对发展的路径进行纵向的比较分析，更有助于把握现在，预测未来。

---

① 沈洁，日本女子大学人间社会学部教授。

本着以上宗旨,本文试图从以下几个方面提出对中、日、韩三国社会保障发展路径进行比较的视角和方法。

一、中日韩社会保障发展路径研究的视角

(一)"长时段"的分析方法

长时段的分析方法,用另外一种语言解释的话,就是追溯历史 100 年,展望未来 50 年。关于用"长时段"的分析方法来考察中、日、韩三国社会保障发展的路径的必要性和可能性,概述为以下几点:

第一,东亚地区使用的社会保障的概念以及福利政策的概念和理论,传承了西方近代国家在工业化过程中衍生和发展的理论,是舶来品。19 世纪末叶,中、日、韩三国为了本民族的崛起,积极学习和借鉴西方解决社会贫困和劳资纠纷问题的经验,传播和引入社会救济和社会保障的理念和制度。但是,与东方价值观体系相异的西方理论和概念,通过什么渠道和方式传入,它与东亚固有的制度、文化有过什么样的冲突和交汇,对今日的东亚社会福利的发展有何影响等,都需要从历史的文脉中作一考察。

第二,自 19 世纪中叶开始,社会保障理念以及制度伴随着资本主义的渗透,被传播到东亚地域。此后,中、日、韩三国之间围绕着建立什么样的国民国家以及建构什么样的国民生活保障体系,始终有对话交流,也有利益上的对立和冲突。甲午战争以后,东亚地域的格局发生了重大变化,日韩与中国之间,由原来的朝贡关系转变为竞争对手关系。特别是日本帝国主义时代,曾经构想实现"大东亚共荣圈"以及"东亚社会事业联盟",在 1920 年代至 40 年代期间,曾在殖民统治地区的朝鲜半岛、中国台湾以及中国东北的一部分地区推行了一系列的"东亚社会事业"政策。这一时期向东亚地区传播和在日本殖民地推行的社会事业政策,对当今的中、日、韩三国构想"东亚社会保障模式"提供了什么样的教训,有必要从历史的连续性和非连续性的视角,进行实证性研究。

第三,中、日、韩各个国家的社会保障制度在形成过程中,必然受到来自本国以及国际的政治、经济,文化因素的影响和或者说冲击。这些内在的或者外在的因素,无疑是形成各个制度特征的重要一面。比如,日本明治维新之后,试图挤进发达资本主义国家行列,全面推行"脱亚入欧"政策,在社会保障建构上表现为积极引进照搬欧美诸国的社会保险以及社会救助制度。而韩国,在创建近代国家之时,就受到来自日本的牵制,1910 年被强迫实行日、韩合并,沦为日本殖民地。之后,

不得不按照殖民地建制，推行日本国内所制定的社会救助、社会保险等律令。所以，韩国在近代社会福利制度的初创时期，受到来自日本殖民地统治发展路径的约束，这对此后韩国的社会保障制度的建构，带来了极大影响。此外，1945 年战败至 1948 年期间，美国对日本以及韩国实施联合军政统治，对日本和韩国施行监管。在监管期间，美国向日本以及韩国积极灌输美国社会保障制度原则以及福利价值观，对其两国的社会福利体系进行改造。这种独特的历史发展路径，致使韩国在战后发展的很长一段时间，难以摆脱来自历史因素的束缚，难以主体性地去构建具有韩国特色的社会保障体系。也由于上述发展路径的历史制约，韩国现行的社会保障制度体系无论是在制度的建构上，还是在价值观体系上，与日本比较接近。

中国社会福利发展的路径，与日本和韩国有所不同。中国虽然没有被完全沦为殖民地，但是被西欧列强任意宰割，始终处在与西欧列强抗争的境遇中。所以中国的对外方针不是“脱亚入欧”，而是“学欧抗欧”，坚持“中体西用”。特别是在制度的建构上，中国对西方理论和制度予以吸收和借鉴的时候，始终坚持以中为体，以西为用，有选择、有节制。另外，当时为了寻求救国强国之路，中国到处寻找治国良药，因此，眼睛不仅仅是盯在西欧等老牌资本主义国家，同时也在关注东欧社会主义阵营以及邻国日本的发展。如果说，到 20 世纪初叶，中国在认识解决贫困和劳工问题上，受西方工业化国家影响较多的话，那么，进入了 20 年代以后，中国增强了对社会主义阵营国家的认识和借鉴，同时，也注意关注对中国虎视眈眈的邻国日本的经验。

中国的这种姿态和倾向，是由于中国福利制度和福利文化本身具有很强的包容性和多元性，它试图通过不停地新陈代谢，来进行自我调节。这一点，在近代国家成立之时如此，在进入中国特色的经济改革时期也是如此。市场经济改革之后，国内外学者曾经指责中国的社会保障制度“由红变黑”即由社会主义体制转为原始资本主义积累体制。其实，如果用“长时段“的方法的来分析的话，可以看出，中国是在进行一次基础结构性的大调节，是在所经历过的资本主义型社会保障和社会主义型社会保障中，找到一个更适合于自己发展的道路。当今提出的“社会和谐论”，其中的一个目标就是，在中国所经历过的社会主义以及资本主义实践当中，找到一个连接点。自近代以来，中国在探索和建构中国社会保障道路的进程中，有三个比较典型的特征，即主体性、连续性和包容性。

（二）历史的“断绝”与“连续”的视角

在社会保障制度建构和发展的过程中，中、日、韩三国之间有对话与交流的时期，也有冷战对峙时期。如果进行简单梳理的话，我们可以把它划分为三个时期。

19 世纪后半叶开始的交流和互动可以作为发展的第一阶段。

19 世纪后半叶,中国以及其他东亚地区对社会福利以及社会保障的学习和借鉴,更多的是直接取之于西方国家。但是,日本通过明治维新成功地建立了近代国家之后,这种学习和吸收,又多了一层间接的渠道,即通过日本的经验间接的理解和吸收西方经验。其主要的背景是,日本工业化道路的成功带来飞速的工业化发展,其次是日本进入帝国主义发展时期,实行殖民地扩张政策,暴力地向邻国推行和灌输日本社会政策的价值观。这一时期,中国和朝鲜半岛由大批的青年到日本留学,直接或者间接地接受或者吸收日本经验,在时空上出现了连动的现象。

20 世纪末叶开始到第二次世界大战结束,可谓第二阶段。

在第二阶段,已经缺少第一阶段中的平和景象,大部分的交流是伴随着日本的武力和殖民地统治,强制性地渗透和灌输;而中国,是为了"以夷制夷",为了对抗日本,不得已而考察和借鉴日本。但是不能够否认,这一时期的交流和冲突的范围更广,更直接是突出的特征。

这里,以"社会事业"政策术语的使用为例,来考察一时期三国之间的对话和冲突。在使用社会保障政策术语之前,中、日、韩三国都曾经使用过"社会事业"这一政策术语,来表达政府对国民生活予以保障之意。社会事业一词也是源于英语"social work",它是区别于传统的慈善救济事业,而提出的一个新概念。1921 年,为了体现社会福利的行政化和组织化,日本将 1908 年仿照英国慈善组织协会(charity organization society,COS)而成立的慈善救济协会改称为社会事业协会,此后,社会事业一词作为政策术语,在日本被广泛使用。① 日本的动向很快地被传送到中国和朝鲜半岛。根据韩国学者的研究,大约在 20 世纪 20 年代,社会事业作为殖民地统治的一种思想,一种怀柔政策,在朝鲜半岛推行。其政策术语也被广泛使用。1921 年,朝鲜半岛成立了社会事业研究会,1923 年发行研究会编辑的杂志《朝鲜社会事业》,同时,社会贫困调查和社会事业组织化也被强化。②

社会事业一词,何时被介绍到中国,并作为政策术语被使用,需要有更精确的资料来论证。但是可以根据所查证民国 22 年(1933)版的《申报年鉴》的记载,可以推测它使用于 20 世纪 20 年代后期。民国 22 年版的《申报年鉴》中曾设置"社会事业"专栏,对中国社会事业的现状进行评述。文中谈到 20 世纪 20 年代展开的中国合作事业,具有社会事业的鲜明特征等。③ 进入 20 世纪 30 年代以后,《社会事业》的专著和译著在中国出版,"社会事业"作为政策术语被广泛使用。

---

① 吉田久一:《現代社会事業史研究》,《吉田久一著作集 3》,川島書店,1990 年を参考。

② 朴貞蘭:《韓国社会事業史》,一成立と展開一ミネルヴァ書房,2007 年。

③ 申报年鉴处编纂 22 年版的《申报年鉴》77p1933 年。

替代社会事业政策术语而出现的“社会保障”的概念，大约是在第二次世界大战之后。1946年日本在公布的日本宪法25条当中，社会保障被作为一项社会制度和社会政策术语正式使用。社会保障的政策术语是从英语“Social Security”直译而来。韩国大约是在20世纪70年代将社会保障作为政策用语开始使用。而中国则是在改革开放以后的1980年代开始使用。

20世纪80年代以后，三国之间的交流和对话进入了第三个阶段。

在二战结束后的东西冷战时期，三国之间的交流和对话，也处在冷战状态。打破这种冷战僵局的动因是韩国和中国的经济崛起。1965年的日韩邦交正常化以及20世纪70年代以后韩国经济的腾飞，1972年的中日邦交正常化和20世纪70年代末开始的中国经济改革，缓解了冷战僵局的局面。特别是20世纪90年代以后，中、日、韩三国政府间在社会保障建构问题上的交流和对话以及学术界的频繁对话和交流，使中、日、韩三国在社会保障的交流与合作进入了一个新的时期。

以上的实证分析意在说明，从19世纪末开始，中、日、韩三国在社会福利领域中的交流、对话，冲突和抗衡始终存在。但是，从战后的1945年以后到20世纪80年代，中国与日本之间的对话包括冲突出现中断，从战后到1960年代中期，日本和韩国之间也中断了对话和交流。因而，第二阶段与第三阶段之间的很长一段时期，出现了交流、对话的非连续性。在对话的中断时期，韩国逐渐摆脱日本殖民地时期的束缚，寻找适合自己发展的空间，也使中国摆脱了来自日本的干扰，致力于寻求社会主义社会保障发展的路径。也正是在这一时期，中国、日本以及韩国在发展路径上的异质性逐渐凸显出来。进入1980年代以后，三国之间的对话、交流开始恢复，之所以能够很快的获得恢复，是由于在东亚近代化发展中，曾经有过相互借鉴、相互对话的过程和经历。

用历史的连续性和非连续性的观点来分析阐述三国发展的路径，则更容易把握三国之间在社会保障发展进程中的同质性和异质性。

（三）中、日、韩在发展路径上表现的同质性

中、日、韩在发展路径上的同质性，第一表现为以欧美为范本，追赶欧美的近代化发展模式。

比如，日本在明治维新之后，颁布实施的第一个有关社会救助的法令是《救恤规则》（1874）。中国近代国家成立之后，首先颁布实施的是《游民习艺所章程》。这两个代表近代国家成立时期的救济政策的范本，都源于英国《伊丽莎白济贫法》。在日本，涩谷荣一等政治家参加巴黎万国会议之后，随即建议参照欧洲救济

措施制定了此法令。而中国也是在民国政府建立四年之后，借鉴《伊丽莎白济贫法》制定此章程。这是因为，中国和日本面临着同样的背景和压力。众所周知，鸦片战争以来，中国不得不接受了欧美诸国的不平等条约，而日本也如此，1853 年培理的黑船舰队登陆，与日本签署日美和亲条约，1858 年又与美国签订《通商条约》。被欧美视为不文明国家的中国和日本，为了对应或者适应欧美国家的制度和条文，在制定新法的时候，出现了极力效仿欧美国家的倾向。

第二是表现了封建体制向近代国家体制过渡时期的共同特征。

《游民习艺所章程》是在借鉴前清经验的基础上进行改良，突破了以往传统社会救济消极收养的弊端使之兼具义务教育职业训练等社会功能，并开始向教养并重以教代养的积极救济方式转变。它与 1943 年国民政府颁布的《社会救济法》相比，带有比较浓厚的封建体制的救济色彩。①

日本的《救恤规则》在职权上强调国家集权，但在救济的基本内容上仍然沿袭了幕藩体制强调的邻里互助的精神，政府救济色彩很淡薄。一直到 1932 年《救护法》颁布实施之后，才开始注重政府在救助上的责任。

第三，用儒教的慈善救济观解释博爱、人权理念，从仁政统治理念向以民权、民生为核心的国家理念逐渐接近的过程。中国以及日本的思想启蒙家，都试图寻找将西方的博爱、人权以及国家理论与传统儒教的仁政、仁爱观念相融合的接点，他们在接受早期社会政策思潮的过程中，无论是从对思想流派的选择上，还是在本土化的方法上，都具有诸多相似之处。

（四）中、日、韩在社会保障发展路径上呈现出来的异质性

中、日、韩在发展路径上凸显出来的异质性也非常明显。日本明治维新之后，一直推崇“脱亚入欧”，紧紧追随欧、法、德、美等资本主义国家，通过施行对外的殖民扩展，推进国内在社会，经济，政治上的近代化进程，从而确立了在东亚地区的霸权地位。在政治上，它削弱封建割据势力，引进欧洲民法、刑法、商法等，在社会政策上，注重防治以及解决新的社会贫困问题。在经济上通过产业革命，对外殖民地经济掠夺，实现资本积累，在社会保障建构上，模仿英国、德国等国家福利体制，走的是一条比较典型的西方资本主义发展模式。

与日本不同，中国始终坚持“洋为中用”的原则，选择性的汲取西方工业化国家的经验。在解决和认识社会救助和劳工问题上，既有资本主义“社会改良”路线

① 沈洁:《社会事業の近代化をめぐる東アジア地域の衝突と交流》,《社会福祉》,日本女子大学社会福祉学会,2012 年。

的实践,也社会主义“社会革命”路线的实践经验,始终力图在寻找与中国福利文化能够融汇的社会保障制度体系。其路径发展,表现了它的连续性、主体性和包容性。①

直至19世纪末,中国、日本以及韩国都在积极探索走向近代国家的发展道路,无论是在对西方社会贫困的认识上,还是在国家救贫制度的建构上,有着共同的关心和共同取向。但是,自1910年日本强行实现日韩合并,使东亚三国之间的关系和秩序发生了变化。同时也割断了韩国直接向西欧国家学习以及模仿西欧建制的渠道,只能跟在日本身后亦步亦趋。因而,缺乏主体性,体制和文化中残留着很强的殖民地统治的痕迹。举例来看,1961年,韩国颁布和实施新的社会救助法令《生活保护法》,而在此之前,社会救助的主要政策根据是1944年日本殖民统治时期实施的《朝鲜救护令》,也就是说,两者之间有着直接的接续关系。此外,《产业灾害补偿保险法》是韩国制定的第一个有关劳动灾害补偿的立法,也是有关社会保险制度的第一个法律。② 但是,推究它的原型可以追溯到1939年制定的《朝鲜矿工劳务扶助规则》,两者之间也有着一定的衔接关系。可以说,韩国在社会保障发展路径中,其前期,沿袭或者模仿日据时期迹象很明显,进入20世纪80年代以后,韩国社会保障制度的发展才走出阴影,出现了根本性的改变。③

二、中国社会保障制度发展路径的特征

(一)社会保障思想受容的多元性

中国对西方解决社会贫困问题的认知与日本同步,或者说早于日本。1895年,严复将Evolution and ethics的原著以《天演论》命题,将它介绍到中国,1902年,又将(An inquiry into the nature and causes of the wealth of nations)的名著《原富》介绍到中国,1903年介绍和编译了H.spencer的《群学肄言》,通过严复等人上述的努力,让中国人比较系统、客观地了解了资本主义发展以资本主义发展所带来的社会贫困问题。之后,孙中山将这些新的理念和思想赋予社会政策的内涵,特别是在他的民生主义思想中,已经比较明晰地描述了对中国社会保障制度的构想。1919

① 沈洁:《東アジアにおける福祉政策・理論の源流を求め》,社会福祉学会《社会福祉学》2008年2月。

② 竹井正宏:《韩国社会福利の历史1910—1945年》,《川崎医療福祉学会誌》Vol.15 No.2,2006年。

③ 片桐、由喜:《韓国・占领体制下における社会保障制度》,商学討究Vol.55,2004年,第12—24页。

年，北京政府内务部编译出版威廉夫妇的著作《国民共济策》，也表明了政府对解决资本主义社会出现的贫困问题的关注。①

20 世纪 30 年代，当欧洲诸国开始纷纷确立社会保障体制的时候，中国国内也有了积极的呼应。特别引人注目的是学术界掀起了一个探讨社会救济、社会事业、社会政策的热潮。首先，学术界开始回顾和反思中国历史上的社会救济等问题，出现了一些相关论著，如冯柳堂著《中国历代民食政策史》、邓云特著《中国救荒史》、于佑虞著《中国仓储制度考》等。此外，也出现了以海外社会事业、社会政策的理论为框架，探讨中国社会保障发展的相关著作。具有代表性的著书有李剑华的《社会事业》，由世界书局出版；李世勋著《社会事业》，由上海中华社会事业研究刊行；祁森焕著《社会事业大纲》以及马宗荣著《社会事业与社会行政》，由文通出版社出版。以上的专业性著作，对中国社会保障制度的理论以及政策建构起到了先导作用。

在此期间重视研究近邻日本社会政策的发展。在此期间从日文翻译过来的相关著作颇多，具有代表性的有北泽新次郎的《新社会政策》（1931 年），新生命书店出版；林葵未夫的《社会政策新原理》（1932 年）中华书局出版；河田嗣朗著《社会政策原理》（1936 年）由商务印书局出版。还有由日文转译的格而拉哈著《德国社会政策》（1933 年）由精一书店出版等。这是因为，明治维新推行的全面西化与现代化改革运动给中国带来了极大的刺激和冲击，作为现代化改革成功的样板，中国对日本解决劳工问题以及贫困问题的社会政策予以极大的关注。

另外，陈凌云在 1936 年所著的《现代各国社会救济》的自序中也记述了欧美各国社会救济观念的变化以及社会救济事业在西欧各国历史悠久，英国在 1601 年时已经有贫穷救济法案之公布施行，该法案不仅驰名世界，且因内容完备有若干原则仍为当今施政之根据，惟就当年立法原意而言不免有如我国普通所谓慈善乃当局或上层阶级对于平民之一种施惠近年以来此种观念业经根本改变各国多认社会救济乃政府对于人民之一种重要责任在人民方面则为一种应享之权利故有抛弃社会救济之名词而改称社会福利或社会事业或公共协助者。

由此可见，中国在理解西方资本主义社会变革和资本主义的社会贫困问题时，主要有两种信息渠道，一种是直接吸收和借鉴欧洲诸国的资本主义现代文明，一种是通过日本经验间接吸收和借鉴，因为日本的经验是已经经过了一次加工和过滤，融汇了东方的思维和理解，更容易被接受。除此之外，还特别注意东欧社会主义发

① 沈洁："中国における社会政策の受容とその特徴"，社会政策学会第 123 回大会（京都大学）口头发言参考，2011 年 10 月 8 日。

展的社会改革政策和理论。

(二)在资本主义和社会主义道路之间寻找“中国道路”

近代国家成立之后,中国积极吸收借鉴国外经验,探寻解决“民生”问题对策,在探索和建构中国社会保障发展的路经中,既有国民政府推行的资本主义“社会改良”的社会实践,也有苏维埃政权推行的社会主义“社会革命”的社会实践,这是日本、韩国以及其他国家都曾未有的经验。这是因为中国极为重视中国社会发展的内在的连续性和继承性。试图在以“中为体、西为用”的路线主导下,在资本主义和社会主义道路之间寻找“中国道路”。

1.“社会改良”的劳工保护和社会救助政策。

1927年国共合作分裂以后,中国社会保障的发展,根据共产党和国民党政见的不同,分为两大派别。一是国民党为代表的资本主义“社会改良”路线,二是以共产党为代表的社会主义“社会革命”路线。但是,直至1949年新中国成立为止,国民党作为执政党,其推行的社会改良路线代表了中国社会的主流派,共产党的苏维埃政权的政策,仅仅在根据地等局部地区得以实施。对当时中国社会政策所产生的影响比较有限。但是,1949年代表无产阶级政权的新中国成立之后,“社会革命”路线的社会政策成为中国社会治理的主流派。

“社会改良”路线的主要特征是,否定阶级斗争和无产阶级革命,倡导通过劳工福利和社会保障制度的实施,缓和资本家和劳工之间的对立,以其实现社会稳定的目的。

辛亥革命之后的中国,为了近代国民国家的建设,积极借鉴欧洲资本主义诸国在解决社会品文问题上的经验,早在中华民国建立之后的1915年,颁布了中国近代国家第一项贫困救助法令《游民习艺所章程》。1922年中国劳动组合书记部提出的《劳动法大纲》以及广州政府国务会议通过的《工会条例》中,明确提出保障政治自由,改良经济生活,参加劳动管理,劳动补习教育;在劳动法大纲中,也主张实行8小时工作制,保护女工、童工,保障劳动者的最低工资等。同时强调政府对产业劳动者的保护职责。

1928年,国民南京政府颁布《各地方救济院章程》,明确表明政府对无自立能力的鳏寡孤独予以救济的责任。章程中还具体规定:各省区的省都、特别市政府以及县市政府所在地以此章程设置救济院。救济院是由政府运作的综合救济设施,内设养老所、孤儿院、残废所、育婴所、施医所、贷款所等。

1933年又公布《修正各地方救济院规则》,强调设置救济院施各地方政府的义务,资金来源编入各地方政府预算,作为转向资金,不得挪用等,强调政府对社会救济财政的政策和实施监督的责任。到 1935 年为止，18 各省的主要城乡设立救济院总计 565 所。其中，江浙一带救济院发展状况相对于其他城市比较规范。此外，在设施功能分类当中，医疗救助占据第一位，之后依次为养老救助、残疾人救助、儿童救助等。

此外，从《社会救济法》的制定和实施也可以看到，救助制度逐渐走向制度化的倾向。

1941 年，国民政府组织了一些专家学者考察欧美以及日本诸国，起草制定《社会救济法》。1943 年《社会救济法》公布实施，这是中国近代史上第一部国家济贫大法。此法中明确了社会救济乃政府对于人民之一种重要责任，在人民方面则为一种应享之权利的新理念。配合社会救济法的颁布，政府接着又公布了一系列法规，如《社会救济法施行细则》（1944 年）、《各省市县市地方救济事业基金管理办法》（1942 年）、《社会部奖助社会福利事业暂行办法》（1944 年）、《救济院规程》（1944 年）、《管理私立救济设施规则》（1945 年）、《赈灾查放办法》（1947 年）等等，逐渐形成了一整套与济贫相关的法律法规体系。

《社会救济法》中，对救济对象、救济种类、救济方法进行了详细的规定，比如，社会救济对象分为：①年龄在 60 岁以上，丧失劳动能力者。②未满十二岁者。③妊妇。④因疾病伤害残废或其他精神上身体上之障碍不能从事劳作者。⑤因水旱或其他天灾事变致受重大损害或因而事业者。⑥其他依法令应予救济者。[①]

从《社会救济法》规定的救济方法来看，其范围也已不限于传统意义上的贫穷老弱残疾救济，而扩及于免费医疗、免费助产、住宅廉价租赁或免费供给、教育救济、职业介绍等现代社会保障的许多方面，基本上体现了“全面救济”原则。因此，不论是从救济对象来看，还是从救济范围来说，《社会救济法》显然已超脱了传统救济伦理道德标准。

《社会救济法》由在国民政府中历任社会部长的谷正纲主持编订。谷正纲留学德国，精通德国的社会政策。在他亲自主持制定的《社会救济法》中，尤其是在救济方法上，吸收和借鉴了德国的救济原则和观念。德国从 1920 年前后，相继颁布了失业救济、残障军人救济以及贫困救济等法规和法令，比较有效地解决了社会贫困问题，为世界所关注。

2.“社会革命”的劳工保护和社会救助政策[②]。

1927 年国共分裂之后，作为在野党的中国共产党选择了社会主义“社会革命”

① 参考中华民国政府民国 32 年（1943）9 月 15 日年颁布《社会救济法》。

② 沈洁：《中国社会事業史に関する若干の考察》，《福祉と人間科学》1999 年 10 号。

的劳工保护和社会救助路线。共产党的社会政策虽然仅仅在苏维埃政权统治的局部地区以及解放区得以实施，但是，它为共产党执政之后，建设社会主义国家的社会保障制度积累了经验。

社会主义“社会革命”的劳工保护和社会救助政策的核心是，通过社会革命的手段，将独占社会资本的大地主、大资本家的私有财产转换为社会公有，成了对占据绝大多数人口的无产阶级的基本福利。1928 年以后，中国共产党苏维埃政权相继颁布《土地法》（1928 年）、《兴国土地法》（1929 年）、《苏维埃土地法》（1930 年）、《苏维埃共和国土地法》（1931 年），实行减租减息政策，并依法没收大地主所占土地，平均分配给无耕地农民，实现耕者有其田。

在 1922—1948 年期间，中国共产党领导召开的历次全国劳动大会上，将救灾救济作为党的重要政策提出，并在当时的革命根据地、抗日根据地或解放区，为贯彻落实这些政策作出了努力，由苏区、边区或解放区政府颁布了有关法令。比如，设立救济基金，对失去劳动能力者进行救助，设立信用银行，对农民提供无利息以及低利息贷款等。

1931 年 11 月，参照苏联劳动法的基本原则，在苏维埃政权第一届工农兵代表大会通过了《中华苏维埃共和国劳动法》。（1933 年 10 月经过修订又公布了第二个劳动法），此法中明确规定以下几项原则：工会是保护劳工利益的组织，雇主不经工会同意不得开除工人；男女同工同酬；实施劳动保险制度，规定雇用者应从利润中提取相当于劳工工资的 10%—15%的资金，设立保险基金，用于劳工的失业救济，医疗补助以及贫困劳工家属的救济等。但是，鉴于当时革命根据地的工业多是中小企业的民族工业，政府掌管的公有企业为数极少，以上劳动法的实施，导致一部分民族企业倒闭，此法未能够广泛得以实施。然而，这一实践经验，在 1948 年 12 月东北行政委员会公布的《东北公营企业战时暂行劳动保险条例》以及 1949 年制定和推行的《东北劳动保护条例》中获得了体现。这两项条例提出了公有制体制的供给制度以及国家保险体制的雏形，对此后“单位福利”体制形成有直接影响。

同时，为了推行上述法规和政策，1931 年，公布和实施了《地方苏维埃政府暂行组织条例》，其中规定，各省区县地方政府设置劳动部，部以下设劳动保护科、劳动保险局等职能部门，负责劳工就业、失业保护等。还规定，基层组织设置救济委员会和贫民委员会，以解决社会贫困等问题。

1949 年以后，《中国人民政治协商会议共同纲领》的政策依据下，参照战争年代推行的供给制度的经验以及苏联“国家型”的社会保险制度，创建了新中国社会保障制度体系。1951 年 2 月，政务院颁布《中华人民共和国劳动保险条例》，3 月 1

日实施，标志新中国社会保险制度的建立。1953年1月，又对劳动保险条例进行修订，同时颁布《劳动保险条例实施细则》。根据此条例，被保险者分为两种形式，一种是职工在100以上的企业的保险形式，一种是职工在100人以下的企业施行集体劳动保险形式。在亚洲地区的社会保障发展还处于初创时期的1950年代，中国所推行的社会保险政策，具有先导意义。此外，以社会主义经济建设为目标的社会保障体制，对新中国的发展和稳定，起到了极其重要的作用。

（三）中国道路："民生"思想的传承

不可否认，社会主义计划经济时期推行的一系列社会保障制度，它对1980年代以后的中国社会发展带来了一定的制约。这种制约表现在以下几点：其一，社会动员的政治福利色彩比较浓厚。在国民党对峙期间，共产党为了争取民众的支持，通过推进土地改革以及劳动保护政策，解决广大民众的贫困问题，获得了胜利。但是，在此后的社会保障运作中，依然保留着这种社会动员的操作方式。其二，政治信仰是决定能否获取保障或者救济的选择标准之一。决定救济对象的标准，除了贫困指标以外，是否忠诚于社会主义也是其中的一个指标。政治信仰价值观体系占据主流。其三，社会保障体制的设计，带有战时体制的色彩。比如，"单位保障"的思路，与革命根据地战时体制下的供给制度比较接近。其四，国家包揽社会保障以及社会福利，没有给民间福利团体一个自由发展的空间。1980年代以后，上述的这些制约经济以及社会发展的因素，成为社会保障制度改革的重点。

近年来，"民生"问题成为社会保障制度改革的基本主题。其实，追究民生问题的渊源，可以追溯到孙中山最早提出的"民生主义"。孙中山提倡的"民生"，其中包含着将资本主义经济发展的效率和社会主义因素的"平均地权，节制资本和发展实业"相结合的构想。（"三民主义民生主义"第一讲，1924年8月）也可以理解为在资本主义和社会主义道路中间，开拓中国道路。综观近年来在解决"民生"问题上的思路和成效来看，与当年孙中山对解决"民生"问题的设想有一定的传承关系。

三、结 语

总之，在对社会保障制度进行探索、实践的近百年当中，中、日、韩三国之间始终有着对话和交流，在社会保障制度形成的路径中，既有同质的特征，也有异质的特点。当今，中、日、韩三国之间在对历史叙事上，还未能够达成一致的共识，但是，三国之间的相互依存关系,已经进入了一个从未经历过的“统合过程”。因此,用“长时段”的思维方法来叙事中、日、韩三国社会保障的发展路径,从中探寻新的连动方式,是我们急需要做的一项工作。

参考文献

沈洁:《社会事業の近代化をめぐる東アジア地域の衝突と交流——20世纪20~40年代を中心に—》,《社会福祉》2011年52号。

郑功成:《社会保障学:理念、制度、实践与思辨》,商务印书馆2010年版。

郑功成:《中国社会保障论》,湖北人民出版社1994年版。

槇英弘:《近代朝鮮社会事業史研究—京城における方面委員制度の歴史的展開—》,緑蔭書房1984年版。

大友昌子:《帝国日本の植民地社会事業政策研究——台湾と朝鮮》,ミネルヴァ書房2006年版。

武川正吾、金渊明编:《韩国的福利国家・日本的福利国家》,东信堂2005年版。

沈洁:《中国社会事業史に関する若干の考察》,《福祉と人間科学》1999年10号。

沈洁:《植民地における方面委員制度の展開及びその特質》,《植民地社会事業関係資料集台湾編》,別冊解説:近現代資料刊行,2001年版。

沈洁:《“滿洲国”社会事業の展開——衛生・医療事業を中心に》,《社会事業史研究》2003年版。

朴貞蘭:《韓国社会事業史——成立と展開》,ミネルヴァ書2007年版。

吉田久一:《現代社会事業史研究》,见《吉田久一著作集3》,川島書店1990年版。

金永子編訳:《韓国の社会福祉》,韓国社会科学研究所社会福祉研究室,新幹社2002年版。

田多英範著:《日本社会保障史論》,光生館2009年版。

竹井正宏:《韓国社会福祉の歴史1910—1945年》,《川崎医療福祉学会誌》Vol.15 No.2 2006:353—366。

第四篇

东亚地区社会保障相关统计

中国社会保障相关统计

何文炯 侯雨薇[1]

社会保障是指国家通过立法，实行国民收入再分配，为社会成员的生活风险提供基本保障的一系列制度安排。在中国，社会保障具有悠久的历史，1949 年中华人民共和国成立之后实施全新的社会保障制度。20 世纪 80 年代，以市场化为导向的经济体制改革逐步深入，社会保障领域进行改革探索，颁行了一系列新的制度和政策，社会保障项目增加、惠及人数增多、保障水平提高。本文选取若干代表性指标，根据官方公布的数据进行统计分析，以期反映中国（主要指中国大陆，未含台湾、香港和澳门地区）近 20 多年来社会保障事业发展的基本情况。

一、社会救助

社会救助是历史最悠久的社会保障项目。20 世纪 80 年代以来，在灾害救助制度改革的基础上，陆续增设了最低生活保障制度和医疗救助、住房救助、教育救助、司法救助、临时救助以及流浪乞讨人员救助制度等，形成了以最低生活保障制度为核心、专项救助相结合的新型社会救助体系。以下重点介绍最低生活保障制度、灾害救助制度和医疗救助制度的实施情况。

（一）最低生活保障

最低生活保障制度是以保障国民基本生活为目标的一项社会救助制度，由民政部门根据当地生活成本确定最低生活保障标准，对人均收入低于这一标准的家

---

① 何文炯，中国浙江大学社会保障学科教授、社会科学研究院副院长；侯雨薇，中国浙江大学博士生。

庭给予现金补助，以保障其具有购买基本生活资料的能力。城市普遍实施最低生活保障制度始于上海市（1993 年），农村普遍实施最低生活保障制度始于浙江省（2001 年），现行制度依据是国务院《城市居民最低生活保障条例》（1999 年）和国务院《关于在全国建立农村最低生活保障制度的通知》（2007 年），基本发展情况如表 1。

表 1　最低生活保障制度实施情况

年份	城市最低生活保障			农村最低生活保障		
	惠及人数（万人）	平均保障标准（元/人，月）	平均给付额（元/人，月）	惠及人数（万人）	平均保障标准（元/人，月）	平均给付额（元/人，月）
1996	84.9	—	—	—	—	—
1997	87.9	—	—	—	—	—
1998	184.1	—	—	—	—	—
1999	265.9	—	—	—	—	—
2000	402.6	—	—	—	—	—
2001	1170.7	—	—	304.6	—	—
2002	2064.7	—	—	407.8	—	—
2003	2246.8	149.0	58.0	367.1	—	—
2004	2205.0	152.0	65.0	488.0	—	—
2005	2234.2	156.0	72.3	825.0	76.0	38.0
2006	2240.1	169.6	83.6	1593.1	70.9	34.5
2007	2272.1	182.4	102.7	3566.3	70.0	38.8
2008	2334.8	205.3	143.7	4305.5	82.3	50.4
2009	2345.6	227.8	172.0	4760.0	100.8	68.0
2010	2310.5	251.2	189.0	5214.0	117.0	74.0
2011	2276.8	287.6	240.3	5305.7	143.2	106.1
2012	2143.5	330.1	239.1	5344.5	172.3	104.0
2013	2064.2	373.0	264.0	5388.0	202.8	116.0

注：本表数据由《中国社会保障 30 年》（郑功成著）、《2002—2009 年民政事业发展统计公报》以及《2010—2013 年社会服务发展统计公报》整理所得。

（二）灾害救助

灾害救助是历史最悠久的社会救助项目，其职责是对因遭遇自然灾害或其他特定灾害而陷入生活困难的社会成员给予物质帮助或服务援助。该项制度几经改革，现行制度依据是国务院《自然灾害救助条例》（2010 年），近 20 多年来的基本情况如表 2。

表2 1985—2013年受灾以及灾害救助情况统计

年份	人口受灾情况			财政救灾
	受灾(万人次)	死亡人口(含失踪)(人)	紧急转移人口(万人)	支出额(亿元)
1985	26446.0	4394	290.5	10.25
1986	29928.0	5410	345.8	10.64
1987	23512.0	5495	348.0	9.91
1988	36169.0	7306	582.9	10.64
1989	34569.0	5952	365.3	12.88
1990	29348.0	7338	579.2	13.33
1991	41941.0	7315	1308.5	22.51
1992	37174.0	5741	303.6	15.89
1993	37541.0	6125	307.7	15.40
1994	43799.0	8549	1054.0	19.42
1995	24215.0	5561	1064.0	27.27
1996	32305.0	7273	1216.0	39.06
1997	47886.0	3212	511.3	34.51
1998	35216.0	5511	2082.4	52.32
1999	35319.0	2966	664.8	34.05
2000	45652.3	3014	467.1	28.73
2001	37255.9	2583	211.1	35.17
2002	37841.8	2840	471.8	32.93
2003	49745.9	2259	707.3	55.71
2004	33920.6	2250	563.2	48.99
2005	40653.7	2475	1570.3	62.97
2006	43453.3	3186	1384.5	70.99
2007	39777.9	2325	1499.1	91.57
2008	47795.0	88928	2682.2	—
2009	47933.5	1528	700.0	174.50
2010	43000.0	7844	1858.4	113.40
2011	43000.0	1126	939.4	86.40
2012	29000.0	1530	1109.6	112.70
2013	39000.0	2284	1215.0	102.70

注:本表数据由《中国社会保障30年》(郑功成著)、《2002—2009年民政事业发展统计公报》及《2010—2013年社会服务发展统计公报》整理所得。

（三）医疗救助

农村医疗救助制度始建于 2002 年[①]，政府通过财政拨款对罹患大病的贫困农民家庭实行医疗救助制度。该项救助包括资助参加新型农村合作医疗制度和直接

表 3　2006—2013 年城乡医疗救助情况

年份	资助参加基本医疗保险			大病医疗费用补助		
城市						
年份	资助参保支出（亿元）	资助参保人数（万人）	人均资助额（元/人）	大病医疗费用补助支出（亿元）	大病医疗费用补助人次数（万人）	人均补助额（元/人・次）
2006	—	—	—	8.1	187.2	434.0
2007	—	—	—	14.4	442.0	326.6
2008	3.9	642.6	60.5	21.4	443.6	483.5
2009	5.8	1095.9	53.5	31.4	410.4	764.7
2010	7.6	1461.2	52.0	37.3	460.1	809.9
2011	12.3	1549.8	67.9	55.3	672.2	793.6
2012	11.7	1387.1	84.0	59.2	689.9	858.6
2013	14.4	1490.1	96.7	—	—	—
农村						
年份	资助参加基本医疗保险			大病医疗费用补助		
	资助参保支出（亿元）	资助参保人数（万人）	人均资助额（元/人）	大病医疗费用补助支出（亿元）	大病医疗费用补助人次数（万人）	人均补助额（元/人・次）
2006	2.6	1317.1	19.7	8.8	241.9	366.0
2007	4.8	2517.3	19.1	20.5	377.1	543.0
2008	7.1	3432.4	20.7	27.4	759.5	360.3
2009	10.5	4059.1	25.9	49.4	730.0	676.6
2010	14.0	4615.4	30.3	67.0	1019.2	657.1
2011	24.2	4825.3	45.6	95.8	1471.8	635.8
2012	25.8	4490.4	57.5	107.1	1483.8	721.7
2013	30.0	4868.7	61.7	—	—	—

注：1. 本表数据由《2006—2009 年民政事业发展统计公报》及《2010—2013 年社会服务发展统计公报》整理所得。

2. 城市人均补助额＝资助参加基本医疗保险支出/资助参保人数；农村人均补助额＝资助参加新农合支出/资助参加新农合人数；人均救助水平＝大病医疗救助支出/救助人次数。

① 《中共中央国务院关于进一步加强农村卫生工作的决定》（2002 年 10 月 19 日）。

补助大病医疗费用两个方面。2005 年,这一制度扩展到城市①,由政府财政对城市居民最低生活保障对象中未参加城镇职工基本医疗保险人员、已参加城镇职工基本医疗保险但个人负担仍然较重的人员和其他特殊困难群众提供救助。2009 年,这两项制度合并成为城乡医疗救助制度②。这项救助制度的实施情况如表 3。

需要说明的是,2013 年开始不再把城市和农村分开统计,而是将城乡获得大病医疗费用补助的人次数和补助支出总额以及人均补助水平合并计算。2013 年城乡获得大病医疗救助人次数共计 2126. 4 万人次,各级财政对城乡居民大病医疗费用直接补助的支出共 180. 5 亿元,人均补助额为 848. 9 元/人 · 次。

二、社会保险

现代社会中,社会保险是惠及面最广、资金量最大、技术性最强的社会保障项目,包括基本养老保险、基本医疗保险、工伤保险、失业保险、生育保险五大险种。根据《中华人民共和国劳动保险条例》,1951 年起企业普遍实施劳动保险制度。1980 年代中期开始改革探索,到 21 世纪初基本形成一套新的社会保险制度。最近 10 年来,基本医疗保险和基本养老保险的覆盖范围由工薪劳动者逐步扩展到全体国民。表 4 是 2001 年以来社会保险各险种的参保人数统计。

表 4　2001—2013 年社会保险参保人数

年　份	参保人数(万人)				
	基本养老保险	基本医疗保险	工伤保险	失业保险	生育保险
2001	20178	7286	4345. 3	10354. 6	3455. 1
2002	20198	9401	4405. 6	10181. 6	3488. 2
2003	20934	10902	4574. 8	10372. 9	3655. 4
2004	21735	19385	6845. 2	10583. 9	4383. 8
2005	22930	31683	8478. 0	10647. 7	5408. 5
2006	24140	56732	10268. 5	11186. 6	6458. 9
2007	25308	94935	12173. 3	11644. 6	7775. 3
2008	27486	113339	13787. 2	12399. 8	9254. 1
2009	32241	123447	14895. 5	12715. 5	10875. 7

① 《关于建立城市医疗救助制度试点工作的意见》(2005 年 2 月 26 日)。
② 《关于进一步完善城乡医疗救助制度的意见》(2009 年 6 月 15 日)。

续表

年　份	参保人数（万人）				
	基本养老保险	基本医疗保险	工伤保险	失业保险	生育保险
2010	35984	126863	16160.7	13375.6	12335.9
2011	61573	130543	17695.9	14317.1	13892.0
2012	78797	134142	19010.1	15224.7	15428.7
2013	81968	137273	19917.0	16417.0	16392.0

注：1. 本表数据由各年度《人力资源和社会保障事业发展统计公报》、《中国卫生统计年鉴》整理所得。“新农合参合人数”来自《中国卫生统计年鉴》，其余数据均来自《人力资源和社会保障事业发展统计公报》。2013 年新农合参合人数来自《2013 年中国卫生和计划生育事业发展统计公报》。

2. 2011 年以前“基本养老保险参保人数”=职工基本养老保险参保人数+农村社会养老保险参保人数；2011 年之后“基本养老保险参保人数”=职工基本养老保险参保人数+农村社会养老保险参保人数+城镇居民社会养老保险参保人数。

3. 2004—2007 年“基本医疗保险参保人数”=职工基本医疗保险参保人数+新型农村合作医疗参加人数；2008 年开始，“基本医疗保险参保人数”=职工基本医疗保险参保人数+新农合参加人数+城镇居民基本医疗保险参保人数。

（一）基本养老保险

现阶段，基本养老保险制度有两个：一是职工基本养老保险制度（1997 年颁行，2005 年修改），先是面向企业从业人员，以后逐步扩展到个体工商户、民办非企业单位、社会团体从业人员，以及国家机关和事业单位中非正式在编人员；二是城乡居民基本养老保险制度（2014 年），其前身是农村社会养老保险（1995 年）、新型农村社会养老保险制度（2009 年）和城镇居民社会养老保险制度（2011 年）。此外，国家机关和事业单位中的正式在编人员一直适用 1950 年代初制定的退休金制度，尽管部分地区曾经进行过改革试验，均没有实质性进展。近几年，关于国家机关和事业单位退休金制度的讨论不断，有关方面正在制订改革方案。

表 5　1998—2013 年职工基本养老保险情况

年份	参保人数（万人）		缴费基数	费率		人均筹资水平（元/月）	待遇水平	基金情况（亿元）		
	在职职工人数	离退休、退职人数	平均工资（元/年）	单位	个人		平均养老金（元/月）	基金收入	基金支出	期末结余
1998	8475.8	2727.3	7479	≤（13%+7%）	≥4%	143.4	461.9	1459.0	1511.6	587.8
1999	9501.8	2983.6	8346	≤（13%+7%）	≥4%	172.3	537.6	1965.1	1924.9	733.5
2000	10447.5	3169.9	9371	≤（14%+6%）	≥5%	181.7	556.1	2278.5	2115.5	947.1
2001	10801.9	3380.6	10870	≤（14%+6%）	≥5%	192.0	572.2	2489.0	2321.3	1054.1
2002	11128.8	3607.8	12422	≤（15%+5%）	≥6%	237.5	656.7	3171.5	2842.9	1608.0
2003	11646.5	3860.2	14040	≤（15%+5%）	≥6%	263.3	674.0	3680.0	3122.1	2206.5

续表

年份	参保人数(万人)		缴费基数	费率		人均筹资水平(元/月)	待遇水平	基金情况(亿元)		
	在职职工人数	离退休、退职人数	平均工资(元/年)	单位	个人		平均养老金(元/月)	基金收入	基金支出	期末结余
2004	12250.3	4102.6	16024	≤(16%+4%)	≥7%	289.7	711.4	4258.4	3502.1	2975.0
2005	13120.4	4367.5	18364	≤20%	≥7%	323.5	770.9	5093.3	4040.3	4041.0
2006	14130.9	4635.4	21001	≤20%	≥8%	372.1	880.3	6309.8	4896.7	5488.9
2007	15183.2	4953.7	24932	≤20%	≥8%	430.0	1003.4	7834.2	5964.9	7391.4
2008	16587.5	5303.6	29229	≤20%	≥8%	489.3	1161.1	9740.2	7389.6	9931.0
2009	17743.0	5806.9	32736	≤20%	≥8%	539.7	1276.4	11490.8	8894.4	12526.1
2010	19402.3	6305.0	37147	≤20%	≥8%	576.4	1395.0	13419.5	10554.9	15365.3
2011	21565.0	6826.2	42452	≤20%	≥8%	652.9	1558.3	16894.7	12764.9	19496.6
2012	22981.1	7445.7	47593	≤20%	≥8%	725.3	1741.7	20001.0	15561.8	23941.3
2013	24177.0	8041.0	52379	≤20%	≥8%	781.7	1914.1	22680.0	18470.0	28269.0

注:1. 本表数据由各年度《人力资源和社会保障事业发展统计公报》、《中国劳动统计年鉴》、《中国财政年鉴》整理所得。2013 年城镇单位在职职工平均工资来自国家统计局官网。

2. 人均筹资水平=基金收入/在职职工人数;平均养老金=基金支出/离退休退职人数。

表 6 1998—2013 年城乡居民基本养老保险情况

年份	农村社会养老保险				城镇居民社会养老保险			
	参保人数(万人)	领取养老金人数(万人)	基金支出(亿元)	累计结余(亿元)	参保人数(万人)	领取养老金人数(万人)	基金支出(亿元)	累计结余(亿元)
1998	8025.0	59.8	5.4	26.0	—	—	—	—
1999	6460.8	89.8	—	—	—	—	—	—
2000	6172.3	97.8	—	195.5	—	—	—	—
2001	5995.1	108.1	—	216.1	—	—	—	—
2002	5461.8	123.4	—	—	—	—	—	—
2003	5427.7	197.6	15	259.3	—	—	—	—
2004	5382.4	205.5	—	285	—	—	—	—
2005	5441.9	301.7	21	310	—	—	—	—
2006	5373.7	355.1	30	354	—	—	—	—
2007	5171.5	391.6	40	412	—	—	—	—
2008	5595.0	512.0	56.8	499	—	—	—	—
2009	7277.3	1335.2	76.0	681.0	—	—	—	—
2010	10276.8	2862.6	200.4	422.5	—	—	—	—
2011	32643.5	8921.8	587.7	1199.2	539	235	11	32

续表

年份	城乡居民基本养老保险			
	参保人数（万人）	领取养老金人数（万人）	基金支出（亿元）	累计结余（亿元）
2012	48369.5	13382.2	1149.7	2302.2
2013	49750.0	13768.0	1348.0	3006.0

注：1. 本表数据由《中国社会保障30年》（郑功成著）、2002—2013年度《人力资源和社会保障事业发展统计公报》整理所得。

2. 尽管到2014年2月才正式将新型农村社会养老保险和城镇居民社会养老保险制度合并为城乡居民基本养老保险制度，但国家人力资源和社会保障部的统计公报从2012年开始就将这两项制度的数据合并统计公布，本文从其数据。事实上，不少地区此前已经将这两项制度合并实施，例如浙江省2009年就开始了。

表5和表6分别反映职工基本养老保险和城乡居民基本养老保险的发展情况，其主要指标有参保人数、基金收支情况、人均筹资水平和养老金平均水平。其中职工基本养老保险的人均筹资水平为当年基金收入除以当年在职职工人数，平均待遇水平为当年基金支出除以当年离退休人数。

（二）基本医疗保险

现阶段，基本医疗保险制度有三个：一是职工基本医疗保险制度（1998年，简称“职工医保”），先是面向城镇职工，后逐步扩展到全体工薪劳动者，包括国家机关、企业、事业单位、民办非企业单位、社会团体中的从业人员和个体工商户；二是新型农村合作医疗制度（2002年，简称“新农合”），面向具有农村户籍的农村居民；三是城镇居民基本医疗保险制度（2007年，简称“城居医保”），面向具有城镇户籍的非职工居民，即非职工医保参保对象，主要是老年居民和少年儿童。

表7　2001—2013年职工基本医疗保险情况

年份	参保人数（万人）		人均筹资额（元/人、年）	待遇水平	基金情况（亿元）	
	在职职工人数	离休、退休、退职人员人数		人均给付额（元/人、年）	基金收入	基金支出
2001	5470.7	1815.2	526.5	335.0	383.6	244.1
2002	6925.8	2475.4	646.5	435.5	607.8	409.4
2003	7974.9	2926.8	816.4	599.8	890.0	653.9
2004	8026.0	3359.2	1001.7	757.3	1140.5	862.2

续表

年份	参保人数(万人)		人均筹资额(元/人、年)	待遇水平	基金情况(亿元)	
	在职职工人数	离休、退休、退职人员人数		人均给付额(元/人、年)	基金收入	基金支出
2005	10021.7	3761.2	1019.6	782.6	1405.3	1078.7
2006	11580.3	4151.5	1110.6	811.5	1747.1	1276.7
2007	13420.3	4600.0	1228.7	861.1	2214.2	1551.7
2008	14987.7	5007.9	1443.1	1010.1	2885.5	2019.7
2009	16410.5	5526.9	1503.0	1145.8	3297.1	2513.6
2010	17791.2	5943.5	1598.0	1331.7	3792.7	3160.8
2011	18948.5	6278.6	1894.5	1538.1	4779.4	3880.1
2012	19861.3	6624.2	2231.0	1784.3	5908.9	4725.7
2013	20501.0	6942.0	2573.3	2124.4	7062.0	5830.0

注:1. 本表数据由各年度《中国劳动统计年鉴》、《中国财政年鉴》、《人力资源和社会保障事业发展统计公报》数据整理所得。其中,2013 年基金数据来自人社部《2013 年全国社会保险情况》。

2. 人均筹资额=基金收入/参保人数;人均给付额=基金支出/参保人数。

表 8　2004—2013 年新型农村合作医疗情况

年份	参加人数(亿人)	补偿受益人次(亿人次)	人均筹资额(元/年)	待遇水平	基金情况(亿元)	
				人均给付额(元/年)	基金收入	基金支出
2004	0.80	0.76	—	34.7	—	26.4
2005	1.79	1.22	—	50.6	—	61.8
2006	4.10	2.72	52.1	57.3	213.6	155.8
2007	7.26	4.53	58.9	76.4	427.6	346.6
2008	8.15	5.85	96.3	113.2	784.8	662.3
2009	8.33	7.59	113.4	121.6	944.6	922.9
2010	8.36	10.87	156.6	109.3	1309.2	1187.8
2011	8.32	13.15	246.2	130.1	2048.4	1710.2
2012	8.05	17.45	308.5	138.0	2483.4	2408.0
2013	8.02	19.42	370.6	149.8	2972.5	2909.2

注:1. 本表数据由《2013 年中国卫生统计年鉴》整理所得。其中,2013 年数据来自《2013 年中国卫生和计划生育事业发展统计公报》。

2. 人均筹资额=基金收入/参加人数,人均给付额=基金支出/补偿受益人次。

表9　2008—2013年城镇居民基本医疗保险情况

年份	参保人数（万人）	人均筹资额（元/年）	待遇水平（元/年）	基金情况（亿元）		
			人均给付额	基金收入	基金支出	累计结余
2008	11826	131.0	54.0	154.9	63.9	269.3
2009	18210	205.8	155.8	374.8	283.8	327.1
2010	19528	264.3	193.2	516.2	377.3	465.8
2011	22116	343.6	249.3	759.8	551.3	698.8
2012	27156	379.2	301.2	1029.8	817.9	962.6
2013	29629	400.3	327.7	1186.0	971.0	987.0

注：1. 本表中“参保人数”数据来自《2008—2013年人力资源和社会保障事业发展统计公报》、“基金情况”数据由《中国财政年鉴》整理所得。其中，2013年基金数据来自人社部《2013年全国社会保险情况》。

2. 城镇居民基本医疗保险基金=城镇基本医疗保险基金—职工基本医疗保险基金。

3. 人均筹资额=基金收入/参保人数；人均给付额=基金支出/参保人数。

表7、表8和表9分别反映职工医保、新农合和城居医保的发展情况，其主要指标有参保人数、基金收支情况、人均筹资水平和人均给付水平，其中人均筹资水平是当年基金收入与参保人数之比值，人均给付水平为当年基金支出与参保人数之比值。

（三）工伤保险

工伤保险的职责是为工薪劳动者提供职业伤害保障，工伤事故和职业病是其所保障的主要风险。现行制度的主要依据是《中华人民共和国工伤保险条例》（2003年颁布，2010年修改），其实施情况如表10，主要指标有参保人数、基金收支情况、人均筹资水平和人均待遇水平等。

表10　1994—2013年工伤保险情况

年份	年末参保人数（万人）	享受待遇人数（万人）	人均筹资额（元/年）	人均给付额（元/年）	基金情况（亿元）		
					基金收入	基金支出	累计结余
1994	1822.1	5.8	25.2	1551.7	4.6	0.9	6.8
1995	2614.8	7.1	31.0	2535.2	8.1	1.8	12.7
1996	3102.6	10.1	35.1	3663.4	10.9	3.7	19.7
1997	3507.8	12.5	38.8	4880.0	13.6	6.1	27.7
1998	3781.3	15.3	56.1	5882.4	21.2	9.0	39.5
1999	3912.3	15.1	53.4	10198.7	20.9	15.4	44.9

续表

年份	年末参保人数(万人)	享受待遇人数(万人)	人均筹资额(元/年)	人均给付额(元/年)	基金情况(亿元)		
					基金收入	基金支出	累计结余
2000	4350.3	18.8	57.0	7340.4	24.8	13.8	57.9
2001	4345.3	18.7	65.1	8823.5	28.3	16.5	68.9
2002	4405.6	26.5	72.6	7509.4	32.0	19.9	81.1
2003	4574.8	32.9	82.2	8237.1	37.6	27.1	91.2
2004	6845.2	51.9	85.2	6416.2	58.3	33.3	118.6
2005	8478.0	65.1	109.1	7296.5	92.5	47.5	163.5
2006	10268.5	77.8	118.6	8804.6	121.8	68.5	192.9
2007	12173.3	96.0	136.4	9166.7	166.0	88.0	262.6
2008	13787.2	117.8	157.2	10772.5	216.7	126.9	384.6
2009	14895.5	129.6	161.2	12013.9	240.1	155.7	468.8
2010	16160.7	147.5	176.3	13044.1	284.9	192.4	561.4
2011	17695.9	163.0	263.6	17570.6	466.4	286.4	742.6
2012	19010.1	190.5	277.1	21328.1	526.7	406.3	861.9
2013	19917.0	195.0	308.8	24717.9	615.0	482.0	996.0

注:1. 本表数据由《中国财政年鉴》、《中国统计年鉴》以及各年度《人力资源和社会保障事业发展统计公报》计算整理所得。其中“工伤保险参保人数、全年享受待遇人数”来自《中国统计年鉴》;“工伤保险基金情况”数据来自《中国财政年鉴》。

2. 人均筹资额=基金收入/年末参保人数,人均给付额=基金支出/享受待遇人数。

(四)失业保险

失业保险是国家对因非自愿失业而暂时中断经济收入来源的劳动者给予物质帮助的一种社会保险制度安排。1986 年,国务院颁布《国营企业职工待业保险暂行规定》,以后该项制度多次修改,现行制度的主要依据是《中华人民共和国失业保险条例》(1999 年)。近 20 年失业保险的实施情况如表 11,其主要指标有参保人数、失业金领取人数、人均筹资水平和人均失业金发放额等。

表 11 1994—2013 年失业保险情况

年份	年末参保人数(万人)	失业金发放人数(万人)	人均筹资额(元/年)	待遇水平	基金情况(亿元)		
				人均失业金发放额(元)	基金收入	基金支出	累计结余
1994	7967.8	196.5	31.9	722.65	25.4	14.2	52.0
1995	8237.7	261.3	42.9	723.31	35.3	18.9	68.4

续表

年份	年末参保人数(万人)	失业金发放人数(万人)	人均筹资额(元/年)	待遇水平	基金情况(亿元)		
				人均失业金发放额(元)	基金收入	基金支出	累计结余
1996	8333.1	330.8	54.2	825.27	45.2	27.3	86.4
1997	7961.4	319.0	58.9	1137.93	46.9	36.3	97.0
1998	7927.9	158.1	91.6	3548.39	72.6	56.1	133.4
1999	9852.0	271.4	56.9	3375.09	125.2	91.6	159.9
2000	10408.4	329.7	88.0	3742.80	160.4	123.4	195.9
2001	10354.6	468.5	119.2	3342.58	187.3	156.6	226.2
2002	10181.6	657.0	153.8	2840.18	215.6	186.6	253.8
2003	10372.9	414.9	179.9	4815.62	249.5	199.8	303.5
2004	10583.9	418.6	188.8	5040.61	291.0	211.0	386.0
2005	10647.7	362.3	198.2	5710.74	340.3	206.9	519.0
2006	11186.6	326.5	185.0	6064.32	402.5	198.0	724.8
2007	11644.6	286.1	170.0	7605.73	471.7	217.6	979.1
2008	12399.8	261.2	175.5	9705.21	585.1	253.5	1310.1
2009	12715.5	235.3	199.3	15588.61	580.4	366.8	1523.6
2010	13375.6	209.1	485.8	20243.90	649.8	423.3	1749.8
2011	14317.1	197.0	644.8	21969.54	923.1	432.8	2240.2
2012	15224.7	204.0	748.1	22088.24	1138.9	450.6	2929.0
2013	16417.0	197.0	785.2	27005.08	1289.0	532.0	3686.0

注:1. 本表数据由《中国财政年鉴》、《中国统计年鉴》以及各年度《人力资源和社会保障事业发展统计公报》计算整理所得。“失业保险参保人数、全年发放失业保险金、年末领取失业保险金人数”数据来自《中国统计年鉴》;“失业保险基金收支”数据来自《中国财政年鉴》。其中,2013 年数据来自国家统计局数据库。

2. 人均筹资额=当年基金收入/年末参保人数,人均失业金发放额=全年发放失业保险金/年末领取放失业保险金人数。

(五)生育保险

生育保险承担为生育职工提供医疗服务、生育休假和劳动中断收入补偿的职责,因而是社会保险的一个项目。现行制度的主要依据是《企业职工生育保险试行办法》(1994 年),近来有关部门拟出台新的《生育保险办法》(正在征求意见)。近 20 年生育保险的实施情况如表 12,其主要指标有参保人数、基金收支情况、人均筹资水平和人均给付额等。

表 12　1994—2013 年生育保险情况

年份	年末参保人数(万人)	享受待遇人数(万人)	人均筹资额(元/年)	人均给付额(元/年)	基金情况(亿元)		
					基金收入	基金支出	累计结余
1994	915.9	—	16.4	—	1.5	0.8	1.4
1995	1500.2	—	19.3	—	2.9	1.6	2.7
1996	2015.6	—	27.3	—	5.5	3.3	5.0
1997	2485.9	—	29.8	—	7.4	4.9	7.5
1998	2776.7	—	35.3	—	9.8	6.8	10.3
1999	2929.8	—	36.5	—	10.7	7.1	13.9
2000	3001.6	—	37.3	—	11.2	8.3	16.8
2001	3455.1	24	39.7	4000.0	13.7	9.6	20.6
2002	3488.2	28	62.5	4571.4	21.8	12.8	29.7
2003	3655.4	36	70.6	3750.0	25.8	13.5	42.0
2004	4383.8	46	73.2	4087.0	32.1	18.8	55.9
2005	5408.5	62	81.0	4419.4	43.8	27.4	72.1
2006	6458.9	108	96.1	3472.2	62.1	37.5	96.9
2007	7775.3	113	107.5	4920.4	83.6	55.6	126.6
2008	9254.1	140	122.9	5107.1	113.7	71.5	168.2
2009	10875.7	174	121.7	5074.7	132.4	88.3	212.1
2010	12335.9	211	129.4	5208.5	159.6	109.9	261.4
2011	13892.0	265	158.2	5252.8	219.8	139.2	342.5
2012	15428.7	353	197.2	6212.5	304.2	219.3	427.6
2013	16392.0	522	224.5	5421.5	368.0	283.0	515.0

注:1. 本表数据由《中国财政年鉴》、《中国统计年鉴》以及各年度《人力资源和社会保障事业发展统计公报》计算整理所得。其中“生育保险参保人数、全年享受待遇人数”来自《中国统计年鉴》;“生育保险基金情况”数据来自《中国财政年鉴》。

2. 人均筹资额=基金收入/年末参保人数,人均给付额=基金支出/享受待遇人数。

三、社会福利

在中国大陆,社会福利主要是指针对老年人、残疾人、妇女和儿童等特殊人群的补贴、实物和社会服务。进入 21 世纪以来,社会福利制度建设逐步得到加强,尤其是针对老年人、残疾人和儿童的普惠型福利项目开始增加。

(一)老年人福利

随着人口老龄化、高龄化趋势的加剧,老年保障服务日益受到重视。在基本养老保险、基本医疗保险等制度建设的基础上,老年照护服务开始得到加强,城乡养老服务机构发展,其床位数和服务人数逐年增加,如表13。

表13　2004—2013年城乡养老服务机构情况

年份	城市养老服务机构			农村养老服务机构			每千老年人口养老床位数（张）
	机构数（个）	年末床位数（万张）	年末在院人数（万人）	机构数（个）	年末床位数（万张）	年末在院人数（万人）	
2004	8553	37.9	28.0	26442	17.9	77.5	—
2005	8141	41.9	31.2	29681	19.9	89.5	10.97
2006	6724	39.9	28.4	31373	113.6	92.0	12.05
2007	5070	33.0	22.6	34684	179.8	149.3	15.83
2008	5264	41.5	29.0	30368	193.1	160.5	16.72
2009	5291	49.3	32.3	31286	208.8	173.0	17.56
2010	5413	56.7	36.3	31472	224.9	182.5	17.79
年份	城乡养老服务机构			每千老年人口养老床位数（张）
	（个）	年末床位数（万张）	年末在院人数（万人）	
2011	40868	353.2	260.3	19.96
2012	44304	416.5	293.6	21.48
2013	42475	493.7	307.4	24.40

注:1. 本表中"城市及农村养老服务机构"有关数据来源于《2002—2009年民政事业发展统计公报》及《2010—2013年社会服务发展统计公报》。

2. "每千老年人口养老床位"数据来源于各年《中国统计年鉴》;其中2013年"每千老年人口养老床位数"来自《2013年民政工作会议》。

五保供养制度具有鲜明的中国特色,始于1950年代,其保障对象以农村孤寡老人为主,也有少量孤儿。早期主要通过农村集体经济组织为保障对象提供基本生活照料和物质帮助,后来政府责任逐步增多,现在则由政府财政承担主要责任。现行制度是《农村五保供养工作条例》(2006年)。农村五保供养过去主要采用分散供养方式,2003年浙江省普遍引入集中供养方式,由五保对象自愿选择。2008年开始,全国多数地区实行分散供养与集中供养相结合的方式,基本情况如表14。

表 14 农村五保供养相关情况统计

年份	分散供养五保户情况			集中供养五保户情况		
	平均人数（万人）	人均支出标准（元/人、年）	支出总额（亿元）	平均人数（万人）	人均支出标准（元/人、年）	支出总额（亿元）
1992	26.4	111.08	0.29	—	—	—
1993	27.4	119.84	0.33	—	—	—
1994	27.1	131.01	0.36	—	—	—
1995	26.1	169.32	0.44	—	—	—
1996	26.7	191.6	0.51	—	—	—
1997	25.6	206.64	0.53	—	—	—
1998	25.8	255.47	0.66	—	—	—
1999	52.5	295.76	1.55	—	—	—
2000	50.3	301.64	1.52	—	—	—
2001	40.6	329.31	1.34	—	—	—
2002	48.5	371.33	1.80	—	—	—
2003	108.2	417.25	4.51	—	—	—
2004	207.8	536.78	11.15	—	—	—
2005	312.9	714.97	22.37	—	—	—
2006	455.9	923.59	42.11	—	—	—
2007	505.7	1182.19	59.78	—	—	—
2008	372.4	1158.15	43.13	156.3	1932.7	30.25
2009	381.6	1842.7	70.32	171.8	2587.5	44.45
2010	378.9	2102.1	79.65	177.4	2951.5	52.36
2011	366.5	2470.5	90.54	184.5	3399.7	62.72
2012	360.3	3008.0	108.38	185.3	4060.9	75.25
2013	353.8	3499.0	123.79	183.5	4685.0	85.97

注：1. 本表数据由《中国社会保障 30 年》（郑功成著）、《2002—2009 年民政事业发展统计公报》及《2010—2012 年社会服务发展统计公报》整理所得。

2. 五保供养人均支出标准＝支出总额/平均供养人数。

（二）残疾人福利

随着经济增长和社会进步，残疾人保障服务逐渐受到重视。按照普惠加特惠、重点保障和特别扶助、一般性制度安排和专项制度安排相结合的原则，在将残疾人作为重点对象纳入劳动就业、社会保险、社会救助和社会福利体系的同时，制定了针对残疾人特殊困难和特殊需求的专项福利政策，以保障残疾人权益、改善残疾人生活状况，如表 15。

表 15　2001—2013 年残疾人福利情况

年份	就业		康复		教育		公共服务		设施
	城镇残疾人就业人数(万人)	农村残疾人就业人数(万人)	残疾人康复训练服务机构数(个)	残疾人康复人数(万人)	特殊教育学校及职业教育培训机构(个)	接受教育培训的残疾人次(万人次)	残疾人托养服务机构数(个)	残疾人托养服务人数(万人)	残疾人综合服务设施(个)
2001	352.3	1579.5	—	—	9537	103.4	—	—	1050
2002	373.5	1717.8	—	—	9059	103.1	—	—	1249
2003	403.1	1685.2	—	—	9173	108.4	—	—	1616
2004	430.4	1763.2	19586	—	7925	113.8	—	—	1795
2005	463.6	1803.4	19601	352.3	5136	117.1	—	—	2106
2006	435.5	1672.1	55926	437.9	10881	122.5	—	—	2022
2007	433.7	1696.6	62086	535.9	10847	133.0	1000	2.77	2125
2008	451.3	1717.1	87809	556.2	8504	137.7	1703	4.8	2205
2009	443.4	1757.0	124094	620.0	8760	135.5	3474	11.0	2383
2010	441.2	1749.7	154186	604.7	9430	137.8	4029	14.5	2544
2011	440.5	1748.8	189984	631.8	10044	84.5	6289	60.7	—
2012	444.8	1770.3	209595	760.2	10089	84.4	7275	74.7	2357
2013	445.6	1757.2	219283	746.8	10229	92.5	5677	94.4	2989

注1. 本表数据由《2001—2013 年中国残疾人事业发展统计公报》整理所得。

2. "残疾人康复训练服务机构"=省级孤独症儿童康复训练机构+辅助器具供应服务机构+肢体残疾康复训练服务机构+智力残疾康复训练服务机构+社区残疾人康复站。

3. "特殊教育学校及职业教育培训机构"=盲、聋、智残少年儿童特殊教育学校+义务教育普通学校附设特教班+特殊教育普通高中+省市县三级残疾人职业教育培训机构+接受残疾人职业培训的普通机构+残疾人中等职业教育机构。

4. "接受教育培训的残疾人次数"=盲、聋、智残少年儿童特殊教育学校在校学生+特殊教育普通高中在校人数+残疾人中等职业教育机构在校人数+普通高等院校录取残疾人数+特殊教育学院录取残疾人数+残疾人职业培训机构学习人数+中等职业教育机构学生人数。

5. "残疾人综合服务设施"为截至该年底全国已竣工并投入使用的各级残疾人综合服务设施，为基层残疾人工作更好地开展提供基础条件。

6. 从 2011 年开始，"残疾人托养机构"=残疾人寄宿制托养服务机构+残疾人日间照料机构；"残疾人托养服务人数"=寄宿制托养服务人数+日间照料托养服务人数+居家托养服务人数。

7. 2010 年以前"残疾人接受职业培训人次数"均为 80 万人次左右，而 2011 年开始该数据减少至 30 万人次，导致本表中 2011 年开始"接受教育培训的残疾人人次数"大幅减少。

（三）妇女福利

实行男女平等是中国的基本国策。随着经济社会发展、医疗技术进步和妇女福利政策的有效实施，妇女健康状况逐渐好转，孕产妇死亡率大幅度下降，如表 16。

表16 1992—2013年孕产妇死亡率

年份	孕产妇死亡率（1/10万）	年份	孕产妇死亡率（1/10万）
1992	76.5	2003	51.3
1993	67.3	2004	48.3
1994	64.8	2005	47.7
1995	61.9	2006	41.1
1996	63.9	2007	36.6
1997	63.6	2008	34.2
1998	56.2	2009	31.9
1999	58.7	2010	30
2000	53.0	2011	26.1
2001	50.2	2012	24.5
2002	43.2	2013	23.2

注：本表数据来源于各年度《中国统计年鉴》。其中，2013年数据来自《2013年中国卫生和计划生育事业发展统计公报》。

（四）儿童福利

随着经济增长、生活改善和生育率下降，儿童福利水平不断提高，儿童健康、营养状况和受教育状况持续改善，孤儿、贫困家庭儿童、残疾儿童、流浪儿童、受艾滋病影响儿童等弱势儿童群体得到更多的关怀和帮助，如表17和表18。

表17 1992—2013年婴幼儿死亡率情况

年份	婴儿死亡率（‰）	新生儿死亡率（‰）	5岁以下儿童死亡率（‰）	年份	婴儿死亡率（‰）	新生儿死亡率（‰）	5岁以下儿童死亡率（‰）
1992	46.7	32.5	57.4	2003	25.5	18.0	29.9
1993	43.6	31.2	53.1	2004	21.5	15.4	25.0
1994	39.9	28.5	49.6	2005	19	13.2	22.5
1995	36.4	27.3	44.5	2006	17.2	12	20.6
1996	36.0	24.0	45.0	2007	15.3	10.7	18.1
1997	33.1	24.2	42.3	2008	14.9	10.2	18.5
1998	33.2	22.3	42.0	2009	13.8	9.0	17.2
1999	33.3	22.2	41.4	2010	13.1	8.3	16.4
2000	32.2	22.8	39.7	2011	12.1	7.8	15.6
2001	30	21.4	35.9	2012	10.3	6.9	13.2
2002	29.2	20.7	34.9	2013	9.5	6.3	12.0

注：本表数据由各年度《中国统计年鉴》计算整理所得。其中，2013年数据来自《2013年中国卫生和计划生育事业发展统计公报》。

表 18 2004—2013 年儿童福利机构情况

年份	儿童福利机构		各类福利机构收养儿童数(万人)
	机构数目(个)	床位数(万张)	
2004	208	3.0	6.6
2005	224	3.2	7.8
2006	249	3.1	—
2007	269	3.3	8.0
2008	290	4.0	9.0
2009	303	4.4	11.5
2010	335	5.0	10.0
2011	397	6.0	10.8
2012	463	7.7	10.4
2013	529	8.7	11.8

注:本表数据由《2004—2009 年民政事业发展统计公报》、《2010—2013 年社会服务发展统计公报》整理所得。

四、社会保障发展综合分析

在对社会救助、社会保险、社会福利三大项目分析的基础上,我们可以对中国社会保障发展情况进行综合分析。这里,我们从社会保障与 GDP、社会保障与财政两个视角进行分析。

(一)社会保障与 GDP

分析社会保障与 GDP 的关系,主要是研究社会保障总支出占 GDP 的比重,以此衡量社会保障在国民经济中的地位,如表 19。这里的社会保障总支出,包括社会保险基金总支出和财政用于社会保障的全部支出。由于社会保险基金有一部分来源于财政,因而社会保险基金总支出中需要扣除财政对于社会保险基金的补助。

表 19 2001—2013 年社会保障总支出占 GDP 之比重

年份	社会保险基金支出(亿元)	财政用于社会保障的支出(亿元)	财政对社会保险基金的补助(亿元)	社会保障总支出(亿元)	全国 GDP(亿元)	社会保障支出占 GDP 之比率(%)
2001	3852.0	1987.4	343.0	5496.4	109655.2	5.0
2002	3468.6	2636.2	517.3	5587.5	120332.7	4.6
2003	4013.5	2655.9	493.9	6175.6	135822.8	4.5

续表

年份	社会保险基金支出(亿元)	财政用于社会保障的支出(亿元)	财政对社会保险基金的补助(亿元)	社会保障总支出(亿元)	全国 GDP(亿元)	社会保障支出占 GDP 之比率(%)
2004	4650.7	3116.1	519.8	7247.0	159878.3	4.5
2005	5617.8	3698.9	577.2	8739.4	183217.5	4.8
2006	6628.5	4361.8	889.0	10101.3	211923.5	4.8
2007	8234.5	5447.2	1275.0	12406.6	257305.6	4.8
2008	10587.4	6804.3	1630.9	15760.8	300670	5.2
2009	13301.5	7606.7	1776.7	19131.5	340902.8	5.6
2010	16206.3	9130.6	2309.8	23027.1	401512.8	5.7
2011	18877.1	11109.4	3152.2	26834.3	473104.0	5.7
2012	23930.7	12585.5	3828.3	32687.9	518942.1	6.3
2013	27491.0	14490.5	4403.1	37578.4	566130.2	6.6

注:1. 社会保障支出占 GDP 之比率=社会保障总支出/ GDP=(社会保险基金总支出+财政用于社会保障的支出-财政对社会保险基金的补助)/ GDP。

2. 本表数据由《2001—2013 年中国财政年鉴》整理所得。其中,2013 年数据来自国家财政部发布的“2013 年全国公共财政支出决算”。

(二)社会保障与财政

讨论社会保障与财政的关系,主要是分析社会保障总支出中的财政贡献度和国家财政用于社会保障支出的比重,以反映社会保障在国家财政中的地位,也便于进行国际比较,如表 20。

表 20 社会保障支出与财政支出的比较分析

年份	财政用于社会保障的支出(亿元)	社会保障总支出(亿元)	财政总支出(亿元)	社会保障总支出中的财政贡献度(%)	财政用于社会保障支出的比重(%)
2001	1987.4	5496.4	18902.6	36.2	10.5
2002	2636.2	5587.5	22053.2	47.2	12.0
2003	2655.9	6175.6	24650.0	43.0	10.8
2004	3116.1	7247.0	28486.9	43.0	10.9
2005	3698.9	8739.4	33930.3	42.3	10.9
2006	4361.8	10101.3	40422.7	43.2	10.8
2007	5447.2	12406.6	49781.4	43.9	10.9
2008	6804.3	15640.9	62592.7	42.7	10.7
2009	7606.7	19131.5	76299.9	39.8	10.0
2010	9130.6	23027.1	89874.2	39.7	10.2

续表

年份	财政用于社会保障的支出（亿元）	社会保障总支出（亿元）	财政总支出（亿元）	社会保障总支出中的财政贡献度（%）	财政用于社会保障支出的比重（%）
2011	11109.4	26834.3	109247.8	41.4	10.2
2012	12585.5	32687.9	125953.0	38.5	10.0
2013	14490.5	37578.4	140212.1	38.6	10.3

注：1. 社会保障总支出中的财政贡献度=财政用于社会保障的支出/社会保障总支出。
2. 财政用于社会保障支出的比重=财政用于社会保障的支出/财政总支出。
3. 本表数据由《2001—2013 年中国财政年鉴》整理所得。其中，2013 年数据来自国家财政部发布的“2013 年全国公共财政支出决算”。

需要补充说明的是，中国的社会保险基金自成体系，故表 20 中社会保障支出占财政支出的比重一般只包括了政府对社会保险基金的补贴和对社会救助、社会福利及优抚安置的拨款，而对公共卫生、义务教育及保障性住房的支出等未纳入统计中，因此，财政支出中用于社会保障的支出实际数要大于表 20 中的数额。换言之，中国财政用于广义社会保障支出的比重要大于 10.3%。

日本社会保障相关统计

金子能宏[①]

一、日本社会保障制度的现状和课题

(一)应对社会经济变化和生活风险的日本社会保障制度

自2008年9月世界经济萧条以来,日本失业率上升,非正规就业、老年人的就业环境更加严峻。现在日本的经济虽然有所回升,但因其对劳动市场影响的时滞效应,年轻人的失业率依然居高不下。同时,年轻人的非正规就业也不断增加,和正规就业相比,他们的工资低,组建家庭、抚养子女也成为难题。为了解决这些问题,2010年日本政府提出了《儿童青年构想》(*Vision for Children and Young People*),旨在通过各省厅的相互协调配合,充实有利于儿童、青年健康发展的贫困对策、儿童福利。2011年3月,日本发生东日本大地震,受灾地区的医疗、护理、福利等服务的供给问题和就业问题,以及中长期的经济复兴问题,成为紧急的政策课题。除此之外,日本政府还要应对因老龄化的加深而不断膨胀的社会保障支出。为了确保社会保障财政的可持续性,2012—2013年日本政府进行了社会保障和税制的一体化改革,将消费税由原来的5%提高到8%(2014年3月正式实施),由此增加国家财政收入,扩大社会保障支出。

在日常生活中,每个人都面临着疾病、残疾、失业、退休等各种风险。为应对这些风险,以税收或保险费为财源,保障国民生活的社会保障制度发挥着重要的作用。日本的社会保障制度和欧美各国一样,根据人生阶段的不同风险,由医疗、保健、公共卫生、社会福利、收入保障、就业对策等构成。其中,年金制度、医疗保险、

① 金子能宏,日本国立社会保障与人口研究所社会保障部部长、教授。译者为日本女子大学博士生万琳静。

后期高龄者医疗制度、护理保险、失业保险和工伤保险是社会保险,儿童福利、母子单亲家庭·寡妇福利、老年人福利、残疾人福利、生活保护制度(译者注:相当于最低生活保障制度)以及公共卫生是以税收为财源的公共政策。但是,日本的护理保险和后期高龄者医疗制度虽然名为社会保险,其财源的50%由公费来负担,这在国际上也是比较特殊的。

日本社会保障制度的现状和课题,每年7月由厚生劳动省的厚生劳动白皮书刊行发表。雷曼危机、欧洲金融危机之后,日本的失业率上升,领取失业保险和生活保护费(译者注:相当于最低生活保障金)的人不断增加。由此可见,社会保障制度和宏观经济的变动紧密相关。影响日本宏观经济变动的劳动力人口、就业人口、失业人口、失业率等数据,由总务省统计局《劳动力调查月报》和《劳动力调查年报》发表公布。《劳动力调查》* 是总务省统计局为掌握日本就业、失业情况,在全国选出4万家庭,以他们为对象每月实施的一项抽样调查。

日本的社会保障财政由国家财政与地方财政组成。内阁府每年7月公布《经济财政白皮书》①,从国民经济整体角度来分析经济财政的实际情况和问题。

(二)日本的社会保障支出和负担的相关统计

OECD(Organization for Economic Development and Coordination:经济合作与发展组织)把社会保障的动向作为国际比较的一个指标并公布各国社会支出(OECD Social Expenditure Database(SOCX)②的数据。社会支出(Social Expenditure)是在社会保障支出(年金·医疗、最低生活保障、儿童津贴等可转移费用和社会福利服务的费用)的基础上加上设施整备等不可转移费用的总和。从社会支出占国内生产总值及国民收入的比例来看,日本比欧洲各国低,比美国高(表1上半部)。而确保社会支出的社会保险费和税收加在一起的负担,可以通过国民负担率了解。通过比较可以看出日本的国民负担率,比瑞典、德国、法国、英国低,比美国高(表1下半部)。

日本的社会保障支出每年由厚生劳动省的研究机关国立社会保障·人口问题研究所公布(国立社会保障·人口问题研究所《社会保障经费支出〈各年版〉》③)。社会保障经费中的社会保险(年金保险、失业保险、工伤保险、医疗保险,护理保

---

* 本稿的翻译及部分图表,由日本女子大学在读博士研究生万琳静完成,在此表示感谢。不过,本稿文责由作者金子能宏负责。http://www.stat.go.jp/data/roudou/。

① 正式名称为内阁府《年度经济报告》,对外刊行时题目为《经济财政白皮书》,http://www5.cao.go.jp/keizai3/keizaiwp/index.html#zaiseihakusho。

② Social and welfare issues>Social Expenditure Database(SOCX)> http://www.oecd.org/social/expenditure.htm。

③ http://www.ipss.go.jp/site-ad/index_Japanese/security.html。

险)、无收入限制的儿童津贴(注:由日本民主党上台后实施,现已废除)、儿童津贴、儿童扶养津贴、生活保护等具体制度的相关统计,在厚生劳动省官网的《厚生劳动统计一览》①(http://www.mhlw.go.jp/toukei/itiran/index.html)中可以阅览。《厚生劳动统计一览》收录的统计中,社会保险、儿童津贴、生活保护的支出和负担的时序变化可以在国立社会保障·人口问题研究所的《社会保障统计年报数据库》②中下载。

从整体上看,日本的社会保障支出随着少子老龄化程度的加深不断增大。

表1 社会支出和国民负担率的国际比较

	日本	美国	英国	德国	法国	瑞典
社会支出(与国民收入的比率)	26.10%	20.34%	27.38%	35.34%	39.38%	37.50%
社会支出(与国内生产总值的比率)	19.15%	16.50%	21.31%	26.24%	28.75%	27.69%
国民负担率(与国民收入的比率)	40.0%	34.9%	48.3%	52.4%	61.2%	64.8%

资料来源:《OECD 基准的社会支出的国际比较》参考表 2,社会支出和国民负担率的国际比较(2007 年)http://www.ipss.go.jp/ss-cost/j/kyuhuhi-h20/5/5.html。

日本的预测人口,由国立社会保障·人口问题研究所推测并公布。总务省统计局每 5 年实施《国势调查》③,对日本人口·就业情况进行一次全面调查。国立社会保障·人口问题研究所根据其第二年发表的结果进行人口预测。2011 年,日本总人口为 1 亿 2793 万人、65 岁以上的老年人口为 2960 万人(总务省《人口预测月报》2011 年 5 月)。日本的老龄化比率((65 岁以上人口/全人口)×100),1980 年为 9.1%,1990 年为 12.1%,2010 年已经达 23%。根据《日本未来预测人口(2006 年 12 月推测)》④(中方案),老年人口比例今后也将呈上升趋势,2035 年为 30%,2050 年达 39.6%,也就是说到时每 3 人中将有 1 人是 65 岁以上老年人。

在短期内,人口变化由每年的出生人口、死亡人口以及国际间的人口移动来决

---

① 厚生劳动统计一览中,将社会保障制度分为:1. 人口·家庭;2. 卫生保健;3. 社会福利;4. 老年人保健福利;5. 社会保险;6. 社会保障等;7. 就业及再就业(雇用);8. 工资;9. 劳动时间;10. 企业附加福利(fringe benefits);11. 劳资关系;12. 工伤、劳动安全卫生、劳动保险等 12 个领域。各领域的统计概要及统计表都可以下载。

② http://www.ipss.go.jp/ssj-db/ssj-db-top.html。

③ http://www.stat.go.jp/data/kokusei/2010/index.htm。

④ 国立社会保障·人口问题研究所的预测人口,是将出生、死亡的未来推移各设 3 种假设(中位、高位、低位),各自组合后形成(=3×3)9 个方案进行预测。http://www.ipss.go.jp/syoushika/tohkei/suikei07/suikei.html#chapt1-1。

定。每年的出生人口和死亡人口的统计，先将出生、死亡、结婚、离婚及死胎等数据每月进行合计，每年通过《人口动态统计》①公布。《人口动态统计年报》中，记载着按母亲年龄、都道府县等分布的出生人口、出生率，按死因、年龄、都道府县等分布的死亡人口、死亡率等详细的人口动态统计。影响人口长期变化的总出生率和预期寿命，则根据《人口动态统计》中按母亲生育年龄、出生率分布的数据和按年龄、性别分布的死亡人数、死亡率等数据，每年进行预测。

人口变化的国际比较，可以查看联合国人口委员会的数据库（UN，World Population Prospects② 和 UN，Demographic Year book System③）。

人口老龄化程度的加深，不但引起领取年金的人口不断增加，老年人的人均医疗费是劳动人口的大约5倍，也引起了医疗费的增加。从医疗费的变化来看，2000年随着护理保险的实施，虽然一时有所下降，但是之后又呈增长趋势。同时，后期高龄者的增加导致护理老年人不断增加，护理费用也不断增大。这些导致日本的年金、医疗、护理等社会保障支出持续增长（图1）。为对应老龄化，以老年人为中心的支出在不断增加，少子化问题虽然也是一个重要问题，但相关支出和北欧各国、法国等相比没有足够增长。如图所示，日本的社会保障支出中包含儿童福利的社会福利的支出一直处于较低水平（图1）。

将各政策部门的社会支出的构成比例进行国际比较后可以看到（图2），在日本的社会保障支出中，老年人的社会保障支出占47.6%，而对有抚养子女家庭的家庭政策、生活保护制度等其他支出却只占4.1%和1.3%。美国的家庭政策的支出比率虽然也很低，但是生活保护制度等其他支出为3.3%。而欧洲各国对有抚养子女家庭的福利却很重视。德国（7.1%）、法国（10.4%）、瑞典（12.1%）、英国（15.2%）的家庭政策的支出比例大都在日本的两倍以上。从代际公平的角度来看日本要充实对有抚养子女家庭的社会保障支出。

2005年厚生劳动省在预测人口、《国民医疗费》④动向（根据当年度医疗机关治疗医保范围的伤病费基础上推算）的基础上，在经济因素（经济成长率，物价上升率，工资上升率等）变动的前提下，预测并公布了未来社会保障的支出和负担。根据这些预测，内阁府的《社会保障国民会议》指出，社会保障改革的基本方向为，在劳动力人口不断减少的将来，社会保障的支出和负担的增幅要随着经济增长状况来调整，同时修正代际间和代际内的差距（2008年11月）。

① http://www.mhlw.go.jp/toukei/saikin/hw/jinkou/suikei10/index.html。

② http://www.un.org/esa/population/unpop.htm。

③ http://unstats.un.org/。

④ http://www.mhlw.go.jp/toukei/saikin/hw/k-iryohi/08/index.html。

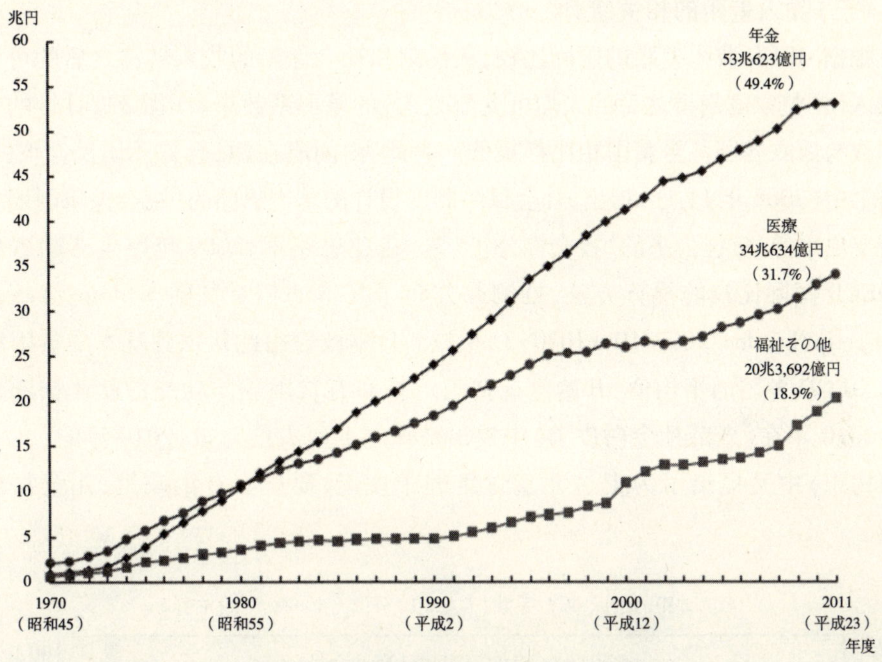

图1　社会保障各部门费用支出的推移

资料来源：国立社会保障・人口问题研究所：《2011 度社会保障费用统计》，第 11 页。图 4 社会保障各部门费用支出的推移，http://www.ipss.go.jp/ss-cost/j/fsss-h23/h23.pdf。

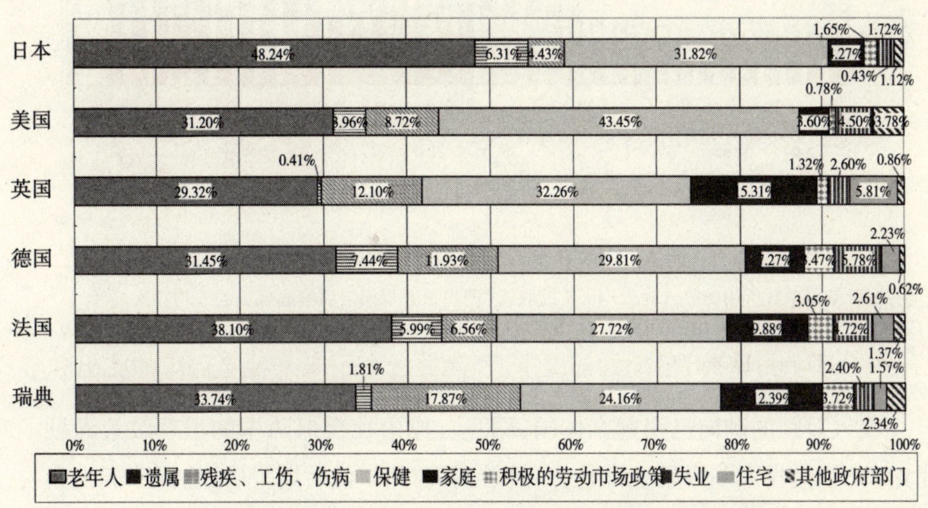

图2　各政策部门的社会支出构成比例的国际比较(2009 年度)

资料来源：国立社会保障・人口问题研究所：《平成 23 年度社会保障费用统计》，《OECD 基准的社会支出的国际比较》，参考图 3 各政策部门的社会支出构成比例的国际比较，第 9 页。http://www.ipss.go.jp/ss-cost/j/fsss-h23/h23.pdf。

（三）收入差距的相关统计

根据OECD收入差距的国际比较，从税制和社会保障的收入转移之后的可支配收入（调整家庭规模之后的人均可支配收入）的基尼系数来看（图3），日本的基尼系数与西欧各国甚至美国相比都很低。为此，内阁府在《社会保障国民会议》①报告书中（2008年11月）指出，社会保障制度设计的基本思路为“社会保障制度要实现支出平等、负担公平的‘社会性公正’”。在此思路下，2009年厚生劳动省根据OECD国际比较的推算方法，推测并公布了日本的相对贫困率（http://www.mhlw.go.jp/houdou/2009/10/h1020-3.html）。日本政府由此认识到日本的贫困率高出OECD各国的平均值，开始重视贫困对策和有贫困预防功能的就业扶助政策。2010年在《老龄社会白皮书》中提出被孤立老年人的对策，2010年的《儿童青年构想》中又提出了为促进儿童青年健康发展，要充实贫困政策、儿童福利政策。

收入差距的指标：基尼系数（左标），10分位比率(S90/S10)(右标)

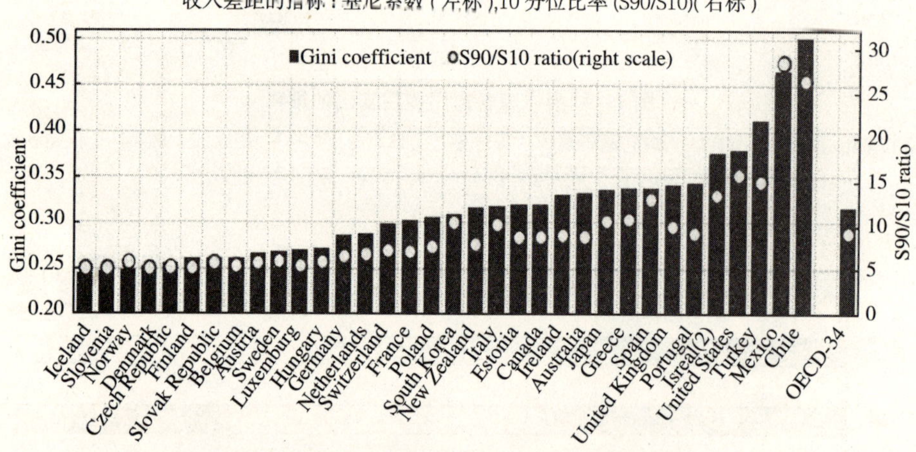

图3　OECD各国的收入差距比较（2010年）

注：测量基尼系数所用的收入为人均可支配收入（调整家庭规模之后家庭成员的人均收入）。

资料来源：OECD（2013）“Crisis Squeezes Income and Puts Pressure on Inequality and Poverty”，OECD Press Release，15 May 2013.

收入差距的动向已引起全体国民关注，成为社会保障中的重要政策课题。20世纪90年代收入差距呈上升趋势，但是到2000年代后期，从社会保障支出和税收的再分配之后的可支配收入来看没有太大变动。收入差距的指标，一般通过洛伦兹曲线、基尼系数、贫困率来测量。日本利用这些指标调查收入分配的实际情况，

① http://www.kantei.go.jp/jp/singi/syakaihosyoukokuminkaigi/saishu/siryou_1.pdf。

每3年由厚生劳动省《收入再分配调查》①公布结果。近年,从再分配的改善度((再分配前的基尼系数-再分配后的基尼系数)÷再分配前的基尼系数)来看,通过收入再分配,基尼系数的改善度在增长,也就是说日本的收入再分配制度发挥着有效作用(《收入再分配调查》2010年)。但是老年人口的再分配系数大,母子单亲家庭小,再次反映出日本"重老轻幼"的政策倾向。

表2 收入再分配的收入差距修正效果(指标:人均收入的基尼系数)

年	基尼系数				基尼系数改善度		
	①原有人均收入	②(①+社会保障支出费用-社会保险费用)	③人均可支配收入(②-税金)	④人均再分配收入(③+非现金支付)	再分配之后的改善度	凭借社会保障的改善度	凭借税金的改善度
1996	0.376	0.327	0.312	0.310	17.7	13.7	4.7
1999	0.408	0.350	0.337	0.333	18.4	15.3	3.7
2002	0.419	0.337	0.323	0.322	25.3	19.9	4.3
2005	0.435	0.336	0.322	0.323	25.9	22.8	4.1
2008	0.454	0.343	0.327	0.319	29.7	26.2	4.7
2011	0.470	0.342	0.322	0.316	32.8	28.6	5.8

注:1. 再分配之后的改善度=1-④/①

2. 社会保障的改善度=1-(②/①)×(④/③)

3. 税金的改善度=1-③/②

资料来源:厚生劳动省政策统筹官(社会保障担当《平成23年收入再分配调查报告》<收入再分配后的基尼系数变化(平均收入)>http://www.mhlw.go.jp/file/04-Houdouhappyou-12605000-Seisakutoukatsukan-Seisakuhyoukakanshitsu/h23hou_1.pdf.

日本有抚养子女家庭贫困的根源,在于日本男女工资的差距。同时,论资排辈的工资制度,使得年轻人工资水准低,特别是小时工、合同工那样的短期就业,工资会更低。除此之外,企业规模的差距、正式工和非正式工的工资差距也很大。日本工资结构的实际情况,通过对企业、公司等的调查,按性别、年龄阶层、企业规模、正式、非正规工分布的薪水、奖金、劳动时间、劳动人数等的分布情况,每年由厚生劳动省统计情报部《工资结构基本调查》②公布。

收入差距引起的低收入家庭面临的生活上的困难,通过家庭预算、消费行动等政府的统计难以充分把握。但是,收入再分配政策若要应对低收入者的需求,把握他们的生活困难的具体情况很重要。因此,国立社会保障·人口问题研究所于

① http://www.mhlw.go.jp/stf/houdou/2r9852000000nmrn.html.

② http://www.e-stat.go.jp/SG1/estat/NewList.do? tid=000001011429.

2007 年和 2012 年实施了包含相对剥夺(relative deprivation)调查项目的全国调查(以家庭及其成员为对象)。[①] 相对剥夺是把握平均家庭可负担但该家庭(特别是低收入家庭)却不可负担的困难情况的一个指标,近年在收入差距的国际比较研究中受到关注。通过这一指标,明确了日本没有被社会保障制度覆盖的人们的生活困难(无法支付伙食费、水电气费,无法就医)等具体情况。

二、家庭结构和有抚养子女家庭、残疾人福利的相关统计

日本的家庭结构,通过总务省劳动局每 5 年实施的《国势调查》可以了解。但是,社会保障由年金、医疗、护理、福利、失业政策、公共卫生等构成。明确各种制度的不同需求,进行社会保障制度规划时,除了家庭结构之外,还要把握家庭各成员的就业情况、收入和收入结构、健康状况、有无护理人员、护理程度等生活实际情况。为此,厚生劳动省统计情报部实施《国民生活实际情况调查》[②]。此调查每年实施一次小调查、内容包括家庭结构和收入、储蓄情况。每 3 年实施一次大调查,包括家庭组成人员的健康状况、护理状况等情况。

把握家庭结构的变化原因及代际关系,如父母与子女两代人之间或祖父母、父母、子女三代人之间的关系对今后的社会保障政策立案很有帮助。家庭结构变化的实际情况及其原因,由国立社会保障 · 人口问题研究所每 5 年实施《代际动向调查》[③]来把握。代际内、家庭内的两代或三代人之间的关系,由国立社会保障 · 人口问题研究所每 5 年实施《全国家庭动向调查》[④]来把握。

代际结构的变化和地区间的人口移动有关。地区间的人口移动,又和成员的入学、升学或者和受本地区雇用情况影响的就业、移职、辞职等有关。而人口移动,从微观上看和代际变化有关,从宏观上看又和都道府县的人口变化以及国际间的人口流动有关。国际间的人口流动,如公共年金制度的两国双边协定那样,和国际性的社会保障制度的相互调整也有关系。这些数据由国立社会保障 · 人口问题研

① 2007 年的调查《社会保障实况调查》(http://www.ipss.go.jp/ss-seikatsu/j/jittai2007/janda/jittai2007.asp,2012 年的调查在上述调查的基础上追加了 2011 年 3 月东日本大地震之后的生活状况变化调查《生活和互助调查》(http://www.ipss.go.jp/ss-seikatsu/j/2012/seikatsu2012.asp)。

② http://www.mhlw.go.jp/toukei/list/20-21.html.

③ http://www.ipss.go.jp/ps-katei/j/NSFJ4/NSFJ4_top.asp.

④ http://www.ipss.go.jp/ps-katei/j/NSFJ4/NSFJ4_top.asp.

究所实施《人口移动调查》①来把握。

儿童津贴:是通过对儿童的抚养人发放津贴,保障有抚养子女家庭的生活稳定,以促进儿童的健康发展,提高素质为目的,由(市町村等)地方政府发放的一种津贴。儿童津贴的发放对象为初中毕业之前在国内有住所的所有儿童。发放时有收入限制,上年度的收入在一定金额之上的话(例如:夫妇2人小孩2人的家庭,年收入在960万日元以上),儿童津贴的金额会减少。儿童津贴的月发放金额为,未满3岁的儿童一律15000日元,3岁以上到小学毕业的儿童中,第一个孩子、第二个孩子各为10000日元,第3个孩子之后为15000日元,初中儿童一律10000日元。收入限制以上的家庭,发放金额一律为5000日元。

日本在民主党执政时期(2009年10月—2012年12月),将有收入限制的儿童津贴改为没有收入限制的儿童津贴(universal child allowance)。但是东日本大地震发生之后,因为要优先确保灾区重建的财源,2011年9月被废除。现在,日本的儿童津贴向中低收入家庭倾斜。

儿童抚养津贴:以低收入的单亲母子家庭为对象,对18岁以下(高中毕业之前)的儿童发放的一种津贴。2010年津贴金额为,第一个孩子每月41720日元,第二个孩子每月5000日元,第三个孩子每月3000日元。

特别儿童扶养津贴:以小孩为残疾人的家庭为对象,对20岁以下有残疾的儿童根据残疾程度发放的一种津贴。残疾程度最重的每月为57500日元,其次为33800日元。20岁以上的残疾人,若其收入在收入限制以内可以领残疾基础年金。

领取儿童抚养津贴和特别儿童抚养津贴的领取人(父母等)人数、领取对象(儿童)的统计,由厚生劳动省统计情报部在《福祉行政报告》中公布。此项调查,每月通过数字及时把握都道府县、指定城市以及中心城市(人口30万以上的城市)实施社会福利相关法律的实际行政状况,以作为国家和地方政府社会福利行政运营的基础资料,并在此基础上公开发表年报②。调查中所含的项目,不仅包含儿童福利、儿童抚养津贴、特别儿童抚养津贴,也包含了身体残疾人福利、精神残疾人福利、残疾人自立支援、生活保护、老年人福利、妇女保护、民生委员、社会福利法人、母子保健、战争伤病者特殊援助、中国残留日侨支援金等各种制度,范围广泛。

儿童福利:日本的儿童福利,是指根据儿童福利法,对因各种问题无法在家庭生活的儿童提供机构服务(儿童养护设施、婴儿院、母子生活支援设施)和保育所(译者注:即托儿所)的保育服务,对残疾儿童提供居家、机构等服务。因家庭原因

① http://www.ipss.go.jp/ps-idou/j/migration/m06/mig06.asp.

② http://www.mhlw.go.jp/toukei/list/38-1a.html.

需要儿童机构服务时，父母或是其他代理人可以在各地方政府的儿童福利咨询中心咨询。

日本的经济长期低迷，与此同时，劳动者的工资也呈下降趋势。随着双职工的家庭增多，育儿和就业的双向支援变得更加重要。保育所，是指照料那些因保护人（主要是小孩的父母）工作等原因无法得到照顾的小孩，以保育为目的的日托机构。它有两种类型：地方政府根据儿童福利法规定的有保育基准授权的保育所（授权保育所）和地方政府虽没有授权但是有呈报手续的保育所（无授权保育所）。授权保育所的费用，根据保护人上年度的工资和所得税、居民税的缴税情况以及小孩的年龄等决定，有再分配的功能。

根据厚生劳动省雇佣平等·儿童家庭局保育课《保育所相关总汇（2013 年 4 月 1 日）》，2013 年 4 月，全国保育所总数为 24038 所，利用儿童总数为 2219581 人，待机儿童为 22741 人。待机儿童是指，因无法得到父母照顾申请保育所（授权保育所）但因满员无法入住的儿童。待机儿童的大量存在，要求在待机儿童多的地区增建保育所，增加幼师数量，进一步充实保育服务。2008 年待机儿童的人数近两万人，2010 年增至 26275 人。日本政府采取增加保育所的数量，并提高利用率的做法，在 2011 年待机儿童人数开始减少，2013 年为 22741 人。

具有认定资格保育所和没有认定资格保育所都是全国保育团体联络协会会员，保育服务整体的数据，可以查阅此团体的研究所——保育研究所发行的《保育白皮书》（各年版）。

残疾人福利：以残疾儿童和残疾成人为对象的福利服务，由地方政府根据残疾人综合支援法（2013 年施行）来提供。在此法律实施之前，残疾人的福利服务，分身体残疾、智力残疾、精神残疾等三类来提供，而且根据措置制度①，由福利事务所裁定，残疾人没有选择权。但是在欧美各国，在维护本人生存正常化（Normalization）理念的普及和残疾人生活自立运动之下，在享受福利服务时，残疾人和正常人一样有自我决定权的理念得到普及，各国也从社会融入（Social inclusion）和生活自立的观点对福利制度进行了改革。日本于 2005 年废除了措置制度和补助金制度，实施了残疾人自立支援法。此法律实现了残疾人福利服务一

---

① 根据平冈公一的解释，"'措置'指的是负有实施社会福利责任的知事（governor，相当于省长）、市町村长（mayor of municipality）等地方政府领导人通过行政方式决定社会福利服务的供给。一般而言，即使在措置制度下地方政府不会无视使用者的要求而单方面地决定服务。但是，使用者的意见并不是措置制度相关法律的构成因素，因此'措置制度'被批评为'不尊重使用者的选择，单方面地决定可利用的服务内容'。由此，用合同制度代替措置制度的呼声也随之高涨"。平冈公一：《日本的社会福利改革与新社会风险》，《社会保障研究》2012 年年第 2 期。

体化，也实现了以保护为目的向以自立支援为目的的转化，但同时也规定在原则上残疾人需负担10%的费用。通过此法律，形成了在残疾人自主选择的基础上由市町村提供服务的结构。但是，这种可选择的福利服务要求的个人负担费用的10%，对有些残疾人来说成了负担，不能支付费用的残疾人不得不向区市町村申请生活保护，在措置制度之下享受服务。而这样的结果和自立支援的主旨背道而驰。为了解决这样的问题，为包括有难治之症的残疾人提供综合的福利服务，日本政府修改了残疾人自立支援法，于2012年6月成立残疾人综合支援法。

现在，在残疾人自立支援法之下享受福利服务的残疾人的相关统计，由厚生劳动省统计情报部《身体残疾儿童·成人实际情况调查》①、《精神残疾儿童（成人）基础调查》②、《卫生行政报告例》中的《精神残疾人申请·通报·申报及移送状况》《精神残疾人措置入院·暂时出院状况》③等分类统计。因为残疾人自立支援法实施时间很短，还没有按时间序列的统计，残疾人的服务利用及咨询业务等具体情况在《残疾人福利服务的利用状况》（2007年、2009年）④中公布。2012年福利服务的提供者（企业、机构）情况在《残疾人福利服务的经营实际情况调查》⑤中公布。

三、收入保障（年金保险、失业保险、工伤保险、生活保护）相关的统计

年金保险：确保退休后收入来源的年金制度，如图4所示，由基础年金和厚生年金、互助年金组成。基础年金由全体国民（20岁以上60岁未满的人）加入，达到发放初始年龄（现男性65岁，2018年女性也上调为65岁）时发放。企业职工和公务员在各自的基础年金上有厚生年金和互助年金。为了和他们的年金区别，个体户、从事农林渔业的人领取的基础年金的部分称为国民年金。在大多数先进国家（如美国、加拿大、瑞典等）为避免退休后的收入保障因职业有所差距，企业职工和公务员为统一的年金制度。现在日本也应探讨互助年金和厚生年金的统一问题。

日本的年金制度，根据年金财政的预测每5年进行一次修改。2004年的年金

① http://www.e-stat.go.jp/SG1/estat/GL08020101.do?_toGL08020101_&tstatCode=000001024518&requestSender=dsearch.

② http://www.e-stat.go.jp/SG1/estat/GL08020101.do?_toGL08020101_&tstatCode=000001024519&requestSender=dsearch.

③ http://www.e-stat.go.jp/SG1/estat/List.do?lid=000001068836.

④ http://www.mhlw.go.jp/bunya/shougaihoken/toukei/.

⑤ http://www.mhlw.go.jp/houdou/2012/02/h0222-1.html.

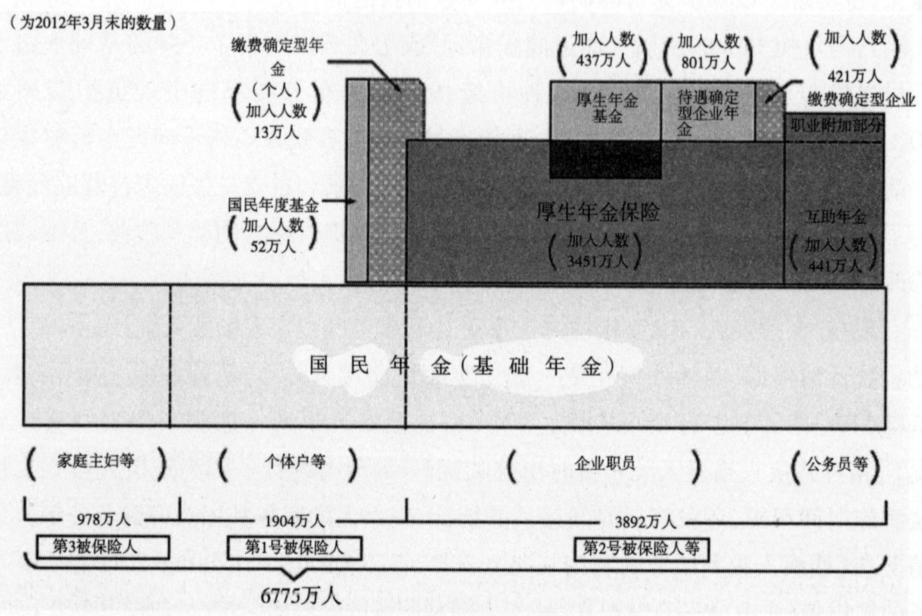

图4　年金制度的体系

注：1. 厚生年金基金、待遇确定型企业年金和私立学校互助年金的加入人员，也可以加入缴费确定型企业年金。

2. 国民年金基金の加入人员，也可以加入缴费确定型年金（个人型）。

3. 第2号被保险人，也叫做雇佣者年金被保险人（雇佣者年金被保险人除第2号被保险人之外，也包括65岁以上因老龄或是离职领取年金的人）。

资料来源：《2013年厚生劳动白皮书 资料，年金》，《年金制度的体系》，第236页，http://www.mhlw.go.jp/wp/hakusyo/kousei/13-2/dl/11.pdf.

此图为国立社会保障、人口问题研究所助理研究员万琳静在其基础上翻译做成。

改革，参考了2001年瑞典的年金改革，取消以往把未来的保险费负担比率控制在一定范围内的做法（厚生年金则遵循此方法，2025年之后为18.3%），而采取在顺应经济和老龄化的发展情况下调整发放水平的做法（但是，其目标定为发放水平不能低于劳动人口工资的50%）。2009年的年金改革，将基础年金的国库负担由1/3上调为1/2。

个体户等基础年金的保险费为固定金额（2014年每月15250日元）。但是，企业职员和公务员的保险费，由劳资双方折半负担。保险费的费率，为工资和奖金总报酬的16.766%（2014年）。年金加入者和年金领取人的遗属有遗属年金，加入者为残疾人时在符合一定的条件下支付残疾年金。年金领取人口和发放金额的变化，如表3所示。2012年基础年金每人每月的发放金额为5万4856日元，厚生年金的老龄年金的平均金额，为基础年金和工资比例部分加起来的金额，每月为15万1374日元。

表 3 公共年金保险的领取人人数和金额的推移

年	被保险人人数(万人)					年金领取人人数数(万人)				收支情况				
	总数	基础年金(个体户等第1号)	基础年金(家庭主妇等第3号被保险人)	厚生年金	公务员等互助工会(年金部分)	总数	基础年金(国民年金)	厚生年金(国民年金)	互助工会(国民年金)	国民年金 收入(保险费+国库负担)	国民年金 支出(亿日元)	厚生年金 收入(保险费+国库负担)	厚生年金 支出(亿日元)	厚生年金 储备金结余(千亿日元)
1987	6411	1582	927	2822		2252	112	891	149					
1990	6631	1758	1196	3149		2500	191	1065	96					
1995	6995	1910	1220	3328		3236	690	1425	40					
2000	7049	2154	1153	3219		4091	1307	1307	14					
2005	7045	2190	1079	3302	460	3995	1337	2316	342	37873	43350	300685	353284	1403
2006	7038	2123	1079	3379	457	4030	1275	2404	351	39228	43082	297954	320994	1398
2007	7007	2035	1063	3457	451	4146	1260	2523	363	38466	43435	299463	329875	1302
2008	6936	2001	1044	3444	447	4283	1236	2668	379	37545	43317	309480	339860	1166
2009	6874	1985	1021	3425	443	4414	1205	2814	395	37813	39911	320483	365618	1208
2010	6826	1938	1005	3441	442	4445	1092	2943	410	34010	31498	319356	379804	1142
2011	6774	1904	978	3451	441	4539	1067	3048	424	34701	34717	326080	375420	1115

注:1. 鉴于政府正在探讨厚生年金和互助工会(年金部分)的统一问题,所以特意列出公务员等互助工会的被保险人的人数。

2. 年金领取人的总数,为减去基础年金中厚生年金基础年金领取人重复部分的数值。

资料来源:根据厚生劳动省《2011 年度厚生年金保险国民年金事业概况》,由作者金子能宏作成。

为了把握厚生年金保险和国民年金各自的被保人、领取人人数、发放金额(支出)以及厚生年金的财政收支等情况,将其作为确保公共年金正常运营的基础资料,厚生劳动省情报局每年公布《厚生年金保险·国民年金事业年报》①。

企业年金作为公共年金保险的补充,有 2001 年制定的待遇确定型企业年金和缴费确定型企业年金,2001 年以前设立的厚生年金基金,还有以个体户等为对象,补充基础年金的国民年金基金。随着 2001 年企业年金制度的制定,厚生年金基金逐步转为待遇确定型企业年金。所以,待遇确定型企业年金基金的加入人数在不断增加。同时,以往因规模小不能拥有厚生年金基金的企业通过和资金运营机关签约合作,也可以提供缴费确定型企业年金。所以这种类型的企业年金的签约数和加入人数也在不断增加(图 5)。企业年金虽然不是公共的制度,但是它确保退休老年人收入保障,担负着辅助公共年金制度的作用,所以它的存在和发展很重要。

① http://www.mhlw.go.jp/topics/bukyoku/nenkin/nenkin/toukei/nenpou/2008/.

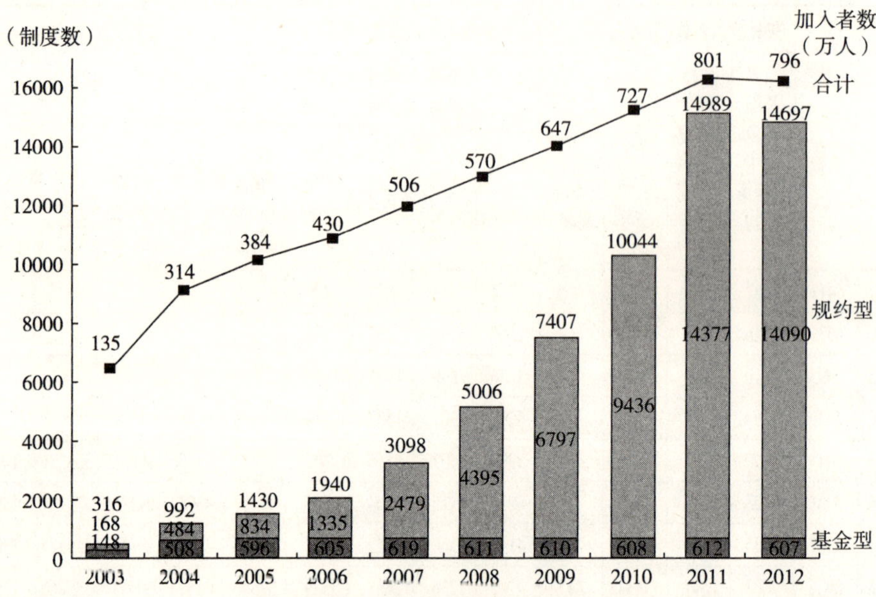

图 5-1　企业年金中待遇确定型企业年金的变化

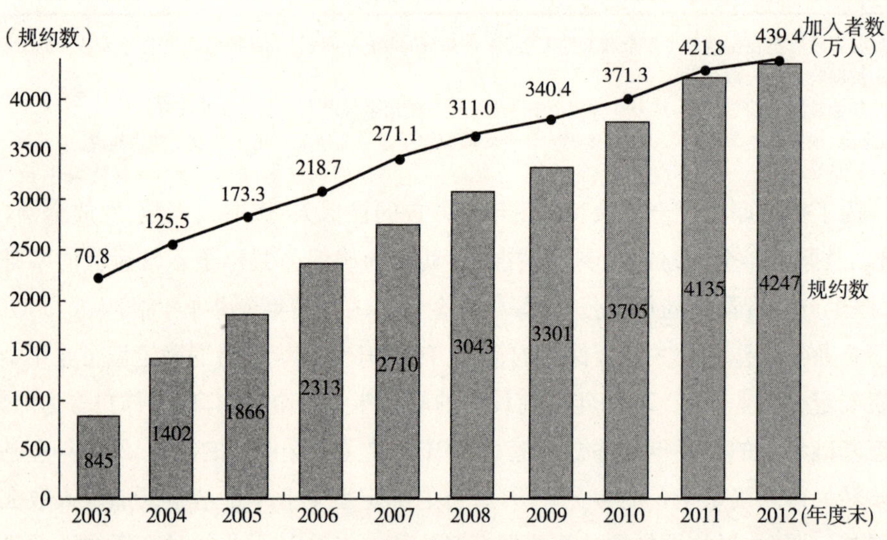

图 5-2　缴费确定型企业年金的变化

（注:加入者人数为速报值。）

资料来源:企业年金联合会《财政状况的相关统计》的<待遇确定型企业年金按设立形态分布的制度数、参保人人数的推移>和<缴费确定型企业年金（企业型）的签约数,参保人人数的推移>。

图 5-1http://www.pfa.or.jp/jigyo/tokei/zaisei/kakuteikyufu/index.ht.

图 5-2 http://www.pfa.or.jp/jigyo/tokei/zaisei/kakutei_kigyo/index.html.

制度的加入人数、签约数、财政状况等的时序数据由企业年金联合会发表公布(企业年金联合会《财政状况的相关统计》①)。

在雷曼危机之前,企业年金的资产运营的收益率成正增长,但是,在危机之后2010年运营收益率转为负增长,企业和加入者对企业年金资产运营的可靠性开始怀疑。

日本年金制度的另一个特征,表现为和失业保险的联动机制。60—64岁且工资在60岁退休之前的85%以下的老年人,可以领取高龄继续就业费或老年人再就业补贴等。除此之外,为了支持女性的育儿和就业,劳资双方可免交育儿休假期间的厚生年金保险费。

失业保险:失业保险是指在企业工作并领取工资的人,以劳资双方的失业保险费和国库负担为财源,当他们失业后在求职期间支付失业保险金,或是为了预防失业,在经济不景气或产业结构调整导致企业内部人员调整时提供就业调整补助金,又或者为了再就业提供职业训练补助金的制度。失业保险金根据失业时工作时间长短,按年龄、就业形态等决定支付金额。小时工或者是临时工等非正式的就业人数虽然在一直增加,但是因为不符合加入条件曾一直不能入保。现在,入保条件放缓,原则上6个月以上加入失业保险,在离职时就可以领取失业保险金。失业保险金的基本补助金额,由本人失业或离职前6个月的工资和失业或离职时的年龄来定。

适用失业保险的企业、工厂、参保人数、失业保险金的领取资格决定件数、按男女·年龄分布的领取人数(初次领取人人数和年度累计领取人人数)、高龄继续就业费的发放情况、育儿休假补助的发放情况等统计,由厚生劳动省《雇用保险事业年报》公布②。

工伤保险:是指根据《劳动者灾害补偿保险法》规定,因工作中的事故灾害或是在往返工作途中的事故灾害,导致劳动者受伤、生病、残疾、死亡等情况时,对受灾的劳动者或是其遗属支付保险费用的制度。即使是只需使用一个劳动者的工作(劳动人数不超过5人的个体经营的农业、水产业,以及不持续性雇佣劳动者的个体经营的林木业除外),根据工伤保险法规定也适用此法律,需缴纳保险费(业主全额负担)。公司、工厂、营业所等雇佣的劳动者,不只是正式员工,零工、小时工等,只要是领取工资的人,在工作或上下班途中遇到事故时都可以领取工伤保险的保险支付。保险支付包括物质和现金支付。物质支付包括在工伤医院或是工伤指

① http://www.pfa.or.jp/jigyo/tokei/zaisei/.

② http://www.mhlw.go.jp/bunya/koyou/koyouhoken02/index.html.

定医疗机关等的医疗服务。现金支付包括在工伤医院或是在工伤指定医疗机关以外的医疗机关疗养时补助一部分医疗费用,4 天以上无法领取工资时发放停业(补偿)金,在治疗后留下残疾时发放残疾(补偿)年金和残疾(补偿)一次性津贴,在死亡的情况下支付其遗属遗属(补偿)金等内容。

为了把握主要产业每年的工伤发生情况,厚生劳动省统计情报部公布《工伤动向调查》①,为了把握工厂等的安全卫生管理、工伤预防工作、安全卫生教育的实施情况以及劳动者的工伤预防意识,作为促进劳动安全卫生行政的基础资料,公布发行《劳动安全卫生调查》②。除此之外,有关领取工伤保险金的人数等统计,可以通过《工伤保险业务月报》及《劳动者灾害补偿保险业务年报》③来把握。

ILO(International Labor Organization:国际劳工组织)在 ILO,LABORSTA Internet④ 中公布工伤发生率和工伤死亡率及就业者人数(按产业分类、就业形态分类)等统计数据,通过这些数据可以进行国际比较。

残疾人就业政策:从残疾人的分类来看,日本的残疾人中,身体残疾人有(18 岁以上)366 万人,智力残疾人(18 岁以上)有 41 万人,精神残疾人(20 岁以上)有 301 万人⑤。以残疾人为对象,促进残疾人就业的政策,根据《残疾人就业促进法》,有残疾人职业康复训练、残疾人就业配额制度、地区职业介绍服务等。

职业康复训练,大多由各个都道府县设立的地区残疾人职业中心进行,包括职业训练准备、职业讲座、职业教练(job coach)提供的援助工作,地区就业援助网络提供的精神残疾人自立援助工作等服务。

需要专业、多方位职业训练的重度残疾人,由区域残疾人职业中心提供系统的职业训练服务。区域残疾人职业中心以大范围地区为对象。除此之外,还有全国职业训练中枢机构的残疾人就业综合中心,主要提供高度的职业训练技术的研究、开发以及成果普及,先驱性的职业训练,职业训练的专业人员的培养、研修等工作。

残疾人就业配额制度,是为了使身体残疾人以及精神残疾人能和正式员工一样,得到正式雇佣的机会,由国家机关、社会团体、企业等按国家规定的残疾人就业比例安排残疾人就业,扩大残疾人就业机会的一种制度。国家规定的残疾人就业比例,根据民间企业、国家和地方公共团体有所不同。一般的民间企业为 2.0%

---

① http://www.mhlw.go.jp/toukei/list/44-23b.html.

② http://www.mhlw.go.jp/toukei/list/list46-50.html.

③ http://www.mhlw.go.jp/toukei/list/138-1.html.

④ http://laborsta.ilo.org/.

⑤ 《2013 年半 残疾人白皮书》第 1 章,残疾人的状况(根据基本统计数据),http://www8.cao.go.jp/shougai/whitepaper/h25hakusho/zenbun/index-w.html.

（但是，特殊法人为2.3%），国家以及地方公共团体为2.3%（但是，都道府县等的教育委员会为2.2%）。政府对未达标的企业（职工超过200人）进行罚款，将其作为调整金、奖励金发放给达标的企业。同时，还有为促进残疾人就业，发放补助金的残疾人雇佣支付制度。在这些促进残疾人就业的制度之下实现的残疾人就业状况，每年由《残疾人就业状况的统计结果》①公布。

生活保护：生活保护是指，因生病或身体的残疾、意外事故等原因，在本人的工作、储蓄·资产、或年金·补贴等无法满足其基本生活的情况下（补充性原则），国家通过地方政府根据贫困程度进行必要的现金补助，保障其最低生活水平的制度。具体的生活保护的内容，先按国家规定计算出最低生活费，通过现金或实物来支付（例如医疗给付）家庭收入与它的差额。

近年，特别是随着雷曼危机后经济的衰退，领取生活保护的人数以及世代数一直在增加。2013年11月，各自都达到了历史最高值，分别为216万4857人、159万5596世代。领取生活保护费的世代人口占总人口的1.5%。但是2014年2月之后，随着日本经济措施初见成果，就业机会增加，生活保护费的领取人数和世代减少为216万6381人、159万8818世代。按年龄分布来看，近年来因为没有领取年金资格、没有工作、无法支付医疗费等原因，老年人的领取人数在不断增加。

生活保护的领取人数（受保护人）和世代（受保护世代）的推移和概要可以通过《福利行政报告事例 结果概要》②把握。更详细的信息，比如有关实际受保护世代数、保护率的年度推移等详细统计，由国立社会保障·人口问题研究所的《生活保护官方统计数据一览》③发表公布。

表4　按世代类型分布的受保护世代数以及世代保护率的年度推移

年次	受保护世代数（单位：1000世代）						世代保护率				构成比例（各项目的合计为100%）				
	总数	老年人世代	母子单亲世代	残疾人世代	伤病者世代	其他世代	总数	老年人世代	母子世代	其他世代	老年人世代	母子世代	残疾人世代	伤病者世代	其他世代
1980	745	225	96	343		81	2.1	9.3	21.2	1.3	30.3	12.8	46.0		10.9
1985	779	243	114	349		73	2.1	7.8	22.5	1.3	31.2	14.6	44.8		9.3
1990	622	232	73	267		51	1.6	5.5	13.5	0.9	37.2	11.7	42.9		8.1
1995	601	254	52	253		42	1.5	4.5	10.9	0.9	42.3	8.7	42.0		6.9
2000	750	341	63	76	214	55	1.7	4.4	10.6	0.9	45.4	8.4	10.2	28.5	7.4

① http://www.mhlw.go.jp/stf/houdou/0000029691.html.

② http://www.mhlw.go.jp/toukei/list/38-1a.html.

③ http://www.ipss.go.jp/s-info/j/seiho/seiho.asp.

续表

年次	受保护世代数(单位:1000世代)						世代保护率				构成比例(各项目的合计为100%)				
	总数	老年人世代	母子单亲世代	残疾人世代	伤病者世代	其他世代	总数	老年人世代	母子世代	其他世代	老年人世代	母子世代	残疾人世代	伤病者世代	其他世代
2001	804	370	68	82	222	62	1.8	4.5	11.7	1.0	46.0	8.5	10.1	27.6	7.7
2002	870	403	75	87	232	72	1.9	4.6	11.2	1.1	46.3	8.6	10.0	26.7	8.3
2003	940	436	82	95	241	85	2.1	5.0	14.5	1.2	46.4	8.7	10.1	,25.7	9.0
2004	997	466	87	102	247	94	2.2	4.9	14.0	1.2	46.7	8.8	10.3	24.8	9.4
2005	1040	452	91	117	273	107	2.2	5.4	13.1	1.3	43.5	8.7	11.3	26.2	10.3
2006	1074	474	93	125	272	110	2.3	5.6	11.8	1.3	44.1	8.6	11.7	25.3	10.2
2007	1103	498	93	132	269	111	2.3	5.5	13.0	1.3	45.1	8.4	12.0	24.4	10.1
2008	1146	524	93	138	269	122	2.4	5.7	13.3	1.4	45.7	8.2	12.0	23.5	10.6
2009	1271	563	100	147	289	172	2.7	5.9	13.2	1.6	44.3	7.8	11.6	22.8	13.5
2010	1405	604	109	157	308	227	2.9	5.9	15.4	1.8	42.9	7.7	11.2	21.9	16.2
2011	1492	636	113	169	319	254	3.2	6.6	14.9	2.0	42.6	7.6	11.4	21.4	17.0

注:1. 为每月平均值。

2. 不含停止领取保护费的家庭。

3. 世代保护率,是受保护世代数与《国民生活基础调查》的总世代数(以1000户为单位)相除得来的数据。受地震影响,2011年的数据中不含岩手县和福岛县。

4. 2007年度以后的世代保护率·构成比例·指数由国立社会保障·人口问题研究所计算。

5. 部分年数中,按家庭类型分类的数值及它的合计和总数有一些不吻合。这些是因为每月的数值合(第一年的4月—第二年的3月)除以12之后四舍五入的误差,不是排版错误。

6. 上述数据的数据源为:

2006年以前,生活保护动向编辑委员会编集《生活保护的动向》2008年版。

1970年以前,厚生省社会局《受保护者全国统一调查报告书(个别调查)》。

1975年以后,厚生劳动省大臣官房统计情报部《社会福利行政业务报告》(福利行政报告例)。

2011年的数据:《社会福利行政业务报告》2011年度　福利行政报告例/年度推移统计。

第4表　按家庭类别分布的正在接受保护的家庭户数(月平均值)

资料来源:国立社会保障·人口问题研究所《生活保护》官方统计数据一览,http://www.ipss.go.jp/s-info/j/seiho/seiho.asp。

四、医疗保险和护理保险相关的统计

日本的医疗制度,由公共卫生和公共医疗保险组成。

公共卫生·保健服务:在日本的保健政策中,保健所发挥着重要作用。保健所,是指根据地区保健法,在都道府县、政令指定城市、中心城市以及其他指定的市或特别区设立的,在维持地区居民的健康和卫生的同时,对相关的卫生、社会福利设施的卫生状况进行指导的公共机关。对地区居民提供母子保健、老年人保健等保健服务的同时，也提供癌症等生活习惯病的集体身体检查、预防接种、孕妇小孩的健康检查和指导、艾滋病的检查·咨询·预防知识等预防服务。除此之外，保健所也实施SARS和结核等传染症对策、精神保健福利、面向市町村保健师·管理营养师等的教育和研修、指导，以及社会福利机构和特定伙食供给机构的营养指导等专业性、区域性的业务。同时，保健所对食品卫生、兽医卫生、环境卫生以及药物卫生等领域的机构和企业，从卫生管理方面进行营业许可证明和现场检查，对违反机构吊销营业执照等指导和监督工作。

如上所述，保健政策根据当地实际情况，以保健所的活动为中心，以促进和维护当地居民的健康为目的来展开。为了把握保健政策的实施主体，即保健所以及市区町村的相关统计数据，厚生劳动省统计情报部公布发表《地区保健·健康促进事业报告》①。保健所进行的卫生指导和促进健康的知识普及等相关工作，与居民收入、生活水平的提高等经济因素一起，改善当地居民的营养、健康状况。为了把握国民的身体状况、营养摄取量和生活习惯的情况，作为促进国民的健康政策的基础资料，厚生劳动省统计情报部实施《国民健康·营养调查》②。根据此调查可以了解国民的身体（身高、体重、腰围、血压、血液检查等）、营养摄取（食品摄取量、营养素等摄取量、饮食情况（缺食、外出就餐等））、生活习惯（饮食生活、身体活动、运动、休息（睡眠）、饮酒、抽烟、牙齿健康等）的具体情况。

医疗保险：日本的公共医疗保险，由工会健康保险（以规模在5人以上的公司雇员及其家人为对象）和政府掌管健康保险（以规模在5人以下的公司雇员及其家人为对象）、国民健康保险（以个体户等为对象）、互助工会的医疗保险（以国家公务员和地方公务员为对象）组成（表5上半部分）。医疗保险的参保人缴纳保险费后，参保人及其家人，只需负担一部分的医疗费就可以在自己选择的医疗机关享受医疗服务。除此之外，还有以65岁以上介护老人以及70岁以上的老人为对象，以老年人的保险费、健康保险工会·国民健康保险负担的费用和政府的公费为财源的后期高龄者医疗制度（表5下半部分）。这个制度，减轻了低收入老年人的保险费，在地方政府无法维持财政支出的情况下，也可以组织几个地方政府广范围联合起来为老年人提供医疗服务。

---

① http://www.mhlw.go.jp/toukei/list/32-19.html.

② http://www.mhlw.go.jp/toukei/itiran/gaiyo/k-eisei.html#kokumineiyou.

表5　医疗保险制度

制度名			保险人（2012年3月末）	参保人数［本人 家人］千人	保险支付					财源	
					医疗支付				现金支付	保险费率	国库负担·补助
					部分负担	高额疗养费制度、高额医疗、护理合算制度	住院伙食用疗养费	住院生活用疗养费			
健康保险	一般被雇佣者	健保协会	全国健康保险协会	34877［19631 15246］	从义务教育入学后到70岁（未满）3成 义务教育入学前2成 70—75岁（未满）2成（※）（和退休前收入一样的人为3成） （※）70岁以上75岁未满的人，在2008年4月～2013年3月占1成	（高额疗养费制度） ·自我负担限度金额 （未满70岁） （高收入） 150000日元+（医疗费-500000日元）×1% （一般） 80100日元+（医疗费-267000日元）×1% （低收入）35400日元 （70—75岁以下） （和退休前收入一样的人）80100日元+（医疗费－267000日元）×1%、，门诊（每人）44400日元 （一般（※）） 62100日元、门诊（每人）24600日元 （低收入） 24600日元、门诊（每人）8000日元 （低收入中的特别低收入） 15000日元、门诊（每人）8000日元 ·世代合算标准金额 未满70岁的人、在同一月中多次负担超过21000日元的情况下，将它们合算之后支付。 ·多次支付的负担减轻 在一年中有3次以上（支付同一疾病），在第四次开始自我负担的限度金额 （未满70岁以上的人） （高收入）83400日元 （一般）44400日元 （低收入）24600日元 （70岁以上和退休前收入一样的人及一般（※）） 44400日元 ·长期高额疾病患者的负担减轻 血友病、需要人工透析的慢性肾功能不全的患者的自我负担限度金额10000日元 （但是，高收入且未满70岁，需要人工透析的患者的自我负担金额为20000日元	（伙食疗养标准负担金额） ·一般 每餐260日元 ·低收入90天以内每餐210日元 第91天之后每餐160日元 特别低收入每餐100日元	（生活疗养标准负担金额） 一般（Ⅰ） 每餐460日元 +每天320日元 ·一般（Ⅱ） 每餐420円 +每天320日元 ·低收入每餐210日元 +每天320日元 ·特别低收入每餐130日元 +每天320日元 ※以入住疗养医院的65岁以上老人为对象 ※不治之症等入院时患者的负担与伙食用疗养标准相同	·伤病津贴 ·产假津贴等	10.00%（全国平均）	支付金の16.4%（后期高龄者支援金分16.4%）
健康保险	一般被雇佣者	工会	健康保险工会1443	29504［15553 13951］					同上（有附加支付）	各健康保险工会不同	定额（有国家预算补助）
健康保险	健康保险法第3条第2项被保险人		全国健康保险协会	18［12 6］					·伤病津贴 ·产假津贴等	1级每天390日元 11级每天3230日元	支付金の16.4%（后期高龄者支援金分16.4%）
船员保险			全国健康保险协会	132［59 73］					同上	9.45%（疾病保险费率）	定额
各种互助	国家公务员		20互助工会	9189［4523 4665］（2012年3月末）					同上（有附加支付）	—	无
各种互助	地方公务员等		64互助工会							—	
各种互助	私立学校教职工		1事业团体							—	

续表

制度名		保险人（2012年3月末）	参保人人数［本人 家人］千人	保险支付					财源	
				医疗支付				现金支付	保险费率	国库负担·补助
				部分负担	高额疗养费制度、高额医疗、护理合算制度	住院伙食用疗养费	住院生活用疗养费			
国民健康保险	农民、个体户等	市町村	38311 市町村 35197 国保工会 3116		(※)70—75岁一般收入的人，在2008年4月—2013年3月期间，自我负担限度额为44400日元（门诊为12000日元）。没有多次支付的负担减轻措施。（高额医疗、高额护理合算制度）1年中（每年8月—翌年7月）的医疗保险和介护保险中，两者的自我负担总额特别高的情况下，有减轻负担的措施。自我负担的限度额，根据收入和年龄详细设定。			·产假津贴 ·葬礼费	按定额或按家庭负担能力征收	支付金等的47%
		国保工会							各保险人的征收计算方式有部分差异	支付金等的47%
	被雇佣人保险中的退休者									无
后期高龄者医疗制度		运营主体 后期高龄者医疗区域联合会 47	14733	1成（和退休前收入一样的人为3成）	自我负担限度金额 门诊(每人) （和退休前收入一样的人） 80100日元+（医疗费-267000日元）×1% 44400日元 （符合多次支付减轻时）44400日元 （一般）44400日元 12000日元 （低收入）24600日元 8000日元 （特别低收入）15000日元 8000日元	同上	同上 但是，领取老年福利年金的人每餐100日元	葬礼费等	根据各区域联合会规定的被保险人的均等金额和均等收入比例来计算	·保险费约10% ·支援金额约40% ·公费约50% （公费内容）国家：都道府县：市町村4:1:1

注：1. 后期高龄者医疗制度的被保险人为，75岁以上以及65岁以上75岁未满的有一定的残疾且经过区域联合会认定的人。

2. 和退休前收入一样的人，是指居民税为145万日元（月收入28万日元以上）以上的人（但是，夫妇都为老年人的家庭中未满520万日元或者老年人单身家庭中未满383万日元的人除外）。高收入者是指，月收入53万日元以上（国民健康保险中家庭所有成员的总收入金额减去免征金额后超过600万日元）的人。低收入者是指，免市町村居民税的人。特别低收入是指年收入在80万日元以下的人。

3. 国保工会的国库辅助率，在承认豁免健保之后，1997年9月1日以后新加入者及其家人按健保协会同等待遇。2013年预算（计划）中各种国保工会的国库辅助的平均值为支付金额的42%。

4. 加入人数为速报值。同时，因为四舍五入，合计和内容总合之间有一定的偏离。

5. 全国健康保险协会（一般被雇佣者和健康保险法第3条第2项被保人）的国库辅助率，在2010年7月~2012年度为保险费的16.4%。

6. 船员保险的保险费率是扣除被保人保险负担减轻措施（0.35%）之后的数值。

资料来源：《2013年厚生劳动白皮书》资料·2保健医疗（1）医疗保险 医疗保险制度的概要，http://www.mhlw.go.jp/wp/hakusyo/kousei/13-2/dl/02.pdf.

此表为国立社会保障·人口问题研究所助理研究员万琳静在其基础上翻译做成。

医疗保险是社会保险，虽然有一定的国费负担，但是随着保险费收入变化，它的财政情况也会有波动。同时，以劳动人口为主要参保人的健康保险工会，也支付长寿医疗保险，而且随着老龄化的发展支付金额在不断膨胀。与此同时，在雷曼危机后失业率上升，健康保险工会的被保人人数减少，工资增长率降低，保险费的收入一直不乐观，所以近年健康保险工会的财政不断恶化。健康保险工会的被保人人数、保险费收入、财政状况等问题，由健康保险工会联合会《年度报告书》①公布。

医疗保险各制度的被保人人数的变化，可以从国立社会保障·人口问题研究所《社会保障统计年报》（第Ⅱ部 社会保障体系和现状②）的《医疗保险适用者人数（各制度）》中了解。

利用医疗保险在医院和诊疗所就诊的患者人数，由厚生劳动省统计情报局的《患者调查》③公布。它通过对全国部分医院和诊疗所的抽样调查收集数据，由此推算出全国患者人数。根据此调查，可以把握全国的推算患者人数、患者病床的种类、患者的主伤病·副伤病、居家医疗的状况、急救的状况、入院（重症度）的级别、平均入院天数、入院前的地方、出院后的去向等详细状况。

把握诊所和医院等医疗机构的数量和分布，对掌握和解决医疗资源分布不平衡问题很有必要。厚生劳动省情报部每 3 年实施公布《医疗机构调查》④，详细记载全国医疗机构（符合医疗法规定的医院、诊疗所）的分布和各医疗机构的整备状况、医疗机构的诊疗功能等。同时，新开或倒闭的诊所、医院的情况，也会根据医疗机构上报，每月实施公布《医疗机构动态调查》⑤。

医疗保险支付（医疗服务）根据患者的需求来提供，所以确保医生、护士等专业人员的人数也很重要。医师、牙科医生以及药剂师，按性别、年龄、业务种类、工作场所以及诊疗科（药剂师除外）等分类统计的有《医师·牙科医师·药剂师调查》⑥。日本的医师人数为 28 万 7 千人（男性 82%、女性 18%），其中在医院工作的医生有 12 万 2 千人，在诊所工作的医生有 9 万 8 千人（2008 年《医师·牙科医师·药剂师调查》）。把握保健师、助产师、护士、准护士等专门学校的入学情况以及毕业生的就业情况的统计有《护士等培训学校入学状况和毕业生就业情况调查》⑦。护士的女性比例高，在日本因结婚、生育、抚养子女原因离职的的女性很

① http://www.kenporen.com/jigyonushi/annual_report/.
② http://www.ipss.go.jp/ssj-db/ssj-db-top.html.
③ http://www.mhlw.go.jp/toukei/list/10-20.html.
④ http://www.mhlw.go.jp/toukei/list/79-1a.html.
⑤ http://www.mhlw.go.jp/toukei/saikin/hw/iryosd/09/index.html.
⑥ http://www.mhlw.go.jp/toukei/list/33-20.html.
⑦ http://www.mhlw.go.jp/toukei/list/100-1.html 及 http://www.e-stat.go.jp/SG1/estat/NewList.do? tid=000001022606.

多,所以护士资格的登记人数和实际工作人数并不吻合。通过日本护士协会出版编集的《护士相关统计资料集》可以把握实际工作的护士人数。2007 年,实际就业的护士人数为 130 万 7 千人,在医院工作的护士有 85 万 2 千人,在诊所工作的护士有 29 万 7 千人(2009 年《护士相关统计资料集》)。

国民医疗费用支撑着医疗提供体系,如图 1 所示,日本的国民医疗费在 1990 年代增长迅速,但是 2000 年之后增长开始趋缓。国民医疗费与国民收入的比例,在 2003 年之后控制在 8%左右,与国家整体医疗费不断增加的美国等其他先进国家相比较为特殊。国民医疗费的变化可以在各年度的《国民医疗费:结果概要》① 中了解。国民医疗费的国际比较可以参考各年版 OECD 加盟国的医疗支出和医疗负担的统计《OECD Health Statistics 2013》②。

随着人口老龄化程度的加深,老年人的医疗费今后也会不断增加,如果只靠国民健康保险和国民保险工会的缴纳金以及公费来维持的话是不行的。随着日本经济成长的衰退、从保险费收入的减少和劳动人口与老年人口的代际公平等观点来看必须进行改革,因此,2008 年制定了后期高龄者医疗制度、后期老年人医疗制度),根据老年人的负担能力确定缴纳保险金金额。在此制度中,低收入的老年人的自我负担(利用者负担)减少,同时对收入在规定的收入水平以下的老年人免除保险费。

护理保险:为了使长期卧床不起的老年人更好地在家里或机构中接受护理服务,减轻家人的护理负担,2000 年 4 月开始实施护理保险制度。护理保险要求 40 岁以上的国民缴纳保险费,当其 65 岁以上需要护理服务时,向市町村申请并在市町村的护理认定委员会认定之下,使用上门服务等护理服务。保险费和护理等级的判断标准由政府全国统一规定,而具体的判断则在国家规定的标准下由市町村各护理认定委员会进行。护理服务尊重护理老人的选择,可以在市町村认可的护理服务提供营业所内自由选择,而被选择的营业所则要遵循护理经理制定的护理计划提供服务(图 6)。护理保险的利用者,原则上承担费用的 10%。但是,为了防止利用者负担过大,设置了负担上限。超出的金额由市町村来支付。

在 2012 年末,65 岁以上的第一号被保险人有 3094 万,40—64 岁的第 2 号被保险人有 4240 万。可以利用保险服务并接受护理认定的人,在 2012 年度末,"需支援"老人为 153 万,"需护理"老人为 408 万。护理保险的被保险人数、按"需支

① http://www.mhlw.go.jp/toukei/list/37-21c.html.

② http://www.oecd.org/health/health-systems/oecdhealthdata2013-frequentlyrequesteddata.htm 及 http://www.oecd.org/els/health-systems/OECD-Health-Statistics-2013-Frequently-Requested-Data.xls.

援”・需护理”程度分布的认定人数、第一号被保险人中护理认定人数的比例、居家护理服务的利用人数、机构护理的利用者人数等统计，由厚生劳动省收集各市町村的人数进行合计并公布于《护理保险事业状况报告(年报)》①。

2012年，提供护理服务的营业所和机构，在护理预防型营业所中，护理预防型上门服务为30269所，护理预防型日托护理为32432所。护理服务的营业所中，上门服务为31075所，日托护理为34107所。护理保险机构中，护理老人福利机构为6590所，护理老人保健机构为3931所，护理疗养型医院机构为1759所。护理从业人员中，在居家服务公司工作的上门服务的工作人员(包括小时工)有16万3千人，托老所有19万9千万人，在护理保险机构的(包括小时工)有51万8千人(厚生劳动省情报部《2008年护理服务机构・营业所调查》)。为了把握护理服务的提供体系・提供内容，推动护理服务的基础整备，厚生劳动省统计情报部以日本全国的护理保险机构、居家服务营业所、居家护理支援营业所、护理预防居家服务营业所、护理预防支援营业所、紧贴地区型服务营业所、护理预防紧贴地区型服务营业所为对象实施《护理服务机构・营业所调查》②。

随着更多的老年人接受”需支援”、“需护理”认定并利用护理保险服务，老龄化程度高的市町村的护理保险费用不断膨胀，导致护理保险财政恶化。为了应对这样的问题，2005年护理保险法修改案成立。根据修订的法律，增强老年人健康预防工作，设立社区综合支援中心，提供适合社区需求服务等内容被写入法律。另外，为了使老年人能在熟悉的地方一边生活一边接受服务，将本地区的医疗机关、行政机关、NPO及护理相关的各种机构形成一个综合网络，日本政府提出了灵活利用护理保险的地区护理整备构想。现在各市町村以及地区的社会福利协议会在此构想下已经开始展开各种护理预防的措施。2012~2014年护理保险第5期计划中，婴儿潮一代已经65岁，为了在老龄化程度更严峻的2015年之后实现地区护理整备构想，政府提出了新的视点[①强化和医疗的协作、②充实护理服务、③促进预防工作、④充实守护・送饭・购物等多种支持日常生活的服务和权利拥护、⑤便于老年人使用的房屋建筑(和国土交通省合作)]。现在，在这些新视点的指导下，已经开始实施以社区为主体，提供各种护理服务的措施。

---

① http://www.mhlw.go.jp/topics/kaigo/osirase/jigyo/12/index.html，按都道府县・参保人数分类的各种数据，可以参考政府统计的综合网络窗口(e-stat)，http://www.e-stat.go.jp/SG1/estat/NewList.do? tid=000001031648.

② http://www.mhlw.go.jp/toukei/list/24-22-2.html.

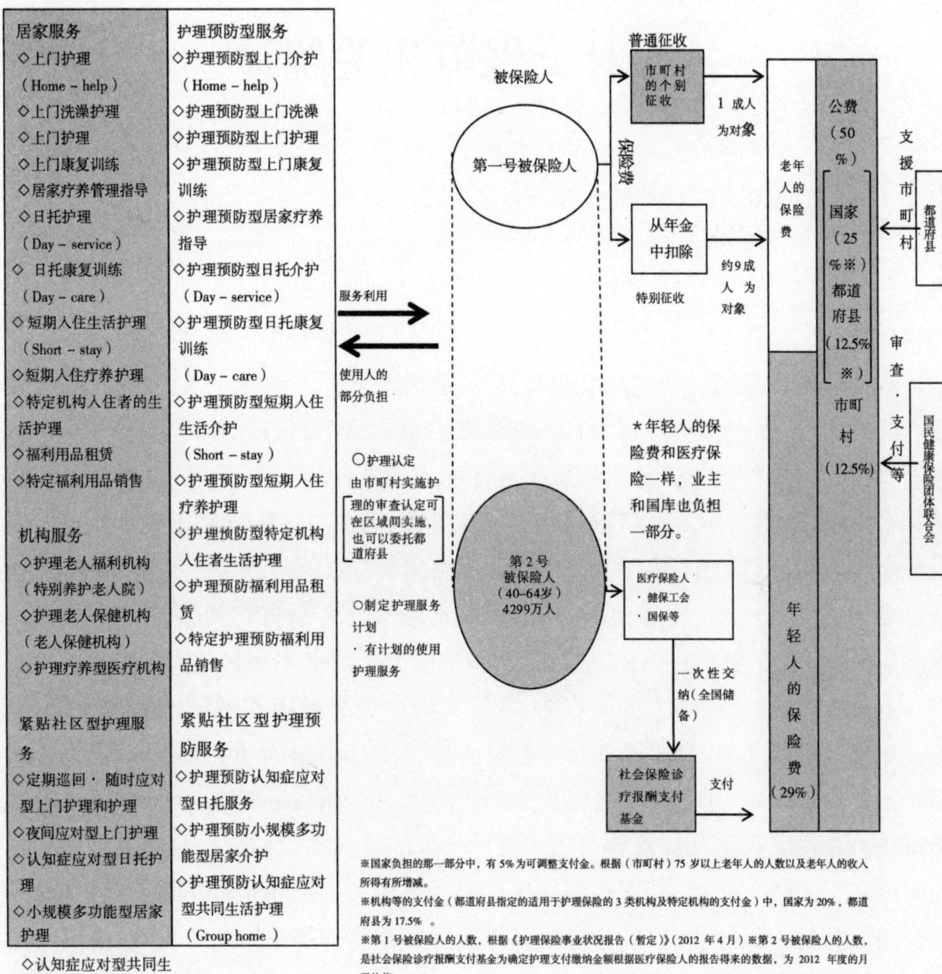

◇认知症应对型共同生活护理（Group home）
◇紧贴社区型特定机构入住者的生活护理
◇紧贴社区型护理老人福利机构入住者生活

其他
◇房屋改装费的支付

图6　护理保险制度的概要

资料来源:《2013年厚生劳动白皮书》资料・10老年人保健福利,护理保险制度的体系图,http://www.mhlw.go.jp/wp/hakusyo/kousei/13-2/dl/10.pdf.

此图为国立社会保障、人口问题研究所助理研究员万琳静在其基础上翻译作成。

韩国社会保障相关统计

金教诚[①]

本文以说明韩国社会与社会福祉现状、推测韩国社会福祉发展过程提供数据为目的。为此,纵向罗列分析了有关韩国社会危机、社会保障、社会贫困(不平等)等相关内容的主要统计数据与指标。具体构成如下:首先,为了研究韩国日益变化的社会需求,着重分析了人口、社会、经济等参数;为了分析国家对丁福利事业发展所作出努力程度,观察了韩国“社会福祉支出水平”的变化趋势。其次,对主要福利制度加入者的规模、保障金的程度、财政状态统计数据进行观察,以“福利的投入一产出”程度作为研究指标,通过这个指标的分了解贫困率和收入不平等程度。

本文中,分析研究的大部分数据,来源于韩国中央政府和韩国国策研究所,另外一小部分来源于 OECD(经济合作与发展组织,Organization for Economic Co-operation and Development)、IMF(国际货币基金组织,International Monetary Fund)等国际机构。在说明韩国社会保障及相关统计指标的过程中,必要时,与其他国家的同一指标进行了横向比较,根据数据生成的时间差异性,不同时期进行了多次分析。在有限的篇幅中,利用有限的数据对韩国福利现象进行了观察与分析,在提供韩国社会福祉的所有状况和内容这一点上,存在着一定的局限性,它只是为今后研究的便利性提供必要的基础资料上,本文具有一定的意义。

一、主要社会指标

(一)人口学特征

韩国的生育率与 OEDE 国家平均水平相比,处于非常低的程度。总和生育率

① 金教诚,韩国中央大学社会福祉学科教授。译者为中国人民大学中国社会保障研究中心讲师金炳彻。

(TFR)是指,一名妇女在一生当中所生育的平均小孩的数量。总和生育率低于1.3个的情况下,我们称这样的社会为超低生育社会。如表1所示,韩国的总和生育率持续减少,在2005年之后,进入了所谓的"超低生育率"社会。只有在2010年,新生儿数量与前一年相比增加了2万5千名左右,低生育率趋势有所中断。对此,韩国保健福利部表示,这是因为1997年韩国金融危机以来,收入少、雇佣不稳定等现象造成的低生育态度,随着经济危机之后,经济的复苏有所好转。加上韩国政府对于"低生育率,老龄化"问题的社会政策促进与社会关注加大,社会对多子女现象的态度转变有关。但是,不论学术界还是市民社会,都表示对于今后生育趋势的了解还是有必要性,而对前面的分析结论抱有保守态度。

表1 韩国与OECD国家合计生育率

年度	1960	1970	1980	1990	2000	2005	2006	2007	2008	2009	2010
合计出生率(韩)	6.0	4.5	2.8	1.6	1.5	1.08	1.12	1.25	1.9	1.15	1.22
出生率(OECD)	3.2	2.7	2.1	1.9	1.6	1.7	1.7	1.7	1.8	1.7	—

资料来源:韩国保健福利部《2010年 保健福利统计年报》,OECD,2010 OECD Health Data。

低生育率现象持续的情况,会严重削弱今后的国家竞争力。低生育还会导致减少就业者数量、整体生产力下降、抚养老人的负担增加、消费和投资的萎缩,最终导致经济增长缓慢等问题。根据韩国劳动研究院(2005年)的研究,在低生育率现象持续的情况下,今后劳动力,在2015年将缺少63万人次,2020年将缺少到152万人次。这些数据的体现,也在另一方面要求国家和政府,针对低生育现象提出持续的战略性对策。

表2 随着低出生率的变动、劳动力需要与供给预测

时期	人力需要(基本展望)	人力供给(65岁以上经济活动人口)	过多供给量(供给—需求)
2015	27084(千人)	26454(2011)(千人)	△ 630(千人)
2020	28579(千人)	27062(2517)(千人)	△1517(千人)

资料来源:韩国劳动研究院:《中长期人力供给展望:2005—2020》,2005年版。

伴随着这样的低出生率趋势,我们需要考虑的是老年人口规模和比率。如表3所示,韩国65岁以上老人人口比率持续上升,到2008年达到整体人口的10%以上,而2010年更是达到了整体人口的11.0%。这样的老年人口增加趋势现象,我们可以归因于医疗技术的发达等因素造成的人口平均寿命的增加。这样的老龄化趋势,可以通过老年人口(65岁以上)与可生产人口(15—64岁)比,即老年抚养比来确定。韩国的老年抚养比2005年为12.6,2010年则会增加到15.0,并且预计今后老年抚养比将持续增加。

表3　老年人口比率和老人抚养比

年度	1960	1970	1980	1990	2000	2005	2006	2007	2008	2009	2010
65岁以上人口比率(%)	2.9	3.1	3.8	5.1	7.2	9.1	9.5	9.9	10.3	10.7	11.0
老年抚养比	5.3	5.7	6.1	7.4	10.1	12.6	13.2	13.8	14.3	14.7	15.0
老龄化指数	6.9	7.2	11.2	20.0	34.3	47.3	51.0	55.1	59.3	63.5	67.6
一个老人/生产可能人口	18.9	17.7	16.3	13.5	9.9	7.9	7.6	7.3	7.0	6.8	6.6

资料来源:韩国统计厅《未来人口推计》,2006年。

注:1. 老年抚养比=(65岁以上人口/15—64岁人口)×100。

2. 老龄化指数=(65岁以上人口/0—14岁人口)×100。

3. 一个老年人比生产可能人口 = 15—64岁人口/65岁以上人。

另外,根据联合国(UN)所提供的资料,从2030开始,韩国的老年抚养比将高于其他发展中国家。而老年抚养比的提高将意味着,可生产人口缴纳的税收中用于抚养老人的支出比重增加,社会福祉费用的压力加大,所谓"世代之间冲突"等问题发生。到时候国家养老保险的受惠人口增加导致的政府财政的危机,老年医疗费用的增加引起国家医疗保险财政的不安,都会成为增加年轻一代经济负担的原因,并且使传统意义上的家族文化弱化,最终构成社会性的老年人口抚养问题。对于人口老龄化社会问题,韩国政府所要做出对策的必要性,迫在眉睫。

表4　老年抚养比国际比较

	2005	2010	2020	2030	2040	2050
世界	11.3	11.6	14.3	18.0	22.2	25.7
发展国家	22.6	23.6	29.6	36.5	41.1	44.6
发展中国家	8.6	8.9	11.3	14.8	19.2	22.9
非洲	6.2	6.3	6.8	7.6	8.5	10.5
亚洲	9.5	9.9	12.9	17.2	23.1	27.8
欧洲	23.3	23.7	29.0	36.0	41.7	47.1
拉丁美洲	9.9	10.6	13.3	18.2	23.6	30.0
北美洲	18.4	19.6	25.6	33.2	35.3	36.1
大洋洲	15.7	16.4	20.3	24.7	27.9	30.0
韩国	13.0	15.4	22.4	37.3	52.0	60.7
朝鲜	12.5	14.1	13.2	17.4	25.6	26.4

资料来源:UN《世界人口展望,2010版》。

(二)经济与劳动特征

在经济水平方面,韩国的人均 GDP1990 年大约为 6 千美元左右,2005 年增加到 1.7 万美元,2007 年超过 2 万美元,并且还在持续上升。尽管 2008 年,在美国次贷危机触发的金融危机情况下,韩国的经济受到了沉重的打击与下滑,但是在 2009 年之后迅速恢复,2010 年重新达到人均 GDP2 万美元的水平,并且表现出回升趋势。虽然经济增长率表现出时期性起伏,但是除了 2008 年和 2009 年,大体上表现为 5%的增长水平,宏观上,国民经济水准趋于好转。

表 5 国内生产总值(GDP)与经济成长率

	1990	1995	2000	2005	2006	2007	2008	2009	2010
GDP(亿美元)	2703	5313	5335	8447	9511	10493	9309	8344	10143
人均 GDP(美元)	6303	11735	11292	17531	19722	21695	19296	17193	20759
GDP 成长率(%)	9.3	8.9	8.8	4.0	5.2	5.1	2.3	0.3	6.2

资料来源:韩国统计厅(Kosis.kr)。

但是与经济情况好转趋势相反,雇佣情况却表现出持续滞后的现象。首先,从 2005 年开始持续增长的经济活动参与率每年出现小幅度下降现象,2010 年达到 61.0%。而这个水平仅仅略高于金融危机之后的水平。特别值得注意的是,女性的经济活动参与率与 1998 年水平相比增加了 2.3%,但男性的经济活动参与率却减少了 2.1%。这恰恰说明雇佣的后退情况,伴随着结构变化。另外,在国民所得中劳动所得所占的比率——“劳动所得分配率”在韩国金融危机后渐渐恢复,但是在 2010 年,再次快速下滑。这与非正规职业的问题(下一段将说明)共同说明,雇佣中质量下降的劳动市场现状。经济活动参与率,作为生产可能人口中经济活动人口(就业者+失业者)所占的比重,由实际薪金等多个变数构成,一般认为与经济状况的变化方向相同。但是与目前持续增长的经济状况相比,雇佣情况,还有劳动所得分配状况并没有好转,而这一点我们可以认为是体现韩国劳动与经济之间关系的一个事例。

表 6 主要劳动动向情况

	1990	1995	1998	2000	2005	2006	2007	2008	2009	2010
经济活动参与率(%)	60.0	61.9	60.6	61.2	62.0	61.9	61.8	61.5	60.8	61.0
男性	74.0	76.4	75.1	74.4	74.6	74.1	74.0	73.5	73.1	73.0
女性	47.0	48.4	47.1	48.8	50.1	50.3	50.2	50.0	49.2	49.4
就业率(雇用率)	58.6	60.6	56.4	58.5	59.7	59.7	59.8	59.5	58.6	58.7

续表

	1990	1995	1998	2000	2005	2006	2007	2008	2009	2010
失业率	2.4	2.1	7.0	4.4	3.7	3.5	3.2	3.2	3.6	3.7
劳动所得分配率	57.0	60.4	60.6	58.1	60.7	61.3	61.1	61.0	60.9	59.2

资料来源:韩国统计厅(Kosis.kr)。

注:1. 体现1998年IMF金融危机以后整体雇佣倾向恶化的状况。

2. 劳动所得分配率:劳动所得在国民所得中所占比率。

韩国的非正规职业劳动者的范围包括除了期间制(时间,职业非固定)劳动者之外的临时工、时间制劳动者、非典型劳动者中日短期劳动者。在工薪劳动者中,非正规职业劳动者比例由2001年26.8%迅速增加到2007年的35.9%,这达到了近年来最高水平,而这个水平最近有所下降。但是这样的下降趋势,只能说明劳动者因时间减少所造成的结果(李泰真,2009),不能说明非正规职雇用条件的改善。但是很多研究者表示,非正规职业问题的本质,与其说在于其规模上,不如说原因在于薪金的相对下滑和广泛的社会保险制度的死角地带。

表7 非正规职位雇用现状

		2001	2005	2006	2007	2008	2009	2010
劳动者数量(千人)	薪金劳动者	13540	14968	15351	15882	16104	16479	17048
劳动者数量(千人)	正规职	9905	9486	9894	10180	10658	10725	11362
劳动者数量(千人)	非正规职	3635	5483	5457	5703	5445	5754	5685
比率(%)	薪金劳动者	100	100	100	100	100	100	100
比率(%)	正规职	73.2	63.4	64.5	64.1	66.2	65.1	66.7
比率(%)	非正规职	26.8	36.6	35.5	35.9	33.8	34.9	33.3

资料来源:韩国统计厅(kosis.kr)。

二、社会福祉相关统计

(一)社会福祉支出

韩国的社会福祉支出水平从1990年占GDP的3.2%以来持续增加,2007年达到GDP总额的8.1%。这样增加的原因为1997年金融危机之后,福利制度的多样化，养老保险受惠者数量的增加等现象背后社会福祉制度的扩大和成熟。据预测，这样的扩大趋势，将随着近期政治领域各种福利论争，持续到一定水平。与其他国家相比，韩国的福利支出水平依然处于非常低的状况。如表 8 所示，以 2007 年为基准韩国的社会福祉支水平是 OECD 平均一半的以下，与日本或者美国等国家相比处于明显低的水平。目前，韩国的福利支出扩大，为此政治和社会整个领域进行的财政支援正在如火如荼地进行着。

表 8　社会福祉支出占韩国 GDP 比率状况及国际间比较

分　类	1990	1995	2000	2001	2002	2003	2004	2005	2006	2007
社会福祉支出(%)	3.18	3.65	5.48	5.77	5.55	5.86	6.57	7.00	7.88	8.07
公共社会福祉支出	2.91	3.33	4.74	5.18	5.04	5.29	5.97	6.42	7.30	7.48

分　类（2007 年）	韩国	瑞典	法国	德国	日本	英国	美国	OECD 平均
社会支出	8.1	27.7	28.7	26.2	19.3	21.3	16.5	19.8
公共福利支出	7.5	27.3	28.4	25.2	18.7	20.5	16.2	19.3

资料来源：OECD，SOCX。

注：1. 社会福祉支出：公共社会福祉支出+法定民间社会福祉支出（法定退休金等）。

2. 公共社会福祉支出：一般政府支出（公共补助、福利服务项目）+社会保险支出（退休金、健康保险等）。

但是，对于扩大福利支出的主张，并不是没有异议。根据反对扩大福利支出的保守态度立场角度来看，韩国的福利水平与经济水平，与先进的福利国家比较本身就不恰当。但是，如表 9 所示，从国民所得和福利支出之间关系来看，韩国的福利现状依然处于相对落后的水平。拿发展国家的人均 GDP 达到 2 万美元的时间来看，

表 9　韩国福利支出水平（国民所得 2 万美元）

国家	人均 GDP 到达 2 万美元时年度	老龄化率（%）	国民负担率	经济生长率	公共社会福祉支出/GDP	社会福祉支出/GDP
丹麦	1987	15.4	48.9	0.3	23.8	23.8
瑞典	1988	17.8	51.9	2.7	30.0	30.0
法国	1990	14.0	42.0	2.6	24.9	25.1
德国	1990	14.9	34.8	5.3	21.7	23.3
英国	1996	15.9	34.6	2.9	19.6	20.2
美国	1988	12.3	26.3	4.1	13.1	13.6
日本	1987	10.9	29.2	3.8	11.7	12.1
韩国	2007	9.9	27.2	5.1	7.5	8.1

各个国家之间然有存在着差异，但是在同样达到 2 万美元的情况下，韩国的社会福祉支出远远低于其他发展国家。日本存在着与韩国类似的老龄化比例，在相同的国民负担率情况下，日本在社会福祉支出的百分比相对于韩国多了 4%。这恰恰说明了韩国福利的落后性不仅仅在于经济发展因素，而且也间接说明存在着充分扩大的余地。

表 10 是韩国政府的预算总额与保健福利相关预算的年度趋势。其中，保健福利部的预算由 2000 年 5.3 兆元为基准持续增加，2011 年达到 20.7 兆元，增加了将近 4 倍；政府预算比重也从 6.0%达到 9.9%，增加了 4%。这样的福利预算增加的原因在于韩国 2007 年外换危机以后，为了构建社会安全网引入的新福利制度。代表性的例子有：国民养老金扩大到城市自营业者①（1999）、医疗分业制度实施（2000）、国民基础生活保障制度的引入（2000）、健康保险和国民养老金扩大到单位养老保险领域（2003）、老年长期养老保险事业的促进（2008）、基础老龄养老金支援（2008）、残疾人养老金支援（2010）等。2008 年，由于政府组织改编导致，女性家庭部、国家青少年委、企划预算处等部门的预算转移，由保健福利部分担。所以这一年福利预算增加率出现了高达 38.9%的现象。

表 10　保健福利预算

	2000	2002	2004	2006	2008	2010	2011
政府预算（兆）	88.7	109.6	120.1	147	179.6	201.2	209.9
政府预算增加率（%）	6.0	10.5	1.7	8.7	14.6	2.2	4.3
保健福利预算	5.3	7.7	9.2	9.7	16.0	19.5	20.7
保健福利预算增加率	27.6	3.9	8.6	9.0	38.9	7.1	6.2
政府预算比重	6.0	7.1	7.7	6.6	8.9	9.7	9.9

资料来源：保健福利部《保健福利统计年报》。

注：1. 保健福利预算中，基金除外（如果基金包括，数据为 10 年 31.0 兆元，11 年 33.6 兆元）。

2. 2005 年地方化事业（67 个事业）0.7 兆元，保育事业女性部事业转移管理 0.5 兆元导致预算减少。

3. 2008 年的高增长率是因为，政府组织的改编导致家庭女性部，国家青少年委，企划预算处等部门的预算转移到福利福利部。

保健福利部的预算大致分为社会福祉预算与保健事业预算两大类。社会福祉预算中包括：基础生活保障制度（相当于中国的最低生活保障制度）、贫困群体支援、养老保险、设施支援等。而健康保险制度和保健所得运营属于保健事业。社会

① 相当于国内的个体户。

福祉预算中占最大比重的制度为基础生活保障制度和养老保险制度,这两项就会占保健福部整体预算的50%—60%,并与保健医疗事业共同构成韩国社会保障制度核心。相对而言,流浪露宿者、工军伤对象、无居住者等弱势群体,保育支援,老年福利与服务等预算处于相当有限的地位。从这样的预算分配情况来看,韩国的福利财政支出主要集中于法定支付对象(养老保险支付对象、基础生活保障制度对象、加入健康保险者等)。

表 11 保健福利部各项福利事业预算

分类	2007		2008		2009		2010	
	预算(亿元)	比例(%)	预算(亿元)	比例(%)	预算(亿元)	比例(%)	预算(亿元)	比例(%)
总计	189634	100	248863	100	296367	100	310195	100
社会福祉	138576	73.1	191501	77.0	228568	77.1	239332	77.2
基础生活保障	65759	34.7	72644	29.2	79731	26.9	72973	23.5
弱势群体支援	7346	3.9	8430	3.4	9333	3.1	8927	2.9
国家养老保险	56470	29.8	68694	27.6	81732	27.6	95811	30.9
保育,家庭,女性福利事业	450	0.2	15978	6.4	18573	6.3	22022	7.1
老年,青少年福利事业	5967	3.1	22058	8.9	32812	11.1	35172	11.3
一般性社会福祉	2584	1.4	3697	1.5	6387	2.2	4427	1.4
保健	51058	26.9	57362	23.0	67800	22.9	70863	22.8
保健医疗	9708	5.1	11823	4.8	15760	5.3	17037	5.5
健康保险	41350	21.8	45539	18.3	52040	17.6	53826	17.4

资料来源:保健福利部《保健福利统计年报》。
注:预算包括总支出,10年的数据为组织改编以后的预算情况。

(二)社会福祉制度

1. 社会救济制度。

韩国社会救济制度于1999年国民基础生活保障法制定以来快速发展。国民基础生活保障制度是指,为了实现国家对低收入群体责任的强化,保障需要国家保护的绝对贫困群体的最低生活水平,提供综合的自立自理服务,从而达到体现生产性福利的目的。对于未达到政府所承认的最低生活收入的家庭,政府提供低于最低生活标准的差额补助。在这里最低生活收入指,为了维持国民健康文化生活所需要的最低标准(《国民基础生活保障法》第2条第6号)。而这个标准每年由保健福利部长官同中央生活保障委员会讨论审核决议,在9月1日的时候公布下一个年度的最低生计费。表12罗列出近年来最低生计费的状况。如表所示，2011年最低生计费人均532千元，两人次家庭为月906千元，3人次家庭为1173千元，4人次家庭为1439千元。以4人次家庭为基准，相对于2010年增加了5.60%。

表12 韩国最低生计费(家庭规模比较)

年度	1人家庭（元）	2人家庭（元）	3人家庭（元）	4人家庭（元）	5人家庭（元）	6人家庭（元）
2000	324011	536614	738076	928398	1055588	1191134
2005	406466	668504	907929	1136332	1302918	1477800
2010	504344	858747	1110919	1363091	1615263	1867435
2011	532583	906830	1173121	1439413	1705704	1971995

国民基础生活保障受惠者具体情况如下:与2000年10月制度实行初期相比，2002年短期受惠者数量减少。这是因为,2002年以后家庭解体、贫困、失业等原因,福利受惠者数量持续增加,直到2008年才出现减少现象。从这样的趋势来看，根据每3年实行的最低生计费调查显示,最低生计费水平上升的年度受惠者数量相对于其他年度大幅度增加。另外就是为加强低收入群体的生活稳定性,福利受惠者选定标准放宽,健康保险少额支付等制度的积极实行,也成为受惠者数量持续增加的原因。2008年开始,财产收入的产关系部门之间实施联网管理制度制度，各种监督不正当受惠现象措施的运行,都是受惠者数目减少的原因。另外,从2010年开始导入通过支援各种福利津贴的社会福祉统筹管理网管理各种统计数据与输出情况。

表13 国民基础保障受惠者数量

年度	受惠者家庭数	受惠者数(千名)	总人口(千名)	人口比率(%)
2000	688354	1539	47008	3.27
2005	809745	1513	48138	3.14
2006	831692	1535	48297	3.18
2007	852420	1550	48456	3.20
2008	854205	1530	48607	3.15
2009	882925	1569	48747	3.22
2010	883673	1568	49934	3.14

2008年1月开始，对于无经济活动能力、生活困难的老年人群和其他人群，阶段性实施基础养老保险金制度。2008年1—6月（第一阶段）对70岁以上老年人口的60%适用。2008年7月到12月（第二阶段）扩大到65岁以上老年人口的60%。2009年1月（第三阶段）达到65岁以上老年人口的70%。受惠者资格条件如下：每户所得财产要低于政府规定的标准：2011年单人家庭收入低于74万元，夫妇（2人家庭）低于118.4；劳动所得收入低于人均40万元；金融资产低于每户2000万元；居住供给条件（金融资产以外）以单人家庭为基准，大城市低于1亿800万元，中小城市低于6800万元，农渔村低于5800万元。受惠条件资格的制定，保证了老人劳动市场的参与和安定的居住条件。支付额度以加入国民养老金整体人员的平均收入的5%为基准，2011年为例，平均所得为182万元时，老人单人家庭月支付91200元，老人夫妇家庭月支付145900元。为此，所需的巨大财政，根据老年人人口比率和财政条件，国库保证金支援40%—90%左右。受惠者数量由2009年的363万名（69.0%）逐年增加，2010年达到373万名（67.7%），2011年达到了387万名。

表14 基础老年养老保险所需预算与支援方式（国家、地方）

	2008	2009	2010	2011
所需总额（亿元）	22094	34106	37110	37904
国家提供	15908	24659	27202	28223
地方提供	6186	9447	9908	9681

2. 社会保险。

韩国目前运营的主要社会保险制度有国民养老保险、财产保险、失业保险和健康保险。各个社会保险制度设立的目的分别为对应不同的社会危险。养老保险制度以保证年老者收入中断和减少为目的，与军人养老保险、公务员养老保险、私立学校校职员养老保险等特殊养老保险制度统筹运营。表15为养老保险制度加入者与保险加入率。18岁以上就业者人口中加入养老保险的比率，由于1998年开始实行的国民养老保险制度，农渔村地区加入扩大（1995年）、城市地区加入扩大（1999年）等制度方面的成熟，从1990年31.4%不到开始一直增长，趋于成熟，并在2009年末达到了84.9%。另外，养老保险的受惠者的受惠率，也随着人口老龄化制度的成熟渐渐增加。在表16中，2006年月19.0%（78万人）的受惠率在2010年的今天达到了30%（161万人）。这样的增长也出现在国民养老保险、公务员养老保险、私立学校教职员养老保险等所有的养老保险领域。

表 15 养老保险加入者与保险加入率

年度	18 岁以上就业者(千名)(A)	养老保险加入者(B)	国民养老保险	公务员养老保险	私立学校职员养老保险	B/A(%)
1990	17983	5649	4652	843	154	31.4
1995	20365	8636	7497	958	181	42.4
2000	21116	17330	16210	909	211	82.1
2005	22832	18348	17124	986	237	80.4
2006	23124	18995	17740	1009	246	82.1
2007	23399	19539	18267	1022	251	83.5
2008	23558	19623	18335	1030	257	83.3
2009	23484	19933	18624	1048	262	84.9

表 16 65 岁以上养老保险受惠率与受惠者人数

	2006		2007		2008		2009		2010	
	受惠率(%)	人数	受惠率(%)	人数	受惠率(%)	人数	受惠率(%)	人数	受惠率(%)	人数
总计	19.0	870495	22.4	1079922	25.0	1252152	27.6	1432387	30.0	1606024
国民	16.4	751897	19.6	944651	22.0	1103007	24.4	1268935	26.7	1428414
公务员	2.3	104942	2.5	119471	2.6	131482	2.8	143882	2.9	155777
私学	0.3	13656	0.3	15800	0.4	17663	0.4	19570	0.4	21833

资料来源:统计厅(kosis.kr)

注:各项养老保险受惠者总数与 65 岁以上人口比。

最具代表性的养老保险制度是国民养老保险制度,目前为了对应“低生育率、高龄化”所投入大量财政而造成的危机,实行受惠率持续减少改革过程。细看制度改革的具体过程如下:1998 年原本为 70%的基本所得替代率下降到 60%,2008 年调整到 50%,并且预测 2028 年将减少到 40%。养老保险受惠年龄也会从 60 岁阶段性调整到 65 岁。相对而言,兵役服务时间与产假时间也将加入到保险期间,而这样的制度叫做诚信制度。

由于以上制度的实行,养老保险的平均消费替代率,将相对于 OECD 平均水平 42.1%,是在持续减少;作为年老后所得保障体系的核心,对于国民养老保险时效性的争论将加重。这一点对于广泛却存在着死角地带的制度,拥有深刻意义。目前对于因失业等原因而没有了收入、无法缴纳养老保险金的国民,为了减轻这一群体的负担,正在短期内暂时免除缴纳义务,并且维持养老保险资格的制度。但是 2010 年,规模扩大到 500 万名(占所有保险加入者 27.2%),在为非就业者社会保险加入扩大与支援而动用雄厚资金的运用合理性无法保证的情况下,不仅会使这种制度的持续可能性降低,在OECD国家中,老年贫困率程度也会处于最高水平。

表17 制度改革条件下,国民养老保险所得代替率的变化

1988	1999—2007	2008	2009	2010	2011	……	2028以后
70%	60%	50%	49.5%	49%	48.5%	……	40%

表18 OECD国家养老保险所得代替率

国家	所得代替率(%)	国家	所得代替率(%)
澳洲	11.8	加拿大	38.9
英国	31.9	美国	39.4
法国	49.1	德国	42.0
荷兰	29.2	意大利	64.5
瑞典	31.1	丹麦	28.9
挪威	46.1	芬兰	57.8
韩国	42.1	日本	34.5

资料来源:OECD,Pensions at a Glance 2011。

1977年7月,韩国的国民健康保险制度在500人以上雇佣企业中开始实施,持续增加适用对象,直到1989年7月,达到覆盖全民的水平。从表19可以看出,制度适用率为96.7%,几乎达到整体国民都适用的制度。但是包括非薪资中的诊疗费用中,健康保险负担的比率即健康保险保障率(薪资率)为64.0%,处于非常低的水平。健康保险保障率在全国各地的保健医疗制度中有所不同,所以直接比较不是一件容易的事,但是与OECD主要成员国家的公共医疗费用支出比率相比,韩国的健康保障性处于明显低的水平。再加上,最近健康保险制度的财政状况在社会福祉制度中处于最严峻的情况。如图1所示,2000年初期当期受惠者和累计收支都没有避免赤字状态,2003年开始好转,并且显示出稳定,但是由于人口老龄化,医疗供给与需要的不均衡结构、过度的医疗售价和药费等原因,再次处于赤字状态。不过,当期收支状况处于赤字状态时,累计收支也表现为良好的状况。

表19 2008年OECD国家国民医疗费支出中公共医疗费用支出比率

法国	德国	英国	日本	美国	韩国	OECD平均
77.9	76.9	84.1	80.8(2008)	47.7	58.2	71.5

资料来源:OECD保健数据2011。

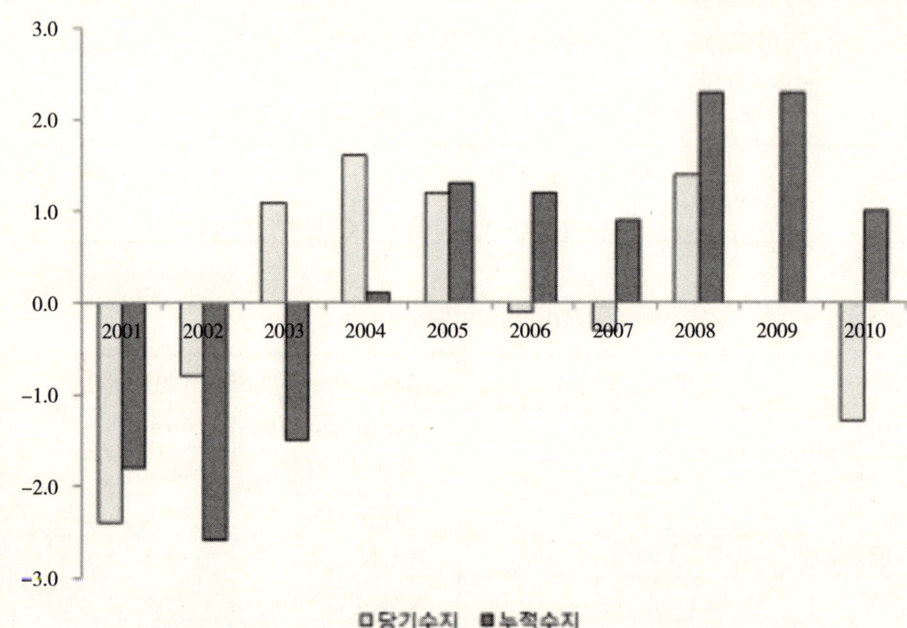

图 1　健康保险制度财政的当期收支与累计收支

（白条为当期收支，黑条为累计收支）

韩国的失业保险在 1995 年 7 月建立，首先适用于 30 人以上的单位。1997 年金融危机以后，失业率的急剧增和雇佣不安而引起的对于社会安全网扩充的要求下开始发展。2006 年 1 月开始，这个适用范围扩大到日用劳动者和时间制劳动者，以及有 65 岁以上劳动者，被保险者每年也开始增加，2010 年达到整体人口的 1/4，即一千万人上下。

表 20　失业保险被保险者数量（取得，丧失）

	2000	2002	2004	2006	2008	2010
被保险者（千万）	6747	7171	7482	8436	9272	10131
取得者	—	—	3791	4398	4802	5601
丧失者	—	—	3335	3860	4410	5112

资料来源：韩国雇佣情报院：《雇用保险统计现状》。

注：1. 被保险者：雇用保险被保险者资格获取者。

2. 取得者：雇用保险 保险资格获得者。

3. 丧失者：因退职，死亡，保险关系除名等理由而失去失业保险被保资格的人。

韩国的雇用保险与其他福利国家的失业保险的区别在于，失业后不仅单纯支付失业金，同时为失业者进行职业能力的培训，包括积极实行就业能力的开发与雇佣结构改善等内容。这大致分为雇用安全事业、职业能力开发事业、失业金事业等。雇用安全和职业能力开发事业是指，预防劳动者失业，促进弱势群体就业，支援企业雇佣职位数量的产出，对于雇者或单位提供一定的支援金和奖金的制度；失业金事业是指被保险在失去工作之后，在一定期间内对其提供失业金，确保失业者以及其家庭成员的生活安定，鼓励失业者找到新的职位的制度。支出额中失业金在2010年为，约4.2兆元，这是2000年之后10年以来增长了10倍。另外雇佣安定和职业能力开发事业约需要1.8亿元，雇用保险的主要支出原因为失业金。

表21　雇用保险各项目支出情况

	2000	2002	2004	2006	2008	2010
雇用保险支出额（亿元）	11345	16003	23741	38536	50757	60011
与千年对比增加率（%）	-33.1	3.3	28.3	31.4	7.2	-10.8
失业金	4998	9131	15844	22842	32290	41585
雇用安定，就职能力培训	6347	6872	7897	15694	18467	18426
雇用安定事业	1321	1279	1473	—	—	—
职业能力开发事业	5026	5593	6424	—	—	—

资料来源：劳动部：《雇用保险金结算报告书》。

注：2006年开始统筹管理雇用安全及失业，职业能力开发事业。

三、贫困与收入不平等趋势

（一）贫困率

代表一个国家贫困状况最一般性的指标为贫困率。在韩国，政府会每年发最低生计费。通过处于这个标准以下生活水平的个人、家庭，我们可以观察到贫困率的发展变化。韩国的贫困率在1990年为8.4%，2000年为6.4%，2005年以后处于10%以上的水平。贫困率这样上升倾向是通过相对贫困率变化确定的。在国际比较的时候，一般以"可消费收入"为基准，即在一个家庭的收入中取中位所得（最高所得-最低所得）/2，即50%，以这种计算方式，韩国的相对贫困率为1990年8.2%，2000年9.9%，2005年15.2%，2009年15.1%，并且这个发展一直处于上升趋势。

表 22 韩国绝对贫困率与相对贫困率

年度	1990	1995	2000	2005	2006	2007	2008	2009
绝对贫困率(%)	8. 4	4. 7	6. 4	11. 5	11. 0	10. 8	10. 6	11. 5
相对贫困率	8. 2	8. 4	9. 9	15. 2	15. 3	15. 2	14. 7	15. 1

资料来源:韩国保健社会研究院:《贫困统计年报》。

以上韩国高贫困率情况与其他先进国家相比同样处于比较高的水平。表 23 显示了 2008 年 OECD 主要国家相对贫困率情况。北欧和其他欧洲大陆国家中,带有市民主义或者保守主义倾向福利机制的国家,表现出不到 10%的贫困率。相反韩国的贫困率相对于 11. 1%的 OECD 平均高 3. 6%,这接近于 15. 7%的日本或者 17. 3%的美国等自由主义福利利制国家水平。

表 23 OECD 主要国家相对贫困率

瑞典	挪威	法国	斐济('07)	日本('06)	美国	韩国	OECD 平均
8. 4%	7. 8	7. 2	9. 1	15. 7	17. 3	14. 7	11. 1

资料来源:韩国保健社会研究院:《贫困统计年报》。

(二)收入不平等

与贫困率相同,作为代表性分配指标的还有基尼系数。表 24 说明了韩国的基尼系数变化过程。以 2 人城市家庭为对象的基尼系数与收入 5 分位倍数的趋势来

表 24 韩国收入不平等与基尼系数现状

韩国收入不平等水平	分类	1990	1992	1994	1996	1998	2000	2002	2004	2006	2008	2010
基尼系数	市场所得(A)	0. 266	0. 254	0. 255	0. 266	0. 293	0. 279	0. 293	0. 293	0. 305	0. 319	0. 315
	可消费收入(B)	0. 256	0. 245	0. 248	0. 257	0. 285	0. 266	0. 279	0. 277	0. 285	0. 294	0. 289
	A-B A-B	0. 010	0. 009	0. 007	0. 009	0. 008	0. 013	0. 014	0. 016	0. 020	0. 025	0. 026
五分位倍率	市场所得(C)	3. 93	3. 71	3. 76	4. 01	4. 78	4. 40	4. 77	4. 94	5. 39	5. 93	6. 02
	可消费收入(D)	3. 72	3. 52	3. 61	3. 79	4. 55	4. 05	4. 34	4. 41	4. 62	4. 88	4. 82
	C-D C-D	0. 21	0. 19	0. 15	0. 22	0. 23	0. 35	0. 43	0. 53	0. 77	1. 05	1. 20

资料来源:统计厅(kosis.kr)

注:以 2 人以上都市家庭为基准。

看，市场所得与可消费收入两者都发生了长期增长（所得不平等深化）。以市场所得为基准，1990 年为 0.266 的基尼系数在金融危机以后，1998 年增加到 0.293，之后稍微减少，但在 2010 年再次增长到 0.315。但是由于市场所得与可消费收入的差异变大，政府对此作了政策上的努力，使不平等收入问题有所改善。这样的不平等深化倾向可以通过 5 分位倍率确认，在市场所得中，2010 年上位 20%的所得与下位 20%所得之间差距达到 6 倍，而这个数值是持续上升的结果。但基尼系数拥有倾向与差异，那么与市场所得相应的劳动所得差异急剧增加相反，可消费收入为基准的所得差异在 2010 年小幅度减少。

根据 2007 年统计厅家庭调查资料分析报告显示，政府所提供的各种福利项目的再分配效果是非常积极的。除了养老保险之外作为收入再分配的社会福祉受的期待度为 2.38%，相反根据国民养老保险、公务员和军人养老保险的所得分配效果为 0.33%，相当低的标准。这主要是因为养老保险受惠对象范围非常具有局限性，低收入群体养老保险受惠者比率相对低等原因。

表 25　根据收入类别基尼系数与再分配效果

	市场收入	民间收入	民间收入 2	总收入	可消费收入	税后收入
基尼系数	0.32729	0.31306	0.31203	0.30457	0.28612	0.28793
变化率	—	-4.55%	-0.33%	-2.38%	-6.45%	+0.58%

资料来源：成明宰（2008）：《税收财政支出对所得分配结构与贫困率所造成的影响》（分析数据来源于 2007 年家庭调查）。

注：1. 民间所得＝市场所的－民间转移所得
　　民间所得 2＝民间所得＋养老保险金
　　总收入＝民间所得＋养老保险金＋其他社会福祉受惠所得
　　可消费收入＝总收入－所得税，财产税等直接税收－社会福祉金
　　税后所得＝可处理所得－间接税收
2. 再分配效果（变化率）是指 前一阶段变化率 / 市场所得基尼系数。

为了比较韩国与主要福利国家之间的收入不平等状况，分析几个代表性指标情况如表 26 所示。为了可以在不同国家间进行比较，尽量利用共同的标准或方法，瑞典、丹麦等市民主义福利机制为 0.280。而英国、美国等自由主义福利体系与意大利、西班牙等南欧洲的收入不平等程度显示为最高程度，而韩国处于 OECD 30 个成员国中平均程度，为 0.311。即使韩国的基尼系数达到了 OECD 国家的平均水平，实际上劳动所得的差异却相当的高。首先，收入水平为，接近于全职常用劳动者收入的 2/3 的劳动者比率（DPI），韩国为 25.6，丹麦为 12.0，澳洲为 16.0，日本为 15.4，美国为 24.5。而在另一个参数即 1 分位所得与 9 分位所得的差距中，韩国为 4.7，紧接美国达到第二高的水平。即使劳动所得之间、收入群体之间

存在着很大的差距,但是基尼系数却处于非常低的原因可能为测量上的误差、测量指标本身的局限性,或者可能是国家在分配政策的效果不同。总之原因不是很清楚。

表 26 主要先进国家收入不平等水平

福利体质	国家名	基尼系数	LPI	D9/D1
市民主意	丹麦	0. 232	12. 0	2. 7
	瑞典	0. 234	—	2. 3
	芬兰	0. 269	7. 9	2. 6
	挪威	0. 276	—	2. 2
	平均	0. 253		
组合主义	斐济	0. 271	5. 6	2. 3
	芬兰	0. 271	—	2. 9
	法国	0. 281	—	2. 9
	德国	0. 298	20. 8	3. 3
	平均	0. 280		
东亚	日本	0. 321	15. 4	3. 1
	韩国	0. 312	25. 6	4. 7
	平均	0. 317		
自由主义	澳洲	0. 301	16. 0	3. 3
	加拿大	0. 317	22. 0	3. 7
	新西兰	0. 335	13. 6	2. 9
	英国	0. 335	20. 5	3. 6
	美国	0. 381	24. 5	4. 9
	平均	0. 334		
南部欧洲	意大利	0. 352	11. 9	2. 8
	西班牙	0. 319	16. 0	3. 5
	雅典	0. 321	16. 9	3. 4
	平均	0. 331		
OECD 平均		0. 311		

资料来源:OECD,Labour Force Statistics(OECD.Stat)。

注:1. 基尼系数中数据来源于:韩国 2006 年,新西兰 2003 年,其他国家 2005 年。

2. LPI 和 D9/D1 是 2007 年数据(除荷兰 2005 年之外)。

3. LPI(low pay incident):full-time 未满常用劳动者总收入的 2/3 劳动者比率。

D9/D1:所得 9 分位与所得 1 分位之间相对差异。

四、结 论

过去韩国的社会福祉以带有近代特征的福利事业如生活保护事业、设施保护事业、阶层分类明显的医疗保险制度为代表。但是在1987年民主化与1997年金融危机之后快速膨胀，以市民社会为中心的政治参与多样化增大，使福利争论不仅仅局限在赞成福利扩大与否，而是着重于具体的"提供方式"。"普遍主义社会福祉与选择主义社会福祉"之争，"建立怎样的福利国家?"等，都是对于社会福祉的"提供方式"进行争论的非常好的例子。

前面的统计数据也很好地说明了韩国与其他国家社会福祉发展与变化过程。特别是韩国的主要统计机构(韩国统计厅①、保健福利部②、雇佣劳动部③等)，都在其网站中提供了英文版统计数据域分析资料，给其他东亚研究者进行各国之间比较研究提供了便利，同时笔者在这里也期待各国研究者在东亚社会福祉领域积极的交流与活跃的研究。

参考文献

雇佣劳动部:《雇用保险基金结算报告书》,2011年。

保健福利部:《保健福利统计年报》,2010年。

成明宰:《税收财政支出对所得分配结构与贫困率所造成的影响 》,韩国税收研究院，2008年。

李泰真等 :《韩国社会现状与社会政策实态与动向》,韩国保健社会研究院。

韩国雇佣情报院:《雇佣保险统计现状》,2011年。

韩国劳动研究院:《中长期劳动力收入展望:2005—2020》,2005年。

韩国保健社会研究院:《贫困统计年报》,2010年。

韩过统计厅:《未来人口预测统计》,2006年。

OECD, Health Data 2010, 2011.

OECD, Pension at a Glance 2011.

UN, 2010, World Population Prospects.

统计厅, http://kosis.kr.

OECD, OECD Stat.

---

① http://kostat.go.kr.

② http://www.mw.go.kr.

③ http://www.moel.go.kr/.

OECD 国家社会保障相关指标

申曙光　吴冰　瞿婷婷①

本文的目的是介绍 OECD 国家衡量社会保障与社会福利发展水平的指标。主要内容包括:OECD 国家社会保障和社会福利指标概述;指标含义解释;重要指标(实际数据)。

一、OECD 国家社会保障和社会福利的指标概述

(一)社会保障指标

OECD 国家主要以社会保障及其各项目的支出占 GDP 的份额来度量一个国家的社会保障水平,具体指标包括:

- Total/GDP 社会保障总支出/GDP
- Old Age/GDP 养老支出/GDP
- Survivor/GDP 遗属抚恤金支出/GDP
- Incapacity Related/GDP 伤残抚恤金支出/GDP
- Health/GDP 医疗支出/GDP
- Family/GDP 家庭津贴/GDP
- Active Labor Market Programs /GDP 促进就业项目支出/GDP
- Unemployment/GDP 失业津贴/GDP
- Housing/GDP 住房津贴/GDP
- Other Social Policy Area Program/GDP 其他社会保障项目津贴/GDP

从附表 1 中可以看到,从 OECD 整体来看,社会保障支出占 GDP 的比例从

① 申曙光,中山大学社会保障学科教授。吴冰、瞿婷婷,中山大学研究生。

1980 年的 16%逐年提高到了 2009 年的 22.1%。其中,公共卫生支出和养老支出在 2009 年占 GDP 的比例分别为 6.6%(附表 2)和 7.3%(附表 3),二者之和占整个社保支出的约 63%,意味着它们是社会保障的主要构成部分。因此,在衡量 OECD 国家的社会保障水平时,应更加深入地分析这两个项目。以下为这两个领域的相关指标:

公共卫生方面的指标:

- Health Expenditure 卫生总支出
- Health Care Resources 医疗保障资源
- Health Care Activities 医疗保障活动
- Health Status 健康状况
- Chronic Conditions 慢性病情况
- Risk Factors 风险因素

养老支出方面的指标(对男性和女性分别列有指标)

- Gross Replacement Rate 总养老金替代率
- Net Replacement Rate 净养老金替代率
- Gross Pension Wealth 总养老财富
- Net Pension Wealth 净养老财富

(二)社会福利指标与政策绩效

在比较和考察不同国家社会保障与社会福利政策的实施绩效时,应该考虑到社会保障的水平是受到一些客观因素(如经济发展水平、人口发展状况)的制约的,也即对某一国家福利水平的考量应建立在这个国家的实际情况的基础之上。OECD 国家用总体框架性指标(General Context Indicators)区别不同国家的客观约束条件,具体包括:

- Net National Income Per Capita 人均国民净收入
- Fertility Rates 出生率
- Migration 移民率
- Marriage And Divorce 结婚率和离婚率

在此基础上,OECD 国家从四个方面衡量社会福利和公共政策绩效,分别为:

1. Self-Sufficiency Indicators 自我供养指标

- Employment Rate 就业率
- Unemployment Rate 失业率
- Childcare 儿童保育

- Student Performance 学生表现
- Not In Employment, Education Or Training Rate 非就业、读书或培训的年轻劳动力占比
- Age Of Labor Force Exit 平均退休年龄
- Spending On Education 教育支出

2. Equity Indicators 公平性指标

- Income Inequality 收入差距
- Poverty 贫困
- Poverty Among Children 儿童贫困
- Adequacy Of Benefits Of Last Resort 社会对最贫困阶层的救济力度
- Public Social Spending 社会公共支出

3. Health Indicators 健康指标

- Life Expectancy 期望寿命
- Perceived Health Status 认为自己身体健康的人的比重
- Infant Health 婴儿健康
- Obesity 肥胖
- Height 身高
- Mental Health 精神健康
- Long-Term Care Recipients 长期护理支出
- Health Care Expenditure 社会健康支出

4. Social Cohesion Indicators 社会凝聚力指标

- Life Satisfaction 生活满意度
- Work Satisfaction 工作满意度
- Crime Victimization 犯罪受害率
- Suicides 自杀
- Bullying 暴力
- Risky Behavior 危险活动

二、指标的含义与解释

(一)社会保障支出指标

Health 医疗——这个项目包含了所有医疗保障方面的支付。表 2 显示,对

OECD 所有国家之整体而言,医疗卫生支出占 GDP 的比重从 1980 年的 4.5%增长至 2009 年 6.6%。这体现了 OECD 国家对医疗卫生的投入越来越大的趋势。对比不同国家的医疗卫生支出占 GDP 的比例可以看到,在 2009 年,该项指标最高的国家为法国,为 9.0%,最低的国家为墨西哥,仅为 3.1%。可见,OECD 内部不同国家对医疗卫生的投入存在较大的差异。

Old Age 养老支出——包含了所有对老年人的现金支出,具体包括正常退休津贴、提前退休津贴、对退休人员无退休津贴的伴侣的补助和社会对老年人社会服务的开支等。表 3 显示,对 OECD 所有国家之整体而言,养老支出占 GDP 的比重从 1980 年的 5.1%上升到 2009 年 7.3%。OECD 国家对养老支出投入越来越大的趋势很可能受到了全球人口老龄化的影响。对比不同国家的养老支出占 GDP 的比例可以看到,在 2009 年,该项指标最高的国家是意大利,高达 13.0%,而该项指标最低的国家是墨西哥,仅为 1.4%。可见,OECD 国家中的欧洲国家对养老政策的投入远远超过部分拉美国家,这与其人口结构的老龄化有关,也与国家的经济发达程度、社会福利体系有关。

Survivor 遗嘱抚恤金——这个项目包含了社会对所有因工死亡的工作人员按其供养的直系亲属人数,每月付给供养直系亲属的抚恤费。

Unemployment 失业津贴——这个项目包含了所有对失业人员的补助。表 4 显示,对 OECD 所有国家之整体而言,失业津贴占 GDP 的比重在 1985 年为 1.2%,2009 年为 1.1%,不同年份的变化很微弱,其中在 2000 年、2005 年还有所下降。对比不同国家的失业津贴占 GDP 的比例可以看到,在 2009 年,该项指标较高的国家是比利时和西班牙,分别为 3.7%和 3.5%,而较低的国家是智利和土耳其,均为 0.1%。欧洲国家对失业津贴的高投入很可能受到了 2008 年美国次贷危机导致全球就业形势恶化的影响。

Incapacity Related 伤残抚恤金——这个项目包含了社会对所有因为先天或后天的身体原因不能参加就业或暂时离职带来的经济损失的补偿。其中包括了因病离职津贴,残疾津贴和工伤津贴。表 5 显示,对 OECD 所有国家之整体而言,残疾抚恤金支出占 GDP 的比重在 1980 年为 2.3%,而 2009 年为 2.4%,在不同年份几乎保持不变。对比不同国家的伤残抚恤金占 GDP 的比例可以看到,在 2009 年,该项指标较高的国家是瑞典和丹麦,分别为 5.0%和 4.9%,而最低的国家是墨西哥,仅为 0.1%。欧洲国家对伤残抚恤金的高投入体现了政府对社会中弱势群体的福利关怀和重视。这对中国未来完善社会保障体系提供了借鉴。

Family 家庭津贴——这个项目包含了关于支持家庭的所有支出,通常包括抚养孩子或供养直系亲属的津贴、生育津贴等。

Active Labor Market Programs 促进就业项目支出——这个项目包含了所有为了促进就业举办的项目的开支,通常包括:公共就业服务,就业项目培训,学生职业培训等。

Housing 住房津贴——这个项目包含了所有关于住房的补助津贴,通常包括租房津贴、分期贷款津贴和对老年人、贫困者的住房补助等。

Other Social Policy Area Program 其他社会保障项目津贴——这个项目包含了对不符合上述条件的人(如移民、难民等)的津贴开支。

(二)社会福利指标

1. Self Sufficiency 自我供养指标。

保证人们可以自给自足是社会保障和社会福利政策的一个根本性目标,衡量社会中人们的自给自足水平是衡量社会保障和福利政策的关键。OECD 国家在比较衡量 Self Sufficiency 时选用的指标有:

Employment Rate 就业率——高就业率是高收入和充足的社会保障资金的保障。

Unemployment Rate 失业率 ——失业率是整体经济健康状况的“晴雨表”,低的失业率是经济健康运行的保障,也是人们拥有自给自足能力的保障。

Childcare 儿童保育——这个指标衡量的是儿童接受早期系统教育的覆盖率。选择这个指标的原因是对于儿童认知能力和社会能力的培养直接影响未来的自我供养能力。

Student Performance 学生表现——这个指标衡量的是各个国家学生的学业水平。选择这个指标的原因是它可以有效地衡量一个国家人力资本的发展情况,对未来的就业率和工资水平起着决定性的作用。

Not In Employment, Education Or Training Rate 非就业、读书或培训的年轻劳动力占比——选择这个指标的原因是年轻劳动力的未充分利用是长期不完善的就业市场的有效信号。

Age Of Labor Force Exit 平均退休年龄——平均退休年龄反映了劳动力退出劳动力市场的平均年龄,关系国家经济发展活力和能否可持续发展以及关系社会平等正义等大问题,也是反映劳动力自我供养能力的重要指标。

Spending On Education 教育支出——充足的人力资本投资是未来就业市场繁荣的保障。

2. Equity 公平性指标。

社会保障和社会福利不仅要提高每个微观个体的生活水平,而且要追求总体上的公平。对公平的定义一般有两种理解，即机会的公平和结果的公平，但是为了提高公平的可量化性，OECD 在衡量公平时选择和收入有关的指标，具体指标如下：

Income Inequality 收入差距——主要由基尼系数来衡量。表 7 显示，对 OECD 所有国家的全部人口而言，在 20 世纪中期其基尼系数为 0.31。其中，墨西哥的基尼系数最高，达到 0.47，而卢森堡的基尼系数最低，为 0.26。可见，OECD 国家内部，不同国家的收入分配公平程度存在较大的差距，欧洲国家的收入分配更加公平，而拉美国家的收入分配公平性还有待提高。进一步地，观察 18—65 岁的人群，OECD 所有国家之整体的基尼系数为 0.31，其中墨西哥的基尼系数仍然最高，为 0.47，而卢森堡的基尼系数最低，为 0.26。此外，奥地利、比利时的基尼系数也较低，均为 0.27。另一方面，观察 OECD 国家中 65 岁以上人群，OECD 所有国家整体的基尼系数为 0.29，其中墨西哥的基尼系数仍然是最高的，为 0.56，而丹麦、芬兰和斯洛伐克的基尼系数最低，为 0.2。由此可知，65 岁以上人群的收入分配公平性高于 18—65 岁的人群，这应当与他们能够获得政府的养老支出以及其他社会保障津贴有关。

Poverty 贫困率——贫困指的是在收入为社会收入水平中位数的 50%。

Poverty Among Children 儿童平困率——这个指标衡量的是处于贫困线儿童的比例。选择这个指标的原因是因为 OECD 认为儿童贫困更加值得关注，这不仅是因为儿童无法选择自己的生活环境，而且儿童贫困会直接影响人力资本的投资和长期的发展。

Adequacy Of Benefits Of Last Resort 社会对于最贫困阶层的救济力度——这个指标衡量了社会保障体系对社会弱势群体的保护力度，是社会政策对不公平的社会状况的回应。

Public Social Spending 社会公共支出——也即公共财政的支出，衡量政府为市场、社会提供公共服务所安排的支出。

Total Social Spending 社会总公共开支——加总了税收和转移支付之后的总的社会公共支出。

3. Health 健康指标。

社会的健康水平是社会保障和福利水平高低的一个有效的衡量指标。这是因为生活质量的提高与医疗资源的增加、医疗水平的提高密切相关。OECD 国家用来衡量健康水平的指标如下：

Life Expectancy 期望寿命——期望寿命是衡量人口健康水平的重要指标，人口平均期望寿命越长，意味着一国人口健康水平越高。

Perceived Health Status 认为自己身体健康的人占总人口的比重 ——选择这个指标是因为它直接影响了人们对自己寿命的期望。

Infant Health 婴儿健康率——选择这个指标是因为较低的婴儿死亡率和新生儿体重的增加不仅直接影响到了人们的生命期望长度，而且也反映了医疗水平的提高。

Obesity 肥胖率——选择这个指标的原因不仅是因为肥胖问题已经成为西方社会的普遍问题，而且肥胖会影响社会和经济的运行效率，是未来健康问题和健康支出的先行指标。

Height 身高——成年人的身高水平反映了儿童期的健康水平

Mental Health 心理健康——OECD 认为虽然这个指标难以量化，但是由于不健康的心理会带来很多问题，此指标不容忽视。

Long-Term Care Recipients 长期护理支出——这个指标主要衡量了社会对于老年人的长期照料支出，同时包括了在家中的和养老机构中的老年人。

Health Care Expenditure 社会健康支出——这是衡量社会对处理健康问题，提高健康水平的总体指标，当然在比较这个指标时应结合特定国家的具体情况。

4. Social Cohesion 社会凝聚力指标。

社会凝聚力是 OECD 国家在建设社会保障和福利体系时追求的目标之一。但是因为社会凝聚力是一个相当抽象因而难以量化的概念，在比较和衡量社会凝聚力时，OECD 国家选用了公民对社会生活的参与程度以及从中得到的效用作为衡量社会凝聚力的指标。具体指标如下：

Life Satisfaction 生活满意度 ——这是对人们生活幸福度和社会凝聚力的一个直接的衡量。

Work Satisfaction 工作满意度——鉴于工作是人们的主要社会活动，对工作的满意程度反映了社会环境的优劣程度。

Crime Victimization 犯罪受害率——犯罪受害率反映了犯罪行为的频率以及恶劣程度，凸显社会治安和法治环境。

Suicides 自杀率——自杀行为一种发生在当个体同社会团体或整个社会之间的联系发生障碍或产生离异时的现象，一定程度反映社会环境和个人在联系上发生多大程度的障碍。

Bullying 暴力——主要针对校园暴力事件，反映的是实施暴力行为和受到暴力伤害的各年龄段的比例。

Risky Behavior 青少年危险行为率——主要针对青少年的吸烟喝酒行为，反映的是青少年吸烟喝酒的比例。

三、重要指标

表①中列出了 OECD 国家社会保障和社会福利中八个方面的具有代表性的数据,其中表 1 到表 5 反映的是 OECD 国家的社会保障支出占各个国家 GDP 的比重,表 6 到表 7 反映的是各个国家的社会福利水平。

选择表 1 到表 5 作为社会保障代表性数据的原因是:表 1 反映了社会保障总体水平;而表 2 及表 3 是 OECD 社会保障支出中的最重要部分;表 4 与表 5 是 OECD 国家普遍比较重视的社会保障支出。

选择表 6 到表 7 中的相关指标与数据作为反映社会福利水平代表性数据的原因是:表 6 集中反映了 OECD 国家对失业人员的救济力度,是西方社会衡量社会福利的一个常见通用指标;而表 7 中的数据描述了政府干预后的社会平等水平,是社会福利政策有效与否的重要写照。

表 1 社会保障总支出占 GDP 的比例 单位:%

国家	1980	1985	1990	1995	2000	2005	2009	2010	2011	2012	2013
澳大利亚	10.30	12.20	13.20	16.20	17.30	16.50	17.80	17.90	18.16	18.77	19.52
奥地利	22.40	23.70	23.80	26.50	26.60	27.10	29.10	28.86	27.89	27.94	28.29
比利时	23.50	26.00	24.90	26.20	25.30	26.50	29.70	29.49	29.73	30.53	30.73
加拿大	13.70	17.00	18.10	18.90	16.50	16.90	19.20	18.73	18.14	18.10	18.16
智利	..	..	9.90	11.10	12.80	10.10	11.30	10.79	10.43	10.18	..
捷克	..	..	15.30	17.40	19.10	18.70	20.70	20.82	20.78	20.99	21.77
丹麦	24.80	23.20	25.10	28.90	26.40	27.70	30.20	30.62	30.58	30.78	30.79
爱沙尼亚	..	..	..	..	13.90	13.10	20.00	20.08	18.24	17.63	17.74
芬兰	18.10	22.40	24.10	30.70	24.20	26.20	29.40	29.55	29.22	30.00	30.53
法国	20.80	26.00	25.10	29.30	28.60	30.10	32.10	32.39	32.02	32.52	33.02
德国	22.10	22.50	21.70	26.60	26.60	27.30	27.80	27.12	25.89	25.86	26.18
希腊	10.30	16.10	16.60	17.50	19.30	21.10	23.90	23.33	24.41	24.12	22.00
匈牙利	..	..	..	..	20.70	22.50	23.90	22.87	21.92	21.57	21.56
冰岛	..	..	13.70	15.20	15.20	16.30	18.50	17.98	18.06	17.63	17.22
爱尔兰	16.50	21.10	17.30	18.10	13.40	16.00	23.60	23.72	23.35	22.41	21.59

① 数据均来自 OECD 官方网站 http://stats.oecd.org。每个项目均包括 OECD 成员国以及 OECD 国家平均水平。

续表

国家	1980	1985	1990	1995	2000	2005	2009	2010	2011	2012	2013
以色列	..	..	..	17.40	17.20	16.30	16.00	16.02	15.81	15.80	15.81
意大利	18.00	20.80	19.90	19.80	23.10	24.90	27.80	27.75	27.50	28.03	28.44
日本	10.25	11.08	11.12	14.08	16.29	18.55	22.19	22.30	..	..	..
韩国	..	..	2.82	3.25	4.82	6.51	9.60	9.23	9.14	9.30	..
卢森堡	20.60	20.20	19.10	20.80	20.90	22.80	23.60	23.02	22.58	23.18	23.38
墨西哥	..	1.70	3.30	4.30	5.30	6.90	8.20	8.08	7.70	7.41	..
荷兰	24.80	25.30	25.60	23.80	19.80	20.70	23.20	23.40	23.42	24.02	24.30
新西兰	17.00	17.60	21.50	18.60	19.00	18.10	21.20	21.30	21.40	22.02	22.37
挪威	16.90	17.80	22.30	23.40	21.30	21.60	23.30	22.99	22.37	22.28	22.88
波兰	..	..	14.90	22.60	20.50	21.00	21.50	21.82	20.51	20.57	20.94
葡萄牙	9.90	10.10	12.50	16.50	18.90	23.00	25.60	25.43	25.02	25.04	26.38
斯洛伐克	..	..	..	18.80	17.90	16.30	18.70	19.14	18.10	18.28	17.95
斯洛文尼亚	..	..	0.00	0.00	21.80	21.10	22.60	23.64	23.74	23.73	23.78
西班牙	15.50	17.80	19.90	21.40	20.20	21.10	26.00	26.69	26.41	26.78	27.43
瑞典	27.10	29.50	30.20	32.00	28.40	29.10	29.80	28.30	27.56	28.13	28.64
瑞士	13.80	14.70	13.45	17.46	17.85	20.26	..	20.55	19.53	18.75	19.10
土耳其	3.20	3.10	5.70	5.60	..	9.90	12.80	..	..	..	..
英国	16.50	19.40	16.70	19.90	18.60	20.50	24.10	23.84	23.56	23.87	23.77
美国	13.20	13.20	13.60	15.50	14.50	16.00	19.20	19.84	19.56	19.67	20.03
OECD-总体	15.50	17.20	17.60	19.50	18.90	19.70	22.10	22.05	21.69	21.79	21.95

数据来源：OECD 官方网站 http://stats.oecd.org。

表 2 医疗卫生支出占 GDP 的比例 单位：%

国家	1980	1985	1990	1995	2000	2005	2009
澳大利亚	3.8	4.5	4.5	4.7	5.4	5.6	6.2
奥地利	5.1	4.9	5.4	5.9	6.5	6.8	7.3
比利时	5.2	5.7	6.4	6.5	6.5	7.7	8.1
加拿大	5.1	6.1	6.6	6.4	6.2	6.8	8.0
智利	..	..	0.0	2.5	3.4	2.7	3.7
捷克	..	..	4.4	6.1	5.7	6.1	6.7
丹麦	5.5	5.1	4.7	4.6	5.6	6.4	7.7
爱沙尼亚	..	..	..	..	4.0	3.8	5.2
芬兰	5.0	5.4	6.1	5.5	5.0	6.3	6.8
法国	5.6	6.3	6.4	8.3	8.0	8.8	9.0

续表

国家	1980	1985	1990	1995	2000	2005	2009
德国	6.6	6.8	6.3	8.0	7.9	8.0	8.6
希腊	3.3	4.6	3.6	4.5	4.8	5.8	6.5
匈牙利	..	..	..	6.2	5.1	5.9	5.1
冰岛	..	..	5.8	5.9	6.5	5.8	6.2
爱尔兰	6.7	5.6	4.3	4.8	4.6	5.8	7.1
以色列	..	..	..	4.9	4.4	4.3	4.1
意大利	5.5	5.3	6.1	5.1	5.8	6.8	7.4
日本	4.4	4.6	4.4	5.6	5.8	6.3	7.2
韩国	..	..	1.5	1.4	2.2	3.0	4.0
卢森堡	4.8	4.6	5.0	5.1	6.4	6.7	6.6
墨西哥	..	0.9	1.8	2.2	2.4	2.6	3.1
荷兰	5.1	5.2	5.4	5.9	5.0	5.9	7.9
新西兰	5.1	4.4	5.6	5.5	5.9	6.7	8.3
挪威	4.9	4.5	4.3	4.3	4.9	5.7	6.2
波兰	..	..	4.4	4.0	3.9	4.3	5.2
葡萄牙	3.3	3.0	3.7	4.7	6.2	7.0	7.2
斯洛伐克	..	..	..	5.7	4.9	5.2	6.0
斯洛文尼亚	..	..	..	..	6.1	6.1	6.8
西班牙	4.2	4.3	5.1	5.4	5.2	5.8	7.0
瑞典	8.2	7.7	7.4	6.2	6.3	6.6	7.3
瑞士	3.6	3.9	3.9	4.6	5.0	6.0	..
土耳其	0.7	0.8	1.6	1.8	..	3.7	5.4
英国	4.9	4.9	4.9	5.6	5.5	6.6	8.1
美国	3.8	4.2	4.9	6.2	6.0	7.1	8.3
OECD-总体	4.5	4.5	4.7	5.0	5.3	5.8	6.6

数据来源:OECD 官方网站 http://stats.oecd.org。

表 3 养老支出占 GDP 的比例

单位:%

国家	1980	1985	1990	1995	2000	2005	2009
澳大利亚	3.1	2.9	3.3	3.9	4.7	4.3	4.9
奥地利	10.0	10.9	8.9	10.0	10.4	10.8	12.0
比利时	5.9	6.3	6.5	7.0	6.9	7.1	8.1
加拿大	2.8	3.4	3.8	4.2	3.9	3.7	4.1

续表

国家	1980	1985	1990	1995	2000	2005	2009
智利	..	..	7.1	5.9	6.4	5.0	2.8
捷克	..	..	5.0	5.6	6.8	6.6	7.8
丹麦	7.0	6.9	7.3	8.4	7.1	7.3	8.2
爱沙尼亚	..	..	..	..	5.9	5.3	7.9
芬兰	5.1	7.0	7.0	8.5	7.5	8.5	10.2
法国	7.6	8.6	9.2	10.6	10.5	10.9	12.3
德国	9.7	9.8	9.4	7.8	8.6	9.1	9.1
希腊	4.6	7.2	9.4	9.2	10.2	11.1	10.9
匈牙利	..	..	..	..	7.0	7.8	9.1
冰岛	..	..	3.4	3.7	3.5	3.8	2.2
爱尔兰	4.4	4.6	4.1	3.6	2.6	2.9	4.5
以色列	..	..	..	4.1	4.3	4.6	4.4
意大利	7.2	9.0	8.2	9.3	11.1	11.5	13.0
日本	3.0	3.8	4.0	5.2	6.8	8.6	10.4
韩国	..	..	0.6	1.1	1.3	1.5	2.1
卢森堡	5.9	5.5	7.6	8.2	6.9	5.2	5.8
墨西哥	..	0.1	0.4	0.6	0.6	0.9	1.4
荷兰	6.1	5.9	6.3	5.5	5.3	5.5	5.8
新西兰	6.8	7.3	7.2	5.5	4.8	4.1	4.5
挪威	5.1	5.5	7.1	7.1	6.5	6.3	7.1
波兰	..	..	4.1	7.6	8.5	9.3	9.8
葡萄牙	3.1	3.3	4.0	6.0	6.6	8.9	10.6
斯洛伐克	..	..	..	5.5	5.7	5.7	6.4
斯洛文尼亚	..	..	..	..	10.1	9.5	9.2
西班牙	4.6	5.8	7.2	8.3	6.8	6.5	7.7
瑞典	7.7	8.2	8.6	9.8	9.1	9.4	10.2
瑞士	5.6	5.7	5.5	6.6	6.5	6.7	..
土耳其	1.0	1.1	1.6	2.1	..	4.8	5.8
英国	4.2	4.4	4.8	5.5	5.5	5.9	6.7
美国	5.2	5.3	5.2	5.4	5.1	5.3	6.1
OECD-总体	5.1	5.6	6.0	6.4	6.4	6.6	7.3

数据来源:OECD 官方网站 http://stats.oecd.org。

表 4 失业津贴占 GDP 的比例

单位:%

国家	1980	1985	1990	1995	2000	2005	2009
澳大利亚	0.6	1.2	1.1	1.2	0.9	0.5	0.5
奥地利	0.4	0.9	0.9	1.3	0.9	1.1	1.1
比利时	2.4	3.3	2.9	3.2	2.8	3.3	3.7
加拿大	1.2	1.8	1.9	1.3	0.7	0.6	1.0
智利	..	..	0.0	0.0	0.0	0.0	0.1
捷克	..	..	..	0.4	0.6	0.6	1.0
丹麦	4.8	4.2	4.2	4.4	3.0	2.8	2.3
爱沙尼亚	..	..	..	..	0.1	0.1	1.1
芬兰	0.6	1.3	1.1	3.9	2.2	2.0	2.0
法国	0.0	2.3	1.7	1.6	1.5	1.7	1.5
德国	0.5	0.9	0.8	1.5	1.3	1.9	1.7
希腊	0.2	0.3	0.4	0.4	0.4	0.4	0.7
匈牙利	..	..	..	0.9	0.7	0.6	0.9
冰岛	..	..	0.3	0.7	0.2	0.3	1.7
爱尔兰	..	3.3	2.1	2.3	0.8	0.9	2.6
以色列	..	..	..	0.5	0.6	0.4	0.4
意大利	0.6	1.3	0.6	0.7	0.4	0.5	0.8
日本	0.5	0.4	0.3	0.5	0.6	0.3	0.4
韩国	..	..	..	..	0.1	0.2	0.4
卢森堡	0.4	0.8	0.5	0.5	0.4	1.0	1.2
墨西哥	..	..	..	..	..	..	..
荷兰	1.6	3.3	2.5	2.8	1.3	1.6	1.4
新西兰	0.5	0.6	1.9	1.1	1.3	0.4	0.5
挪威	0.4	0.5	1.1	1.1	0.5	0.5	0.4
波兰	..	..	0.0	1.6	0.9	0.5	0.3
葡萄牙	0.3	0.3	0.3	0.9	0.6	1.4	1.2
斯洛伐克	..	..	..	0.4	0.6	0.3	0.7
斯洛文尼亚	..	..	..	..	0.9	0.6	0.5
西班牙	2.0	2.7	3.2	3.2	1.7	1.8	3.5
瑞典	0.4	0.9	0.9	2.3	1.4	1.2	0.7
瑞士	0.1	0.2	0.1	1.1	0.5	0.9	..
土耳其	0.3	0.3	0.4	0.5	0.0	0.0	0.1
英国	1.2	2.0	0.7	0.9	0.3	0.3	0.5
美国	0.7	0.4	0.4	0.3	0.2	0.3	0.9
OECD-总体	..	1.2	1.1	1.3	0.9	0.9	1.1

数据来源:OECD 官方网站 http://stats.oecd.org。

表5 伤残抚恤金占GDP的比例

单位:%

国家	1980	1985	1990	1995	2000	2005	2009
澳大利亚	0.9	1.0	1.7	2.3	2.5	2.3	2.3
奥地利	2.7	2.8	2.7	2.9	2.8	2.5	2.5
比利时	3.7	3.7	2.6	3.0	2.8	2.3	2.5
加拿大	0.8	1.0	1.2	1.2	1.0	0.9	0.9
智利	..	..	0.9	0.9	0.9	0.7	0.9
捷克	..	..	2.3	2.3	2.5	2.3	2.2
丹麦	4.2	3.2	3.3	3.7	3.6	4.3	4.9
爱沙尼亚	..	..	..	..	1.5	1.8	2.7
芬兰	3.5	3.9	4.2	5.1	3.8	3.8	4.1
法国	2.8	2.8	2.1	2.1	1.7	1.9	2.0
德国	2.0	1.8	1.5	2.7	2.4	2.2	2.3
希腊	1.0	1.8	1.3	0.8	0.9	0.9	1.0
匈牙利	..	..	..	..	2.6	2.8	2.7
冰岛	..	..	1.3	1.8	2.2	2.7	2.7
爱尔兰	2.3	2.6	1.8	1.9	1.3	1.6	2.4
以色列	..	..	..	2.1	2.5	2.9	3.1
意大利	1.9	2.1	2.0	1.8	1.6	1.7	1.9
日本	0.6	0.6	0.6	0.7	0.8	0.7	1.0
韩国	..	..	0.3	0.4	0.4	0.5	0.6
卢森堡	4.0	3.9	2.9	3.1	3.1	3.2	2.7
墨西哥	..	0.0	0.0	0.1	0.1	0.1	0.1
荷兰	6.5	5.5	6.3	5.0	3.9	3.5	3.1
新西兰	1.3	1.5	2.9	2.7	2.7	2.8	2.8
挪威	3.4	3.5	4.7	4.7	4.6	4.4	4.7
波兰	..	..	3.4	5.7	3.5	2.7	2.3
葡萄牙	1.9	2.1	2.3	2.3	2.3	2.2	2.1
斯洛伐克	..	..	..	2.0	2.2	1.5	2.0
斯洛文尼亚	..	..	..	..	2.6	2.4	2.2
西班牙	2.4	2.5	2.3	2.5	2.4	2.5	2.7
瑞典	4.8	4.6	5.5	4.9	5.1	5.5	5.0
瑞士	2.2	2.2	1.9	2.5	2.8	3.3	..
土耳其	0.3	0.1	0.2	0.2	..	0.1	0.4
英国	1.0	1.5	2.2	2.9	2.5	2.3	2.9
美国	1.1	1.0	1.0	1.2	1.1	1.3	1.5
OECD-总体	2.3	2.3	2.3	2.4	2.3	2.3	2.4

数据来源:OECD官方网站 http://stats.oecd.org。

表 6　2007 年六种家庭的失业率替代率：长期失业

单位：%

	平均工资的 67%						平均工资						平均工资的 150%					
	没有孩子			两个孩子			没有孩子			两个孩子			没有孩子			两个孩子		
	单身	单收入夫妇	双收入夫妇	单亲家庭	单收入夫妇	双收入夫妇	单身	单收入夫妇	双收入夫妇	单亲家庭	单收入夫妇	双收入夫妇	单身	单收入夫妇	双收入夫妇	单亲家庭	单收入夫妇	双收入夫妇
澳大利亚	44	38	53	62	73	49	31	27	44	66	61	60	22	20	35	47	49	50
奥地利	51	65	51	68	80	60	51	52	43	62	64	59	39	39	36	48	49	50
比利时	64	66	75	81	73	77	47	49	64	63	57	67	35	37	53	49	45	56
加拿大	32	49	55	59	63	69	23	36	46	52	55	60	16	26	36	40	42	48
捷克	51	71	55	69	80	62	38	53	45	55	62	52	27	38	36	40	46	41
丹麦	81	76	59	84	91	71	59	56	48	71	75	58	45	43	40	61	62	49
芬兰	65	84	58	72	92	67	48	61	49	60	77	57	35	45	40	46	57	47
法国	47	58	53	68	77	54	32	40	43	48	54	45	23	28	34	34	37	35
德国	47	60	59	81	82	63	34	45	50	63	64	54	24	31	30	45	47	43
希腊	0	0	50	2	2	51	0	0	42	2	2	44	0	0	34	1	1	35
匈牙利	31	56	50	62	71	58	24	44	44	53	62	53	18	32	37	40	47	44
冰岛	60	80	62	71	84	68	44	61	52	57	68	59	32	45	42	44	53	49
爱尔兰	76	103	52	68	95	66	55	74	44	64	82	56	42	54	36	50	62	46
意大利	0	0	54	0	0	65	0	0	45	0	0	56	0	0	36	0	0	46
日本	43	60	51	73	86	53	29	41	41	55	60	44	20	29	33	39	43	35

续表

	平均工资的67%						平均工资						平均工资的150%					
	没有孩子			两个孩子			没有孩子			两个孩子			没有孩子			两个孩子		
	单身	单收入夫妇	双收入夫妇	单亲家庭	单收入夫妇	双收入夫妇	单身	单收入夫妇	双收入夫妇	单亲家庭	单收入夫妇	双收入夫妇	单身	单收入夫妇	双收入夫妇	单亲家庭	单收入夫妇	双收入夫妇
韩国	25	40	50	54	65	50	17	28	41	37	44	41	12	19	33	26	31	32
卢森堡	59	81	53	70	90	57	44	57	44	54	65	49	32	41	37	42	49	41
荷兰	75	90	53	73	88	58	54	66	44	57	68	50	38	47	35	44	51	41
新西兰	53	43	58	69	52	64	37	33	47	55	41	56	26	23	38	45	34	47
挪威	54	77	52	81	100	55	38	55	43	61	73	46	28	40	35	45	54	38
波兰	37	53	52	67	59	61	25	36	42	51	47	50	17	25	33	35	33	40
葡萄牙	24	46	52	50	70	55	17	32	43	37	50	46	12	23	35	28	36	37
斯洛伐克	28	44	53	46	53	57	20	30	44	34	38	48	14	21	35	24	28	38
西班牙	33	41	53	48	48	54	23	29	44	35	34	45	16	21	35	25	25	36
瑞典	64	80	50	62	89	55	45	56	41	50	66	46	34	42	34	39	51	39
瑞士	70	87	50	80	91	55	48	60	41	59	68	45	32	39	34	40	45	35
土耳其	0	0	50	0	0	50	0	0	40	0	0	40	0	0	32	0	0	32
英国	58	58	50	72	78	62	40	40	41	59	66	52	28	28	33	42	47	42
美国	9	15	154	39	46	63	6	11	44	31	37	52	4	7	35	22	26	41

数据来源：OECD 官方网站 http://stats.oecd.org。

表7　收入不平等—税收转移支付后的基尼系数

年龄	全部人口						工作人口:18—65						退休人口:高于65					
时间	70年代中期	80年代中期	1990	90年代中期	2000	2000中期	70年代中期	80年代中期	1990	90年代中期	2000	2000中期	70年代中期	80年代中期	1990	90年代中期	2000	2000中期
国家																		
澳大利亚	..	..	..	0.31	0.32	0.3	..	..	..	0.3	0.29	0.31	..	..	..	0.26	0.31	0.3
奥地利	..	0.24	..	0.24	0.25	0.27	..	0.23	..	0.23	0.25	0.27	..	0.25	..	0.25	0.24	0.28
比利时	..	0.27	..	0.29	0.29	0.27	..	..	..	0.28	0.28	0.27	..	..	..	0.31	0.29	0.24
加拿大	0.29	0.29	..	0.28	0.3	0.32	0.28	0.29	..	0.29	0.31	0.32	0.34	0.28	..	0.25	0.26	0.27
捷克	..	..	0.23	0.26	0.26	0.27	..	..	0.23	0.25	0.26	0.27	..	..	0.19	0.21	0.18	0.2
丹麦	..	0.22	0.23	0.21	0.23	0.23	..	0.21	0.21	0.21	0.22	0.23	..	0.2	0.2	0.19	0.2	0.2
芬兰	0.23	0.21	..	0.23	0.26	0.27	0.23	0.2	..	0.23	0.26	0.27	0.28	0.22	..	0.21	0.24	0.24
法国	..	0.31	0.3	0.28	0.28	0.28	..	0.31	0.3	0.28	0.29	0.28	..	0.35	0.35	0.31	0.31	0.31
德国	..	0.26	0.26	0.27	0.27	0.3	..	0.25	0.252	0.27	0.27	0.3	..	0.26	0.25	0.26	0.26	0.27
希腊	0.41	0.34	..	0.34	0.34	0.32	0.41	0.33	..	0.32	0.34	0.31	0.47	0.37	..	0.38	0.37	0.33
匈牙利	..	..	0.27	0.29	0.29	0.29	..	..	0.27	0.3	0.3	0.3	..	..	0.27	0.24	0.23	0.22
冰岛	..	..	..	..	..	0.28	..	..	..	..	..	0.29	..	..	..	..	..	0.24
爱尔兰	..	0.33	..	0.32	0.3	0.33	..	0.34	..	0.32	0.29	0.32	..	0.29	..	0.29	0.33	0.28
意大利	..	0.31	0.3	0.35	0.34	0.35	..	0.31	0.29	0.35	0.34	0.35	..	0.31	0.3	0.32	0.33	0.31
日本	..	0.3	..	0.32	0.34	0.32	..	0.3	..	0.32	0.33	0.31	..	0.37	..	0.37	0.36	0.34
韩国	..	..	..	..	..	0.31	..	..	..	..	..	0.3	..	..	..	..	..	0.4

续表

年龄	全部人口						工作人口：18—65						退休人口：高于 65					
时间	70 年代中期	80 年代中期	1990	90 年代中期	2000	2000 中期	70 年代中期	80 年代中期	1990	90 年代中期	2000	2000 中期	70 年代中期	80 年代中期	1990	90 年代中期	2000	2000 中期
卢森堡	..	0. 25	..	0. 26	0. 26	0. 26	..	0. 24	..	0. 26	0. 26	0. 26	..	0. 27	..	0. 25	0. 25	0. 23
墨西哥	..	0. 45	..	0. 52	0. 51	0. 47	..	0. 45	..	0. 52	0. 52	0. 47	..	0. 49	..	0. 55	0. 56	0. 56
荷兰	0. 25	0. 26	0. 28	0. 28	0. 28	0. 27	0. 25	0. 26	0. 28	0. 28	0. 28	0. 27	0. 25	0. 25	0. 27	0. 26	0. 25	0. 24
新西兰	..	0. 27	0. 32	0. 34	0. 34	0. 34	..	0. 26	0. 31	0. 33	0. 33	0. 33	..	0. 23	0. 26	0. 25	0. 28	0. 23
挪威	..	0. 23	..	0. 26	0. 26	0. 28	..	0. 22	..	0. 25	0. 26	0. 28	..	0. 23	..	0. 25	0. 22	0. 25
波兰	..	..	..	..	0. 32	0. 37	..	..	..	..	0. 32	0. 38	..	..	..	..	0. 25	0. 28
葡萄牙	0. 35	..	0. 33	0. 36	0. 36	0. 38	..	..	0. 32	0. 34	0. 35	0. 38	..	..	0. 38	0. 38	0. 38	0. 38
斯洛伐克	..	..	..	..	..	0. 27	..	..	..	..	..	0. 27	..	..	..	..	..	0. 2
西班牙	..	0. 37	0. 34	0. 34	0. 34	0. 32	..	0. 3	0. 27	0. 28	0. 27	0. 31	..	0. 25	0. 24	0. 24	0. 26	0. 31
瑞典	0. 21	0. 2	0. 21	0. 21	0. 24	0. 23	0. 2	0. 2	0. 2	0. 22	0. 24	0. 24	0. 21	0. 18	0. 21	0. 2	0. 22	0. 22
瑞士	..	..	..	..	0. 28	0. 28	..	..	..	..	0. 28	0. 27	..	..	..	..	0. 29	0. 28
土耳其	..	0. 43	..	0. 49	..	0. 43	..	0. 43	..	0. 51	..	0. 42	..	0. 48	..	0. 52	..	0. 37
大不列颠联合王国	0. 28	0. 33	0. 37	0. 35	0. 37	0. 34	0. 28	0. 32	0. 36	0. 35	0. 37	0. 34	0. 27	0. 26	0. 32	0. 28	0. 29	0. 27
美国	0. 32	0. 34	0. 35	0. 36	0. 36	0. 38	0. 3	0. 33	0. 34	0. 35	0. 35	0. 37	0. 36	0. 35	0. 37	0. 36	0. 37	0. 4
OECD 全部	..	..	..	..	..	0. 31	..	..	..	..	..	0. 31	..	..	..	..	..	0. 29

数据来源：OECD 官方网站 http://stats.oecd.org。

第五篇

东亚地区社会保障研究文献

中国东亚社会保障研究文献

林闽钢　刘璐婵①

20世纪90年代以来，东亚社会保障及其比较研究受到西方学者的广泛关注，经过多年的积累，东亚社会保障研究已是一个国际化的研究领域，形成了一批具有广泛影响的研究成果，如琼斯（C. Jones，1993）提出的"儒教福利国家"（Confucian welfare state）、古德曼和彭（R. Goodman and I. Peng，1996）提出的"日本型福利国家"（Japan-focused welfare states）、霍利德（Ian Holliday，2000）提出的"生产主义的福利资本主义"（Productivist Welfare Capitalism）等。从目前来看，有关东亚社会保障的研究，已成为当今比较社会政策的重要领域之一，而且逐渐与欧洲传统的福利国家研究呈现东、西辉映之势。②

近年来，随着中国经济和社会的迅速发展，特别是中国社会保障改革进程的加快，东亚社会保障研究在中国获得了前所未有的重视，成为中国社会保障制度改革和发展借鉴经验的重要途径之一。从已有的研究成果来看，中国学者主要从以下几个方面进行了探讨。

一、东亚社会保障模式研究的逻辑起点

（一）东亚社会保障模式"存在性"的争论

东亚地区到底是否存在"东亚社会保障模式"？这是一个前置性问题。在对东亚社会保障模式进行探讨之前，多数学者都面临着这一初始问题。中国学者对

---

① 林闽钢，中国南京大学社会保障学科教授、政府管理学院副院长；刘璐婵，中国南京大学博士生。

② 古允文：《东亚福利研究的发展与对台湾的启示》、《台湾财团法人国家政策研究基金会国政研究报告》，http://www.npf.org.tw/post/2/4813，2009年10月22日访问。

该问题的讨论始于对东亚社会保障的比较研究。

部分学者认为东亚社会保障模式的存在性值得商榷。东亚社会保障的确有其特色，但试图将之归类为单一模式则是徒劳的，这种整体一致的模式或体系是不存在的。① 熊跃根更强调不同的历史传统与文化、国家政治结构与制度基础、社会结构所导致的异质性。中国与日韩在社会保障发展上表现出了明显的多样性，那些不同的东亚国家间的共同点，未必就真的是东亚模式，毕竟不同的学者研究不同阶段的国家中相异的方面使之很难得到一致的结论。因此概念的简单泛化是存在风险的。② 林卡则提出"通过与西方体系相比较而反观东方体系所得出的特点并不能确保就是东亚的"，他还否定了"东亚福利"理念的另一个基础，认为基于"东方假想"的文化直观也缺乏说服力。③ 这种对文化观的颠覆引发了更多思考，杨立雄也跳出了文化的视角，转而从政治的视角探讨了东亚社会政策，发现政治体制比文化决定论更能够解释东亚社会政策发展模式的差异，进而认为东亚社会保障模式很可能不存在。④ 赵怀娟则进一步将东亚具体划分为东北亚与东南亚，发现此二者的福利体制存在差异。⑤

刘继同从制度的最终实现上，提出东亚社会保障模式与欧洲福利国家的主要区别在于社会背景、过程与初始条件上，而起点即使不同，却也能够殊途同归，终将实现全民福利。⑥ 郑功成则强调东亚地区的社会保障学者，在很大程度上重蹈着欧美社会保障学者的传统套路，大多局限于对东亚国家或地区非常具体的、法定的社会保障制度的比较上，以具体制度设计的差异性掩盖了东亚地区社会保障制度体系的同质性，进而使多数学者对东亚社会保障模式是否心存疑虑或持否定态度。由此，应当超越西方固化的思维方式和话语框架，引入新的研究方法和维度。他提出了三个分析维度，即建制理念与福利文化、需求满足与责任分担、制度结构与发展路径，前两者被认为决定了东亚各国与地区社会保障制度模式的选择。由于中日韩三国在这三个维度上体现出了较高的相似性，而这三国的差异性仅体现在第三个维度上，并不会对制度模式的选择产生质的影响，因而独特的东亚社会保障模

① 王卓祺：《东亚国家和地区福利制度：全球化、文化与政府角色》，中国社会出版社 2011 年版，第 4 页。

② 熊跃根：《国家力量、社会结构与文化传统——中国、日本和韩国福利范式的理论探索与比较分析》，《江苏社会科学》2007 年第 4 期。

③ 林卡、赵怀娟：《论"东亚福利模式"研究及其存在的问题》，《浙江大学学报》2010 年第 4 期。

④ 杨立雄、金炳彻：《政治体制对中日韩生活制度的影响》，《武汉大学学报》2013 年第 2 期。

⑤ 赵怀娟：《论"东亚福利模式"研究的一种路向——东北亚与东南亚福利体制之比较》，《理论导刊》2011 年第 11 期。

⑥ 刘继同：《中、日、韩健康照顾与社会福利制度结构性特征的比较研究》，《学习与实践》2007 年第 6 期。

式的存在性得以确认。①

林义也赞成改变目前在制度研究中对技术机制与技术参数的过度倚重，强调东亚国家经济社会发展的历史过程与文化传承赋予东亚福利模式独特的制度化特征。② 这与沈洁提出应侧重于东亚各国制度形成路径的纵向研究具有相似之处。③ 因此，这在某种程度上，是对研究方向的重新定位，即从对制度呈现形态的研究上转向对制度背后文化机理与保障逻辑的研读。

江华和吕学静通过研究则提出，一旦摒弃东亚国家间的差异，综合考虑文化、政策导向、经济基础等要素，将会发现东亚社会保障模式的发展是普遍整合的进程，东亚各国将最终实现既普遍又整合的本质④，即使很难将其进行归类，但是完全能够"在理论上理想化地创造出所谓的东亚福利模式或体制"。⑤ 同样，万国威和刘梦云认为东亚形成了一种新型福利供给类型，家庭互济的福利文化、民众的福利期待令东亚福利体制具有"内在统一性"，并不会受到内部福利差异的影响。⑥ 谢琼也将东亚国家的社会保障安排同西方进行了比较，再次印证了东亚国家内部的同质性。⑦ 另外，东亚福利体制对外也具有相当高的辨识度，黄晓燕和万国威从福利进程、福利取向、福利文化和福利期望四个维度将东亚福利体制与"福利资本主义三个世界"的典型国家进行比较，证明了东亚福利体制具有"外在独立性"⑧，此外，何文炯则从风险管理的视角验证了这一点。⑨

（二）社会保障模式研究的东方起点

林义通过比较研究提出，形成于 20 世纪 70 年代的东亚社会保障模式呈现出区别于欧美社会保障发展模式的重大差异，他总结了东亚社会保障模式的主要特点，认为传统的社会救助与家庭保障使东亚社会保障模式从深层次上区别于其他

---

① 郑功成：《东亚地区社会保障模式论》，《中国人民大学学报》2012 年第 2 期。
② 林义：《关于东亚社会保障模式的理论思考》，《中国人民大学学报》2012 年第 2 期。
③ 沈洁：《中、日、韩社会保障发展路径的比较研究》，《社会保障研究》2013 年第 1 期。
④ 江华、吕学静：《普遍整合视角的东亚福利模式探析》，《亚太经济》2012 年第 5 期。
⑤ 韩克庆、金炳彻、汪东方：《东亚福利模式下的中韩社会政策比较》，《经济社会体制比较》2011 年第 3 期。
⑥ 万国威、刘梦云：《"东亚福利体制"的内在统一性——以东亚六个国家和地区为例》，《人口与经济》2011 年第 1 期。
⑦ 谢琼：《从东西方比较看东亚国家社会保障的同质性》，《中国人民大学学报》2012 年第 2 期。
⑧ 黄晓燕、万国威：《"东亚福利体制"的外在独立性研究》，《学术界》2010 年第 12 期。
⑨ 何文炯：《东亚社会保障与欧洲社会保障的差异——基于风险管理的视角》，《中国人民大学学报》2012 年第 2 期。

地区。[①] 此后,郑秉文和史寒冰更详细地对东亚三国两地(日本、韩国、新加坡、中国台湾、中国香港)的社会保障制度进行了比较研究,他们发现这些东亚国家和地区形成了不同的社会保障制度模式,其各自的历史和现实条件导致保障项目各具特色。[②] 这些研究不仅反映出中国学者对东亚社会保障模式的理解,而且反映出"主体性自觉"[③]的初步形成。

在后续对东亚社会保障研究中,更多的学者是沿着艾斯平·安德森有关福利体制的思路进行比较研究,其中,中国台湾学者李易骏与古允文选取美国、德国和瑞典作为福利资本主义三个世界的代表,将中国台湾、日本、韩国与之进行比较,发现东亚社会中皆存在较大的性别差别待遇、较高的家庭福利能力、偏低的社会安全支出、中高的福利阶层化、高的社会投资支出、高的个人福利承担责任和低的年金覆盖率,因而东亚福利体制是第四种福利体制。[④] 林闽钢梳理了有关东亚福利体制成因的多种观点[⑤],发现霍利德提出的"生产主义"在社会条件发生变化时解释力减弱,因此从代际分化的研究视角,探讨了东亚福利体制研究范式的转移。通过研究发现,日本、韩国和台湾地区已经开始进入后生产主义福利体制,东亚社会保障的发展将孕育着东方福利国家理论和模式。[⑥]

郑功成进一步提出,亚洲国家在21世纪最终将建立公平、正义、共享型社会,这就要求健全社会保障体系,增进国民福利,[⑦]因而开展东亚社会保障模式研究就是题中之义。

二、东亚社会保障模式的主要特征

(一)有关"生产主义"特征的讨论

霍利德在有关东亚福利体制研究中,提出了"生产主义"这一判断。在有关东

---

① 林义:《东亚社会保障模式初探》,《财经科学》2000年第1期。

② 郑秉文、史寒冰:《东亚国家和地区社会保障制度的特征——国际比较的角度》,《太平洋学报》2001年第3期。

③ 林义:《关于东亚社会保障模式的理论思考》,《中国人民大学学报》2012年第2期。

④ 李易骏、古允文:《另一个福利世界? 东亚发展型福利体制初探》,《台湾社会学刊》2003年第31期。

⑤ 林闽钢:《东亚福利体制与社会政策发展》,《浙江学刊》2008年第2期。

⑥ 林闽钢、吴小芳:《代际分化视角下的东亚福利体制》,《中国社会科学》2010年第5期。

⑦ 郑功成:《从高增长低福利到国民经济与国民福利同步发展——亚洲国家福利制度的历史与未来》,《天津社会科学》2010年第1期。

亚社会保障制度早期的研究中，侧重于生产主义特征的生存环境分析，但是到了后期，随着东亚威权政治基础的变化、经济条件和劳动力市场状况的恶化、人口老龄化和社会服务的扩张，生产主义的生存环境变化，东亚出现了明显的社会保障方面的扩张，再分配主义大有超越生产主义的趋势①。同样，莫家豪也发现香港和澳门地区现有的社会发展政策已经难以满足社会保障需求，曾为之带来过繁荣的生产主义无法应对失业率的增加、收入不均的加剧、公民权利的觉醒以及经济结构的调整，因而"生产主义福利体制"的可持续性遭到了质疑。②

林闽钢和吴小芳尝试对东亚的生产主义特质进行再判断，他们选取了代际视角，通过对人口类别进行测量来对以往项目类别支出的测量进行弥补。研究发现，老年福利项目大大扩张，东亚福利体制开始回应老龄人口的福利需求，生产主义色彩已经淡化，部分东亚国家甚至已经进入后生产主义时代。③ 与"后生产主义"的提法类似，林卡和王卓祺认为，随着生产主义的消失，东亚逐渐向扩展福利国家的方向推进④。具体而言，社会保险的覆盖率提高，职业福利逐步走向全民福利，东亚一改往日社会再分配效应低下的特征，这与江华和吕学静发现的普遍整合规律部分重叠⑤，因而也是生产性福利体制转型的实质体现。

按照生产主义的逻辑，社会政策始终是从属于经济政策的，但是岳经纶认为"生产型和保护型即使不是二元对立，也是此消彼长的"观点是类似于经济学的观点，但经济政策和社会政策之间更是相互依存的，而不是彼此相争的。⑥ 这一点在如今的东亚国家发展得到了多方印证。黄圭振通过研究日本、韩国和中国台湾地区福利国家的全面深化过程发现，东亚社会政策的优先权开始和经济政策的优先权并驱，其生产型特征日益模糊，福利重组甚至趋向了普遍主义，因而东亚福利制度辅助经济发展的特殊性逐渐消散。他认为这是由真正的政治竞争出现所引致的。⑦

在政策执行的层面上，彭宅文发现了"生产主义取向与保护主义取向的紧张"，而这种紧张发生在地方实践中央政策的过程中。他看到，在福利国家建设

---

① 林卡：《东亚生产主义社会政策模式的产生和衰落》，《江苏社会科学》2008 年第 4 期。

② 莫家豪：《金融危机后的东亚"生产主义福利体制"——基于我国香港和澳门地区的个案研究》，《浙江大学学报》2011 年第 2 期。

③ 林闽钢、吴小芳：《代际分化视角下的东亚福利体制》，《中国社会科学》2010 年第 5 期。

④ Ka Lin & Chack-kie Wong, "Social Policy and Social Order in East Asia: An Evolutionary View", *Asia Pacific Journal of Social Work and Development*, 2013, Vol. 23, pp.1-15.

⑤ 江华、吕学静：《普遍整合视角的东亚福利模式探析》，《亚太经济》2012 年第 5 期。

⑥ 岳经纶、陈永杰：《专栏导语：东亚社会政策》，《公共行政评论》2010 年第 6 期。

⑦ 黄圭振：《东亚福利资本主义的发展：以日本、韩国与台湾为例》，《公共行政评论》2010 年第 6 期。

中,即使中央政府采取了保护主义的社会政策,但是地方政府在执行中会将之演变为生产主义的社会政策。① 可见,生产主义转型,不仅是静态成果的展示,更是层次化的、关乎利益整合的动态博弈。

从目前的研究来看,针对不同年龄阶段的保障政策,诸如面向儿童的家庭政策、面向青壮年的劳动力市场政策、面向老年人的养老金政策,所体现出的各个国家的福利倾向是不同的②,这被认为是生产主义之后影响东亚各国社会保障发展的因素。总之,非正规就业形态、人口结构的老龄化、家庭功能的变化等方面都作用于东亚国家和地区,使得东亚社会保障的发展出现了多元化。

(二)有关东方特质的讨论

东亚社会保障模式的理念具有自己独特的历史积淀与文化基础,这些深层的思想和内在逻辑决定着社会保障模式的取向、形成过程和最终表现形式。③ 在世界上其他国家和地区的学者看来,东亚国家和地区继承了东方遗产而拥有近似的社会价值观。

1. 东方传统文化。在对中日韩进行福利体制比较时,传统文化是一个重要的比较层面,它关乎人们对福利的基本态度、对国家干预的判断以及有关幸福、需要等的价值观念。例如,东亚文化一贯强调自立、不受人恩惠和依靠自己,这种给予—接受与羞耻观影响人们的羞耻感与消极意识,进而将间接影响救助制度的安排。④

大部分学者坚持文化作用观点,林义认为文化是制度之母,本土文化是一国社会保障制度之根,如果缺乏文化支持,会导致制度运行的低效、混乱乃至失败,而且缺乏对文化的把握就无法把握社会保障模式改革发展的基本走势。⑤ 丁茵和石梅华寻找了东亚传统文化中最核心的部分,即儒家文化,认为儒家文化这种“家国同构”的模式将家庭和国家推崇至极,因此“以家庭为中心的社会结构和传统观念、以强势政府为特征的权威主义政治体制对社会保障制度的产生具有特殊影响”。⑥

---

① 彭宅文:《生产主义与保护主义之间》,《东岳论丛》2013 年第 7 期。

② 刘骥:《福利国家的年龄倾向——评朱利亚·林奇的<福利国家的“年龄”>》,《欧洲研究》2008 年第 1 期。

③ 林闽钢、刘璐婵:《东亚福利体制研究:何以可能与何以可为》,《社会保障研究》2012 年第 2 期。

④ 熊跃根:《国家力量、社会结构与文化传统——中国、日本和韩国福利范式的理论探索与比较分析》,《江苏社会科学》2007 年第 4 期。

⑤ 林义:《文化与社会保障改革发展漫谈》,《中国社会保障》2012 年第 3 期。

⑥ 丁茵、石梅华:《前制度时期东亚与西方国家社会保障之比较》,《社会科学辑刊》2009 年第 4 期。

2. 家庭主义。丁茵和石梅华发现，东亚地区非常注重家庭，家长统治观和孝道支撑着家庭保障。① 东亚国家和地区之所以未像西方国家那样建立起普遍的家庭津贴制度，正是由于强调家庭传统的赡养功能的结果。东方国家较多依赖于家庭纽带来维系代际间的抚养和赡养责任，其家庭功能的延续降低了公众对社会的公共需求程度，也减弱了政府的福利供给压力。② 但是也有学者怀疑东亚家庭主义的特殊性。王卓祺将南欧的家庭与东亚相比较发现，尽管东亚比欧盟依赖家庭及市场提供福利，但欧盟中的南欧，如西班牙及葡萄牙，同样也相当依赖家庭及市场。③ 李卓则强调了中日韩三国在家庭因素方面的差异，发现中日韩三国的家庭在血缘强度、家业继承、伦理序列严格程度等方面均有不同，不能简单地将其统一而言。④ 东亚各国面临着社会价值观念、家庭规模结构、代际关系的变化和挑战，但是家庭的功能，特别是家庭的养老功能发生变化的深度和广度，还有待于今后进一步的比较和研究。

总之，在郑功成看来，东亚社会保障制度是有共性的，主要表现在以下四个方面：一是建制理念与福利文化具有共性：促进经济发展，化解社会风险，弥补家庭功能，工具性价值明显高于目的性价值。二是需求满足与责任承担方面的共性：家庭保障功能强大，单位保障全面，政府强势主导，法定社会保障制度具有较明显的补救性特征。三是制度结构方面的共性：以缴费型制度为主，兼具保守主义、自由主义与发展主义，属于典型的混合型制度安排。四是发展路径方面的共性：从劳动者到全体公民，从人力资本投资到生活质量保障。⑤ 虽然以中国、日本、韩国为代表的东亚地区的社会保障制度确实存在着国别之间的差异，但这并不妨碍这些国家社会保障制度存在着这些共性，这些共性正是鉴别东亚地区社会保障有别于其他地区社会保障的基本依据，也是这一地区能够归入同类型社会保障模式的基本依据。

① 丁茵、石梅华：《前制度时期东亚与西方国家社会保障之比较》，《社会科学辑刊》2009 年第 4 期。

② 郑秉文、史寒冰：《东亚国家和地区社会保障制度的特征——国际比较的角度》，《太平洋学报》2001 年第 3 期。

③ 王卓祺：《东亚国家和地区福利制度：全球化、文化与政府角色》，中国社会出版社 2011 年版，第 4 页。

④ 李卓：《关于家庭制度与中日经济发展及社会结构的思考》，见南开大学日本研究院编：《日本研究论集 · 2004》，天津人民出版社 2004 年版，第 387—391 页。

⑤ 郑功成：《东亚地区社会保障模式论》，《中国人民大学学报》2012 年第 2 期。

三、东亚社会保障模式研究的新拓展

近年来,东亚社会保障研究吸引了众多学者的关注,研究议题更加清晰,研究成果也更加丰富。随着东亚社会保障研究的逐渐深入,研究角度不断被拓展,主要体现在以下三个方面。

一是政治民主化与东亚社会保障制度的发展。东亚国家和地区社会保障制度的发生带有国家中心主义的特征,政府对社会公共事务的安排拥有很大的主动权,占据着主导地位。① 但威权主义在20世纪80年代中期以来受到了挑战。民主化改革、市场经济发展等都使民主化程度较高的地区已经出现了威权主义的陷落,即使在民主化程度相对较低的地区,政府集中的权力控制也出现了弱化的迹象。②

在政治民主化方面,东亚地区民主化进程的加快反映了"理想与执政现实的妥协",例如台湾地区国民年金体系的整合③。从"竞争政治的缺位"发展到"真正意义上的政治竞争的到来",日本、韩国与中国台湾政策制定的多元化使得这些地区出现新式的福利政治。④ 中国台湾学者施世骏也发现中国台湾民主化过程形成的制度脉络所发生的质变,会提高政策调控的难度。就东亚而言,是制度扩张与改革相并行,因而更加强调政治制度脉络的转变。⑤ 可见,伴随着民主化影响,多党选举竞争中对保障项目、水平和有关政策的承诺,未来关于政治生态与社会保障发展动力联动效应的讨论将会增加,政治承诺、政治意愿、战争状态、民主政治、政治选举与福利相互作用的研究将会日益丰富⑥。

二是社会服务与东亚社会保障制度的发展。西方发达国家和地区的经验表明,福利国家发展的早期阶段,社会政策的重点是各类社会保险和各种收入维持项目。随着福利国家的发展,社会服务的内容日益增加,高水平和高质量的社会服务

---

① 郑秉文、史寒冰:《东亚国家和地区社会保障制度的特征——国际比较的角度》,《太平洋学报》2001年第3期。

② 林卡:《东亚生产主义社会政策模式的产生和衰落》,《江苏社会科学》2008年第4期。

③ 吕建德、叶崇扬、张馨文:《台湾国民年金为何走向小整合体系?——一个历史制度论的分析》,《公共行政评论》2013年第6期。

④ 黄圭振:《东亚福利资本主义的发展:以日本、韩国与台湾为例》,《公共行政评论》2010年第6期。

⑤ 施世骏:《政治变迁中的养老金改革:对中国台湾经验的反省》,《公共行政评论》2010年第6期。

⑥ 刘继同:《中、日、韩健康照顾与社会福利制度结构性特征的比较研究》,《学习与实践》2007年第6期。

已成为当代福利国家一个最显著的特征，以收入保障为基本内容的经济福利和以社会需要为导向的社会服务是当代社会保障的两大基本内容。① 目前，社会服务的研究正在扩展东亚社会保障模式研究的视野。李健正发现，东亚许多政府已经考虑通过各种社会服务扩展公民的福利。例如，新加坡政府、中国香港特区政府就为中低收入者提供了以资产为本的住房服务，借以保障其退休后的收入，进而减少城市贫困。这是东亚社会政策表现出的一种新面向。② 刘继同则从健康照顾服务和公共卫生服务体系为研究对象，对比了中国、日本和韩国的社会保障制度和福利政策框架，他积极倡导社区福利，认为社区福利才是东亚社会保障模式的重要结构性特征，从而体现出全民性、综合性的特征。③ 林闽钢进一步认为，社会服务的兴起和重视反映了中国对社会服务发展的迫切性和新的发展方向，由此可以推动社会服务成为东亚社会保障体系的基础④。

三是历史观、全球视野与东亚社会保障制度的发展。传统福利理论政策的背景是主权国家，国家是社会福利理论政策关注的核心，福利对象局限在本国公民范围，福利组织、服务和资源也以主权国家地域为限，形成世界各国千差万别和独具国别特色的福利理论与制度安排，然而全球化改变了福利的处境。⑤ 岳经纶认为，全球化已经成为了影响当今福利国家和其他国家福利体系建设的最重要的因素，它已经不再只是一个经济因素，而是一个全方位而且影响深入的过程，因而必须从“外部的”和“全球的”视角来思考一直以来被视为“内部的”和“国内的”社会政策问题。⑥ 童星看到，随着全球化趋势愈演愈烈，各国不同的社会保障制度同它们的经济、科技、文化意义，也进入了相互比较、相互竞争、相互影响的时代。⑦ 郑功成认为在东亚社会保障模式研究中要有历史观与全球视野，需要将注意力从关注现实延伸到兼顾历史，将视野从关注本国扩展到考量全球。⑧ 他提出对东亚社会保障模式的比较研究要从宏观入手、大处着眼。在东亚社会保障制度比较研究中，有必要矫正重量轻质、重法定制度轻其他机制的取向。在东亚社会保障模式研究中，

---

① 岳经纶：《个人社会服务与福利国家：对我国社会保障制度的启示》，《学海》2010年第4期。

② 李健正：《住房政策、住房自有与资产建设：东亚社会政策的一种新视角》，《公共行政评论》2010年第3期。

③ 刘继同：《中、日、韩健康照顾与社会福利制度结构性特征的比较研究》，《学习与实践》2007年第6期。

④ 林闽钢：《中国社会保障制度优化路径的选择》，《中国行政管理》2014年第6期。

⑤ 刘继同：《全球化社会福利处境与中国社会福利政策回应》，《学术论坛》2004年第2期。

⑥ 岳经纶、颜学勇：《走向新社会政策：社会变迁、新社会风险与社会政策转型》，《社会科学研究》2014年第2期。

⑦ 童星：《全球化视野下的社会保障制度改革》，《电子科技大学学报（社科版）》2013年第2期。

⑧ 郑功成：《当代社会保障发展的历史观与全球视野》，《经济学动态》2011年第12期。

应当更加重视质性研究,尤其是要注重宏观、历史、全球角度的质性研究,将定量研究与定性研究有机地结合起来。①

参 考 文 献

Ka Lin & Chack-kie Wong, "Social Policy and Social Order in East Asia: An Evolutionary View", *Asia Pacific Journal of Social Work and Development*, 2013, Vol. 23, pp.1-15.

[丹麦]考斯塔·艾斯平—安德森:《福利资本主义的三个世界》,郑秉文译,法律出版社2003年版。

丁茵、石梅华:《前制度时期东亚与西方国家社会保障之比较》,《社会科学辑刊》2009年第4期。

韩克庆、金炳彻、汪东方:《东亚福利模式下的中韩社会政策比较》,《经济社会体制比较》2011年第3期。

何文炯:《东亚社会保障与欧洲社会保障的差异——基于风险管理的视角》,《中国人民大学学报》2012年第2期。

黄圭振:《东亚福利资本主义的发展:以日本、韩国与台湾为例》,《公共行政评论》2010年第6期。

黄晓燕、万国威:《"东亚福利体制"的外在独立性研究》,《学术界》2010年第12期。

江华、吕学静:《普遍整合视角的东亚福利模式探析》,《亚太经济》2012年第5期。

李健正:《住房政策、住房自有与资产建设:东亚社会政策的一种新视角》,《公共行政评论》2010年第3期。

李易骏、古允文:《另一个福利世界? 东亚发展型福利体制初探》,《台湾社会学刊》2003年第31期。

李卓:《关于家庭制度与中日经济发展及社会结构的思考》,见南开大学日本研究院编:《日本研究论集·2004》,天津人民出版社2004年版。

林卡、赵怀娟:《论"东亚福利模式"研究及其存在的问题》,《浙江大学学报》2010年第4期。

林卡:《东亚生产主义社会政策模式的产生和衰落》,《江苏社会科学》2008年第4期。

林闽钢、刘璐婵:《东亚福利体制研究:何以可能与何以可为》,《社会保障研究》2012年第2期。

林闽钢、吴小芳:《代际分化视角下的东亚福利体制》,《中国社会科学》2010年第5期。

林闽钢:《东亚福利体制与社会政策发展》,《浙江学刊》2008年第2期。

林闽钢:《中国社会保障制度优化路径的选择》,《中国行政管理》2014年第6期。

① 郑功成:《东亚地区社会保障模式论》,《中国人民大学学报》2012年第2期。

林义:《东亚社会保障模式初探》,《财经科学》2000 年第 1 期。

林义:《关于东亚社会保障模式的理论思考》,《中国人民大学学报》2012 年第 2 期。

林义:《文化与社会保障改革发展漫谈》,《中国社会保障》2012 年第 3 期。

刘继同:《全球化社会福利处境与中国社会福利政策回应》,《学术论坛》2004 年第 2 期。

刘继同:《中、日、韩健康照顾与社会福利制度结构性特征的比较研究》,《学习与实践》2007 年第 6 期。

刘骥:《福利国家的年龄倾向——评朱利亚 · 林奇的〈福利国家的"年龄"〉》,《欧洲研究》2008 年第 1 期。

吕建德、叶崇扬、张馨文:《台湾国民年金为何走向小整合体系?——一个历史制度论的分析》,《公共行政评论》2013 年第 6 期。

吕建德:《全球化、社会公民权与民主:一个初步的思考》,《台湾政治学刊》2003 年第 2 期。

莫家豪:《金融危机后的东亚"生产主义福利体制"——基于我国香港和澳门地区的个案研究》,《浙江大学学报》2011 年第 2 期。

彭宅文:《生产主义与保护主义之间》,《东岳论丛》2013 年第 7 期。

沈洁:《中、日、韩社会保障发展路径的比较研究》,《社会保障研究》2013 年第 1 期。

施世骏:《政治变迁中的养老金改革:对中国台湾经验的反省》,《公共行政评论》2010 年第 6 期。

童星:《全球化视野下的社会保障制度改革》,《电子科技大学学报》2013 年第 2 期。

万国威、刘梦云:《"东亚福利体制"的内在统一性——以东亚六个国家和地区为例》,《人口与经济》2011 年第 1 期。

王卓祺:《东亚国家和地区福利制度:全球化、文化与政府角色》,中国社会出版社 2011 年版,第 4 页。

谢琼:《从东西方比较看东亚国家社会保障的同质性》,《中国人民大学学报》2012 年第 2 期。

熊跃根:《国家力量、社会结构与文化传统——中国、日本和韩国福利范式的理论探索与比较分析》,《江苏社会科学》2007 年第 4 期。

杨立雄、金炳彻:《政治体制对中日韩生活制度的影响》,《武汉大学学报》2013 年第 2 期。

岳经纶、陈永杰:《专栏导语:东亚社会政策》,《公共行政评论》2010 年第 6 期。

岳经纶、颜学勇:《走向新社会政策:社会变迁、新社会风险与社会政策转型》,《社会科学研究》2014 年第 2 期。

岳经纶:《个人社会服务与福利国家:对我国社会保障制度的启示》,《学海》2010 年第 4 期。

赵怀娟:《论"东亚福利模式"研究的一种路向——东北亚与东南亚福利体制之比较》,

《理论导刊》2011 年第 11 期。

郑秉文、史寒冰:《东亚国家和地区社会保障制度的特征——国际比较的角度》,《太平洋学报》2001 年第 3 期。

郑功成:《从高增长低福利到国民经济与国民福利同步发展——亚洲国家福利制度的历史与未来》,《天津社会科学》2010 年第 1 期。

郑功成:《当代社会保障发展的历史观与全球视野》,《经济学动态》2011 年第 12 期。

郑功成:《东亚地区社会保障模式论》,《中国人民大学学报》2012 年第 2 期。

韩国东亚社会保障研究文献

金 教 诚[①]

最近在韩国的社会福祉学界中，以东亚国家为对象的比较社会政策研究正在活跃进行。脱离开已有的集中于西方福利先进国家的比较研究，以中国大陆地区、日本、中国台湾、新加坡、中国香港等东亚国家及地区为比较分析对象的研究范围正在扩大。产生这种变化的原因当然是复杂多样的，但首先是出于应对 20 世纪 90 年代末爆发的经济危机的必要，并与急剧变化的韩国福利制度的经历有关。另外，对这一福祉改革的推动及评价负有责任的社会福祉相关研究人员的学术研究力（或关心），还有可分析数据的积累水平已发展到了国家间比较研究得以进行的阶段，这些也是其中的部分原因。

尽管与东亚相关的研究数量及水平正在扩大和提高，但关于研究走向的分析并不存在。分析已有的研究并掌握其动向，这为进行新的研究提供了可能与契机。因为这样可以发现在研究的主题、内容与方法方面是否存在重复与过剩、稀缺与必要的问题。因此，本节将仔细检讨韩国正在进行的包括韩国、中国、日本在内的有关东亚福利制度研究的情况，并提出此类研究的意义及局限性。另外，通过研究机构正在实施的调查与有关数据的介绍，本节将提供其他国家研究者在比较研究过程中使用过的可利用资料的相关情报。

一、分析方法

首先，为了分析研究动向，分析单位设定为在韩国于 2000 年至 2009 年间发行

① 金教诚，韩国中央大学社会福祉学科教授。译者为中国人民大学中国社会保障研究中心讲师金炳彻。

的有关东亚福利制度的单行本、译著、学术集,以及在学会发表的学术论文与硕士、博士论文等。其中,单行本与译著仅以研究著书为分析对象,不包括以授课为目编辑而成的教科书。但是,若将在韩国出版的全部文献包括起来,其数量过多,而且存在与他国研究的均衡或公平性问题。因此,检讨对象中除去与制度现状、问题点等相关的部分,范围缩小至对社会福祉、社会保障的全面评价、福利体制总述,以及随着政治、社会、经济变化,社会福祉政策的发展动向等相关文献。在以制度介绍为中心的研究中,范围选定为以单视角总括性制度特征或政策情况为理论依据进行分析与整理的文献。学术论文则选取韩国社会福祉政策的代表性学会集,如由韩国社会福祉学会、韩国社会福祉政策学会、韩国社会保障学会、为了批判与对策的社会福祉学会发刊的"韩国社会福祉学"、"社会福祉政策"、"社会保障研究"和"情况与福祉"上所刊载的论文为中心进行分析。这里还追加了由韩国社会福祉学会、为了批判与对策的社会福祉学会和比较社会政策研究会等举办的国际学术大会上发表过的论文。另外,学位论文的范围限定为一般大学院、专门大学院以及特殊大学院中社会福祉学专业的硕、博士学位论文,核心词中同时含有东亚、韩国、中国、日本以及社会福祉或社会保障等关键字的论文。

二、研究动向

(一)出版与发表情况

通过表1可知,分析时间范围内出版的著书与论文共259部。其中包括译著的单行本共35部、学术论文166篇、学位论文58篇。观察各年度发刊的趋势,学术论文表现出了逐年增加的倾向,但单行本、译著以及学位论文并没有表现出明显的增加趋势。单行本的情况,在韩国福祉国家纪念碑式的研究——金渊明编(2002)的《韩国福祉国家的性格论争Ⅰ》"(编者注:该书的中方版书名为《韩国社会保障论争》,中国劳动社会保障出版社2010年版)和宋浩根、洪坰骏(2006)的《福祉国家的胎动》出版之后,2007年以8部的数量成为发行最多的年度。这里还包括了参与连带社会福祉委员会的《韩国社会福祉的现实与选择》和朴炳铉、金敎诚、南灿燮、Nelson Chow的《东亚社会福祉研究》等。译著以每年1—2部的速度发行,全部都是分析日本的社会福祉制度与社会政策发展过程的研究著书。学术论文的数量持续增加,特别是在2007年韩国社会福祉学会举办的"纪念创立50周年国际学术大会"和由比较社会政策研究会(韩国)、中国人民大学中国社会保障研究中心(中国)和社会保障研究交流会(日本)共同举办的"第三届社会保障国际论坛”上,很多研究者发表了论文,论文数量得到了史无前例的增加。

表 1 年度出版与发表情况

区分	2000	2001	2002	2003	2004	2005	2006	2007	2008	2009	总计
单行本	—	—	1	1	—	—	6	8	5	4	25
译著	—	2	—	1	1	—	2	1	3	—	10
学术论文	8	6	12	10	11	6	6	60	28	19	166
学位论文	1	4	9	4	8	11	3	3	4	11	58
总计	9	12	22	16	20	17	17	72	40	34	259

表 2 比较了研究各个国家的文献发表情况,在研究对象中,日本占了最大的比重。这是因为韩国与日本间的学术交流活跃,发行的译著与学术大会上发表的论文数在 2007 年之后急速增加的缘故。相比之下,中国社会保障相关研究的数量仅停留在日本的 50%。但 2007 年以后,学术论文的数量变多并扩大到了与日本相似

表 2 国家年度出版与发表情况

区分		2000	2001	2002	2003	2004	2005	2006	2007	2008	2009	总计
东亚	单行本	—	—	—	—	—	—	—	1	1	—	2
	译著	—	—	—	—	—	—	—	1	—	—	1
	学术	—	—	1	—	3	—	—	7	5	1	17
	学位	1	2	5	—	2	5	2	3	2	9	31
	总计	1	2	6	—	5	5	2	12	8	10	51
日本	单行本	—	—	—	—	—	—	3	1	—	1	5
	译著	—	2	—	1	1	—	2	—	3	—	9
	学术	1	3	5	3	2	4	6	22	10	8	64
	学位	—	1	3	3	3	5	—	—	—	—	15
	总计	1	6	8	7	6	9	11	23	13	9	93
中国	单行本	—	—	—	—	—	—	1	—	1	—	2
	学术	—	—	1	1	—	—	—	23	3	3	31
	学位	—	1	—	1	3	—	1	—	2	2	10
	总计	—	1	1	2	3	—	2	23	6	5	43
韩国	单行本	—	—	1	1	—	—	2	6	3	3	16
	学术	7	3	5	6	6	2	—	8	10	7	54
	学位	—	—	1	—	—	1	—	—	—	—	2
	总计	7	3	7	7	6	3	1	14	13	10	72
总计		9	12	22	16	20	17	17	72	40	34	259

的水平。在2008年和2009年,学位论文各以2篇的速度持续发行。原因是来韩国留学的中国留学生数量不断增加,中国的社会保障制度介绍以及韩中社会福祉领域或制度间的比较研究也在增加。

分析对象的研究按如下主题分类:①社会福祉制度的历史与变迁过程;②随政治经济变化的制度应对;③福祉体制相关论议;④社会保障(所得保障、医疗保障);⑤社会服务(长期疗养、介护保险、儿童、老人);⑥地域社会福祉;⑦社会福祉服务利用者与社会福祉师的权利等人权;⑧女性福祉议题;⑨社会福祉概念、财政等。如表3所示。按照研究主题分类,占据较大比重的部分是社会服务、社会保障和随政治经济变化的制度对应等。引起这种结果的原因是人们不仅更加关心社会福祉如何应对人口老龄化、经济危机、劳动市场柔软化以及全球化等内外部变化,而且为了寻求刚投入的长期护理保险的意义,人们也对日本的护理保险和在家老人福利服务更为关心。

表3　主题年度出版与发表现状

区分	2000	2001	2002	2003	2004	2005	2006	2007	2008	2009	总结
发展史	0	1	1	2	0	2	1	8	1	1	17
政治经济	6	3	2	1	3	0	2	9	18	4	48
福祉体制	0	0	3	1	6	1	1	4	4	10	30
社会保障	1	3	4	0	3	3	4	15	5	6	44
服务	0	3	5	2	1	7	6	7	8	10	49
地域福祉	1	0	2	3	2	0	0	4	0	0	12
人权	0	0	1	0	0	0	2	8	2	0	13
议题	0	1	0	1	1	1	0	4	0	1	9
其他	1	1	4	6	4	3	1	13	2	2	37
总结	9	12	22	16	20	17	17	72	40	34	259

(二)单行本与译著

大部分与社会福祉相关的书籍都以大学教材为中心发行,在本文选定的单行本范围内,加上译著不过35部。这类研究成果的数量可以说是很少的,然而对韩国福祉的反省、向后发展方向的探索、日本社会福祉政策研究的相关译著、中国社会保障制度总述单行本等多种主题文献的发行可以说是令人鼓舞的。

在有关韩国社会福祉的单行本中,最具代表性的可以说是金渊明编(2002)的《韩国福祉国家性格的论争Ⅰ》(编者注:该书的中方版书名为《韩国社会保障论争》,中国劳动社会保障出版社2010年版)。该书由金融危机后对金大中政府福祉改革成果的评价和对韩国社会福祉政策性格的多样分析以及对未来发展远景的展望组成。书中包含的个别论文将金大中政府福祉政策的性格诊断为由各种不同的新自由主义要素相结合而成,如国家介入的扩大(郑武权)、明确的新自由主义性格(曹永薰)、国家福祉责任的扩大与强化(金渊明)、保守主义福祉制度的性格(南灿燮)等(金渊明,2002:17)。另外,书的结构也突破了固有的方式,以近乎在学界中不曾出现过的学者间的激烈论争构成。结果,以埃斯平·安德森的体制类型论为中心,许多学者对同一历史情况做出了不同的判断,社会福祉政策正式成为了学术争论的话题,这点是颇具意义的,因此同时受到了日本社会政策领域学者的关注。由于第一卷的成功,郑武权编(2009)的《韩国福祉国家性格论争Ⅱ》继而出版。这本书继续了Ⅰ部中福祉体制角度的论争,还包含了对埃斯平·安德森的制度类型的再批判、对主要制度领域与韩国福祉国家性格相互关系的分析等内容。通过这样的过程,目的是为了理解韩国福祉国家的特征与性格。

进入2000年后,在韩国最快出版的日本文献译著是新川敏光(尹文求译,2001)的《日本社会福祉的政治经济学》。该书从政治经济学的角度对权力资源动员模型前后日本的福利政策进行了分析。但最具代表性的译著应该是武川正吾(金成垣译,2004)的《日本的社会政策与福祉国家》和田多英范(鄭在哲译,2008)的《日本的社会保障:理论与分析》。这些书从总体上概括了日本社会保障的历史经验,并系统地分析和预测了日本福利国家的现在与未来,被研究者和学生广泛阅读。特别值得一提的是,与护理保险相关的译著占到了全部的一半以上,有5部之多。有关韩国长期护理保险投入的讨论得到了活跃发展,这一时期上的特性是上述现象的原因。

与中国有关的单行本只有两部,分别是吴正秀(2006)的《中国的社会保障》和崔金海(2008)的《中国的社会保障》。为了帮助全面理解中国社会保障制度的改革过程,吴正秀考查了主要制度的沿革与改革内容,还有经济改革的相关性等问题。崔金海做了更为总体的分析,主要内容是中国的经济发展与社会保障间的关系、社会保障的概念与构成、社会保障制度的发展过程(设立、发展、瘫痪、改革时期)、社会保障制度的内容(养老保险、失业保险、医疗保险、工伤保险的适用对象、资金出处、支付水平、支付条件)、财政与各领域的社会福祉政策、总体问题点以及未来的政策课题等。

另一方面,在韩国最先发行了以东亚社会福祉为题目的比较书籍,即朴炳铉(2007)共著的《东亚社会福祉研究》。该书针对社会体制普遍向欧洲型福利体制收敛的传统假设的妥当性提出了质疑,追踪了韩国、日本、中国大陆、中国台湾、新加坡、中国香港等国家地区的福利制度各自的发展过程,并对东亚型社会保障模型的构建可能性进行了试探。然而,对各国制度特性与发展过程的分析中,没能以统一的分析框架为基础进行系统的分析或综合性的比较,各国的分析内容被并列提出。

(三)学术论文与学位论文

韩、中、日研究者的交流与社会福祉学会内部韩日学术交流委员会的活动在持续进行,各国的学术论文或国家间的比较研究学术论文的数量也在不断增加。韩国社会福祉学会中的韩日学术交流委员会,每年两国代表都要进行互访并发表论文,这样的韩、日研讨会已成为定例。因此,每年都有一定数量的日本学者出席该学会的春季或秋季研讨会,并发表4—5篇论文。作为参考,2008年4月春季学术大会韩日国际交流研讨会的主题是"韩国社会福祉发展战略的再检讨:以国家、市场、第三部门的再构造化为中心",两国大约发表了共9篇论文。另外在2007年为了纪念韩国社会福祉学会创立50周年召开的国际学术大会上,有11篇关于韩日两国社会福祉与人权,护理保险与长期护理保险的论文得到了发表。

以研究者间交流活动为基础发表的论文数量最多的一次是2007年9月在中央大学举办的"第三届社会保障国际论坛"。大约有200余名韩中日学者参加了这次大会,以"社会服务、社会投资、东亚社会福祉的未来"等为主题发表的关于三个国家如何应对直面挑战的论文大约有40余篇。在会议过程中,①虽然社会服务的程度有差异,但由于人口老龄化等问题,直面家庭构造与机能改变的三个国家都需要谨慎处理社会服务这一课题;②社会投资部分与其说是对战略认同与否的讨论,更该被看做是一种对最近政治经济倾向探索的潮流;③会议探讨,为了应对构成社会根基的家庭构造与机能的变化,以及新的政治经济动向等问题,新的社会福祉战略必须进行适当的探索。

另外,为了批判与对策的社会福祉学会也于2009年6月与顺天乡大学社会科学研究所一起举办了主题为"韩国及东亚福祉政策的审视"的春季学术大会,会议招待了来自日本与中国的学者,为学术交流提供了良好的平台。韩国的郑武权教授、日本的埋桥孝文教授、中国的金炳彻教授对各国的福利体制与改革的相关课题进行了发表。日本的武川正吾教授、田多英范教授和金成垣研究员等对日本的福利国家起源、研究动向以及韩日比较论争的相关论文进行了发表。

从国内学术集和学会所发表论文的倾向来看,截至2001年初期,为了应对金融危机,加之受全球化影响而产生的生产性福利以及工作福利制等都是引人关注的话题。对金大中政府的社会福祉政策进行分析与评价的论文也相继发表。之后从2007年到2008年间,对过去10年社会福祉所经历的变化进行了反省。在2008

年,为了批判与对策的社会福祉学会在“进步的 10 年? 迷失的 10 年?”这一研究主题下,不仅对韩国社会福祉政策的性格进行了纠正,而且对社会保险以及服务进行了全面的评价。此外,在韩国社会保障学会举办的长期学术大会与“社会保障研究”中,对随着社会两极化而产生的社会福祉的变化、韩国的社会福祉体系及社会保障的评价、中国社会福祉等相关论文进行了发表。如果对学术集上所刊载的代表性论文进行介绍,那么有以下几篇:洪坰骏、宋浩根(2003)的“韩国社会福祉政策的变化与持续”,金渊明(2004)的“东亚福祉体制论的再检讨”,沈昌学(2004)的“东亚福祉模型的可能性探索”,诸葛贤淑(2008)的“对生产性福祉体制后的韩国福祉体制言论的批判考查”等。

学位论文中,属于分析范围内的博士学位论文只有 3 篇。中央大学金镛建(2005)的“韩国福祉体制的形成与变迁的相关研究”是唯一对韩国事例进行历史性分析的论文,另外的两篇是中央大学成银美(2008)的“劳动市场的柔软化与社会保险的应对战略:韩国与日本的比较”,以及江南大学李光宰(2009)的“关于韩国与日本老人长期疗养保险制度制定过程的比较研究:以政策网络模型为中心”。硕士论文中大部分是关于韩国与日本的制度或制度形成过程的论文。特别是通过对日本老人长期护理保险等先进经验的具体分析或与韩国制度的比较,相当多数量的论文导出了政策立案及发展的意义。相反,有关中国的论文大多以事例研究的形态进行,代表作有加图立大学金正渊(2003)的“随着体制转换的中国社会保障制度的变迁过程研究”,首尔大学国际大学院权素恩(2008)的“中国社会保障改革的相关研究”等。

三、替代结论

最近韩国社会福祉学界的研究者们正在从对福祉先进国的固有讨论中脱离出来,并开始将关心转向从地理和历史上都更加邻近的东亚社会福祉。东亚国家正在走一条与西方不同的发展道路,通过对这种发展过程与制度特性的考查,对韩国社会福祉未来发展方向的探索正在变为大家关注的中心。尽管如此,到目前为止大多数与东亚社会福祉相关的研究还是对有着发达福祉经验的日本制度的分析或与日本制度的比较研究,尤其是在韩国制度导入过程中,对外国事例的检讨集中在像护理保险这种需要关注的事情上。另外,关于中国的研究还只停留在对制度的全面介绍、断片式的分析或比较上面。希望今后可以在精确的理论体系分析框架、广范围的先行研究和大量可利用资料的基础下进行较为细致的比较研究。本文的分析内容及评价是以主观检讨为基础而进行的探索。因此,对先行研究的考查过程中,研究者的视角、分析对象、分析时间、分类标准和评价内容如有不同,结论也可能彼此不同。

参考文献

权素恩:《中国社会保障改革的相关研究:以上海和辽宁的比较为中心》,首尔大学国际大学院国际学科硕士学位论文(未刊发),2008年。

金成垣:《在日本的福祉国家研究与韩日比较论争》,见《韩国与东亚福祉政策的再审视》为了批判与对策的社会福祉学会2009年春季学术大会资料集(首尔,2009年.),第182—198页。

金渊明:《韩国福祉国家性格论争Ⅰ》,《人间与福祉》2002年。

金渊明:《东亚福祉体制论的再检讨:福祉体制类型比较的方法论问题与东亚福祉体制类型化的可能性》,《社会福祉政策》2004年第20期。

金正渊:《随体制转换的中国社会保障制度变迁过程的研究》,加图立大学社会福祉学科硕士学位论文(未刊发),2003年。

金锺建:《韩国福祉体制形成与变迁的相关研究》,中央大学社会福祉学科博士学位论文(未刊发),2005年。

武川正吾:《日本的社会政策与福祉国家》,金成垣译,《人间与福祉》2004年。

武川正吾:《通过韩日比较看福祉国家论》,见《韩国与东亚福祉政策的再审视》,为了批判与对策的社会福祉学会2009年春季学术大会资料集(首尔,2009年),第165—172页。

朴炳铉、金教诚、南灿燮、Nelson Chow(2007):《东亚社会福祉研究》,《共同体》。

成银美(2008):《劳动市场柔软化与社会保险的应对战略:韩国与日本的比较》,中央大学社会福祉学科博士学位论文(未刊发)。

宋浩根、洪坰骏:《福祉国家的胎动:民主化、全球化和韩国的福祉政治》,Nanam出版社2006年版。

新川敏光:《日本社会福祉的政治经济学》,尹文求译.,2001年。

沈昌学:《东亚福祉模型化可能性探索:以言论与实证分析为中心》,《社会福祉政策》2004年第18期。

吴正秀:《中国的社会保障》,集文堂2006年版。

埋桥孝文:"Japanese Welfare Model:Its path and the Current Challenge,"见《韩国与东亚福祉政策的再审视》,为了批判与对策的社会福祉学会2009年春季学术大会资料集(首尔,2009年),第47—82页。

李光宰:《关于韩国与日本老人长期护理保险制度制定过程的比较研究:以政策网络模型为中心》,江南大学社会福祉专门大学院博士学位论文(未刊发),2009年。

郑武权:《韩国福祉国家性格论证Ⅱ》,《人间与福祉》2009 年。

郑武权:“Korean Developmental Welfare Regime,”,见《韩国与东亚福祉政策的再审视》,为了比较与对策的社会福祉学会 2009 年春季学术大会资料集(首尔,2009 年.),第 83—133 页。

诸葛贤淑:《生产性福祉体制后,对韩国福祉体制言论的批判性考查:以社会投资国家议论为中心》,《社会福祉政策》2008 年第 35 期。

参与连带社会福祉委员会:《韩国社会福祉的现实与选择》,Nanam 之家 2007 年版。

崔金海:《中国的社会保险》,Nanam 之家 2008 年版。

田多英范:《日本的社会保障:理论与分析》,鄭在哲、罗仁淑、金成垣译,《人间与福祉》2008 年。

田多英范:《从福祉国家理论视角看日本的 20 世纪 50 年代与 70 年代》,见《韩国与东亚福祉政策的再审视》,为了批判与对策的社会福祉学会 2009 年春季学术大会资料集(首尔,2009 年.),第 173—181 页。

洪坰骏、宋浩根:《韩国社会福祉政策的变化与持续:以 1990 年后为中心》,《韩国社会福祉学》2003 年第 55 期。

日本社会保障制度及福利国家研究

田多英范[1]

对日本社会保障制度及政策相关的研究历史相当悠久，第二次世界大战后更是留下了很多研究成果。此次由于篇幅限制很难面面俱到地全部介绍，以下仅简单介绍其中一部分，敬请谅解。

日本战后初期，对于社会保障制度的理论性研究，即何为社会保障制度，非常盛行。之后进入20世纪60年代，出现了很多关于社会保障制度的详细分析、解说及政策提议等。及至20世纪80年代，对社会保障制度进行了大规模改革，围绕这种抑制性的改革，展开了层出不穷的争论。随着财政改革争论声的高涨，80年代以后财政学研究者开始参与到社会保障制度领域的研究。1990年以后，随着对高龄老人的护理成为社会化问题，大学开始培养社会福利及护理福利学方面的人才。因此，社会保障、福利制度的研究人员大量增加，获得的成果也因此急速增长。特别是在公共年金及公共医疗制度论方面，积累了许多成果。到了90年代以后，发表了很多关于护理的制度论。

另一方面，由于20世纪80年代之前，马克思经济学领域中，国家独占资本主义论及现代资本主义论盛行，导致福利国家论几乎没有发展起来。但是，进入80年代后，由于世界范围内都开始讨论福利国家危机，日本也以东京大学的社会科学研究所为中心，开始研究福利国家，并在此后正式开始了对福利国家的研究。

下文将按照上述发展顺序简单介绍日本的研究、文献等，社会福利制度相关的成果请另行参照其他项目。

① 田多英范，日本流通经济大学教授。译者为中国人民大学中国社会保障研究中心博士生单柏衡。

一、日本社会保障理论研究

作为当时的权威研究者之一，近藤文二在20世纪50年代初曾经感叹过，"现在仍然有很多人并不想了解社会保障是什么"①。80年代，隅谷三喜男曾这样表达了对日本社会保障研究情况的担忧，"关于社会保障的理论，昭和20年代曾经被广泛讨论过，但是最终没能得出让大众认可的理论。现在，虽然关于社会保障的研究并不少，但是追求理论的热情反而减退了。这并不是因为已经存在了让大众认可的理论，现在关于社会保障的理论仍然很'贫乏'"②。实际上，在那之后也没有很大变化，从正面来论述关于何为社会保障的研究为数不多。

但是，在这其中，第二次世界大战后不久，一部分日本研究者开始从理论方面研究何为社会保障制度。

说到正面严谨地研究何为日本社会保障制度的先驱成果，我们不得不首先提到山中笃太郎编写的《社会保障的经济理论》(东洋经济新报社，1956年)。该书中，山中在研究社会保障制度时，认为社会保障制度既不是社会保险也不是社会救助，必须要明确社会保障的创新之处。

(一)对象扩大到普通民众

山中认为，社会保障制度的创新之处在于，它给付保障物资时，"以全民为对象这一点最能表现其不同之处"。也就是说，社会保障制度的创新之处体现在它的适用对象扩大到了国民全体。关于这一点，平田隆夫在《社会保障》(评论社，1985年)中也同样指出过，"社会保障的适用范围具有普遍性。社会保障不单单以员工为适用对象。除了员工以外，农民、中小企业者、独立劳动者等在经济上处于弱势地位的人，同样必须包含在适用对象之内"。另外，平田富太郎在《社会保障之路》(日本前野书店，1950年)一书中也表达了同样的意思。可以认为，社会保障制度适用对象的普遍性，现在已经成了绝大多数研究者的共识。

(二)生存权的保障

也有一种理论，从生存权方面来探讨社会保障制度。如平田富太郎和末高信

① 近藤文二:《社会保障》，东洋书馆1952年版。

② 隅谷三喜男:《社会保障的理论形成》，社会保障讲义编辑委员会编:《社会保障讲义1》，综合劳动研究所1980年版。

的理论。平田富太郎在《社会保障之路》（前野书店，1950年）一书中表示，“社会保障是为了实现国民的生存权利。是国家通过对收入的再分配，确保全体国民最低生活水准所采取的措施的总体”。末高信在“社会保障体系”①中表示，“社会保障作为社会政策的一部分，是通过确保国民的生存权，保障其生活的一种国家政策”。其他如前文提到的山中笃太郎编写的《社会保障的经济理论》以及小川政亮的《作为权利的社会保障》（劲草书房1964年版）中，都表达了同样的理解。20世纪60年代以后，这种理解得到了几乎所有研究者的认可。

（三）公共援助制度及社会保险制度的统一

还有一种理论从统一论方面来探讨社会保障制度。例如，与上文提到的山中齐名的平田隆夫的《社会保障》（评论社，1958年），即为此种理论的先驱研究成果。平田隆夫认为社会保障制度是由社会保险制度与公共援助制度相互紧密协作、立足整合及统一的原则上形成的。之后不久，佐口卓的《社会保障》（日本劳动协会，1984年）以及大河内一男的《社会保障入门》（青林书院新社，1979年），都表达了同样的见解。

关于此处“统一”或者“综合”的含义，隅谷三喜男在前面提到过的论文中做出了如下说明：将应对眼前的困窘及将来的困难的方式统一起来，以此形成生活保障的体系。这就是社会保障中社会保险和公共援助相统一的含义。另外，关于什么时候能实现两种制度的综合或者说统一，与田柾在《社会保障》（MINERVA书房，1965年）一书中说过，从19世纪末到第一次世界大战之前，虽然公共援助制度及社会保险制度两种制度都同时存在，但是互相之间没有任何关联，一直独立存在着，在第二次世界大战之后才出现了两种制度统一、综合的新现象。

那么，如上所述，据20世纪50年代的研究，可以总结出社会保障制度的创新表现在三点上。适用对象不仅仅限于无依无靠的人群，而是扩大到了普通民众。所谓的保障不再是一种慈善的给予，而是一种公民应得的权利。国民的生存权利仅仅依靠单一的社会保险或公共援助制度是不能得到保障的，必须从制度上确立两种制度的统一体系。应该认为这创新的三点是社会保障制度的三个侧面，互相关联成为一体。但是，至今为止所见到的研究中，对这三点的关联性的考察相对比较欠缺。田多英范在《日本社会保障制度成立史论》（光生馆，2009年），对上述关联性做了研究。在此书中，田多英范表示，考虑到大量业者、贫困者的存在，若要将援助的对象扩大到包括生产年龄人口在内的普通民众，接济这些民众，国家就必须

---

① 健康保险组合联合会编：《社会保障年鉴·1951》，东洋经济新报社1950年版。

承认全体国民的生存权，若进一步想实现对此生存权的保障，仅仅靠公共援助制度，或者仅靠社会保险制度，是无法实现的，必须两种制度互相协作共同应对。

（四）社会保障制度的功能——维持体制

除了以上几种对社会保障制度的认识，还有研究认为社会保障制度是，“资本主义社会为了防止自身的崩溃，通过对工资的再分配保障国民最低生活的一种社会制度”。认为社会保障制度是社会体制的安定机制。例如近藤文二的《社会保障》（东洋书馆，1952 年）。这也是研究社会保障制度不可欠缺的一种观点。因为当失业等导致生活困难的贫困难增加到一定量以上时，可能会导致社会不安定，甚至导致体制的不安定。1920 年社会主义国家——苏联成立之后，资本主义国家隐瞒了社会不安定会直接导致体制不安定的可能性。为了在这种社会、体制的不安定中维护社会稳定，社会保障制度才被创立出来。

通过以上四点，可以理清日本对于社会保障制度的理论研究。其中前三点是山中所说的（跟救贫制度或社会保险制度不同）社会保障制度的创新点，第四点通过研究社会保障制度的功能来研究社会保障制度。

二、日本社会保障制度的现状分析

20 世纪 60 年代左右以后，分析日本社会保障制度现状及历史的研究增多了。下面简单介绍其中的主要成果。

（一）历史分析

1. 社会保障制度的历史。

很意外，将日本社会保障制度的历史作为一个整体来分析的研究很少。近藤文二的《日本的社会保障史》（厚生出版，1974 年）是其中处于先驱地位的成果。另外还有右田纪久惠 · 高泽武司 · 古川孝顺编的《社会福利史》（有斐阁，1977 年）。小川政亮的《社会保障权的演变及其现代意义》（自治体研究会，1989 年），是一本从社会保障权的观点，研究明治到昭和时代日本社会保障制度的通史。由横山和彦、田多英范共同编著的《日本的社会保障史》（学文社，1991 年），将社会保障制度整个制度分为几个时期，详细阐述了各个时期制度的变化。将第二次世界大战之前视为前史，第 1 期（战后至 1960 年左右）视为制度确立期，第 2 期（20 世纪 60 年代到 70 年代）视为制度扩充期，第 3 期（80 年代）视为制度改革期。一圆光弥在《自己构筑福利》(大藏省印刷局,1993年)中,从战前的前史、战后初期的重视公共援助的时代、国民皆保险·皆养老金体制的构建、“福利元年”、高龄社会的社会保障灯几个方面阐述了日本社会保障的演变史。柴田义彦在《日本的社会保障》(新日本出版社,1998年)中,也依据事实详细记述了明治以来社会保障的演变。另外还有山崎清的《社会形成体及生活保障》(社会评论社,2001年)。

厚生省编著的《厚生白皮书》(1956—2000年度)、厚生劳动省编著的《厚生劳动白皮书》(2001—),1956年以来定期地、持续性地阐述、分析了日本的厚生行政,是了解日本厚生行政的不可欠缺的文献。随着2001年1月中央省厅的重组,厚生省与劳动省被合并成厚生劳动省,2001年度之后白皮书的名字也相应变成了《厚生劳动白皮书》,里面不仅对2001年至现在的医疗、养老金、福利等厚生行政,也对劳动、雇佣等劳动政策进行了解说和分析。

厚生省编著的《厚生省五十年史》(记述篇及资料篇全2卷,财团法人厚生问题研究会,1988年),是为了纪念1988年厚生省成立50周年,而编写的一本厚生行政史。全面地记述了战前的内务省行政到战后的厚生行政。仅记述篇就将近300万字,是一本非常大的著作,对日本厚生行政史相关阐述之详细,是其他书籍无法比拟的,资料上的价值非常高。对日本的社会制度、政策的很多研究,都是以此书中记载的制度、政策相关的史实为依据的,被社会保障制度的研究者视为是不可或缺的文献,

此外,像厚生省或者厚生劳动省这样,由制度的当事者直接编著的社会保险制度相关的书籍,还有很多。例如,《七人委员会的报告》(厚生省,1955年)、全国国民健康保险团体中央会编著的《国民健康保险二十年史》(全国国民健康保险团体中央会,1958年)、社会保障制度审议会事务局编著的《关于国民养老金制度的回答》(财团法人厚生团,1958年)、厚生省养老金局编著的《国民养老金的演变——昭和34—36年》(厚生省养老金局,1962年)、社会保险厅养老金保险部国民养老金科编著的《国民养老金25年的演变》(GYOSEI,1985年)、劳动省职业安定局失业保险科编著的《失业保险十年史》(劳动省职业安定局,1960年)、厚生省20年史编撰委员会编著的《厚生省二十年史》(厚生问题研究所,1960年)、私立学校教职员共济组合编著的《私学共济十年史》(私立学校教职员共济组合,1965年)、国家公务员共济组合联合会编著的《二十五年史》(国家公务员共济组合联合会,1976年)、财团法人厚生团编著的《厚生养老金保险制度回顾录》(社会保险法规研究会,1988年)等。每一本都是该领域的研究中不可欠缺的文献,资料性价值极高。

2. 各制度的历史。

小川喜一的《"健康保险法"成立史》(大阪市立大学经济学会,1974 年)、坂口正之的《日本健康保险法成立史论》(晃洋书房,1985 年),是日本最先分析社会保险制度的著作。吉原健二、和田胜的《日本医疗保险制度史》(东洋经济新报社,2008 年),阐述了医疗保险制度的通史。佐口卓的《日本社会保险制度史》(劲草书房,1977 年),不仅对医疗保险、对社会保险制度的历史也做了阐述。佐口卓的《国民健康保险的形成与发展》(光生馆,1995 年),对 1938 年设立的国民健康保险制度相关的成立过程及之后的发展进行了论述。新田秀树的《国民健康保险的保险者》(信山社,2009 年),详细地分析了国民健康保险制度成立至 20 世纪 50 年代的各种制度改革。报社记者有冈二郎的《战后医疗的五十年 医疗保险制度的幕后》(日本医事新报社,1997 年),论述了别人不太涉及的战后医疗保险制度的幕后。

横山和彦的《国民养老金》(教育社,1980 年),分析了国民养老金制度的形成及发展。原厚生官员吉原健二的《我国的公共养老金制度》(中央法规,2004 年),是公共养老金制度的通史。此书全面论述了可称为公共养老金前身的明治时代以后的恩给制度,厚生养老金制度及国民养老金制度的创建,以及 1980 年代基础养老金的导入,2004 年公共养老金大改革,是名副其实的通史。

副田义也的《生活保护制度的社会史》(东京大学出版会,1995 年),是生活保护制度的通史。此书详细地分析了 1945 年至 1983 年生活保护制度的演变,是先驱性的研究成果。龙山京在《公共援助论》(光生馆,1978 年)一书中,对战后公共援助、生活保护制度做了详细的分析。彬村宏的《现代贫困与公共援助》(放送大学教育振兴会,1998 年)中,全面论述了日本近代化以来至现代的生活保护制度及贫困。大友信胜的《公共援助的发展》(旬报社,2000 年),阐述了公共援助研究运动(全国公共援助相关人员组成的研究会,略称公扶研)及生活保护制度的发展动态。牧园清子的《作为家族政策的生活保护》(法律文化社、1999 年),依据资料对家族分居进行了分析。在以家庭单位为原则的生活保护制度的背景下,个人因为接受高等教育等机会等家庭分离,必须承认这种家庭分离,并采取保护措施。小沼正的《贫困》(东京大学出版社,1974 年),对生活保护的保护标准进行了详细的探讨。岩永理惠的《生活保护如何构想最低生活》(MINERVA 书房、2011 年),回顾和阐述了从制度开始到 2000 年以后的现在,这种保护标准及其具体的实施要领是如何决定的。

日本社会事业大学救贫制度研究会编著的《日本的救贫制度》(劲草书房,1960 年),对第二次世界大战前至战后初期的救贫制度(恤救规则、救护法、生活保护法等)进行了研究。富江直子的《救贫中的日本近代》(MINERVA 书房,2007 年),以 20 世纪 20 年代至 40 年代这一时期为中心,分析了救贫理念(生存的义务)。

(二)现状分析

1. 初期的分析。

日本的社会保障制度是在第二次世界大战后,在 GHQ 的占领下完善起来的。村上贵美子的《占领期的福利政策》(劲草书房,1987 年),是分析 GHQ 占领下完善社会保障制度过程的先驱研究成果。此书参考保存在厚生省的资料,详细分析了生活保护制度的形成过程、儿童福利制度及身体障碍者福利制度的设立过程。另外,菅沼隆亲自去美国查阅了生活保障制度创设过程相关的、庞大的 GHQ 资料,并对其进行分析,写出了《被占领期的社会福利分析》(MINERVA 书房,2005 年),弥补了村上著作的不足。之后还有百濑孝发表了《紧急救护事业的研究》(私家本,2006 年)。此书不仅仅局限于中央省厅厚生省,还发掘了保留在各地方自治体的资料,对战后初期 1945 年 12 月开始实施的,基于生活困窘者紧急生活救护要纲的援助事业进行了详细分析。

美国社会保障制度调查团《报告书:给社会保障的建议》(厚生省,1948 年),分析了第二次世界大战之后日本的社会保障制度。大内兵卫编著的《战后社会保障的发展》(至诚堂,1961 年),对于战后到 20 世纪 50 年代的阐述比较详细,此书从创立期分析、之后的发展及医疗制度分析以及通往国民皆保险、皆养老金的道路,三部分来分析 50 年代为止的社会保障制度。另外还有平田富太郎的《社会政策》(世界书院,1949 年)、近藤文二的《社会保障》(东洋书馆,1952 年)等。

末高信编著的《社会保障》(每日新闻社,1956 年),详细分析了日本社会保障制度确立时期的医疗保障、老龄保障、公共援助及社会福利制度相关的情况。法学学者小川政亮的《作为权利的社会保障》(劲草书房,1964 年)中,认为社会保障制度是一种权利。《家庭·国籍·社会保障》(劲草书房,1964 年),也是从权利角度,对没有享受充分权利保障的外国人困窘者,以及当时还在美军统治下的冲绳的社会保障问题作出了分析。

与以上著作的发表几乎同时期,由日本很多研究人员共同编纂的讲义中,收录了大内兵卫·近藤文二等编著的《讲义社会保障》(至诚堂,1959—1960 年)全 4 卷。第 1 卷到第 4 卷的题目分别是《现代日本的贫困》、《日本经济及社会保障》、《日本社会保障制度的历史》、《日本社会保障制度的现实》。另外,田多英范的《日本社会保障制度成立史论》(光生馆,2009 年),对日本何时怎样才能整顿好社会保障制度，进行了较为系统的分析。

社会保障研究所编著的《战后的社会保障本论》（至诚堂，1968 年），以战后到 20 世纪 60 年代前半期这段时期为研究对象，4 位研究人员分别从概况、社会保障、公共援助、社会福利、公众卫生、医疗方面进行了详细地分析。另外还有近藤文二的《社会保险》（岩波书店，1963 年）、前文提及过的与田柾的《社会保障》（MINERVA 书房，1965 年）以及日本社会事业大学编著的《战后日本的社会事业》（劲草书房，1967 年）、近藤文二编著的《社会保障入门》（有斐阁，1968 年）等等。

2. 扩充期的分析。

在横山和彦的《社会保障论》（有斐阁，1978 年）中，有意识地将社会保障制度与资本主义相关联，并对其进行了分析。同样是横山和彦编著的《社会保障制度的构造及问题点》（教育社，1979 年），紧凑地分析了 20 世纪 70 年代日本社会保障的各制度。小山路男、佐口卓编著的《社会保障论改订版》（有斐阁，1973 年），论述了社会保障制度的历史性发展历程，分析了社会保障各制度的现状。前文提过的大河内一男的《社会保障入门》以及同样前文提过的佐口卓的《社会保障》等都是同类型的书。

当时的知名学者共同编纂有社会保障讲义，即由社会保障讲义编纂委员会编著的《社会保障讲义》全 6 卷（综合劳动研究所，1980—1981 年）。从第一卷开始，分别以《社会保障的思想及理论》、《经济变动及社会保障》、《对社会变动的应对》、《劳资关系及社会保障》、《生活及福利的课题》、《地区社会及福利的发展》为主题，并逐一对它们进行了展开分析。

虽然实行的是世界上罕见的国民皆保险 · 皆养老金的体制，但是在医疗保障上还是存在难以取消的阶级性。佐口卓的《现代的医疗保障》（东洋经济新报社，1977 年）一书，就是对以上情况进行了分析。

3. 改革期的分析。

里见贤治的《如何解读日本的社会保障》（劳动旬报社，1990 年），整体分析了 20 世纪 80 年代的社会保障制度。其从批判的观点对当时的主流思想——社会保障危机论及高龄化危机论，进行探讨，并在此基础上论述了社会保障制度的应有面貌。川口弘、川上则道的《高龄化社会真的是危机么》（AKEBI 书房，1989 年），以及川上则道的《高龄化社会可以这样维持》（AKEBI 书房，1994 年），也表达了同样的观点，对高龄社会危机说进行了批判。田多英范的《现代日本社会保障论》（光生馆，1994 年），针对 80 年代实施的与原本的动向截然相反的抑制型社会保障政策改革，从医疗、养老金、生活保护、社会福利各个方面，对改革的背景及其意义做了全面地分析。中西启之的《福利与医疗的经济学》（大月书店，1990 年）中，对 80

年代的医疗及社会福利、公共援助政策进行了分析。另外，还有坂胁昭吉、中原弘二编著的《现代日本的社会保障》（MINERVA 书房，1997 年）。二木立的《重新认识世界第一的医疗费抑制政策的时期》（劲草书房，1994 年），认为 80 年代的医疗政策是世界第一的抑制政策，批判性地分析了此项政策。宫岛洋的《高龄化时代的社会经济学》（岩波书店，1992 年），论述了高龄化社会的社会保障制度及应有的财政方式，并且作为当时的经济学者鲜见地涉及了家庭问题。荻岛国男、小山秀夫、山崎泰彦的《养老金・医疗・福利政策论》（社会保险新报社，1992 年）也对 80 年代的老人保健制度的创建、基础养老金制度的引入等进行了分析。右田纪久惠、里见贤治、平野隆之、山本隆的《福利财政论》（MINERVA 书房，1989 年）及成濑龙夫、小泽修司、武田宏、山本隆的《福利改革及福利补助金》（MINERVA 书房，1989 年），都是财政论方面的研究。

对 20 世纪 80 年代的公共养老金制度改革进行了严肃规范的分析的，有牛丸聪的《公共养老金的财政方式》（东洋经济新报社，1996 年）。外国学者 John C Campbell 亲自采访多位当事人，并以此为基础做了详细的分析，写成了《日本政府与高龄化社会》（中央法规，1995 年）（三浦・坂田译）。

吉冈增雄的《在日外国人与社会保障》（社会评论社，1995 年），如其标题所示，研究了前人没有研究过的外国人与日本社会保障制度的关系，此类成果非常少见。另外还有大泽真理的《超越以企业为中心的社会》（时事通信社，1993 年）。

4. 改革期以后的分析。

由厚生省监修的《社会保障入门》（中央法规，1990 年），面向初入门群体，对 20 世纪 90 年代以后每年的社会保障制度、政策进行了简单易懂的解说，并且背面面上还有与解说相关的统计资料，一目了然，是一本名副其实的入门书籍。广井良典的《日本的社会保障》（岩波书店，1999 年），比较系统地从原理方面把握日本的社会保障制度的发展轨迹，并从中总结出现在社会保障制度的问题点，以逐渐正视高龄社会的姿态，赢得了很多读者的喜欢。

在 20 世纪 90 年代以后的公共养老金改革争论中，有一种理论是将公共养老金及个人养老金混为一谈。堀胜洋的《养老金制度的再构筑》（东洋经济新报社，1997 年）及《养老金的误解》（东洋经济新报社，2005 年），通过纠正这种误解，阐述了作者的再构筑论。井口直树的《日本的养老金政策》（MINERVA 书房，2010 年），尝试着对日本的公共养老金制度、政策进行综合性的分析。植村尚史的《年轻人需要的养老金改革》（中央法规，2008 年），探索了公共养老金改革该走向何方。另外还有村上贵美子的《对战后收入保障制度的检验》（劲草书房，2000 年），论述了战后日本的养老金制度的变迁。牛丸聪、饭山养司、吉田充志的《公共养老金改革》(东洋经济新报社,2004 年),探寻了公共养老金应有的面貌。嵩 SAYAKA 的《养老金制度及国家的作用》(东京大学出版社会,2006 年),从国际比较的观点,对国家在公共养老金中的作用进行了考察。里见贤治的《新养老金宣言》(山吹书店,2008 年),驹村康平编著的《选择养老金》(庆应义塾大学出版会,2009 年),主张应考虑基于财政方式的基础养老金,而不是用保险的方式,以避免无养老金者的出现。此处还应该提及百濑优的《残障养老金的设计》(光生馆,2010 年),这是作者在考察了美国及瑞典的残障养老金之后,阐述的对日本残障养老金的制度设计的研究。岛崎谦治的《日本的医疗 政策及制度》(东京大学出版会,2011 年)分析了医疗及医疗政策。

岩田正美的《社会排斥》(有斐阁,2008 年)中,以欧洲发明一个新概念——社会排斥,来分析现在日本的低收入群体、无家可归的人、甚至孤独死、自杀等的病理,并阐述了该怎么做到社会融入。随着全球化及高龄化带来的生活不安定,市民对社会保障制度的关心迅速提升。但是却不知道政府接下来会怎么维持和发展社会保障制度,这导致市民民心不稳。宫本太郎的《福利政治》(有斐阁,2008 年)就是针对这种政治状况,阐述了雇佣制度及福利制度协作的重要性,并指出了应该采取的方针。一直以来实施的生活保障系统的概念非常广,比社会保障制度加上劳动政策等还要广,但是考虑到时代的变迁,以及国际化对比分析,以前的生活保障系统已经不能应对新社会的风险,甚至起到了相反的作用。针对这种情况,大泽真理在《现代日本的生活保障系统》(岩波书店,2007 年)中提出了应该考虑重新构筑生活保障系统的观点。另外,在所谓的雷曼事件中,大量的非正规劳动者被解雇了(=派遣裁员),甚至因此产生了派遣村。作为派遣村的村长,一跃出名的汤浅诚在《反贫困》(岩波书店,2008 年)一书中分析到,雇佣、社会保险、生活保护,这 3 个环节组成了支撑现代日本人生活的网络,如果其中一环不能正常运行或者出现错误,就很可能一下子滑落到社会的最底层,所以这是一个滑梯型社会。

进入 20 世纪 90 年代,少子化突然成为了社会性问题。增田雅畅在《这样可以么少子化对应政策》(MINERVA 书房,2008 年)中,直接涉及了针对少子化的政策立案。作者研究了少子化对应政策的历史,认为进入 2000 年以后才出现了真正的少子化对应政策。冈泽宪芙、小渊优子在《少子化政策的新挑战》(中央法规,2010 年)中,对少子化政策做了国际比较,并提出了适合日本的政策。另外,山田昌弘的《少子社会日本》(岩波书店,2007 年)及赤川学的《孩子少了是谁的错!》(筑摩书房,2004 年),对日本少子化的原因做了详细的论述。

三、日本的福利国家研究

高度经济增长期在1973年,也就是石油危机后全面终结,进入了低速增长期。相应的,世界各国开始实施新自由主义的改革,福利国家的危机开始变得严重。讽刺的是,日本的福利国家研究,就是从这次福利国家的危机中真正开始发展起来的。

进入20世纪80年代后,东京大学社会科学研究所的全体成员,花费数年时间,共同作出了福利国家的研究成果。此项研究是日本学术界真正研究福利国家的开端,非常具有纪念意义。此项共同研究之所以能大规模地开展,除了社会科学研究所成员外,还得到了相同研究领域的最具实力研究者的大力支持。其研究成果被收录在同所编著的《福利国家》(东京大学出版会,1985年)全6卷中。此书依据福利国家的定义是由当时的研究领头人社会科学研究所所长户原四郎定义的主要内容,由经济学、政治学、社会学等研究者对日本以及西欧主要国家的福利国家进行分析研究,是一项具有划时代意义的研究成果。但是很遗憾,亚洲的韩国、中国台湾、中国大陆不在其研究对象内。

东京大学社会科学研究所编著的《转型期的福利国家(上、下)》(东京大学出版会,1988年),相当于是上述《福利国家(1—6)》的后篇,与前篇相比研究对象国及编著者都变少了。研究对象国家只有日本、德国、美国、英国、瑞典,研究分析的时期是20世纪80年代为止(编写时前不久),当时世界上都在重新定义与认识福利。

与东京大学社会科学研究所的福利国家研究几乎是同一时期,也有人通过美国的新政研究福利国家。例如榎本正敏编著的《现代资本主义的基轴》(雄松堂,1984年)及小松从的《新政的经济体制》(雄松堂,1986年)。两者通过分析皆认为,20世纪30年代的新政是福利国家化的开端。前者重点分析了从新政初期的全国产业复兴法(NIRA)到35年的全国劳动关系法,论述了通过福利国家解决雇佣·劳动问题;后者详细分析了新政初期的联邦紧急援助法(FERA)到同样35年的社会保障法,论述了通过社会保障制度解决福利国家问题的观点。

林建久的《福利社会的财政学》(有斐阁,1992年)一书中,不仅仅局限于社会保障制度,把福利国家作为整体的国家论,从财政的观点进行分析。从国家财政上可以看出,欧洲多数国家在第一次世界大战时,取得了划时代的不连续的飞跃性的发展,这个时期以后开始走向福利国家化。同样的美国从20世纪30年代、日本从第二次世界大战后，财政上的大转变可以看出这段时期，各自开始了福利国家化。另外，因为福利国家论也是国家论，所以不能忽略掉对军事费用的分析，分析军事费用后得出了一个很有深意的结论，此结论是本书很值得关注的一点。冈本英男作为一名财政学者，其在《福利国家的可能性》（东京大学出版会，2007 年）一书中，以美国及瑞典为研究中心，对世界福利国家的现状进行了分析。作者指出 80 年代以后，随着新自由主义改革，在劳动领域推进了相当激进的改革，但是与此相反，在社会保障领域并没有进行多少改革。

加藤荣一的《共和体制的经济构造》（东京大学出版会，1973 年），是日本最先论述福利国家的劳资同权化意义的著作，后因为其不幸早逝而导致研究中断。留有遗稿集《现代资本主义及福利国家》（MINERVA 书房，2006 年）、《福利国家系统》（MINERVA 书房，2007 年），以日本本土的马克思经济学・宇野理论为依据，阐述了加藤荣一的福利国家观。系统地论述了近年德国公共养老金相关的稍显悲观的现状，以及福利国家的研究方法相关的研究方法论。作者认为，19 世纪具有纯粹资本主义化倾向的资本主义是自由主义，后半期之后资本主义向不纯化倾向转变，这种不纯化倾向就是通往福利国家的道路，第二次世界大战后实现了福利国家，20 世纪 80 年代以后是福利国家的衰落过程。

钟家新作为社会学者，著有研究福利国家的《日本型福利国家的形成及“十五年战争”》（MINERVA 书房，1998 年）。虽然作为中国研究者，但是此书对日本第二次世界大战之前，厚生省的设立、厚生养老金保险制度、国民健康保险制度等的创建情况做了详尽的探讨，认为在这个时期，日本已经形成了接近福利国家的体制。武川正吾的《合作与承认》（东京大学出版会，2007 年），从国家目标、补贴国家、管制国家 3 个侧面把握福利国家，据作者自己的理解对概念进行定义，并分析了现在的日本福利国家。另外还有藤村正之的《福利国家的重组》（东京大学出版会，1999 年）等。作为政治学者的新川敏光也在《日本型福利制度的发展及转变》（MINERVA 书房，2005 年）一书中对日本的福利国家进行了分析。

艾斯平・安德森的《福利资本主义的三个世界》，在世界范围内的学术界带来了极大的影响，日本也不例外，受此影响，比较福利国家论曾盛极一时。也因此涌现出了许多著作，如埋桥孝文的《现代福利国家的国际比较》（日本评论社，1997 年）、宫本太郎编著的《福利国家重组的政治》（MINERVA 书房，2002 年）、埋桥孝文编著的《比较中的福利国家》（MINERVA 书房，2003 年）、武智秀之编著的《福利国家的治理》（MINERVA 书房，2003 年）、大泽真理编著的《亚洲各国的福利战略》（MINERVA 书房，2004 年）、斋藤纯一编著的《福利国家/社会合作的理由》（MINERVA 书房，2004 年）、冈泽宪芙・宫本太郎编著的《比较福利国家论》（法律文化社，1997年）等。

前文提到过的埋桥孝文的《现代福利国家的国际比较》、武川正吾、金渊明的《韩国的福利国家·日本的福利国家》（东信堂，2005年）、金成桓的《后发福利国家论》（东京大学出版会，2008年）、李莲花的《东亚的后发近代化与社会政策》（MINERVA书房，2011年），从批判的角度对艾斯平·安德森的学说进行了探讨，认为如果想在亚洲也试行比较福利国家论，那么必须在艾斯平·安德森的方法中导入、追加资本主义先发国、后发国的时间轴，才有可能实施。

四、其他

最后，简单谈谈社会保障、福利制度相关的事典·词典以及年表等。

首先是事典·词典。社会保障事典编辑委员会编著的《社会保障事典》（大月书店，1976年）、事典刊行委员会编著的《社会保障制度·社会福利事典》（劳动旬报社，1989年），不仅仅是对术语的解释，更像是论文著作。仲村优一、冈村重夫等人编著的《现代社会福利事典》（全国社会福利协议会，1982年），小田兼三、京极高宣、桑原洋子、高山忠雄、谷胜英编著的《现代福利学词典》（雄山阁出版，1993年），庄寺洋子、木下康仁、武川正吾、藤村正之编著的《福利社会事典》（弘文堂，1999年），社会福利辞典编辑委员会编著的《社会福利辞典》（大月书店，2002年）等，专注于术语的解说，是非常正统的辞典。冈本民夫、田端光美、滨野一郎、古川孝顺、宫田和明编著的《百科全书：社会福利学》（中央法规，2007年），用类似论文的方式对各种术语进行了解说，是很适合阅读的独特的辞典。另外还有仲村优一、小岛容子、L.H.Thompson编著的《社会福利英日·日英用语辞典》（诚信书房，1981年），是社会福利用语的英日·日英辞典。

年表方面有社会事业研究所编著的《日本社会事业大年表》（刀江书店，1926年）、厚生省编著的《厚生省五十年史：资料编》（财团法人厚生问题研究会，1988年）、池田敬正、土井洋一编著的《日本社会福利综合年表》（法律文化社，2000年）、法政大学大原社会问题研究所编著《社会劳动运动大年表》（劳动旬报社，1955年）等。

日本东亚福利国家研究中的武川—田多论争

金成垣①

一、"武川—田多论争"

进入2000年代后,在福利国家研究领域,学者们对东亚各国家、地区的关注度越来越高,围绕这些国家、地区的特征、定性等开展的相关研究也愈加活跃。其中,以下几篇被称为"武川—田多论争"的论文意义深远。

①武川正吾:《韩国的福利国家形成与福利国家的国际比较》,见武川正吾、金渊明编:《韩国的福利国家·日本的福利国家》,东信堂2005年版。

②田多英范:《日本的福利国家化与韩国的福利国家化》,《社会保障周刊》2007年第2423期。

③武川正吾:《日韩比较视角下的福利国家论——回复田多英范的批判》,《社会保障周刊》2007年第2438期。

④田多英范:《如何理解福利国家的成立——论及武川正吾的反驳》,《社会保障周刊》2008年第2484期。

武川在①中,从与日欧各国进行比较的角度,分析了自20世纪90年代后半期起韩国的福利国家成立经验,并尝试探索了新的国际比较方法论。通过聚焦韩国、日本、欧洲各国福利国家的成立时期及各时期国际环境的差异,武川总结出与埃斯平·安德森(Esping-Andersen 1990)的福利模式论意义不同的新"三个世界论"。在②中,田多对此进行了评论。田多质疑的不是武川的"三个世界论"这一主题本

① 金成垣,日本东京经济大学副教授。译者为日本东京大学人文社会科学系研究科博士生张继元。

身，而是其所依据的福利国家成立论。田多通过主要分析日本的福利国家成立过程，就武川对福利国家成立时期的理解进行了批判，并论述了自己的观点。③中，武川再次强调自己的“三个世界论”观点及其意义，并就田多提出的福利国家成立时期的问题进行了回复和反驳。④是田多对此的再次反驳。

这几篇可以冠为“武川—田多论争”的论文，主要是就韩国、日本及欧洲各国福利国家成立时期的论争。当我们从深层次分析这些主张、论点及其问题意识、理论立场时，我们会发现这场论争是日本迄今为止福利国家研究的几股潮流汇合的交汇点。同时，我们也可以从中总结出关于东亚福利国家研究方法论的重要启示。

本书的目的是，在整理日本福利国家研究的几股潮流的基础上，探讨在这些潮流中“武川—田多论争”所处的位置及其意义，并总结出“武川—田多论争”所提示的东亚福利国家研究的方法论论点以及今后的研究课题。

二、福利国家研究的两种方法

（一）日本的福利国家研究

纵览迄今为止日本的福利国家研究，可以分为两大研究方法（金成垣 2010）：其一是重视“纵向”的历史分析；其二是重视“横向”的国际比较。前者探讨福利国家的历史性或阶段论的特点，如“是否为福利国家”或“福利国家是何时、以什么为标志形成的，以及如何演变的”等，我们可以称之为阶段论方法。而后者则探讨福利国家的结构性或类型论的特点，如“是怎样的福利国家”或“福利国家的多种类型是如何产生，且具有怎样的特点”等，可以称之为类型论方法。

在分析福利国家时，阶段论方法和类型论方法本应相互关联，但在实际的研究中，因为各自的学术背景及问题意识的不同，福利国家研究有了不同的发展路径。而正是这样的研究状况给东亚福利国家研究带来了方法论方面的巨大局限。这一点将在下一节详细论述，本节首先回顾一下两种研究方法的历史发展及其内涵①。

（二）阶段论方法及类型论方法

1. 阶段论方法的背景及内涵。

首先介绍阶段论研究方法。这一研究方法常见于“经济学系”的福利国家研

① 以下有关阶段论方法及类型论方法的论述总结了金成垣（2010）的主要研究成果。详细分析请参考金成垣（2010）。

究中。所谓的“经济学系”主要吸收了马克思主义经济学的资本主义研究脉络，例如国家垄断资本主义论、现代资本主义论等理论。

“经济学系”福利国家研究是从20世纪70年代前后开始的。其主要关注的问题是，在20世纪前半叶爆发世界大战及大萧条的背景下，陷入体制性危机的资本主义拥有了与以往不同的特征，即现代（20世纪）资本主义成立的过程。起初在诠释现代资本主义特质时，从国家组织资本主义以规避体制危机的现象出发，并以“国家垄断资本主义”的视角进行分析的趋势较为明显（大内1970）。但随后出现了一些新的有效的阐释，例如，和倡导国家权力与垄断资本紧密相连的马克思主义学说不同，“二律背反”论①将现代资本主义的本质解释为内部包含了劳动基本权等社会主义要素的体制，或“反革命”体制（加藤2006），还有学者将其成立过程阐释为“脱资本主义化倾向”（关根1974）。进入80年代后，将现代资本主义本身理解为福利国家或福利国家资本主义的观点变得有力起来，同时以福利国家论为名的各种研究也陆续展开。

“经济学系”福利国家研究有很多研究成果，这些研究的特点可以从很多方面进行说明。但如果从方法论特点来总结这些研究，我们会发现一个重要的特点就是，这些研究都是基于阶段论方法的福利国家研究。

具体而言，在讨论构成福利国家之核心要素的社会保障制度时，阶段论方法关注的并不是制度发展的水准或支出的高低，甚至可以说是尽力避免这些注重社会保障制度量性方面的福利国家分析。阶段论方法所重视的是，20世纪前半叶以后，在福利国家或福利国家资本主义形成过程中，社会保障制度不再是20世纪以前的济贫制度及社会保险制度的简单整合，其性质与意义发生了质变的历史过程。

对这个过程的具体分析每个研究各有不同，代表性的研究有，分析劳动者阶级政治、社会、经济方面同权化过程的加藤（2006），分析国家财政非连续变化的林（1992），分析全体国民生存权确立过程的田多（1994，2007）等，这些研究在揭示社会保障制度新性质和新意义的同时，也理清了福利国家形成的历史过程。

总之，这一视角的研究都很明显地包含了“是否为福利国家”或“何时形成福利国家”等福利国家阶段论方面的问题。针对这类问题，根据各自的标准不断推进研究，通过“福利国家是何时、以什么为标志形成，以及如何演变”等问题意识，历史分析福利国家的动态过程，这是“经济学系”福利国家研究的阶段论方法之基

① 加藤认为，为了自身的延续，资本主义将面对把否定资本主义的要素加入自身内部的要求，换言之，也是面对“二律背反”的课题（加藤2006）。即一面要被迫承认会导致工资刚性＝抑止利润的劳动基本权，同时为了延续资本主义体制还必须维持资本积累的课题。他认为福利国家正是为了应对“二律背反”课题而发展起来的。

本立场。

2. 类型论方法的背景及内涵。

下面介绍类型论研究方法。类型论研究方法常见于"社会学系"的福利国家研究中。所谓的"社会学系"主要吸收了从威林斯基(Winlensky 1975)、蒂特马斯(Titmuss 1974)到埃斯平·安德森(Esping-Andersen 1990)的西欧比较福利国家研究脉络。

"社会学系"福利国家研究主要着力于探究福利国家及其制度、政策的国家间异同与成因。此类研究在日本是从20世纪90年代起正式开始的,其中经历了以下福利国家比较研究的范式变化。即从威林斯基等初期研究中强调制度发展水平和支出高低等国家间"量的差异",转变为埃斯平·安德森的福利模式论中强调福利的生产、分配方式或支出、制度等"质的差异"。在讨论前者强调的"量的差异"时,往往会单纯地认为日本比西欧各国"在量上处于低水平",但在讨论后者的"质的差异"时,我们才能认识到日本还具有"在质上不同"的特点。实际上是在埃斯平·安德森的福利模式论开拓了福利国家比较研究新的范式之后,日本国内开始以其为参考展开了多样的研究。

"社会学系"福利国家研究大多直接或间接地以埃斯平·安德森的福利模式论为基础,尽管有着这样的共性,但由于分析对象和视点非常广泛,很难总结出同一特点。但多数研究的视角可以明显区别于上述"经济学系"福利国家研究中的阶段论方法,所以可以称之为类型论方法。

类型论方法的研究没有涉及"是否为福利国家"等福利国家阶段论的问题。在社会保障制度研究方面,类型论方法不关注福利国家形成前后的质性差别,而是设定由社会保障制度构成的福利国家既已存在,把通过分析各种制度领域来总结福利国家的类型论特点作为重要的课题。

就日本而言,起初只是照搬埃斯平·安德森的福利模式论,将其定位为自由主义模式和保守主义模式(或社会民主主义模式)的"混合型"。随后出现了应用福利模式论的讨论,比如新川(2005)在三种模式的基础上加入了家族主义模式的第四种类型,并将日本定位为家庭主义模式。大泽(2007)则建立了与福利模式不同的新类型,即"男性养家型"、"工作生活平衡型"、"注重市场型",并将日本定位为"男性养家型"。此外,还有武川(2007)总结出的"社会民主主义的弱小和国家官僚制的强大"、"社会支出的微薄和公共事业的雄厚"、"社会限制的软弱和经济限制的强硬"等日本特点的研究。

综上所述,类型论方法中"是否为福利国家"等阶段论意识淡出,以"有多样的福利国家"为前提,设定了"怎样的福利国家"等研究课题。而类型论方法的基本立场正是从“福利国家的多种类型是如何形成,且具有怎样的特点”等问题意识出发对福利国家的结构性特征进行国际比较分析。

3. 两种研究方法的发展

以上,我们将福利国家研究分为阶段论方法和类型论方法进行了梳理。当然这两种研究方法在理论上并不是没有接点①。但正如上文我们已经讨论过的那样,不可否认两者在分析福利国家的关注点、研究方法以及其背后的学术传统和问题意识等方面有着明显差异。也许正是因为这样,在实际的研究中至今为止还没有看到两种研究方法的交集。

但是随着最近几年以东亚为对象的福利国家研究日渐盛行,两种研究方法开始出现交汇。更准确地说,正是因为这两种研究方法在分析东亚各国家、地区时有着很大的局限,所以已经不得不探讨两种方法的结合了。而文章开头提到的“武川—田多论争”则标志着探讨二者结合的开始。下一节中,我们将通过简述东亚福利国家研究概况来揭示阶段论方法和类型论方法的局限,并探讨处于二者交汇处的“武川—田多论争”将给我们怎样的方法论启示。

三、作为交汇点的东亚福利国家研究

(一)东亚福利国家研究方法论的局限

1. 对东亚关注度的提高。

不止是日本,1997—1998 年的亚洲经济危机毋庸置疑是福利国家研究领域对亚洲关注度提高的重要背景之一。经济危机中的亚洲各国为了应对失业、贫困等问题,政府采取了积极的措施,社会保障、福利政策方面整体发生了急剧的变化。被评价为“福利国家超高速发展”的韩国是一个代表性的例子,而使高速发展得以实现的政府改革战略“生产性福利”更是受到了国内外的瞩目。此外,中国台湾公共救助领域的制度改革和医疗保险的改革及扩大等变化也是值得关注的。伴随着这种实际的政策变化,学术界也开始关注东亚的福利国家比较研究。1990 年代后半期开始,对比欧美福利国家,将东亚各国家、地区的特征总结为“开发主义福利国家”(Kwon ed.2005)、“生产主义福利资本主义”(Holliday & Wilding eds 2003)或“混合型福利模式”(Esping-Andresen 1999)等的研究非常活跃。

现实社会及学术界对东亚越来越关注,以此为契机,日本的福利国家研究领域

① 关于这一点请参考金成垣(2010:87—88)。

也开始关注这些国家和地区。日本国内对东亚关注度的高涨有着多样的动机，有些出发点仅仅是“了解近邻国家状况”等较为实际的问题意识，而有些是对一直以来以欧美研究为中心的日本研究现状的反省，有些则更进一步想通过东亚研究来补充或克服欧美福利国家研究的局限。正是因为这些多样的问题意识及其相互作用，自2000年代初以来相关研究硕果累累。

例如《亚洲社会保障》（广井、驹村编2003）、《新兴福利国家论》（宇佐见编2003）、《东亚福利系统构建》（上村、末广编2003）、《亚洲诸国的福利战略》（大泽编2004）、《现代中国的社会保障制度》（田多编2004）、《新兴工业国的社会福利》（宇佐见编2005）、《韩国的福利国家、日本的福利国家》（武川、金渊明编2005）、《福利模式的日韩比较》（武川、李惠炅编2006）、《东亚社会政策学的发展》（社会政策学会编2006）、《新兴工业国的雇用与社会保障》（宇佐见编2007）、《中国社会保障改革与日本》（广井、沈洁编2007）、《现代中国的社会与福利》（王文亮2008）、《转型期中国的社会保障与社会福利》（袖井、陈立行编2008）、《后发福利国家论》（金成垣2008）、《通过社会政策解读现代中国》（王文亮2009）、《亚洲医疗保障制度》（井伊编2009）、《东亚社会保障》（埋桥、户谷、木村编2009）、《现代比较福利国家论》（金成垣编2010）、《东亚的后发现代化与社会政策》（李莲花2011）、《中国的弱势群体与社会保障》（埋桥、于洋、徐荣编2012）、《ASEAN诸国的社会保障》（菅谷2013）、《韩国社会保障》（高安2014）、《东亚的雇用、生活保障与新社会危机的应对》（末广编2014）等等，研究成果不胜枚举。东亚研究已经成为福利国家研究的一个子类。

2. 需要把握的“时间+差”视点。

当我们进一步考察东亚福利国家研究的内容时，遇到了一直未曾关注过的新问题，为了解答这个问题，需要结合上一节所介绍的阶段论方法和类型论方法。这个新问题就是，在比较分析时，如何将存在于西欧各国与东亚国家之间的福利国家发展的时间差考虑进去。下面所引叙述正是点明了这个问题。

“必须考虑后发福利国家，或是新兴福利国家的时间差。……这不正是思考亚洲模式时的一个入手点吗”（大泽编2004：328）①。

“讨论（东亚各国和）另一后发福利国家地中海—南欧诸国的异同时，需要探索埃斯平·安德森‘三个世界’模式所忽视的 <时间轴>给经济、社会结构带来的影响”（宫本、Ito、埋桥2003：296）。

“进一步发展福利模式论的一个方向是沿着时间轴扩展视野，也是后发福利

---

① 这里引用的是《亚洲诸国的福利战略》（大泽编2004）出版企划座谈会上埋桥的发言。

国家的理论性包容”(宫本 2003:22)。

当认真思考上述东亚福利国家研究需要时间轴的观点,换言之,在考虑是否有必要抓住福利国家历史发展的时间差这一问题时,像上节谈到的那样,我们会发现以往的福利国家研究方法论有着巨大的局限。这是因为,不结合阶段论方法和类型论方法的福利国家研究中,由于两种视角各自的局限,很难保证福利国家历史发展中时间差的视点。具体分析如下:

阶段论方法侧重于以“是否为福利国家”为基础的“纵向”历史分析,对“横向”的国际比较及各国多样性没有太多兴趣。如果从“时间+差”的角度分析,阶段论方法在分析福利国家历史发展的“时间”方面有很强的优势,但在通过“横向”国际比较分析“差”的方面很弱。与之相反的是,类型论方法重视“怎样的福利国家”,主要关注“横向”的国际比较及各国多样性,但缺少“纵向”的历史分析。同样从“时间+差”的角度分析,类型论方法同阶段论方法相反,在分析各国的“差”时很有优势,但“纵向”历史分析视点薄弱,因此导致在分析福利国家历史发展时容易忽视“时间”的问题。

综上所述,从“时间+差”的角度分析,或是在“时间+差”中定位福利国家时,需要“纵向”历史分析和“横向”国际比较的结合,也就是阶段论方法和类型论方法的结合,但在实际的研究中却看不到二者的交汇,结果导致缺乏在时间差框架下定位福利国家的视点。

分别通过这两种方法进行的东亚研究面临了巨大的局限已是不争的事实。比如,通过阶段论方法进行的东亚研究中,分析福利国家的历史发展时“收敛论”影响很强,而这种“收敛论”认识中缺乏考虑各国的“差”。即使在其中加入国际比较的视点,也大多得出“一国一模式”的结论。相反,类型论方法的研究大多忽视福利国家历史发展的“时间”问题,将东亚和西欧的福利国家放到同一条在线分析其特点,而这种比较分析得出的结论大多是“混合型”或“第 4 类型”等,只是强调了东亚的“格格不入”。结果,无论从阶段论还是类型论的哪一个单一视角分析,都无法保证“时间+差”的视点,因此导致很多研究都无法准确理解东亚福利国家的特点。

(二)再谈“武川—田多论争”

如何超越已有研究的局限,导入“时间+差”的视点来分析东亚福利国家?通过以上的论述,答案已经很明确了。就是要尝试结合重视“纵向”历史分析的阶段论方法和重视“横向”国际比较的类型论方法。

我们再回到开头提到的“武川—田多论争”,该论争在思考两种研究方法结合的问题上具有很重要的意义。武川的新"三个世界论"着眼于福利国家成立时期对福利国家形态带来的影响,可以说是为了超越忽视时间差问题的先行研究,特别是克服类型论研究方法局限性的一种尝试。而田多对"三个世界论"依据的福利国家成立时期的批判,则是对以往立足日本经验分析韩国、中国等东亚福利国家的阶段论研究方法提出的质疑。也就是说,这个论争处于本节所说的阶段论方法和类型论方法的交汇点,而两者提出的论点给上述东亚福利国家研究带来了重要的启示。

论争本身的论点,即对福利国家成立时期的理解上的差异,除了分析东亚方法论的有效性问题之外,并不是哪个正确哪个不正确的关系,而是分析福利国家之立场不同的问题。有关方法论的有效性将在其他论文中另行讨论,本节结尾就"武川—田多论争"所提示的东亚福利国家研究方法论的论点,总结阶段论研究方法和类型论研究方法的共同课题。

从东亚福利国家研究所需的时间差视点考虑,两种研究方法共同的课题是探讨以下问题。具体是指与东亚福利国家所处的历史及现实相关的问题,即与工业社会及制造业受典型的组织劳动支援并逐渐发展成福利国家的先发国不同,东亚的后发国是在工业社会向后工业社会发展的转型期,且以制造业为基础的组织劳动弱化的时期才出现了福利国家发展迹象的,该如何准确把握这些后发福利国家,成为一大问题。简单而言,即如何理解后冷战时期处于后工业社会的福利国家的问题。在探讨这个问题时,阶段论研究方法的课题是如何阶段性把握好社会主义解体后全球化时代的资本主义及福利国家,而类型论研究方法的课题是,如何准确把握在不同于欧美历史经验的资本主义基础上发展起来的东亚福利国家之特点。在共同导入时间差的比较视点后,通过解决各自的课题,就可以找到处于两种研究方法交汇点的东亚福利国家研究的方法论论点。

"武川—田多论争"正是解决这一课题的第一步,在讨论其争论点的方法论有效性之同时,将这个论争向更有益的方向推进则是今后的课题之一。

参考文献

井伊雅子:《アジアの医療保障制度》,東京大学出版会2009年版。

宇佐見耕一编:《新興福祉国家論——アジアとラテンアメリカの比較研究》,アジア経済研究所,2003年。

宇佐見耕一编:《新興工業国の社会福祉——最低生活保障と家族福祉》,アジア経済研究所,2005年。

宇佐見耕一編:《新興工業国における雇用と社会保障》,アジア経済研究所,2007年。

埋橋孝文、戸谷裕之、木村清美編:《東アジアの社会保障——日本・韓国・台湾の現状と課題》,ナカニシヤ2009年版。

埋橋孝文、于洋、徐栄編:《中国の弱者層と社会保障——'改革開放'の光と影》,明石書店2012年版。

王文亮:《現代中国の社会と福祉》,ミネルヴァ書房2008年版。

王文亮:《社会政策で読み解く現代中国》,ミネルヴァ書房2009年版。

大内力:《国家独占资本主义》,东京大学出版会1970年版。

大沢真理:《現代日本の生活保障システム——座標とゆくえ》,岩波書店2007年版。

大沢真理編:《アジア諸国の福祉戦略》,ミネルヴァ書房2004年版。

上村泰裕、末廣昭編:《東アジアの福祉システム構築》,東京大学社会科学研究所研究シリーズNo.10),東京大学社会科学研究所2003年版。

加藤榮一:《現代資本主義と福祉国家》,ミネルヴァ書房2006年版。

金成垣:《後発福祉国家論——比較のなかの韓国と東アジア》,東京大学出版会2008年版。

金成垣:《〈武川—田多論争〉の位置づけとその含意》,见金成垣編:《現代の比較福祉国家論——東アジア発の新しい理論構築に向けて》,ミネルヴァ書房2010年版。

金成垣編:《現代の比較福祉国家論——東アジア発の新しい理論構築に向けて》,ミネルヴァ書房2010年版。

新川敏光:《日本型福祉レジームの発展と変容》,ミネルヴァ書房2005年版。

末廣昭編:《東アジアの福祉システムの展望——7カ国・地域の企業福祉と社会保障制度》,ミネルヴァ書房2010年版。

末廣昭編:《東アジアの雇用・生活保障と新たな社会リスクへの対応》,(東京大学社会科学研究所研究シリーズNo.56),東京大学社会科学研究所2014年版。

菅谷広宣:《ASEAN諸国の社会保障》,日本評論社2013年版。

関根友彦:《現代経済における脱資本主義化傾向》,《経済セミナー》,1974,227。

袖井孝子、陳立行編:《転換期中国における社会保障と社会福祉》,明石書店2008年版。

高安雄一:《韓国の社会保障——"低福祉・低負担"社会保障の分析》,学文社2014年版。

武川正吾:《韓国の福祉国家形成と福祉国家の国際比較》,见武川正吾/キム・ヨンミョン編:《韓国の福祉国家・日本の福祉国家》,東信堂2005年版。

武川正吾:《日韓比較をとおしてみた福祉国家論——田多英範の批判に答えて》,《週刊社会保障》2007年第2438期。

武川正吾:《連帯と承認——グローバル化と個人化のなかの福祉国家》,東京大学出版会 2007 年版。

武川正吾/イ・ヘギョン編:《福祉レジームの日韓比較——社会保障・ジェンダー・労働市場》,東京大学出版会 2006 年版。

武川正吾/キム・ヨンミョン編:《韓国の福祉国家・日本の福祉国家》,東信堂 2005 年版。

田多英范:《现代日本社会保障论》,光生馆 1994 年版。

田多英范:《日本社会保障制度成立史论》,光生馆 2007 年版。

田多英範:《日本の福祉国家化と韓国の福祉国家化》,《週刊社会保障》2007 年第 2423 期。

田多英範:《福祉国家の成立をどう捉えるか——武川正吾の反論にふれて》,《週刊社会保障》2008 年第 2484 期。

田多英範編:《現代中国の社会保障制度》,流通経済大学出版会 2004 年版。

野口定久編:《日本と韓国——福祉国家の再編と福祉社会の開発》,中央法規 2006 年版。

林健久:《福祉国家の財政学》,有斐閣 1992 年版。

広井良典、駒村康平編:《アジアの社会保障》,東京大学出版会 2003 年版。

広井良典、沈潔編:《中国の社会保障改革と日本——アジア福祉ネットワークの構築に向けて》,ミネルヴァ書房 2007 年版。

宮本太郎:《福祉レジーム論の展開と課題》,《比較のなかの福祉国家》,ミネルヴァ書房 2003 年版。

宮本太郎/イト・ペング/埋橋孝文:《日本型福祉国家の位置と動態》,见 G.エスピン—アンデルセン編(埋橋孝文監訳):《転換期の福祉国家——グローバル経済下の適応戦略》,早稲田大学出版部 2003 年版。

李蓮花:《東アジアにおける後発近代化と社会政策——韓国と台湾の医療保険政策》,ミネルヴァ書房 2011 年版。

Esping-Andersen, G. (1990) *The Three World of Welfare Capitalism*, Cambridge Polity.

Esping-Andersen G. (1999) *Social Foundation of Post-industrial Economies* Oxford University Press.

Holliday I.& Paul Wilding eds. (2003) *Welfare Capitalism in East Asia: Social Policy in the Tiger Economies Palgrave Macmillan.*

Kwon H.J.ed. (2005) *Transforming the Developmental Welfare State in East Asia Palgrave Macmillan.*

Titmuss, R. (1974) *Social Policy, Allen and Unwin.*

Wilensky, H.L. (1975) *The Welfare State and Equality*, University of California Press.

海外东亚社会保障模式研究综述

彭宅文[1]

中国社会保障制度自20世纪90年代中后期以来经历了剧烈变革，引起了境内外学者浓厚的研究兴趣。在聚焦中国社会保障制度改革的方案设计、政策过程、动力机制以及制度绩效之外，将中国纳入的比较社会保障研究也正在展开。学习和借鉴已有的海外比较社会保障研究，比较福利国家研究，以及东亚社会保障模式研究的思路与方法有着重要的意义。

本文将综述英语文献中的东亚社会保障模式研究。文章第一部分将在介绍比较福利国家研究基本结论及其挑战的基础上引入东亚社会保障模式研究的学术旨趣所在。第二、三部分是全文的重点。其中，第二部分重点介绍东亚社会保障模式研究的思路和基本结论。第三部分则介绍学界对已有结论的挑战、争论和反思。第四部分则会简要评论现有研究。

一、海外社会保障模式研究的宏观图景与东亚社会保障模式研究的旨趣

东亚社会保障模式研究，是社会保障模式研究（或者比较福利国家研究，比较福利体制研究）逐步延伸其研究样本的结果。早期的比较福利国家研究主要聚焦西方发达国家，并得出比较典型的几个福利国家模式/福利体制类型。后续的研究为了检验或者挑战这些经典的福利国家模式，主要从两大方面不断努力：一方面，新的研究尝试构建更富洞见的比较分析框架以及指标体系，意图在现有的研究样本中识别出新的、有意义的福利国家模式；另一方面，不少研究则尝试扩大研究样

[1] 彭宅文，中山大学政治与公共事务管理学院/中国公共管理研究中心讲师。

本来检验经典的福利国家模式是否已经穷尽所有可能。东亚社会保障模式研究就是后一种研究思路的产物。当研究样本从发达福利国家扩展到西方工业化国家，乃至发展中国家的时候，东亚地区的新型工业化国家相继被纳入研究视野之中。

（一）经典福利国家模式

20世纪90年代之前的比较福利国家研究均聚焦于“国家福利”，较少涉及国家、市场和家庭三大福利提供主体的关系，更不会讨论福利模式形成与资本主义生产体制、政治体制之间的相互嵌入关系。Esping-Anderson（1990）的比较福利国家研究则突破了这一传统。他的研究建基于其所提出的新的概念工具——“福利体制”（welfare regime）。所谓“福利体制”，又被称为“福利资本主义”（welfare capitalism），强调的不仅是国家的福利角色，也包括福利体系与资本主义经济逻辑之间的互动。依据该概念工具，Esping-Andersen 以去商品化（de-commodification）与社会分层（stratification）程度的差异区分出三种不同的福利体制类型，即盎格鲁撒克逊的自由主义福利体制（the liberal welfare regime）、欧洲大陆的保守统合主义的福利体制（the conservative corporatist welfare regime）以及北欧的社会民主主义福利体制（the social democratic welfare regime）。其中，自由主义福利体制是偏重市场，组合主义福利体制偏重家庭，而社会民主福利体制则偏重国家作为主要的福利提供者（见表1）。

表1　福利体制类型及其关键特征

	自由主义	社会民主主义	保守统合主义
福利角色：			
家庭	边缘	边缘	中心
市场	中心	边缘	边缘
国家	边缘	中心	辅助
福利国家：			
社会团结的主导模式	个人主义	普遍主义	亲属关系、统合主义 国家社会主义
社会团结的主要场所	市场	国家	家庭
去商品化程度	最低	最高	较高（给家计负担者）
典型国家代表	英国、美国	瑞典	德国、法国

资料来源：G. Esping-Adersen, 1999, *Social Foundations of Postindustrial Economics*, Oxford University Press, pp. 73-94.

Esping-Anderson 的研究以及后续的扩展（Esping-Adersen, 1999）迅速将西方福

利国家研究引入了比较研究的新阶段，其所识别出的三种典型福利体制广受认可，但也开始遭遇新研究的挑战。

（二）三种福利体制，还是更多？

Esping-Anderson 的研究结论遭遇的第一种挑战就是，西方发达国家是否还存在其他新的福利体制类型？批评意见指出，Esping-Anderson 的研究以地理区域来划分福利体制的疆域过于机械。例如，欧洲大陆的南欧国家虽然被归为保守统合主义福利体制类型，但实际上这些国家的家庭福利角色显然与德国、荷兰等国不同；再如，澳大利亚和新西兰虽然被归为自由主义福利体制类型中，但其社会保障体系对社会救助的依赖与英美也差别较大。为了回应这些疑问，新的研究开始尝试构建新的比较分析框架与分类指标，以图识别出新的福利体制类型。

其中，Leibfried（1992），Ferrera（1996）与 Bonoli（1997）三项研究分别在已有的三大典型福利体制模式之外识别出南欧福利体制，以意大利、西班牙、葡萄牙和希腊为代表的南欧国家的福利制度构造与影响因素，与其他三种模式相差较大而独具特色。Castles & Mitchell（1993）和 Korpi & Palme（1998）的研究也识别出第四种福利体制模式，即以澳大利亚和新西兰为代表的激进福利体制模式，他们对目标瞄准式的社会救助的偏好强于其他国家。这样一来，福利体制模式显然不再仅有经典的三大模式，而可能是五大模式。

（三）发展中国家的福利体制研究

第二种挑战尝试扩大研究样本，研究包括多数发展中国家在内的所有工业化国家的福利体制类型。由于多数发展中国家仍处于工业化与民主化过程之中，其经济发展战略选择与经济发展阶段，民主化的程度与治理模式都会对其社会保障模式以及收入再分配有着重要的影响，进而，新的福利体制类型可能会出现。这种研究取向，实际上就是东亚社会保障模式研究的旨趣。

Gough（2001）的研究较早地进行了这方面的尝试。首先，他基于已有研究对福利体制进行了更加规范的定义。其研究认为，福利体制应有的四个核心纬度：首先是社会政策或方案的具体形式；其次，国家、家庭与市场在福利供给上的分工。这二者可合称为“福利混合”（welfare mix）。再次，为“福利结果”（welfare outcomes），即为前述制度安排所产生的去商品化的程度；最后，为制度的“社会分层效果”（stratification outcomes），亦即社会保障系统是如何形塑社会不平等、权力及利益。福利体制因此就是福利混合、福利结果与社会分层效果的总和。按照这种思路，他使用“福利混合”和“福利结果”两项，对 OECD 以外的 103 个国家进行聚类分析，并得到三个福利体制类型的集群，即高健康教育支出和高人类发展指数模式，低健康教育支出和高人类发展指数模式，与低健康教育支出和低人类发展指数模式。其研究样本也将东亚国家和地区纳入其中，并得出东亚总体属于第二种福利体制模式，即相对低的健康教育支出和较高的人类发展指数模式。

Rudra（2007）的研究则侧重讨论发展中国家所面临的劳动分工布局与国际经济秩序对其生产体制，以及福利体制选择的影响。她认为，OECD 国家是藉由劳动力商品化来发展经济，尔后再透过劳动力去商品化建立福利国家，即先发展经济后发展福利。而发展中国家的经济增长一开始就需要追赶发达国家的脚步，其福利国家的扩张逻辑与发达国家并不一样，他们的经济发展有时候需要以牺牲福利为代价。发展中国家则同时进行劳动力商品化和去商品化，并需要处理二者之间的紧张关系。因此，Rudra（2007）同时采用劳动力“商品化”和“去商品化”作为测量指标，以识别发展中国家福利体制的差异性。她的聚类分析仅仅在 1990 年代的 32 个发展中国家展开，并识别出三种福利体制类型，即生产型福利体制、保护型福利体制以及作为二者混合的双元福利体制。东亚地区只有韩国、马来西亚、新加坡和泰国纳入分析之中，并落在生产型福利体制模式之中。

这两项研究实际上已经将东亚纳入比较社会保障政策的分析之中，但是其分析的焦点并没有体现对东亚地区的偏好，更没有注意到东亚地区的某些特殊性，不过他为后续的学术对话提供了基础。

二、东亚社会保障模式研究：特征识别与学说争论

东亚社会保障模式研究，从国别案例研究起步，经过区域内的比较研究，最后融入跨区域的比较社会保障研究之中。并且，其任务也非常清晰，其主要研究问题是：东亚地区是否存在一个异于经典福利国家模式的社会保障模式？如果存在，那么其特征与成因分别是什么？由于东西方的文化差距，东亚地区社会保障研究主要始于东亚地区的研究机构和学者，并且一开始就希望确立一个异于西方的东亚社会保障模式（研究假设）。之后，随着西方学界比较福利国家研究的兴起，不少研究开始将东亚作为一个整体纳入主要工业化国家的福利体制识别研究之中。

（一）东亚社会保障模式研究的概况

20 世纪 90 年代，海外东亚社会保障开始起步。第一批研究主要来自在西方留学的东亚学者，其中不少是以博士毕业论文的形式出现。如 Takahashi（1997）对

日本社会保障制度的研究，古允文（Ku,1997）对台湾民主化与社会保障制度发展的研究，Tang（1998）对香港社会保障模式的研究，以及Kwon（1999）对韩国社会保障模式的研究。这些单一国家的案例研究，向西方学术界介绍了东亚地区社会保障制度的变迁（政策过程）、制度特征以及影响因素等，并迅速引起了西方学界对东亚社会保障研究的兴趣。区域层面的研究首先主要聚焦日本和“亚洲四小龙”——新加坡、中国香港、韩国和中国台湾。这些研究可以视为解密东亚经济奇迹的一部分。

紧随“亚洲四小龙”之后，东南亚的国家也迅速地进入经济起飞阶段，其社会保障制度与经济发展战略的关系，以及制度体系结构与特征等，很快也成为学界研究的热点。Hort & Kuhle（2000），Ramesh（2004），Haggard（2005）等研究也开始将东南亚的马拉西亚、印度尼西亚、菲律宾和泰国等纳入东亚社会保障研究领域。当然，随着研究区域的扩大，东亚内部各国社会保障制度的差异也开始凸显。

Ku& Finer（2007）的综述性研究总结了当前东亚社会保障研究的进展与特征。根据研究案例的范围和研究议题的层次，他们将现有东亚社会保障研究分为九种类型。其中，研究案例的范围分三种形式：单一国别案例研究、东亚区域研究和跨区域比较研究，而研究议题的层次也有三个选项，他们分别是特定社会保障政策、社会保障政策体系以及福利体制。（见表2）从研究范例的范围角度来看，单一国别案例研究聚焦特定国家的社会保障政策、体系或者福利体制，旨在描述政策过程、特征与政策变迁。东亚区域研究层次，现有的研究要么聚焦东北亚，要么聚焦东南亚，当然也有聚焦包括前二者的整个东亚。然而，由于缺乏比较研究的框架，

表2　东亚社会保障研究的两纬模型

研究议题层次	研究案例范围		
	单一国别案例研究	东亚区域研究	跨区域比较研究
社会保障政策	例如：Goodman, White & Kwon等的研究（1998）	例如：Tang的研究（2000）	例如：Jones Finer等的研究（2001）
社会保障体系	例如：Aspalter等的研究（2002）	例如：Holliday & Wilding等的研究（2003）；Ramesh的研究（2004）	例如：Esping-Andersen等的研究（1996）；Alcock and Craig等的研究（2001）
福利体制	例如：Ku的研究（1997）；Kwon的研究（1999）	例如：Jones的研究（1990）；Holliday的研究（2000）；Aspalter的研究（2001）	例如：Gough &Wood等人的研究（2004）

引自：Ku, Yeun-wen and C.Jones Finer.2007,“Developments in East Asian Welfare Studies”, *Social policy & Administration*, Vol.41, No.2, pp.115-131.

东亚区域的研究多数都是单一国家案例研究的合集，这些研究更多地是区域研究，旨在寻找区域内部的共性以及差异。但是，这些共性，或者差异在多大程度上与西方发达国家的社会保障模式、甚至发展中国家的社会保障模式相同或者相异，东亚区域层次的研究并没有给出答案。跨区域比较研究则在尝试给出上述疑问的答案。跨区域比较研究，尤其是福利体制层次的区域比较研究，尝试将东亚作为一个整体与其他西方发达福利国家进行对比，以回答东亚地区是否存在一个新的社会保障模式，或者是可以归为现有的福利模式体系之中。

（二）东亚社会保障模式研究的思路、特征与学说争论

现有东亚社会保障模式研究的主要思路是，观察与识别东亚地区社会保障制度设计与发展路径的共性，并尝试基于这些特征将东亚社会保障模式归类到三种经典福利体制之中；当这种归类失败之后，多数研究开始寻找所谓的第四种福利体制（Goodman & Peng，1996），以匹配东亚地区的社会保障制度特征与发展变迁规律。

1. 东亚社会保障特征识别。

由于文化差异，以及经济、政治、社会发展阶段的不同，东亚国家的社会保障制度设计、社会保障支出水平以及政府责任与西方发达国家明显不同。这导致东亚地区的社会保障制度模式并不容易归为 Esping-Anderson 所划分的三种经典福利体制类型之中。Esping-Anderson（1997）对日本的研究很好地说明了这一点。根据日本职业分割的社会保险体系和家庭主义的特性，他认为日本具有保守统合主义福利体制特性；然而，基于日本私人部门的福利角色强大的特征，他认为日本同时具有自由主义福利体制的特征。因此，他将日本定义为混合型福利体制，并认为日本的的社会保障模式仍在演化之中，尚未定型。

Lee & Ku（2007）的研究更是比较全面地将日本、"亚洲四小龙"的社会保障制度特征与三大经典福利体制类型对比，并发现三种福利体制类型没有一种能完全解释东亚国家的社会保障制度特色。因此，东亚社会保障模式研究可以开始探索第四种属于东亚的福利体制类型。

第四种福利体制的研究，首先是从描述、识别东亚地区主要国家社会保障制度的共性展开的。Tang（2000）、Holliday & Wilding（2003）等人的研究在这方面着墨较多，但是比较全面的当属 Lee & Ku（2007）的研究。他们认为，东亚地区社会保障制度具有如下的共性特征，并且这些特征紧密联系：

（1）经济发展是国家政策的核心价值，并优先于收入再分配；

（2）由于社会政策发展滞后，社会保障支出（在公共支出中）的占比远落后于

西方国家。当然,这并不意味着东亚国家对福利支出的需求不足,而只是说明作为测量政策产出的福利支出水平较低;

(3)较低的福利支出并不意味着弱政府,相反,政府在经济发展领域的干预很强。东亚国家也不能理所当然地认为与自由主义福利国家一样,拥有大规模的私人福利/年金市场;

(4)家庭,取代市场成为实际的福利责任承担者,向其家庭成员提供福利与保障。

(5)福利分配方面,普惠主义在东亚地区很少发现,福利的社会分层却比较普遍。一般而言,社会保障主要/优先地向政府雇员,如公务员,教师与军人提供。

2. 东亚社会保障模式学说争论。

尽管学界对东亚地区社会保障制度共性特征容易达成共识,但是对这些特征的形成原因却持不同的解释途径,进而影响到学界对东亚福利体制的定义。总体来看,学界对东亚社会保障模式的定义存在如下两大类:

(1)文化取向的定义:儒家福利国家、家庭主义福利国家。

由于东西方文化的差异,从文化途径来解释和定义东亚社会保障模式较早出现。Jones(1990,1993)认为,东亚国家没有统合主义的工会体系与教会慈善救助,没有平等的社会团结,更没有自由主义的市场经济政策;相反,基于儒家伦理的家庭、宗族和邻里等非正式的制度安排实际承担着福利提供职责。所以,它将东亚定义为“家庭福利国家”与“儒家福利国家”。与这种取向相类似,Goodman & White(1998)将东亚社会保障模式定义为“福利东方主义”,Lin(1999)则定义为“儒家文化福利丛”。

文化取向的定义有着一些文化决定论的武断。首先,当研究样本从东北亚拓展至东南亚的时候,儒家文化的影响就减弱许多,东南亚很多国家的文化受佛教、基督教以及伊斯兰教的影响远胜于儒家。其次,家庭和邻里等非正式福利机制承担较多福利提供责任,可能并不是有意如此,而可能是对政府低福利努力的一种权宜之计。如果国家承担更多福利提供责任,则家庭的福利角色则可能减弱。最后,这种定义取向与解释途径缺乏科学的实证研究支持,只是基于一些质性描述,缺乏足够理据。因此,文化取向的解释途径仅仅描绘了东亚地区福利分工上的特色,并没有很好地解释其成因。为回应这一问题,第二种政治经济学的解释途径开始出现。

(2)政治经济学取向的定义:发展型福利体制、生产型福利体制。

政治经济学取向的定义和解释途径,从东亚社会保障制度重视人力资本投资项目,忽视收入再分配项目的特征入手,捕捉东亚国家社会政策与经济政策之间的关系，并讨论后发国家的经济发展战略选择对社会保障制度设计的影响。

发展型福利体制，本质上是从发展型国家（Woo-Cumings，1999）的逻辑延伸而来。Tang（2000），Kwon（2002）等研究就是基于发展型国家理论来分析东亚福利国家的形成。生产型福利体制的概念首先由 Holliday（2000）提出。他的研究发现，东亚国家虽然有许多社会保障项目提供，但是这些项目多集中在教育、医疗卫生等“生产型”的项目上。因此，生产型福利体制的最大特征是，社会政策服务于经济政策，发展社会政策项目的着眼点在于辅助经济增长。Kwon（2005）发现了类似的特征：东亚地区社会保障制度目的是提升国际竞争力，以服务于经济发展。所以，他将东亚福利模式定义为“发展型福利国家”。二者的观点一致，所以，发展型福利体制、生产型福利体制两个概念可以相互替代。

政治经济学取向的解释途径很明显地回应了文化取向解释途径的不足，因为发展型福利国家的生成逻辑，实际上解释了为什么东亚地区的社会支出水平较低而家庭的福利角色较重。更为关键的是，这种解释途径获得了实证研究的支持。Lee & Ku（2007）的研究，基于聚类分析的研究方法，将东亚地区的日本、韩国和台湾与 19 个 OECD 成员国家进行跨国（地区）比较分析，他们的研究证实东亚发展型福利体制的确存在，并与其他三种类型的福利体制并列。

三、东亚社会保障模式的稳定性：内部多样性与特征收敛

如上所述，海外学界在东亚社会保障模式的共性以及形成原因方面达成了一些共识。然而，随着研究样本的拓展、变化，不少研究开始发现，东亚内部各国（地区）社会保障制度之间的差异有时候并不弱于东亚福利体制与其他福利体制之间的差异。因此，东亚社会保障模式的稳定性，或内部多样性就成为新的研究议题。除内部多样性之外，东亚社会保障模式稳定性的第二个挑战则来自体制特征的收敛，即随着工业化和民主化的实现，东亚社会保障模式是否会超越现有的生产型福利体制特征，而收敛于现有的典型福利体制类型？对此，学界也进行了相关探索。

（一）东亚社会保障模式的多样性：一个还是多个？

Hort & Kuhnle（2000）的研究较早提及东亚社会保障模式内部的多样性。他们的研究主要聚焦于最早经历东亚经济奇迹的“亚洲四小龙”，并将其社会保障模式分为两个亚类：德国型，主要学习德国的社会保险模式，以韩国和台湾为代表；英国型，主要受英属殖民统治遗绪的影响，构建了强制性个人储蓄为基础的公积金体

系，以新加坡为代表。

韩国、中国台湾以社会保险制度为主体构建的社会保障体系与新加坡和中国香港以强制性私人储蓄制度构建的社会保障体系之间的差别，吸引了很多研究者的注意力。他们从不同的角度去描述这种差异化的制度安排对个体的权利资格、福利水平的影响，以及其背后的政府责任的差异。如 Kwon（2005）对“亚洲四小龙”社会保障模式的研究得到了相同的分组结果：韩国和中国台湾，新加坡和中国香港各为一组。但是他用“选择型模式”来命名新加坡和香港所在的小组，描绘储蓄制度的在福利权利资格上的选择性特征；用“包容性模式”来命名韩国和中国台湾所在的小组，描绘社会保险制度的普惠主义特征。Kim（2007）的研究也得到了同样的分组结果，不过他对这两个亚类的命名方式侧重解析这两组国家背后的政治、经济制度差异：以日本、韩国与中国台湾为代表民族国家模式（Nation-state model），和以中国香港与新加坡为代表的城市国家模式（City-state model）。民族国家模式一般以民主政治为背景，为与其制造业主导的产业结构相匹配而选择了社会保险作为主体的制度安排。而城市国家模式则产生在威权政治体制下，为促进其核心产业——国际贸易和金融业的发展，一般选择了强制性储蓄制度，为金融市场的发展提供资金。之后，Kim（2009）的研究还是得出同样的分组结果，但是他从社会保障制度对经济发展作用的角度来命名这两个亚类：补偿模式与竞争力提升模式。其中，补偿模式多采用社会保险作为主体性的制度安排，提倡群体内部的风险分摊；竞争力提升模式多采用强制性的私人储蓄作为制度骨架，旨在进行个人生命周期内的风险再分配。相应地，福利支出方面，补偿模式维持较高水平，而竞争力提升模式则维持较低水平。

Holliday（2000）的研究根据社会权利的制度化程度，再分配的效果以及福利提供中的政府角色占比，将日本及“亚洲四小龙”的社会保障模式划分为三个亚类：辅助型模式（中国香港）、发展-特殊主义模式（新加坡）和发展—普惠主义模式（日本、韩国和中国台湾）。其中，辅助型模式在三个分类纬度上均表现最差，发展—特殊主义模式居中，而发展—普惠主义模式表现最好。显然，与上述其他研究相比，这个研究只是进一步地区分了中国香港和新加坡的差异而已。

以上以“亚洲四小龙”和日本为样本的研究，结论基本一致。两个甚至三个亚类的出现实际上在挑战了东亚社会保障模式的稳定性。然而，当研究样本从东北亚扩展至包括东南亚在内的整个东亚时，东亚地区的社会保障制度模式的多样性则更加明显。Park & Jung（2007）的研究即是例证。他们的研究样本除“亚洲四小龙”和日本之外，还将东南亚的马来西亚、印度尼西亚、泰国与菲律宾纳入其中。研究设计方面，他们从三个角度来测度福利国家的发展：社会保障立法的时间和数量;社会保障政策设计,如筹资、待遇与覆盖范围等;社会保障支出水平。基于聚类分析,他们的研究得出了三个亚类:社会保险模式且收入保障和教育支出较高的小组(包括日本、韩国、中国台湾、泰国和菲律宾)、公积金模式且住房和教育支出较高的小组(包括中国香港、新加坡)、社会保险和公积金混合模式且卫生和教育支出较高的小组(包括马来西亚、印度尼西亚)。鉴于区域内部的差别如此明显,他们认为将整个东亚地区定义为一个福利体制类型是不可行的。

(二)东亚社会保障模式特征的流动性:超越生产型福利体制?

东亚社会保障模式的生产主义特征,是特定政治体制与生产体制作用的产物。随着民主化的实现,人口红利的终结和出口导向型发展战略的调整,韩国和中国台湾纷纷开始告别福利低度发展的时代,经历了剧烈的福利扩张。东亚社会保障模式的特征呈现出一定的流动性。东亚社会保障制度模式会超越生产主义,而收敛于现有的福利体制模式之中吗?为寻找答案,不少研究也进行了相关探索。

Kwon(2002)的研究最早关注到1997年亚洲金融危机之后,韩国社会保障政策改革对其生产主义福利体制特征的影响。其分析表明,为应对金融危机,韩国社会保障体系实现了全民覆盖,更为关键的是其社会保障改革的出发点不再是单纯地提升经济竞争力,而开始回应居民的社会需要。这使得发展型福利体制的典型特征,社会保障政策服务于经济增长的重要特征开始发生变化。不过,他对韩国是否完全超越发展性福利体制持保守的态度,因为韩国社会保障体系的基本结构并没有发生变化,并且以社会政策来提升竞争力仍在政府议程之上。不过,Kwon(2005)的新研究改变了这个观点。他认为"亚洲四小龙"中,韩国和中国台湾的社会保障改革在应对亚洲金融危机的同时已经超越了选择主义,迈向了普惠主义,向全民提供相应的社会保障。这意味着,韩国和中国台湾已经实现了发展型福利体制的转型,迈向了福利国家。而新加坡和香港依然维持以往的生产主义特征。这种分化出现的原因在于韩国和中国台湾的民主化改革。

不过,Holliday(2005)认为,虽然金融危机之后的东亚社会保障改革有新进展,但是东亚仍然属于发展型福利体制。韩国和中国台湾虽然在制度覆盖上由选择主义过渡到普惠主义,但是社会保障政策的工具性倾向依然存在。因此,韩国和中国台湾的社会保障模式只是发生了边际性而非制度性的范式转移。而新加坡和中国香港则仍然固守生产主义的福利体制特征。针对这个结论,Wilding(2008)提出了修正意见:新加坡、中国香港和中国台湾基本上仍维持了发展型福利体制的特征,韩国则开始超越发展型福利体制特征,迈向了混合型的福利体制,即虽然保有一定的生产主义的元素,但是也更多地具有其他典型福利体制的特征。

Kim(2008)的研究则更进一步地认为,金融危机之后韩国社会保障政策在生活保障、养老保险和医疗保险的新发展表明,韩国已经超越了发展型福利体制,朝向福利友好体制迈进,进入了福利国家的巩固时期。

四、评论与展望

(一)研究评论

综合以上的研究,我们可以看出,东亚社会保障模式这个研究假设是否成立,不仅取决于比较分析框架的构建策略和分类指标的选择思路,更取决于我们考察的时段、测量的时间和比较的基准。

第一,20世纪90年代至今,东亚地区主要国家(地区)经历了急剧的工业化和民主化。工业化过程中,为实现经济快速起飞,各国(地区)一般会基于资源禀赋选择经济发展战略。而经济发展战略,尤其是具体的产业政策会进一步影响其社会保障政策的设计。相应地,产业政策调整时,其社会保障制度改革会做出适应性的调整。另外,民主化之前,东亚各国的威权政治,尤其是发展型国家的政经体制会使得以社会保障政策服务于经济发展的目标变为可能。进一步地,民主化之后,国内劳工政治与社会福利运动又会成为超越发展型福利体制的重要力量。

显然,经济发展阶段与经济发展战略、民主化进程和国家治理方式是影响东亚社会保障模式特征的重要因素。不同研究所观察的时段、测量的时间存在差异,自然可能会得到差异的结论,但是他们可能并不冲突。

第二,尽管同在东亚,但是东亚地区主要国家(地区)的异质性依然很大。东亚社会保障模式研究面临的不仅是东与西的文化差异,更是南与北经济、政治差距。所以,同一时间点测量的数据,很可能反映的不单是各国(地区)社会保障发展上差距,而更可能是工业化进程和民主化进程差距对社会保障发展的调节效应。

第三,科学的比较研究方法是研究结论是否稳健的重要影响要素。东亚社会保障模式的研究假设是否成立,不取决于区域内各国社会保障制度共性的描述和识别,而需要将东亚作为一个整体纳入跨区域的工业化国家的研究集合之中,基于聚类分析方法等社会科学比较研究技术去计算和分析。当然,考虑到以上两点,如何构建可比的数据体系也将至关重要。

(二)研究展望:如何将中国纳入东亚社会保障模式研究之中

尽管中国身处东亚,但是已出版的英文文献中关于东亚社会保障模式的研究并没有纳入中国，而是聚焦在日本、“亚洲四小龙”，以及部分东南亚国家。如何将中国纳入，将成为未来东亚社会保障模式研究的重要任务。借鉴已有的东亚福利体制研究思路与方法，本文认为，将中国纳入东亚社会保障模式研究需要解决以下问题。

第一，比较基准的选择问题。尽管中国经济总量已经位居全球第二，并将很快超过美国。但是，中国的政治、经济、社会发展阶段仍滞后于东亚先发国家。因此，如何选择测量的时段，以控制经济发展阶段、国家治理模式的差异对分析结果的干扰将非常重要。

第二，数据可得性、可比性问题。由于缺乏统一的统计指标体系，我国社会保障统计数据口径与国际社会支出数据标准并不一致，这使得中国数据缺乏可比性。而如果没有办法用统一的尺度测量社会保障制度与社会权利，科学的比较研究将无法进行。

第三，中国国内发展不平衡问题。当珠三角和长三角的城市已经开始超越低成本的发展战略，进行产业升级的时候，中西部省份的招商引资重点依然是劳动密集型的产业。国内发展差距，将使得地方政府对社会保障发展的动力与投入差异化。这意味着，中国国内各省的社会保障改革与发展具有一定的多样性。这也将影响比较研究的科学性。

参考文献

Alcock，P.and G.Craig，eds.2001，*International Social Policy*，Basingstoke：Palgrave Macmillan.

Aspalter，Christian，ed.2002，*Discovering the Welfare State in East Asia*，Westport，CT：Praeger.

Aspalter，Christian.2001，*Conservative Welfare State Systems in East Asia*，Westport，CT：Praeger.

Bonoli，Giuliano.1997，“Classifying Welfare States：a Two-dimension Approach”，*Journal of Social Policy*，26（3）：351-72.

Castles，F.G.，and D.Mitchell.1993，“Worlds of Welfare and Families of Nations”，In *Families of Nations：Patterns of Public Policy in Western Democracies*，ed.F.G.Castles.Aldershot：Dartmouth Publishing Company.

Esping-Andersen，Gosta，ed.1996，*Welfare States in Transition：National Adaptations in Global Economics*，London：Sage.

Esping-Andersen，Gosta.1990，The Three Worlds of Welfare Capitalism，Princeton：Princeton

University Press.

Esping-Andersen, Gosta. 1997, "Hybrid or Unique: The Japanese Welfare State between Europe and America", *Journal of European Social Policy*, 7(3): 179-189.

Ferrera, Maurizio. 1996, "The Southern Model of Welfare in Social Europe", *Journal of European Social Policy*, 6 (1): 17-37.

Goodman, Roger, and Ito Peng. 1996, "The East Asian Weflare State: Peripatetic Learning, Adaptive Change and Nation-Building", In *Welfare State in Transition: National Adaptations in Global Economics*, ed. Gosta. Esping-Andersen. London: Sage.

Goodman, Roger, Gordon White, and Huck-Ju Kwon, eds. 1998, *The East Asian Welfare Model: Welfare Orientalism and the State*, London and New York: Routledge.

Gough, Ian, and, Geof Wood, eds. 2004, *Insecurity and Welfare Regimes in Asia, Africa and Latin America: Social Policy in Development Context*, Cambridge: Cambridge University Press.

Gough, Ian. 2001, "Globalization and Regional Welfare Regimes: The East Asian Case", *Global Social Policy* 1(2): 163-189.

Haggard, Stephan. 2005, "Globalization, Democracy, and the Evolution of Social Contrasts in East Asia", *Taiwan Journal of Democracy*, 1(1): 21-47.

Holliday, Ian. 2000, "Productivist Welfare Capitalism: Social Policy inEast Asia", *Political Studies*, 48(4): 706-723.

Holliday, Ian. 2005, "East Asian Social Policy in the Wake of the Financial Crisis: Farewell to Productivism?" *Policy & Politics*, 33(1): 145-162.

Holliday, Ian. and Paul Wilding, eds. 2003, *Welfare Capitalism in East Asia: Social Policy in the Tiger Economies*, Basingstoke: Palgrave Macmillan.

Hort, Seven E.O. and Stein Kuhnle. 2000, "The Coming of East and South-East Asian Welfare States", *Journal of European Social Policy*, 10(2): 162-184.

Jones Finer, Catherine, ed. 2001, *Comparing the Social Policy Experience of Britain and Taiwan*, Aldershot: Ashgate.

Jones, Catherine. 1990, "Hong Kong, Singapore, South Korea and Taiwan: Oikonomic welfare states", *Government and Opposition*, 25(3): 446-462.

Jones, Catherine. 1993, "The Pacific Challenge: Confucian Welfare States", In *New Perspectives on the Welfare State in Europe*, ed. Catherine Jones, London: Routledge, pp. 198-217.

Ka, Lin. 1999, *Confucian Welfare Cluster: A Cultural Interpretation of Social Welfare*, Tampere: University of Tampere.

Kim, Myoung-Shik, 2009, "*Divergence of Productivist Welfare States in Comparative Perspective: The Case of the Pension Scheme in South Korea and Singapore*", Paper presented at the International Conference on Asian Social Protection in Comparative Perspective.

Kim, Pil Ho. 2007, "*Varieties of East Asian welfare capitalism: The nation-state model of Japan, Korea and Taiwan*", Paper presented at ASA 2007 Annual Meeting.

Kim, Yeon-Myung. 2008, "Beyond East Asian Welfare Productivism in South Korea", *Policy & Politics*, 36(1): 109-125.

Korpi, Walter, and Joakim Palme. 1998, "The Paradox of Redistribution and Strategies of Equality: Welfare State Institutions, Inequality and Poverty in the Western Countries", *American Sociological Review*, 63 (5): 661-87.

Ku, Yeun-Wen, and C. Jones Finer. 2007, "Developments in East Asian Welfare Studies", *Social Policy & Administration*, 41(2): 115-131.

Ku, Yeun-Wen. 1997, *Welfare Capitalism in Taiwan: State, Economy and Social Policy*, New York: St. Martin's Press.

Kwon, Huck-Ju. 1999, *The Welfare State in Korea: The Politics of Legitimation*, Basingstoke: Macmillan.

Kwon, Huck-Ju. 2002, "Welfare reform and future challenges in the Republic of Korea: Beyond the developmental welfare state?" *International Social Security Review*, 55(4): 23-38.

Kwon, Huck-Ju. 2005, "Transforming the Developmental Welfare State in East Asia", *Development and Change*, 36(3): 477-497.

Leibfried, Stephan. 1992, "*Towards a European welfare state? On Integrating Poverty Regimes into the European Community*", In Social Policy in a Changing Europe, eds. Z. Ferge and J. E. Kolberg. Frankfurt am Main: Campus Verlag.

Park, Chan-Ung, and Dongchul Jung. 2007, "The Asian Welfare Regimes Revisited: A Preliminary Typology Based on Welfare Legislation and Welfare Efforts", Paper presented at the symposium on Democratization and the East-Asian Welfare Expansion.

Ramesh, M. 2004, *Social Policy in East and Southeast Asia: Education, Health, Housing, and Income Maintenance*, London: Routledge.

Rudra, Nita. 2007, "Welfare States in Developing Countries: Unique or Universal?" Journal of Politics, 69(2): 378-396.

Takahashi, M. 1997, *The Emergence of Welfare Society in Japan*, Aldershot: Avebury.

Tang, Kwong-Leung. 1998, *Colonial State and Social Policy: Social Welfare Development in Hong Kong* 1842-1997, Lanham, MD: University of Press of America.

Tang, Kwong-Leung. 2000, *Social Welfare Development in East Asia*, New York: Palgrave.

Wilding, Paul. 2008, "Is the East Asian Welfare Model still productive?" *Journal of Asian Public Polic*, 1(1): 18-31.

Woo-Cumings, Meredith. 1999, *The Developmental State*, Ithaca: Cornell University Press.

第六篇

中国东亚社会保障研究补遗

说明：中国学者对东亚社会保障的研究成果在逐年增加，特选择参与“东亚社会保障模式研究”跨国研究组成员的部分相关论文，以补前述各篇之不足。

当代社会保障发展的历史观与全球视野

郑 功 成[①]

在当代世界，社会保障制度的建设与变革不仅是欧美发达国家普遍关注的重点领域，也是新兴工业化国家与许多发展中国家日益关注的重要领域。尽管各国关注社会保障的重点内容有所不同，但如何维系这一制度的可持续发展却是各国共同关注的焦点。基于中国的视角，可以发现，探求当代社会保障的发展问题，需要具备历史观与全球视野。

一、短视与狭隘：当代社会保障发展的两大缺陷

从当前出发，可以发现这样一个较为普遍的现象，即探讨当代社会保障发展问题时往往只关注现实经验与教训，不重视总结历史经验与教训，不善于借鉴他国经验与教训。

一方面，政策制定者在制定社会保障政策时，往往只将注意力放在当前的现实问题上，大多以解决现实问题为政策制定的出发点与归宿，很少从历史与未来的视角来考虑长远，以致“头痛医头，脚痛医脚”的应急性政策措施不时出台，结果往往是表面上暂时解决了现实问题，留下的实际上是长久难愈的不良后遗症。在社会保障学术界，也往往过分强调针对现实问题的实证研究，研究者似乎只偏爱数理模型与现实调研报告，而较少展开对历史经验与教训的总结；即使有少数研究者关注历史，也通常会局限在近数 10 年或者近 100 来年的现代社会保障制度变革史，很

① 郑功成，中国人民大学社会保障学科教授。本文系作者于 2011 年 9 月 3 日在韩国釜山举行的第七届社会保障国际论坛开幕大会上所做的主题报告。原载于《经济学动态》2011 年第 12 期。

难将目光放得更加长远。在中国现阶段，就出现了囿于现实只关心近二三十年甚至是近年来所遭遇的困难，而不关注此前计划经济时代传统保障体系的价值，不关注百年来的社会保障制度变革，更忽视对相关制度的历史路径与历史规律的考察。联系现实情形，不难发现，值得维系的家庭保障与邻里照顾传统在持续弱化，计划经济时代曾经起过重大作用的单位保障制几乎被全盘摒弃，值得肯定的自力更生与生产自救传统亦在政府负责的举国救灾不断强化下走向式微，具有积极意义的以工代赈传统正在被送进历史。对历史的不尊重，也影响到了对未来的展望，有人就认为我们先后于2008年、2010年完成的面向未来40年的中国社会保障改革与发展战略报告离今天太过遥远。①

另一方面，在全球化背景下，尽管国家与国家之间的交流在增加和扩展，但真正立足于全球视野、善于理性地借鉴他国经验与教训者并不多见，政策制定者与研究者大多囿于现实中的具体问题，将注意力集中在个别国家及其现实政策选择动向上，而忽略在了解、学习与借鉴过程中把握整个社会保障制度发展的普遍规律。即使关注他国，也往往凭自己的价值取向与喜恶程度来褒贬他国社会保障制度及其实践。例如，以欧美为主导的国际社会保障界，就存在着对东亚国家社会保障制度产生与发展进程不应有的忽略，对中国漫长的社会保障历史更是鲜有问津，似乎一个有着数千年从未间断文明史与丰富社会保障思想及各种社会保障实践活动的大国完全可以忽略不计；中国的研究者几乎只关注欧美国家或类似于智利的社会保障制度变革。在中国的养老保险制度改革中，就有一些人热捧20世纪80年代才出现的智利公共养老金私有化，个人账户的功能被不恰当地夸大甚至被滥用到医疗保险领域，一些人主张学习美国而寄厚望于保险公司或者由市场来承担重要的社会保障责任，而忘记或忽略了现代社会保障制度是19世纪80年代起源于德国，其确立的互助共济、责任分担机制构成了现代社会保障制度的本质，它已经历了100多年的检验。

历史的短视，全球视野的欠缺，必定影响社会保障政策的正确选择，同时给本应具有历史长度并受全球化影响的社会保障可持续发展增加了不确定性。

二、历史观：社会保障发展需要从源头汲取智慧

人类在地球上的生存是以万年为单位，即使以文字记载作为考证依据，人类文

① 参见郑功成主编：《中国社会保障改革与发展战略》（总论卷、养老保险卷、医疗保障卷、救助与福利卷），人民出版社2011年版。郑功成主笔：《中国社会保障改革与发展战略：理念、目标与行动方案》，人民出版社2008年版。

明的历史也有数千年了。而以人类为中心、由西方主导的工业社会毕竟只有200多年历史，现代社会保障制度自德国率先建立后迄今也只有100多年的历史。尽管历史进程可以依据一定的经济社会形态划分为若干阶段，但人类却是有史以来一脉相承、生生不息的，深刻地影响着包括社会保障措施在内的社会变迁的思想变化更是无法割断。可见，人类的历史很长、很长，人类的未来也很长、很长，而进入现代社会的时间却很短、很短，以很短的现代去完全替代很长的古代，以很短的现代去推断很长的未来，显然并不一定符合历史逻辑与人类发展的大规律。每一个国家或地区，都有其历史与文化，即使是深受外来文化的影响，但也总会有自己的一些特色元素得到传承；每一种制度都会有其历史渊源，即使是移植外来制度，也会不同程度地加注本土元素，这是文化传承的必然结果，也是路径依赖的惯性使然。如果将社会保障界定为一切超越家庭之上、具有经济福利性并以解除人的生活后顾之忧、保障人的基本生活为目标的社会化机制与措施，那么，这种机制与措施在中国绝不是近百年才出现，更不是近二三十年才得以建立，其中的许多保障措施客观上存在了几千年。强调当代社会保障发展要树立历史观，正是要从历史源头汲取智慧，在历史长河中合理定位当代并走向未来。

一方面，历史是最好的老师。以史为镜，可知政之得失。以社会保障为例，中国传统的正式制度安排与非正式制度安排都深受传统文化的影响，存在着显著的路径依赖，只不过不同时期或不同朝代的社会保障措施在保障目的、保障范围、保障对象、保障程度及具体的实施方式上有所不同而已。传统的保障措施并非只有糟粕，其实也蕴含着精华。例如，中国的灾害救助已经存在三千年，现金援助、实物援助与以工代赈是历代统治者一直奉行的三大救灾方略，中国的优抚制度在周武王伐纣时就产生了，供养孤寡老幼的福利性措施亦源远流长，历史上应对灾荒的仓储后备更是具有积极意义的社会保障措施，还有深厚的家族保障与邻里互助传统等，这些历史悠久的保障措施及其丰富的实践活动，既有刚性约束的正式制度，也有宗法制与中庸之道指导下的各种非正式制度，时至今日仍有着很高的参考价值。

另一方面，观察社会保障政策之优劣，也需要一定的历史长度。例如，养老保险制度追求的是代际之间的公平，下一代人为上一代人养老和上一代人哺育下一代都是人类社会得以生生不息的公理。尽管伴随着经济社会的发展与人口老龄化时代的到来，下一代的负担会持续加重，但这种变化绝对不是否定天然的代际负担的理由，也不能作为割断代际负担关系的依据。纯粹的自我负责式个人账户制，只宜作为调整代际负担关系负担系数并使之适应人类发展变化保持代际公平性的补充措施，而不能视为可以割断代际关系的制度保障。正因为如此，养老保险制度的优劣需要经历至少二三代人才能得到检验，绝非短期内可以做出是非优劣的判断。在国际上，德国公共养老保险制度建立以来120多年仍然正常运转，显然要比20世纪80年代才出现的智利养老金私有化的个人账户制更具参考意义。医疗保险等制度虽然以追求年度平衡为目标，也必须考虑人口老龄化等因素带来的长远影响；即使是通过财政预算解决的社会救助与福利支出，也需要考虑制度的刚性发展，等等。所有这些，都表明没有一定的历史长度来检验，显然很难获得正确的结论。

在中国现阶段，尽管社会保障改革作为中国整个改革事业的重要构成部分，确实取得了巨大的成就，并正在向普惠全民的方向快速迈进，但由于忽略了对历史经验教训的总结，或者只考虑经济改革与社会转型中出现的突出问题，一些社会保障及相关政策就显得过于短视，社会保障体系建设中亦出现了一些令人忧虑的现象。例如，家庭保障传统因计划生育政策实施过程中对“养儿防老”进行批判而受到严重削弱；邻里互助与单位保障因市场化的冲击而不再具有普遍性，“远亲不如近邻”的传统在一些地方已被“相对形同陌路”的邻里现象所替代，一些单位只有赤裸裸的劳动—工资交易并表现为强资本弱劳工格局，劳动者普遍欠缺归属感；医疗保险改革因单纯控制政府责任而一度迷失了解除国民疾病医疗后顾之忧、保障国民健康的方向；计划经济时代全国统一的退休养老制度在近二十年的制度变革中，演变成了地区分割的制度安排，让国家与劳动者付出了巨大的代价，并且还需要为这种地区分割的制度整合付出很高的代价。类似失误的出现，源自对本国历史的忘记和对历史经验的轻视。如果短期的矫枉过正作为时代变革的内在要求还可以理解，那么，这种矫枉过正的持续演变便必然增加制度变革的风险，导致难以弥补的缺陷。

在当代社会保障制度遭遇现实与发展风险、各国都在求变的背景下，如果没有历史的长度，将无以厘清社会保障制度发展的脉络与客观规律，既不能吸取历史的经验与教训，也很难把握制度发展的未来能否可持续。因此，当代社会保障的发展不能不以历史为师，不能不以历史为镜，应当将尊重文化传统与重视历史经验作为谋求当代社会保障制度变革与发展的重要基础，而将当代社会保障发展放在历史进程中加以考量，从源头汲取智慧，并寻求可持续的发展方案，便是当代社会保障发展进程中应持的历史观。

三、全球视野：社会保障需要在相互借鉴中走向未来

在历史上，公元前551年出生的中国思想家孔子提出了大同社会的主张，晚出

生 124 年的古希腊思想家柏拉图则描绘了理想国的蓝图。在交通不便、信息不通、东西隔绝的条件下，两位世界思想巨人先后表达对理想社会的向往，表明了并非现代人或者西方人才具有追求平等、幸福社会的理想，它从一个侧面反映了社会保障作为人类通向平等与幸福的基本制度保障，至少具有东方与西方相通的思想渊源。

在欧洲历史上，慈善曾是社会保障的代名词，而宗教则是慈善之母；只有到 1601 年英国伊丽莎白王朝颁布《济贫法》，才揭开了西方国家介入社会保障并由政府承担责任的历史源头。在中国历史上，家国一体构成了中华民族的传统文化基因，一方面是宗法思想指导下的家庭与家族保障，一方面是“仁政”、“民本”思想指导下的国家负责传统，即国家一直承担着救助灾民、贫民和照顾孤寡老幼的责任，政府负责或主导保障与照顾人民生计的传统异常深厚，即使一些朝代做得并不好，但依然不能否定这种国家或政府负责的历史传统。进入工业社会后，欧洲率先建立起了现代社会保障制度，中国则在保留传统保障措施的同时引进了社会保险制度。

在近 100 多年的现代社会保障发展史上，世界上有三个重大的历史事件：一是 19 世纪 80 年代，德国俾斯麦政权采纳新历史学派的主张，颁布了工伤、疾病、养老等社会保险法律，开现代社会保障制度之先河，有效地缓和了劳资之间的尖锐对抗，形成了有德国特色的社会市场经济模式，也促使处于资本主义世界薄弱环节的德意志联邦由此走向强盛，为各国社会保险制度建设提供了示范；二是 20 世纪 30 年代，美国面对全球性经济危机，罗斯福政府采纳凯恩斯主义，实施政府干预市场的“新政”，通过颁布社会保障法案，建立健全美国式社会保障制度等宏观调控措施，迅速摆脱了“市场失灵”所导致的深刻危机，维护和巩固了世界经济霸主的地位；三是 20 世纪 40 年代，仍处于二战之中的英国工党“影子内阁”委托一批专家学者进行社会问题与福利政策研究，其完成的“贝弗里奇报告”描绘了福利国家的蓝图，形成了英国“福利国家”模式以及由此派生出来的以瑞典为代表的“斯堪的纳维亚”模式，并风靡西方世界。[①] 这三个事件，不仅对德、美、英三国的经济、政治、社会走向产生了重大的转折性影响，而且影响到世界众多国家的发展趋向，也奠定了欧美国家垄断社会保障话语权的基石。

近 30 年间，伴随着全球化进程的加快，国家与国家之间的相互影响在不断加强，各国都在探索社会保障建设与发展之路，既受德国俾斯麦模式和英国贝弗里奇模式的影响，又不再是德国俾斯麦模式一统天下，更不是英国贝弗里奇模式统领世

① 参见华建敏《序言》，见郑功成主编：《中国社会保障改革与发展战略》（1—4 卷），人民出版社 2011 年版。

界，而是呈现模式多样、创新发展的景象。因此，在全球化背景下，特别是在科学技术不断进步、社会信息化程度不断加深的条件下，时间和空间早已不再成为人与人交往的障碍，世界上的一切早已经有机地联系在一起，如果没有相互了解的空间广度，缺乏全球视野，将无以把握不同国家或不同模式社会保障制度发展的共性、个性及发展趋势，既难以充分借鉴他国的经验与教训，也难以鉴别不同模式之优劣。或者孤陋寡闻，或者偏听偏信，结果必然是走弯路、遭挫折。在中国近30年的社会保障改革中，由于缺乏对世界医疗保障制度客观规律的全面了解与尊重，加之一些人的自由主义取向影响到了政策决策，就在职工医疗保险制度中加入了个人账户，结果不仅削弱了这一制度的风险分摊功能，而且留下了阻碍医疗保障制度进一步整合的后遗症；由于只认可智利公共养老金私有化和个人账户模式优良，中国的职工基本养老保险制度改革于1995年选择了世界上独一无二的统账结合模式，个人账户的规模一度达到用人单位缴费工资额的16%，这种忘记养老保险制度互助共济本质及客观规律而狭隘地以个别国家的极端变革作为参照的政策选择，同样损害了中国养老保险制度的健康发展，迄今仍在为这种被夸大的个人账户制付出高昂成本。因此，应当肯定个人账户对调节代际之间的负担系数确实具有相应的功能，但不能迷信个人账户。个人账户过大，不仅意味着会直接损害代际公平甚至割断代际之间自然传承的权益关系，亦蕴含着巨大的基金贬值风险，还不可能真正给人们带来稳定的安全预期，因为个人账户基金及其投资收益能否满足参保人未来养老的需要是不确定的，它也不会自动消除影响基金投资的诸多风险因素。适宜的可能是一个适度的个人账户，它的功能只是对代际之间的养老负担根据人口老龄化趋势做微观调节，目标应当是维持代际负担公平并可持续发展，而不是走向自我负责和割断代际权益关系自然传承的极端。可见，狭隘的学习与借鉴虽然具有了一种开放的姿态，却非真正意义上的全球视野。

强调当代社会保障发展要具有全球视野，就是要通过对各国社会保障制度发展的系统考察与比较，总结社会保障发展的客观规律，以及这些规律与各国国情的有机结合，总结社会保障发展的共性，同时发现不同国家的个性差异。特别需要发现不同社会保障模式的特点、责任分担机制、结构与水平、运行与监控及其对公平与效率关系的处理，对不同群体之间、代际之间利益分配关系的处理。了解得越全面，研究得越深入、越透彻，社会保障政策决策的科学性就越强，在实践中就可以避免走弯路，降低制度选择的成本。

2011年6月，笔者在法国访问期间，对养老保险制度改革艰难深有体会的法国前总理拉法兰还特意提醒，根据法国的经验教训，社会保障的发展要让人民感受到一年比一年进步才好，而不能开倒车。但若没有他国的经历作为镜子，便只能以自己的挫折作为教训。因为政策制定者很难在缺乏先例的条件下做出完全正确的决策。正是因为国际视野的缺乏，社会保障的发展往往缺乏长远的谋划，对这一制度可持续性的讨论，大多是消极防守，而不是预先筹划、积极进取。

有鉴于此，在当代社会保障发展进程中，确实需要有全球视野，并在全球化进程中总结社会保障发展的普适规律，发现制度变革的新趋势。只有不违背社会保障制度的客观规律，才能不迷失方向，才能让这一制度走得更加长远。

需要指出的是，全球视野不是单向的，而是多向、多维的。新兴工业化国家与发展中国家要了解、学习、借鉴欧美发达国家的经验教训，欧美发达国家也有必要关注新兴工业化国家与发展中国家的社会保障制度建设与发展实践，不能总以欧美国家为中心，不能只由欧美国家来主导，而忘却了欧美国家也在遭遇危机，其社会保障制度变革也遇到阻力，存在风险。社会保障政策制定者与研究者都需要有开放的心态，需要在相互尊重的条件下有相互了解、学习与借鉴的胸怀与气度，这就是当代社会保障发展进程中的全球视野或全球观。

四、结 语

中国有一句古话，叫“不谋全局者不足以谋一域，不谋万世者不足以谋一时”。对于事关国家长治久安与人民切身利益的社会保障，没有时间的长度，不可能把握社会保障制度的发展规律；没有空间的广度，无以验证不同社会保障模式的优劣。很显然，现代社会保障或现行社会保障制度的历史还太过短暂，一个国家或地区的实践也太过狭隘。只有将注意力从关注现实延伸到兼顾历史，将视野从关注本国扩展到考量全球，并理性地对待历史与他国的经验与教训，才能超越现实、超越狭隘，寻找到当代社会保障发展的可持续之路，并为解决世界共同面临的社会保障问题提供更为有效的方案。

从高增长低福利到国民经济与国民福利同步发展

——亚洲国家福利制度的历史与未来

郑功成[①]

众所周知,要将亚洲视为一个整体来加以考察是十分困难的事,因为亚洲不仅地域辽阔、人口众多,而且各国之间发展极不平衡,影响社会福利制度的政治因素、经济因素、社会因素等均有很大差异。如日本早已是公认的发达国家,其不仅稳居世界第二经济大国的地位近半个世纪,而且福利制度伴随经济发展而日臻完善;韩国等亦在20世纪80年代即进入新兴工业化国家行列,国民福利亦得到了较快发展;其他多数国家还属于较为落后的发展中国家。然而,亚洲多数国家毕竟有着相似的文化传统与价值取向,并且大多处于快速工业化进程之中,我们依然可以从宏观上加以考察,并获得一些基本的结论。

通过对亚洲一些国家福利制度历史的考察,可以发现一些现象:

一是普遍奉行经济增长优先与低福利政策的取向。与欧洲发达国家社会福利水平通常伴随着经济发展而同步提高的规律相比较,亚洲除日本外,大多数国家并未遵循这一规律。例如,战后韩国、新加坡、中国香港和中国台湾作为率先工业化的亚洲"四小龙",就一直追求高经济增长而忽略社会福利的改善,长期将发展经济视为重中之重,注重储蓄与发展,以小规模的社会福利公共开支作为其发展经济的优势。后来进入快速发展轨道的中国大陆地区、印度、印度尼西亚、马来西亚、泰国、菲律宾等国家,亦不约而同地选择了经济增长优先的低福利政策取向。在增长优先战略的指导下,人们将社会福利看成经济增长的负担,认为健全的社会保障制度会降低劳动生产率、削弱国际竞争力,甚至将福利与养懒汉等同起来,并将相对

① 郑功成,中国人民大学社会保障学科教授。本文系作者于2009年9月12日在中国北京举办的第五届社会保障国际论坛上所做的主题发言。原载于《天津社会科学》2010年第1期。

忽略正式的社会保障制度的保持低福利政策视为经济成功的重要原因。因此,我们看到的现象,便是在最近几十年间,亚洲大多数国家的经济都在持续快速增长,而社会福利制度却进展缓慢,国民福利依然处于低水平状态。据亚洲开发银行在2008年5月14日发布的一份对亚洲各国政府社会福利开支的比较研究报告《社会保护指数》显示,亚洲各国用于社会福利的平均开支低于GDP的5%,给予失业人口、老人、穷人和残疾人的财政资助平均水平仅达到联合国规定的35%。① 可见,增长优先与低福利政策取向的直接后果,即是社会福利支出严重偏低,对国民福利保障严重不足。

二是社会保障覆盖率低。普惠性弱,不公平性突出。除日本、韩国等极少数国家外,亚洲多数国家的社会保障覆盖率都很低。以中国为例,参加养老保险的人数只占应参加养老保险人数的20%,领取养老金的人数亦在同龄人口中只占20%左右;即使是最低生活保障制度,亦仅有5%左右的人口直接受益;医疗保障体系建设步伐虽然在加快,但还有3亿左右的城乡人口缺乏医疗保障,而在农村参加了合作医疗的乡村居民实际得到的医疗保障待遇不足其医疗支出的1/3。② 在印度、印度尼西亚、马来西亚、泰国、菲律宾、巴基斯坦、蒙古等国家,均可以发现类似的情形。与覆盖率低并存的另一现象,是亚洲国家的社会保障制度的不公平性非常突出。各国的公务员普遍享有较高水平的福利保障,但普通劳动者享受的福利保障却非常有限,高水平福利保障、低水平福利保障与缺乏福利保障的群体现象,在同一个亚洲国家往往并存,其体现的往往是强者优先、弱者居后的顺序。折射出来的同样是增长优先战略。

三是与就业、收入密切关联而与公民权的关系并不紧密。尽管欧洲国家早期的社会保障是与就业、收入密切关联的制度安排,但战后却日益与就业、收入有了距离,而与公民权直接相关。基于公民权的福利制度安排,必然是普惠的、公平的制度安排。然而,亚洲国家的社会保障普遍以社会保险为中心。以劳动者甚至只以公职人员为核心,国民获得社会保障的最佳途径是通过就业或者其收入不足以维持基本生存条件,而且往往是正规就业才较易获得相应的社会保障,这样的制度安排其实同样是基于增长优先、效率优先的发展取向,从而很自然地难以实现社会公平。

四是福利制度的多样性特征非常明显。与欧洲国家相比,亚洲各国的福利制度其实有很大的差异。日本是一种亚洲型的福利国家,新加坡选择了独特的公积

① 亚洲开发银行:《亚洲国家间社会福利开支差距悬殊》,新华网,2008年5月15日。

② 这是基于作者当年的调查所获得的结论,但2009年后中国推进农村养老保险制度与全民医保,社会保障覆盖面进入快速扩张年代。

金模式,中国正在形成自己的混合型福利制度,其他国家在福利制度安排方面亦有很大差异。这一方面表明了亚洲国家在建设自己的福利制度时没有盲从发达国家,另一方面也表明不同的国情对福利制度的客观制约作用很大。

五是家庭保障和家庭成员之间的互助传统影响深远。尽管在快速工业化进程中,全球化思潮对亚洲人的影响非常大,但家庭保障作为亚洲共同的文化传统,依然深刻地影响着社会成员的行为,进而影响着福利制度安排及其政策取向。在中国,占总人口60%以上的乡村人口就主要依靠家庭成员之间的相互保障,无论自愿与否和是否具备保障能力,家庭都必须承担起保障家庭成员的责任,在其他多数亚洲国家也是如此。这种传统文化的积极影响是可以进一步发挥家庭内部的保障功能并在一定程度上增进亲情关系,但它也直接制约着福利制度的社会化与普惠化。并通常构成亚洲一些国家延缓建立正式社会保障制度的最好理由。而在缺乏正式社会保障制度或者正式社会保障制度覆盖率低、保障极为有限的条件下,人们不得不将家庭作为最主要的保障资源,并且完全可能因为维护一个家庭成员的生存与发展而损害另一个家庭成员的正常权益,从而从另一个侧面造成对社会公正的损害。

六是人口老龄化与城乡差距、贫富差距的扩大化,构成了亚洲国家福利制度的新挑战。尽管亚洲总体上属于年轻型,但越来越多的亚洲国家正在步日本后尘而进入老年型社会,中国于2000年进入老年社会,少子高龄化现象正在由日本等少数国家向更多的亚洲国家蔓延,同时乡村的老龄化明显快于城市老龄化,这是亚洲国家工业化进程加快的必然结果。以中国为例,以亿计的乡村年轻人离开农村而迁入城镇,老年人口在农村居民中的比重急剧上升;类似的现象在泰国、蒙古、印度尼西亚等国家同样在大规模出现,并必然向更多的亚洲国家蔓延。然而,这些亚洲国家还未能够为老年社会的到来做好相应的财政与服务体系的准备。而伴随着工业化、城镇化进程的加快和经济的增长,亚洲多数国家的城乡差距与贫富差距在持续扩大。中国的情形就十分明显,正在快速发展中的其他亚洲国家也是如此。这些都是亚洲国家必须应对的挑战。

那么,当人类进入21世纪以后,亚洲国家的福利制度何去何从?是仿效欧洲国家,还是向美国靠拢,抑或是走出自己的新路来?合理的答案,只能是在遵循福利制度客观规律的基础上,寻求适合本国国情的社会福利发展之路。

人类已经进入了21世纪,21世纪被称为亚洲的世纪。在亚洲各国经济都在向前发展的大背景下,亚洲国家福利制度的未来发展亦必然表现出一些共同的趋势。笔者认为,有五个趋势将不可逆转:

一是调整发展理念,将经济发展成果转化为国民福利,并将人民带入福利社会的趋势不可逆转。日本早已是一个具有较高水平的福利社会。韩国、新加坡等新兴工业化国家也正在将国民福利与国民经济同步增长列为国家发展的追求目标。中国则明确提出科学发展观、执政为民、以人为本的施政理念。近几年中国执政党与中央政府对社会保障制度建设高度重视,整个社会保障制度建设进入了快车道。多个东盟国家亦在扩大自己的福利支出。所有这些,都表明亚洲国家正在向欧洲健全的能够体现民主和公民权益的福利制度靠拢。新自由主义取向的发展理念正在亚洲许多国家遭到挫折。这一方面是因为人民的要求总是持续向上、向好的,民生问题升级的主要标志就是对社会安全网的要求不断攀升;另一方面也是亚洲国家长期奉行的增长优先与低福利政策取向虽然在经济发展初期具有必要性,但在经济发展到一定阶段后会引发出日益严重的社会问题,包括收入分配不公、贫富差距扩大、不同社会阶层与不同群体之间的利益冲突加剧等,这些问题必然直接影响着国民经济的持续发展以及经济社会的协调和谐发展。

二是健全社会保障制度,大幅度扩大社会福利开支,努力提高全民生活质量的趋势不可逆转。基于多数亚洲国家过去长期采取低福利政策并导致保障不足的现实格局,人民对生活质量持续提升的强烈要求与愿望,以及人口老龄化加速行进与家庭保障功能的持续弱化,再加上各国对公民权的日益认同、民主化进程加快和国家财力的增强,可以肯定亚洲国家未来必定大幅度扩大社会福利开支,并通过建设健全的福利制度来达到提高人民生活质量的发展目标。保障水平低下、覆盖率低、不公平性等局面将会逐渐得到改变。

三是遵循公平、正义、共享的新价值观,将大量被排斥在外的非正式部门就业人口和乡村人口纳入社会保障体系不可逆转。从亚洲大多数国家的实践可以看到,在非正式部门就业的人口和乡村人口往往被排斥在正式的社会保障制度之外,这种排斥不仅进一步放大了贫富差距与城乡差距,而且严重违背了社会公平,并最终会损害效率,因此,公平、正义、共享将成为新世纪亚洲国家共同追求的核心价值,而统筹正式部门就业人口与非正式部门就业人口的福利制度,统筹城乡的福利制度,即是消除社会不公和实现公平、正义、共享核心价值的必由之路。因此,尽管将非正式部门就业人口和乡村人口纳入正式社会保障体系面临着诸多困难甚至障碍,但其趋势已经不可逆转。

四是理性选择福利制度,努力实现可持续福利社会的趋势不可逆转。从亚洲各国对待福利制度异常小心谨慎来看,并不完全是排斥福利的结果,而是包含了理性选择福利制度的成分在内。因为福利的刚性增长规律和欧洲部分国家因福利水平过高而造成的一些并不完全正面的影响,客观上告诫亚洲国家在设计自己的福利制度时需要理性。中国走渐进改革的道路,强调尊重国情,其实也有着理性的考虑因素。因此,简单模仿的时代已经成为历史,理性寻求可持续的福利社会发展道路的时代已经到来。

五是传统文化仍然会对亚洲国家福利制度安排产生直接影响,但这种影响持续下降之趋势不可逆转。以家为单位实行家庭成员之间的互助,是亚洲传统文化的重要组成部分,这种文化还会继续在国家发展与福利制度的建构中发挥影响力。然而,社会福利作为公民权的一部分在亚洲国家正在被日益广泛地接受,全球化带来的独立、自由价值观日益深入人心,而传统的家庭保障功能亦因为家庭规模日益小型化、家庭结构多样化和少子高龄化而持续弱化。在这样的背景下,亚洲国家的福利制度建设,传统的关于家庭与性别分工的深刻影响便必然不断弱化。因此,尊重国情、尊重传统虽然仍然应当是亚洲国家的考虑因素,但追求人类的普适价值,并通过公平、普惠的福利制度安排来促进亚洲人民的全面、自由发展,已经势不可挡。

总之,21 世纪被称为亚洲的世纪,它不仅表现在亚洲各国经济的持续发展方面,也将直接表现在福利已经成为亚洲各国人民的普遍需求方面。因此,带领人民走向福利社会,必定成为 21 世纪越来越多的亚洲国家的选择。然而,欧洲与亚洲两大洲毕竟处于不同的发展阶段,亚洲国家的福利制度需要在保持理性的条件下,走循序渐进的发展道路,而尊重国情与尊重福利制度的客观发展规律将构成亚洲国家选择福利制度的两大现实影响因素。但国家越是发展,就越是可能向持续增进国民福利的福利社会迈进,国民经济与国民福利的同步发展必定会成为各国政府的自觉选择。同时,还需要强调的是,亚洲国家的社会保障与福利制度将会有自己鲜明的特色,在这方面,以中国、日本、韩国等为代表的东亚国家已经在自己的福利发展实践中不同程度地打上了亚洲的烙印。

东亚社会保障模式初探

林 义[①]

20世纪90年代中期以来,东亚社会保障模式开始受到广泛关注,并将成为国际社会保障领域极富挑战性的课题和探索适合各国国情社会保障模式的一个重要突破口。很显然,东亚社会保障模式受到重视,一方面意味着在跨文化的研究视界中,长期囿于西方中心论的大多数西方学者,有可能通过东西方社会保障模式差异性的比较分析,更清晰地反思西方各国社会保障改革的经验与教训,探索社会保障的未来发展路径。另一方面对众多非西方国家而言,则意味着需要根据各国自身的经济、社会、历史和文化条件,探索适合各国自身制度条件的社会保障模式选择道路。

一、问题的提出

东亚社会保障模式一般泛指东亚的日本、新加坡、韩国及中国台湾、香港地区自70年代以来逐渐形成的吸收欧美社会保障某些制度成分,而又在很大程度上区别于欧美国家的、独具特色的社会保障模式。尽管在东亚各国和地区,社会保障制度的发展及其制度安排,无疑具有许多各自的差异性,但在总体上,受社会结构及观念文化因素和历史传统的影响,东亚社会保障制度又存在着许多共同的制度特征,而较大程度地区别于欧美社会保障模式选择。

然而,长期以来在国际社会保障研究领域,大多侧重于研究欧美国家社会保障问题,研究与欧美社会保障模式为基础发展起来的其他非西方各国的社会保障制度。东亚地区的日本及新加坡社会保障制度,也曾受到不同程度的关注,但前者大

① 林义,中国西南财经大学社会保障学科教授。本文原载于《财经科学》2000年第1期。

多集中于在借鉴欧美模式的框架内进行研究,而后者则因其同社会保险理论模式大相径庭受到指责。东亚社会保障模式的提出并受到关注,则是90年代中期以来国际学术界出现的一个值得重视的新特点。笔者认为,对东亚社会保障模式系统深入的研究,不但对正确评价西方社会保障模式的利弊、改革发展趋势具有重要启示,而且对探索在不同社会结构和文化背景下的社会保障发展道路,具有十分重要的政策意义和方法论意义。

第一,研究东亚社会保障模式,有助于反思西方社会保障模式的内在制度条件和制度根源。以社会保险为核心的社会保障制度是百年来尤其是二战以来西方各国社会政策的主要制度形式,并且是在工业化进程中影响力遍及世界各国的一种制度形式。现代欧美社会保障模式,对于战后各国经济与社会的协调发展,发挥了重要而积极的作用。然而,由于20世纪70年代以来的经济萧条、人口老龄化的压力和制度进入成熟期,使西方现行的社会保障制度陷入空前严峻的危机境地。无论是社会保障制度的传统改革思路,还是近年来的结构性调整乃至社会保障部分或整体私有化的改革策略,均反映出西方各国致力于社会保障运行机制层面的改革和政策调整,相当程度忽略对社会保障危机的深刻制度根源的探索。一个重要原因在于,西方学者长期以来固守西方中心论的思维定势,忽略在跨文化的视界中,透过对非西方社会保障制度历史与现实的分析对比,透过对不同社会结构和文化背景下的社会保障模式研究,更清晰地把握社会保障危机的制度根源。

东亚社会保障模式受到关注,使我们得以跳出传统社会保障的分析框架,从经济、社会、历史及文化传统的广阔视野中,重新反思西方社会保障模式的制度根源、生成条件和发展路径。透过东亚社会保障制度吸收、借鉴西方模式的某些制度外观,更深刻地把握其不同于西方社会保障模式的诸多制度文化特征。因而,随着东亚社会保障模式研究的进一步深化,必将有助于西方学者对困惑多年的社会保障危机的制度根源有更深刻的反思,并对其未来改革发展轨辙有更深刻的把握。

第二,研究东亚模式,有助于探索社会保障发展模式的社会结构及制度文化条件。不论东亚社会保障模式产生的初始条件在很大程度上受制于近代工业化和现代化进程的影响,但这一模式所呈现出的若干重大制度特征,则在深层次上受制于东亚特定的社会结构、家庭结构和观念文化背景。东亚社会保障模式受到关注,使东西方学者对社会保障问题的研究,更为注重对隐藏在社会保障运行机制背后的若干非经济制度因素的分析,注重在不同社会结构条件下现代化进程导致的社会保障模式趋同性和差异性的研究,注重文化和价值观念对社会保障模式选择影响的深入研究。尽管社会结构和文化因素对社会保障发展模式和运行机制影响程度的研究尚处于初创阶段,一些西方学者,认为文化因素对社会保障的影响,较之于政治、经济和人口发展因素而言,是微不足道的,孔子的文化观亦无助于解释东亚社会福利制度的形成与发展①。而少数西方学者则认为儒家文化传统是制约东亚文化模式的核心因素②。笔者相信,随着这一研究领域的逐步深化和拓展,必将有更多学者重视社会结构、历史传统和观念文化对社会保障模式选择的重要制约作用。不仅东亚社会保障的形成与未来发展将根深蒂固地受制于社会结构条件和观念文化的约束,最终形成迥然有别于西方社会保障现行模式的发展道路,而且有助于从制度文化层面,探索西方国家社会保障产生和危机的制度文化根源。更清晰地探索其社会保障改革的发展趋势,进而在社会保障的理论和方法中寻找新的突破。具有极为重要的理论意义和方法论意义。

第三,注重研究东亚社会保障模式,有助于非西方国家探索适合各国国情的社会保障发展模式。尽管在20世纪50年代,新加坡便立足于本国的实际,探索完全有别于西方社会保障制度选择的、以强制储蓄为基本特征的公积金制度,几十年来的运行表明,取得了巨大的成功。日本在20世纪70年代有学者主张探索不同于欧美模式的日本社会保障模式,并强调社会保障与家庭保障密切结合③。其他如韩国和中国的台湾、香港地区在近几十年的探索中,事实上形成了各具特色的社会保障制度,程度不同地区别于欧美典型的、以社会保险为核心的社会保障发展模式。但由于种种原因,或许主要是西方模式的影响,长期以来,对东亚社会保障模式的研究一直受到冷落。公积金社会保障模式也因其与传统欧美模式大相径庭而受到攻击。在学习借鉴西方模式与探索自身模式的问题上,存在差异甚大的决策取向。有相当多的东亚国家和地区的学者,仍囿于西方社会保障制度外观的先进与合理,致力于这一模式的本土化进程的研究。只是到了90年代中期以来,东亚社会保障和社会福利模式才得以初步确立并逐步受到国际学术界的关注。在此景下,开始以一种较为新颖的研究视角,着眼于东亚地区社会、经济、政治和文化的差异性,探索不同于欧美传统模式的新的社会保障模式。尽管对东亚社会保障模式的定位、基本特征、未来发展趋势、与西方模式的继续趋同或大相径庭的研究和争论,仍将是一个长期的过程。但毋庸争辩的是,人们正逐渐褪却西方发展模式的种种光环,走出对西方社会保障模式简单认同和盲目崇拜的理论与方法论误区,更加

① Goodman and White,"Welfare Orientalism and the search for an East Asian welfare model",Goodman,Roger,Gordon White and Huck-ju Kwon(eds.).*The East Asian Welfare Model:Welfare Orientalism and State*,London:Routledge,1998.

② Jones C,"The Pacific challenge:Confucian welfare states",In C.Jones(ed.),*New Perspectives on the Welfare State*,London:Routledge,1993.

③ Goodman and Peng,"The East Asian Welfare States:Peripatetic Learning,Adaptive Change and Nation-Building",1996.

脚踏实地地着眼于自身条件探索更适合本国、本地区条件的社会保障发展模式。如果说,现代化进程程度不同地使社会保障成为在世界上许多国家推行的社会保护模式,而东亚社会保障模式的研究,则有助于人们反思现代化进程及其对社会保障发展的影响程度,重新思考探索适合各国国情的社会政策发展道路。

二、东亚社会保障模式发展概略

东亚社会保障模式的发展,既包含在现代化进程中,学习借鉴欧美社会保障制度并依照亚洲地区的特点加以改进的成分,也包括某种程度独立于欧美经验的自身发展模式的探索。由于不同国家和地区自身的经济、文化背景的某种差异性,使东亚社会保障模式的发展并非表现为完全一致的阶段,而是呈现出受社会结构、历史传统和观念文化制约的一些共同的发展路径。从其分析中,有可能使我们把握东亚社会模式发展中的值得注意的特点。

区别于欧美社会保障制度即肇源于早期济贫法和私人保险制度,东亚社会保障模式的出现则是在近几十年中才缓慢发展的社会福利制度。传统的社会福利则主要是通过家庭或地区社会救助的方式,如日本明治以前时期强调通过家庭内或五个家庭组成的互助单位,体现一定的社会政策作用。明治时期(1868—1912 年)亦强调通过家庭成员之间和邻里互助的方式发挥某种社会保护作用。韩国和中国的台湾、香港在二战以前,作为日本的殖民地,也在某种程度上采纳了日本的社会福利方式。

东亚社会保障模式自二战以来,尤其是 20 世纪 70 年代以来,开始逐步形成和发展。虽然日本曾于 60 年代初步建立起精神病人福利计划(1960)、全国健康与养老保险计划(1961)、老年福利计划(1963),韩国从 1962 年起开始构建社会福利制度,中国台湾和香港地区的社会保障制度建立于 20 世纪 70 年代,在 80 年代以前一直处于相当落后的状态。日本 1955—1975 年间,政府社会福利支出维持在 GDP 的 2%左右,与之相反,储蓄率却保持在 13%—20%的水平。韩国则更主要凭借于家庭保障和社会救助实现社会政策目标。

虽然,日本在 20 世纪 70 年代曾一度批评欧美福利模式,倡导日本自身的福利模式。但 80—90 年代以来的发展表明,日本的社会保障制度,一方面在很大程度上借鉴了欧美社会保障的制度外观,探索多层次社会保障模式,另一方面,也注重发展有长期传统的职业福利、家庭福利。

表 1 日本社会保障发展概况

计划	工具	支出占GDP比重（%）	覆盖面%	财务机制			
				国家	企业	个人	转移
医疗保健							
职工医疗保健 1	保险	0.85	30	12	42	41	
职工医疗保健 2	保险	0.61	26	1	50	39	
全国健康保险	保险	1.07	34	45	0	38	
互助协会		0.23	9	4	45	23	
养老保险							
全国养老保险	保险	1.44	47	12	0	14	61
雇员养老保险	保险	3.07	49	8	26	23	26
互助协会（公共部门）	保险	1.43	8	2	46	23	13
互助协会（私营部分）	保险	0.11	1	20	17	41	8
家庭津贴							
子女补贴		0.04	63	100			
子女帮助补贴		0.05	106	100			
特殊子女照顾津贴		0.04	9.2	100			
失业保险							
就业保险		0.39	50	10	64		

资料来源：Jacobs D., *Social Welfare Systems in East Asia*, 1998.

在东亚国家和地区，日本养老保险制度可以说是最为发达，在运行机制和制度安排方面吸收欧美经验最多。到 20 世纪 90 年代中期，日本已形成第一层次的国家养老保险制度旨在为全体国民提供基本养老金，第二层次的雇员养老金、互助养老保险和全国养老保险基金计划旨在通过收入关联计划提供补充退休收入。1995 年日本已有 6950 万人参加国家养老保险计划，有 1610 万老年人领取基本养老金。

韩国社会保障制度到 80 年代才开始有较快发展。按照不同的职业部门建立起少数社会保障计划。如在医疗保险领域建立起公务员和私立学校教师的医疗保险计划，私营企业员工则必须参加又大企业管理的保险计划。1989 年建立起覆盖更多劳动者的普遍健康保险计划。在养老保险领域，对公务员和私立学校教师设立有各自的养老保险计划，其他劳动者则参加于 1988 年建立的基金制国家养老保险计划，规定凡缴费 20 年者，可获得全额养老金。否则，仅能获得部分养老金，或按缴费（加利息）获得一次性养老金。到 1999 年 4 月，该计划扩大了保险覆盖面，力争逐步覆盖全体劳动者。相对而言，尽管韩国建立起综合的社会保障计划，但社会保险的覆盖面仍然较窄，1995 年仅有 13. 7%的；老年人可以领取各类养老金，养老保险的覆盖面在 1995 年保持在 41. 5%①。

表 2　韩国社会保障发展简表（1996）

计划	工具	GDP%	覆盖面%	财务机制		
				国家	企业	个人
医疗保健						
公务员与私立学校	保险	0. 15	11	0	50	50
教师健康保险						
工商企业员工健康保险	保险	0. 46	37	0	54	54
地区健康保险	保险	0. 62	50	50	05	0
医疗帮助	救助	0. 08	4	100	0	0
卫生部	政府资助			100	0	0
国防部	政府资助	1. 4		100	0	0
养老保险						
全国养老保险计划	保险	0. 29	35	0	50	50
政府公务员养老保险	保险		5	0	50	50
私立学校教师养老保险	保险		1	0	50	50
生活保护计划	救助	0. 07	4	100	0	0
失业保险						
雇员保险计划	保险		20	100	0	0

资料来源：Jacobs D.，*Social Welfare Systems in East Asia*，1998.

中国台湾社会保障的发展进程与历史因素有关，如 1958 年推行的劳动保险计划则与 30 年代国民党政府制定的劳动保险计划具有某种关联。从 1958 年到 80 年代，台湾社会保险仅有些小的调整，对私营企业职工建立起伤残、退休、丧葬保险计划。直到 90 年代以来，中国台湾的社会保障和福利计划又才有较快发展，但至今未能建立起统一的保险计划。劳动保险、公务员保险和私立学校教师保险计划覆盖劳动人口的 54%。1995 年中国台湾建立起较为统一的医疗保险计划，为 1/3 的劳动者提供健康保险。预计在 2000 年建立起统一的基金制养老保险计划，要求职工缴费 40 年，可获得全额养老金，未达到法定缴费年限的，则每年按扣除全额养老金的 2. 5%发放。

① Kwon Huck-ju，"Income Transfers to the Elderly in East Asia：Testing Asian Values"，1999.

表3 中国台湾社会保障计划简表(1996)

计划	工具	GDP%	覆盖面%	财务机制		
				当局	企业	个人
健康保险						
当地健康保险	保险	2.96	93	36	38	26
健康部	当局资助	0.57	100			
养老保险						
劳动保险	保险	0.81	80	17	48	27
公务员保险	保险	0.19	7	65	35	
农民保险	保险	0.07	19	70	0	30
老年补贴	补贴		20	100	0	0
农民老年补贴	补贴	0.17	22	100	0	0
公共救助	救助	0.03	0.54	100	0	0
失业计划						
失业救助	补贴			100	0	0
公共救助	救助			100	0	0

资料来源:Jacobs D.,*Social Welfare Systems in East Asia*,1998.

较之于东亚其他国家和地区,香港社会保障制度的发展较为特殊,以社会保险为核心的社会保障制度安排,在香港发展非常有限,而传统家庭保障和社会救助制度则发挥着极为重要的作用。甚至在1973年以后,香港才采用社会保障这一名称,但也主要是指香港的社会救助和社会保障津贴制度,前者为低收入者提供救助,其中老年贫困者占有很大比例。后者则为特定劳动群体提供统一标准的现金补贴。

表4 中国香港地区社会保障计划简表(1995)

计划	工具	GDP%	覆盖面%	财务机制		
				政府	雇主	个人
健康保健	政府资助	1.58	82	100	0	0
养老保险						
长期服务支付	雇主责任			0	100	0
老年补贴	补贴	0.06	54	100	0	0
高龄补助	补贴	0.19	82	100	0	0
家庭						

续表

计划	工具	GDP%	覆盖面%	财务机制		
				政府	雇主	个人
单亲家庭	救助	0.03	0.15	100	0	0
失业计划						
服务支付	雇主责任		84.3	0	100	0
CSSA	救助	0.06	62	100	0	0

资料来源:Jacobs D.,*Social Welfare in East Asia*,1998.

新加坡社会保障制度从20世纪50年代建立之处,便遵循一条既不同于欧美社会保障模式,又不同于东亚其他国家和地区社会保障发展模式。而是通过建立中央公积金的强制储蓄计划,为国民提供养老、医疗、住房等方面的社会保障计划。在提供经济保障和促进经济协调发展方面,取得了举世关注的成就。下表反映了新加坡社会保障计划的有关最新发展情况。

表5 新加坡社会保障计划简表(1996)

计划	工具	GDP%	覆盖面%	财务机制		
				国家	雇主	个人
医疗保健						
卫生部	政府资助	0.9		100	0	0
医疗储蓄	公积金	0.24	80	0	50	50
医疗保护	公积金+保险	0.02	50	0	0	100
医疗基金	救助	0.01	3	100	0	0
养老保险						
中央公积金	公积金	1.13	70	0	50	50
公务员养老金	雇主责任			100	0	0
赡养保护	公积金+保险	0.05	70	0	0	100
公共救助	救助	0.8		100	0	0

资料来源:Jacobs D.,*Social Welfare Systems in East Asia*,1998.

三、东亚社会保障模式的特点

东亚社会保障制度在长期的发展进程中,逐步形成了有别于欧美社会保障发展模式的一些重要特点，并且，受社会结构和文化价值观念传统的影响，将程度不同地影响其未来的发展道路。

第一，传统社会救助制度长期发挥着非常重要的社会保障功能。区别于大多数欧美国家的社会保障发展进程，东亚社会保障模式在很长时间内，并不是以社会保险制度为核心，而是强调传统社会救济方式，为遭遇孤、老、残、贫困的社会群体提供最基本的经济保障。虽然受种种因素的制约，近年来以社会保险为核心的制度构建得到进一步发展，但社会救助发挥的核心作用则是不容争辩的事实。这不仅表现在，东亚各国和地区社会救助支出占社会保障支出的比例一般长期保留在较高水平，而且表现在，通过社会救助提供基本经济保障长期成为东亚模式的一个重要政策取向，尤其在各项社会救助的安排上。直到 80 年代后期，日本、韩国和中国台湾社会保险逐渐成为社会保障的核心内容，但韩国和中国台湾养老保险的保障面仍然十分狭窄。香港则长期强调社会救助的作用。新加坡则自始建立以强制储蓄而非凭借群体中分散风险为基础的社会保险制度作为社会政策的主体。由于中央公积金计划覆盖了相当数量的劳动大军，政府的社会救助计划处于相对落后的状态，区别于对其他国家和地区的社会保障计划。东亚社会保障发展模式为何强调传统社会救助方式而忽略社会保险的制度构建，可能有多种原因，但社会结构条件、家庭制度的作用、观念文化的影响，是其基本原因。同时，东亚各国和地区在工业化之前大多是凭借家庭或家族范围内的互助，抑或政府的方式提供社会保护，私人保险制度仍未见踪影。这应当是形成区别于欧美以社会保险为核心的社会保障发展模式的一个重要原因，并有必要进一步深入研究。应当说，东亚社会保障的未来发展模式，不应当完全脱离这一受诸多制度因素制约的历史轨迹。

第二，家庭保障仍然是十分重要的社会保障形式。受儒家传统文化的影响，东亚社会保障模式带有浓厚的家庭保障的烙印。如果说，欧美现行社会保障模式，是在既定社会结构条件和既有历史轨迹中的制度安排，也同其家庭结构脆弱的历史传统密切而不可分割。那么，东亚社会保障的形成与发展，一方面，受到工业化、现代化进程的冲撞和影响，部分吸收了欧美的经验，而另一方面，家庭保障的传统得以部分保留并发挥着十分重要的作用。有关研究表明，受工业化进程的影响，东亚各国和地区的家庭结构也受到前所未有的冲击，家庭结构小型化、核心化与程式化的进程相伴而发展。但家庭结构和家庭内亲自关系的密切程度仍然非常密切而区别于欧美家庭结构。家庭保障仍然是东亚地区社会保障极为重要的组成部分。

表6　老年人收入来源比较表

	韩国	中国台湾
就业收入	32	42.8
储蓄	1.9	
公共养老金	2.5	1.6
公共与私人救助	2.2	
私人养老金	0.3	
财产	4.6	1.9
子女资助	54	53.2
其他	1.6	0.5
总计	100	10

资料来源：Kwon Huck-ju,"Income Transfers to the Elderly in East Asia：Testing Asian Values",1999.

从上表可知，老年人的劳动收入和子女的资助是维持其晚年生活的两大收入来源，而其他如保险金的数额则相当小。在老年人的生活安排方面，东亚各国和地区普遍同子女共同居住的比例远远高于欧美国家。如下表所示：

表7　老年人生活安排比较表

国家（地区）	生活在福利机构	独居老人		老年夫妇		与子女共同居住的老人	
		1980	1995	1980	1995	1980	1995
日本	1.68	8.5	11.7	19.6	20.6	72	60.8
韩国	0.29	9.6		13.3		77.1	
中国台湾	0.55	11.7	10.6	14.2	18.6	74.1	70.5
中国香港	2.13	12.7	11.7	5.2	7.4	82.2	80.8
新加坡	2.28						
法国	5	30.3	32.2	47.8	54.3	16.1	13.4
英国	6	41.7		49.3		8.4	
美国	5	31.1		54		14	

资料来源：Kwon Huck-ju,"Income Transfers to the Elderly in East Asia：Testing Asian Values",1999.

该表也从另一个角度表明，工业化和城市化在东亚各国和地区虽然经历了几十年的发展，老年人与子女共同居住的生活安排仍是占主导性的生活方式。老年人的经济和精神保障均不同于西方国家。在此意义上，家庭保障仍是东亚社会保障制度中极为重要的组成部分，并仍将继续发挥重要作用，相反，对大多数欧美国家而言，即便在工业化以前，核心家庭也是其占统治地位的家庭结构。父母与子女共同居住的三代大家庭的结构,仅仅成为少部分家庭的选择。较之于东亚地区而言,子女与父母共同居住的比例则要低得多。这一事实表明,工业化和城市化虽然会对家庭结构产生重要影响,但家庭文化传统和既有价值观念仍然会发挥潜移默化的重要作用。家庭保障仍将会作为东亚社会保障模式中区别于欧美模式的显著特点。那种欧洲中心论的观点认为,亚洲家庭结构也将伴随工业化、城市化进程的发展完全向核心家庭转化的论点是难以成立的。儒家的家庭文化观必将对东亚社会保障模式产生重大而深远的影响。

第三,东亚社会保障模式呈多元化特征。虽然80年代后期以来,日本、韩国加大了社会保障改革力度,在构建多层次社会保障制度方面获得进一步发展,中国的台湾、香港地区也有新的改革举措。东亚的社会保障改革模式在运行机制方面吸收了欧美社会保障制度的某些成分,呈现出较大的趋同性。但近年在运行机制的某些调整,并不能由此认定东亚社会保障与西方社会保障模式的差异性在逐步消失。相反,由于东亚特定的社会、经济和文化背景,社会保障制度的改革与发展必然呈现出有别于欧美现行模式的发展走势,而呈现出多元的发展格局。至少一方面表明,新加坡公积金社会保障模式仍然会继续影响东亚其他国家和地区,呈现出自身的特点。而另一方面东亚社会保障模式虽然在运行机制的表层与欧美呈现较多的趋同性,但在深层次的制度结构方面,东亚模式则在给付结构、缴费档次与等级、权利与义务的关系等方面,都与欧美模式存在不少内在差异性,必然在长期的发展中更多呈现出东亚社会保障自身的特点。

东亚与欧洲社会保障差异

——基于风险管理的视角

何文炯[1]

从风险管理的角度看,社会保障制度是一种风险管理措施。与保障一词对应的是风险,有风险才需要有保障。社会保障是指国家通过立法,实行国民收入再分配,为社会成员基本风险提供基本保障的一系列制度安排。这是国民基本权利和政府基本责任在风险管理领域的体现。尽管风险管理作为一门系统的学科只有半个多世纪的时间,但是风险管理的实践活动却有着悠久的历史。随着历史的进程,人类面临的风险发展着、变化着,人们关于风险的意识不断提高,对付风险的办法日益增多,技术越来越精良,制度越来完备。社会保障制度正是应对老百姓生老病死衣食住行等方面风险的一项基本的社会化制度安排。但是,社会保障制度并不是一开始就有的,而是人类社会发展到一定阶段的产物,并且在不同的时期,社会保障的具体内容不同。同时,由于自然环境、文化传统、社会制度、政治体制等的差异,社会保障制度呈现出不同的特点。本文基于风险管理的视角,从风险管理的主体结构、政府目标和风险处理方法三个方面,讨论东亚与欧洲在社会保障方面的差异。由于东亚和欧洲都有众多的国家和地区,并各有自己的历史,我们在讨论时以代表性地区和代表性事件为主要论据。

一、风险管理主体结构与政府社会保障责任

风险是人类社会的伴生物。自从有了人类,便有了风险,因此也就有人类对付风险的实践活动,无论是出于主动还是出于被动。这种实践活动,都是由风险管理

---

① 何文炯,中国浙江大学社会保障学科教授。本文原载于《中国人民大学学报》2012 年第 2 期。

主体来执行的，其关键是风险成本的处理。风险客观存在，其成本必定有承担的主体，或者由个体承担，或者由家庭承担，或者由社会承担。在特定时期和特定范围内，风险成本承担主体的格局，是该地区全社会风险管理资源配置的基础。在原始社会中，风险成本由个人和氏族部落承担。家庭和私有制出现之后，风险成本早期主要由个人和家庭承担。随着时代的发展，社会承担风险成本的比重逐步提高，社会化的风险处理方式也不断增多。在这一普遍的规律之下，由于各地区、各民族的情况不同，各国风险管理的主体结构及其演变情况不同，因而其政府的社会保障责任就不同。所以，空间上相距遥远的东亚与欧洲，其政府在社会保障责任方面就呈现出一定的差异性。

需要说明的是，在人类文明的早期，特别是在原始社会和奴隶制社会，根据既有的史料和逻辑的推断，东亚与欧洲社会成员基本风险管理的主体并没有本质性的差别，因而这两个地区当时的政府在社会保障方面的责任也没有较大的差别。而在进入封建社会之后，这两个地区的社会成员基本风险管理主体逐渐出现差异，尤其是在封建社会进入资本主义社会后，这种差异变得更大。由此，这两个地区的政府在社会保障方面所承担的责任也有明显的差异。然而，进入现代社会后，随着经济的发展、尤其是经济全球化时代的到来，风险管理从主体到方法，由于频繁的交流和相互借鉴，东亚与欧洲又呈现出趋同的迹象。但是，必须注意到，受长期历史传统的影响，这种差异依然存在。本段重点讨论的是，进入封建社会以来，东亚与欧洲的政府关于社会保障责任的差别。

（一）东亚：二元主体与二元保障

从历史文化看，东亚属于儒教文化圈。东亚各国在风险管理方面具有很大的相似性，其主要思想和实践模式基本上可以从中国古代的风险管理史料中找到。中国历史上最有影响的思想家孔子在《礼记》中就有关于风险保障的论述："大道之行也，天下为公。选贤与能，讲信修睦。故人不独亲其亲，不独子其子，使老有所终，壮有所用，幼有所长，矜寡孤独废疾者皆有所养，男有分，女有归。货恶其弃于地也，不必藏于己；力恶其不出于身也，不必为己。是故谋闭而不兴，盗窃乱贼而不作，故外户而不闭，是谓大同。"

在农牧社会，影响老百姓基本生活的风险因素主要是两个：一是战争；二是自然灾害。当时的政府在风险管理方面主要是针对这两种风险来展开。至于其他一般的生活风险，主要由个人和家庭解决。于是，政府在风险管理方面，除了备战之外，重点是应对重大自然灾害。因而，中国历史上被传颂的伟人或英雄人物主要有四类：一是爱国将士；二是兴修水利者；三是赈灾救荒者；四是惩治腐败者。历史典籍有大量关于赈灾的史实记载,当然也不乏先贤们精辟的论述。夏朝大禹治水和秦朝李冰父子率众所建都江堰水利工程等千古典范,反映的是水灾风险管理和水的合理利用。事实上,夏代后期,中国就有粮食积蓄、移民就食这两大应对饥荒的措施。《夏箴》有云:"小人无兼年之食,遇天饥,妻子非其有也。大夫无兼年之食,遇天饥,臣妾舆马非其有也。戒之哉!弗思弗行,至无日矣。"《开望》则曰:"土广无守,可袭伐;土狭无食,可围竭。二祸之来,不称之灾。天有四殃,水旱饥荒,其至无时,非务积聚,何以备之。"这些经典之论,一直影响中国数千年,秦朝以后的中国各封建王朝,均将灾害救助作为国家的基本职能。这些理论和实践,当然也深刻地影响着周边的日本、韩国等。

在农牧社会,家庭承担着生产、生育、抚养和赡养等多种职能,是最基本的生活单位和消费单位,是最基本的生产单位,也是一个十分重要的风险管理单位。家庭成员之间,不仅共同生活、共同劳动,而且是风险保障互助。人的一生中,幼年和老年两期以及疾病和意外伤害等特殊情况,都必须由家庭成员为之提供食品和照料服务,因而,任何人都不能失去家庭,否则就会变得很悲惨。这就是家庭保障的重要性。事实上,家庭具有经济保障、服务保障和精神慰藉等多方面的保障功能。

家庭的进一步扩展,就是家族,也有很重要的风险保障功能。有的家族有共同资产,例如族田,其收成主要用于家族公共事业,其中包括风险保障。在中国古代,有大量的家族发挥着这样的作用。现今浙江省浦江县城东10多公里的郑宅镇,有一处全国重点文物保护单位——郑义门古建筑群,人称"江南第一家"。870多年前,居住在此的郑氏家族,以孝义治家。自南宋至明代中叶,十五世同居共食,和睦相处,鼎盛时期有3000多人。该家族立下"子孙出仕,有以脏墨闻者,生则削谱除族籍,死则牌位不许入祠堂"的家规,历宋、元、明三代,长达360多年,出仕173位官吏,无一贪赃枉法,无不勤政廉政。浦江郑氏家族如此义居,屡受朝廷旌表。明洪武十八年(1385年)太祖朱元璋赐封其为"江南第一家",时称义门郑氏,故又名"郑义门"。

综上所述,东亚在奴隶制社会后期和长达数千年的封建社会时期,社会成员基本风险管理的主体主要是两个:一是家庭;二是政府。而政府所承担的风险管理责任主要是战争和自然灾害,与现代社会保障概念相对应的内容,主要是指灾害救助。

(二)欧洲:多元主体与多元保障

公元5世纪西罗马帝国灭亡到文艺复兴的近1000年历史,通常被认为是欧洲的封建社会时期,又称中世纪。在这一时期,随着社会的变迁,社会成员基本风险管理主体的格局经历了一种重要的变化:在家庭和政府之外,增加了两个十分重要的成员:宗教和社团,从而形成了多元的风险保障体系。这是与东亚明显不同的地方。

在西罗马帝国时期,曾经有一些仓储赈灾制度,这与东亚的做法接近。但后来日耳曼人的侵入,不仅摧毁了西罗马帝国的国家机器,而且也摧毁了其主要制度和文化习俗①,包括风险管理措施。事实上,日耳曼人的生产方式和文化并不先进,常常面临食物短缺,无法养活自己,因而常常采用战争和掠夺等手段获取必要的生活资料。日耳曼人进入罗马帝国地区之后,生产力提高并不快。

随着教会经济地位的提升,特别是教会拥有大片土地之后,其力量壮大,从而其影响力就从精神领域扩展到世俗领域②。在长达数百年的历史中,教廷不仅负担过去罗马帝国政府的一切责任,而且还向平民百姓提供粮食等用品的帮助。公元 800 年,法兰克国王与教皇合作在西欧重建了一个统一的大帝国,皇帝和教皇共治国家。这就使得教会的救助成为教会的一项主要工作,并开始走上制度化轨道。当时的法律规定,教会全部收入中需要有 1/4 用于救助穷人③。至于教会的经济来源,除了其土地和其他资产之外,还有信徒所捐,至今基督教仍有"十一税"。这当然与宗教教义有关,基督教、天主教等均将行善作为其基本准则。基督教认为要爱人如己,将行善作为《圣经》的基本内容来约束教徒。与此同时,教会还组织各种救灾济贫、施医助药等活动。需要指出的是,佛教在东亚具有重要的影响力,并且佛教强调慈悲为怀,并有怜悯之心,故而倡导各种行善方法,包括在荒灾之年的施粥等,但与欧洲基督教等宗教相比,其对世俗(包括社会救助)的影响较为逊色。

到封建社会后期,由于经济发展、人口增加和技术进步,欧洲的商人阶层崛起,新兴资产阶级在经济上的地位提高,必然在政治上反映出来,城市社会开始发展。在这一过程中,社会成员所面临的风险也开始变化。除了战争、自然灾害等传统风险之外,经济风险增加,这就催生了行业协会等社会团体的出现。这类社会团体,既是生产经营的互助组织,也是风险保障的互助组织,比较典型的是基尔特(Guild)制度。加入行业协会的成员,必须遵守行规,同时能够得到行会的帮助。

综上所述,欧洲在中世纪增加了社会成员基本风险管理的两个主体,使得风险管理的主体变为四个:家庭、宗教、社团、政府。

文艺复兴之后,尤其是资产阶级革命之后,生产力进一步发展。市场经济之下,社会成员的风险又发生新的变化,失业、贫困开始增加,从而出现了大量小偷和

---

① 邓大松等:《社会保障理论与实践发展研究》,人民出版社 2007 年版,第 20 页。

② 邓大松等:《社会保障理论与实践发展研究》,人民出版社 2007 年版,第 21 页。

③ 汤普逊:《中世纪经济社会史》(上),商务印书馆 1997 年版,第 252—253 页。

乞丐。与此同时，在16世纪，以反对封建制度尤其是反对教会拥有土地所有权制度为核心的宗教改革，使得教会的经济地位降低，从而其救助能力开始下降。这就意味着全社会风险管理主体的减少和格局的改变。于是政府介入这种风险管理事务。从此，政府的社会救助职能开始增强。1601年，英国颁布《济贫法》（通常称“旧济贫法”），1834年，英国又作了修改，称为“新济贫法”。这是欧洲历史上第一部社会救助法律，对于全世界都有十分重大的影响。

这里，我们看到，进入资本主义社会之后，由于风险的变化和宗教的改革，导致了风险管理主体格局的变化，欧洲社会又经历了政府社会保障责任由弱到强的过程。

二、风险管理政府目标与社会保障制度定位

社会保障与风险管理的关系，可以从三个层面去理解：一是社会保障是政府为社会成员基本风险提供保障服务的一类制度或政策，这里的风险是老百姓面临的风险；二是政府对于自身风险进行管理的一种行为，因为如果政府不实施社会保障制度，可能会危及政府的执政地位；三是政府在实施社会保障制度或政策过程中有风险，这种风险是指政府所颁行的制度不可持续或政策失败（含引出新的问题）等情况。

因此，对于政府实施社会保障制度，我们需要提出这样一系列问题：政府为什么要实施社会保障制度？其动力何在？关于这一点，东亚与欧洲的政府有没有区别？有怎样的区别？

（一）政府风险管理与社会保障制度定位

无论哪个国家，哪个地区，哪个时期，政府都是有风险的，其中最为重大的风险事故就是政府下台。所以，任何政府都必须进行风险管理。于是，政府首先必须进行风险分析，也就是要弄清楚自己有哪些风险，并且把这些风险因素找出来。从历史和现实的经验来分析，政府倒台一般是由于下列几种情况：一是外敌入侵，一个强大的外力，本国无法抗拒，则亡国，政府自然就没有了；二是内部造反，而内部造反通常是由于老百姓生活不下去或者社会管理制度极不合理，历朝历代农民起义改朝换代即是如此，当然也包括政变；三是选举失败，这是在选举制度比较完备的国家出现的情况，老百姓对于现政府工作不满意，希望换一个新的执政班子。

由此出发，我们可以看到，任何时期，任何国家都必须保持一定的军事实力，以

防止外敌入侵,并力求战之能胜。当然,历史上也有不敌入侵而亡国者,也不乏保持军事优势主动出击而称霸者。与军事不同,社会保障则是政府风险管理与社会成员个体风险管理的巧妙结合:政府通过为老百姓提供风险保障服务,来增强其执政的合法性,从而降低自身的风险。在专制国家,政府也会改进或改良自己的体制和机制,同时实施社会保障制度或政策,以保障老百姓的基本生活,从而降低造反的可能性,因而其社会保障制度或政策必以维持社会稳定为基本目标。在民主国家,政府则必须根据选民的意志办事,选民希望有怎样的社会保障,政府就必须提供怎样的社会保障服务。

(二)古代东亚:社会保障以维持统治为根本目的

古代的东亚,长期实行专制的封建主义制度,如遇战争、瘟疫和自然灾害,则民不聊生,贫困交加的老百姓常常选择造反。中国历史上无数次农民起义,多数与饥荒联系在一起。于是,统治者不得不实施灾害救助,以求社会稳定,从而维护其统治。所以,赈灾救助成为历朝历代政府的一项基本职能,成为治国理政的要务之一。在西周,就有"九谷之委积。设廪人掌米,仓人掌谷"。可见,当时就将赈济列为国家的一大职能,并设立机构、委任官员。

赈灾救助的基本方法是积蓄粮食。常平仓就是为积蓄粮食而一项长期使用的制度,大约战国时期就开始采用。政府为调节粮价,储粮备荒以供应官需民食而设置粮仓,运用价值规律来调剂粮食供应,充分发挥稳定粮食的市场价值的作用。在市场粮价低的时候,适当提高粮价进行大量收购,不仅使朝廷储藏粮食的大谷仓一太仓和甘泉仓都充满了粮食,而且边郡地方也,仓廪充盈。在市场粮价高的时候,适当降低价格进行出售。这一措施,既避免了"谷贱伤农",又防止了"谷贵伤民",对平抑粮食市场和巩固封建政权起到了积极作用,在一定程度上反映了人民群众的利益和愿望。后来,在常平仓制度的基础上,又进一步发展了义仓和社仓。这些方法在日本、韩国等都普遍采用。在奈良时代(公元 710—794 年),中国的常平仓和义仓制度就先后传到日本。后来,在江户时代(公元 1603—1867 年),中国的社仓制度也传到日本①。

历朝历代如此重视赈灾,主要还是为了巩固统治者的地位。《逸周书》有云:"有十年之积者王者,有五年之积者霸,无一年之积者亡。"还有这样的记载:"武王克周后,问计周公姬旦,旦云:送行逆来,振充救食,老弱疾病,唯政所先",意即把

① 曹春燕等:《试论日本农业合作社思想中的中国元素》,中国供销合作网,http://www.ccfc.zju.edu.cn/a/hezuoshihua/2012/0226/9282.html。

建立赈灾制度放在国家大事首位。因为他们坚信："国无九年之蓄，日不足；无六年之蓄，日急；无三年之蓄，曰国非其国也。"由此可见，赈灾制度成为治国安邦的准则。

应当指出，虽然政府赈灾的根本目的是为巩固自己的政权，但客观上为老百姓带来了实际的利益。可惜的是，这种救助制度受制于经济状况。丰年之时，积累相对较多，而遇歉收之年，财政拮据，积累储蓄较少。更为重要的是，官方在向灾民提供赈灾服务之时，总是居高临下的施舍①。而且，保障的项目很少，救助的水平也很低。所以，从历史资料看，常有饥荒而无力救助，酿成动乱与造反者，说明此等制度尚有缺陷或者其运行环境不佳。

最近100多年，欧洲的社会保障理念和部分具体做法逐渐引进东亚，先是到日本，后来又到韩国和中国。东亚各国政府对于社会救助制度乃至整个社会保障的理解也开始变化，逐渐将减灾救灾乃至更多的社会保障项目看成国民权利和政府责任。同时，在20世纪中叶陆续实施社会保险制度。

（三）欧洲：社会保障维护统治并保障人权

与东亚不同，欧洲的社会成员基本风险管理的主体，除了家庭之外，曾经同时还有三个：宗教组织、民间社团和政府。其中宗教和民间社团提供的风险保障服务在东亚的分量很轻，但在欧洲的分量较重，而且都以平等的理念，从社会成员的需求出发，这与东亚居高临下的施舍型有着本质的差异。就政府早期实施的社会救助而言，虽然也以维护统治为目的，但在宗教改革之后原先由宗教组织实施的社会救助转为由政府提供救助之后，就不是简单地以维护自己统治为目的了。

事实上，早期欧洲国家虽然也有少量政府救助，但他们并没有将其视为自己的重要责任，恰恰相反，他们把贫困看成是社会的不安定因素，并且将贫困者作为惩处的对象。例如，根据英国在16世纪前流传下来的一项法律惯例，所有行为不检的游民一律作为罪犯看待。直到1601年，英国颁布《伊丽莎白济贫法》，同时颁布牧区济贫税法。其中把贫民区分为三种：(1)强壮有力而不愿工作的；(2)老弱残疾而不能工作的；(3)不幸而找不到工作的。法令规定，第一种贫民不能得到任何救济，他们要接受强制劳动，对拒绝工作的人则要被关入惩戒所，为酷刑所惩罚甚至被处死；第二种无劳动能力的贫民可以得到救济，对第三种不幸找不到工作的人规定济贫官有帮助其找到工作的义务。对贫民的子弟要教会他们工作的技能。为了筹集资金，法令规定在各教区强制征收固定的济贫税以作为救济贫民基金的主

① 郑功成：《社会保障学——理念、制度、实践与思辨》，商务印书馆2009年版，第124页。

要来源，不依法纳税的人要受到刑罚惩处。

到1834年，英国对于济贫法作了修正，形成新《济贫法》。其要点是：(1)规定接受救济的人应给予一种比独立的劳动者更低的生活标准；(2)在全国兴建济贫院，经过严格审查后，真正的赤贫之人才能进入，而进入后要遵守济贫院的纪律；(3)完善济贫管理体系，中央政府建立相应机构，颁行济贫条例，地方设立稽核员，选举监督官并聘用官员负责济贫事务；(4)对于寡妇、暂时性残疾的人、老年人等，允许不入院，在家接受救济。这是一项更为系统、合理和人性化的救助制度。

进入1883年，社会保险制度在德国出现，很快为欧洲各国所接受，许多国家全面实施社会保险制度。与先前的社会救助制度相比，社会保险制度是一项制度化的保障机制，具有稳定性，这远非原先的社会救助制度所能比拟。同时，社会保险的保障对象是缴费者，领取社会保险待遇是其基本权利，不需要以牺牲人格尊严和接受惩戒为受益条件。这标志着社会保障作为一项人权原则的确立，并为多数国家所接受。

三、风险处理方式与社会保障筹资机制

社会保障是一种财务型的制度安排，其筹资机制的选择是十分重要的。千百年来，人们都在探索、寻求。事实上，社会保障筹资机制的选择，需要与风险处理方式相联系。在东亚，由于政府的社会保障主要表现为灾害救助，人们主要采用仓储积蓄和财政预算的办法筹资所需要的资金和物资。而欧洲人则发明了保险制度，成为处理风险的有效手段，并在社会保障领域发挥着至关重要的作用。如今，社会保险已经成为社会保障体系的核心，成为资金占用量最大、惠及面最广的社会保障项目。

（一）保险：处理风险的有效方式

采用社会化的风险处理措施，需要合适的方式和有效的工具。在风险识别、衡量之后，风险管理者必须将有效的各种风险处理手段结合起来，形成多种风险处理方案，再按照某种原则选择其中一个方案。一般地说，要根据成本最低、效用最高的原则，选择风险处理方案。处理风险的手段是无穷的，但大体上可以分别为两大类：一类是控制型的；一类是财务型的。前者是指损失形成前防止和减轻风险损失的技术性措施，通过消除和减少风险事故发生的机会以及限制已发生损失的继续扩大，达到减少损失概率、降低损失程度，使风险损失达到最小之目的。这种手段

的重点在于改变引起风险事故和扩大损失的条件。控制型手段通常有:避免、损失预防与抑制、分散等。后者是指通过事先的财务计划,筹措资金,以便对风险事故造成的经济损失进行及时而充分的补偿。这种手段的核心是将消除和减少风险的代价均匀地分布在一定时期内,以减少因随机性巨大损失的发生而引起财务危机之风险。事实上,从一个较长时期来看,某一主体的风险都是要由自己承担的,即自我补偿风险损失。因此,采用财务型手段将这种代价均摊是明智之举。财务型的手段通常有:自留、转移(保险、非保险)、中和等。

由于风险的射幸性,保险制度被作为处理风险的有效工具之一。保险是基于风险事故在全社会发生的必然性和个体遭遇风险事故的偶然性而建立的一种风险处理机制——面临同类风险的众多经济主体,通过缴纳一定的费用得以结合并建立互助基金,这一基金对于遭遇特定风险事故的经济主体给予帮助。这种活动的组织者通常称为“保险人”,参与者即面临风险的经济主体称为“投保人”或“参保人”。保险之所以能够成为有用的风险处理工具,是因为他能够减少不确定性,促进资源合理配置。参保人通过购买或参加保险将自己面临的风险转移给了保险机构,因而可以减少其不可预期的损失。另一方面,保险机构作为职业的风险承担者,集中了大量的风险单位,由于大数定律的作用,风险预测成为可能。就全社会而言,不可预期损失也因此大为减少。有了保险的运作,不稳定性随之降低。

(二)欧洲:民间互助传统

为什么保险首先出现在欧洲,而非东亚?从历史上看,欧洲具有民间互助的传统。在地中海,公元前916年的罗地安海商法中就有“一人为众,众人为一”(One for all,all for one)规定,是互助共济、风险共担的理念和长期实践的总结。在古罗马,就盛行互助基金组织,参加这一组织的成员订立契约,当某个成员不幸死亡时,由生存的成员所缴纳的会费支付丧葬费或救济其遗属。以后,逐步出现了互助合作型保险、商业保险和社会保险,成为风险管理的基本工具之一。通过保险这种互助机制,可以降低社会后备基金的规模,从而降低全社会的风险管理成本。在这种互助机制下,参加者以利己的动机可以实现利他的社会效果,因此,保险机制被广泛地运用。除此之外,欧洲的民间互助十分活跃,在风险保障方面扮演着重要角色,尤其是在中世纪的欧洲,盛行基尔特制度,既是生产经营互助,又有风险保障互助。

1883年,德国首先把保险机制引入社会保障领域,即政府自己办一种强制性的保险,为劳动者提供最基本的风险保障服务。以后,这种保险制度又被扩展到全体社会成员。这一切,在欧洲是那么的自然,那么的顺畅。

（三）东亚：临门而未入门

在东亚，并不是没有互助合作的思想。约公元前1700年开始，在长江上从事货物水运的商人们为了避免在贩运货物过程中因意外事故的出现致使货物全部遭受损失，采取了将一批货物分装于几条船上的做法。这样，若一条船发生意外，则货主只受到一部分损失，而不至于全部货物受损。这实质上是风险分散、损失分摊的一种风险处理方法。这种方法，在川江盐斤运输和东北漕船运输等方面曾长期应用，发挥了良好的作用。但是，这些做法终究没有能够演进成为社会广泛运用的风险保障互助机制。

从社会体制和文化传统看，东亚、尤其是中国长期实行中央集权和地方乡绅治理结合的政治与社会管理体制，民间社会组织发展缓慢。而家庭作为风险管理的主体发挥着重要作用，民间风险保障互助作用甚微。因此，社会救助是东亚政府为社会成员提供基本风险保障的主要实现途径。直到进入现代社会，保险制度才从欧洲引进。

社会保障事业发展到今天，东亚和欧洲走过了不同的路径，形成了不同的特点。尽管在经济领域一直采用市场配置资源的原则，但欧洲各国政府在民生保障和公共服务方面逐渐承担更多责任，政府的风险保障职能不断加强，基本风险保障已经惠及全民，与此同时，通过规制和监管，促进市场和社会提供补充性的风险保障服务。从某种意义上说，欧洲国家政府在风险保障方面的职能已经强于东亚。由于政治经济等多方面的因素，东亚各国先后开始向欧洲学习，其中包括引入了欧洲在风险保障方面的经验和方法，政府开始强化风险保障职能，但民间组织在风险保障领域所发挥的作用依然相对不足。

参考文献

郑功成：《社会保障学——理念、制度、实践与思辨》，商务印书馆2009年版。

郑功成：《中国灾情论》，湖南出版社1994年版。

费孝通：《生育制度》，商务印书馆2008年版。

[美]Gary Stanley Becker：《家庭论》，商务印书馆1998年版。

[英]艾伦·麦克法兰：《英国个人主义的起源》，管可稼译，商务印书馆2008年版。

邓大松、林毓敏、谢圣远等：《社会保障理论与实践发展研究》，人民出版社2007年版。

[日]广井良典、沈洁：《中国日本社会保障制度的比较与借鉴》，中国劳动社会保障出版社2009年版。

[韩]金渊明：《韩国社会保障论争》，中国劳动社会保障出版社2010年版。

[韩]郑武权:《东亚福利制度比较研究中的发展主义福利体制的意义和未来前景》,《社会保障研究》(京)2011 年第 1 期,中国劳动社会保障出版社 2011 年版。

陈姗:《东亚社会保障模式的文献梳理及理论思考》,《社会保障研究》(京)2011 年第 1 期,中国劳动社会保障出版社 2011 年版。

何文炯:《风险管理》,中国财政经济出版社 2005 年版。

宋金文:《日本农村社会保障》,中国社会科学出版社 2007 年版。

代际分化视角下的东亚福利体制

林闽钢 吴小芳①

一、问题的提出

1990年艾斯平·安德森(Gosta Esping-Anderson)使用“福利体制”(welfare regime)概念,提出了“福利资本主义的三个世界”:保守主义、自由主义和社会民主主义的福利国家。② 从提出至今得到了学术界的强烈回应,引起了广泛的讨论,其中的一个主要问题是涉及一些国家和地区,例如澳大利亚、南欧和东亚,是否是自成一体的福利体制,还是艾斯平·安德森三种体制的混合。

在近年有关福利制度的研究中,认为存在着一个“东亚群”(cluster),包括日本、韩国、新加坡等国家和中国台湾、香港地区。学者们起初的研究是试图将东亚福利体制纳入到艾斯平—安德森的三种福利体制类型中,但进一步的研究表明,东亚福利体制是不符合三种类型之中的任何一种,并尝试为其界定与命名。③

2000年,霍利德(Ian Holliday)针对东亚福利体制的特质,提出了“生产主义的福利资本主义”(productivist welfare capitalism),认为东亚福利体制是生产性的,表现为经济发展是压倒一切的,社会政策服务于经济发展这一目标,社会政策从属于经济政策。④ 其中通过重视教育和人力资本等对经济发展有作用的社会政策,扮演着辅助经济发展的角色,将有限的资源投入在积极性的福利政策上,集中于投资

---

① 林闽钢,中国南京大学社会保障学科教授;吴小芳,中国南京大学研究生。本文原载于《中国社会科学》2010年第5期。

② 考斯塔·艾斯平·安德森:《福利资本主义的三个世界》,郑秉文译,法律出版社2003年版,第3页。

③ 林闽钢:《东亚福利体制与社会政策发展》,《浙江学刊》2008年第2期。

④ Holliday I.(2000),“Productivist Welfare Capitalism:Social Policy in East Asia”,*Political Studies*,48:pp.706-723.

型社会支出而非消费型支出。从目前来看，有关东亚社会福利发展的研究，已成为当今比较社会政策的重要领域之一，而且逐渐与欧洲传统的福利国家研究呈现东、西辉映之势。①

随着福利体制类型学的发展，福利体制转型开始成为重要议题，其中老龄化与福利国家的变迁是福利国家转型探讨的主要内容之一。从第二次世界大战后福利国家发展基础看，制造业为主的就业形态、稳定的家庭结构及成年型的人口年龄结构是最为主要的三个方面，而进入到后工业社会，生育率下降与平均寿命的延长，人口年龄结构开始进入老龄化，家庭结构的改变及女性劳动参与率提高等等改变了福利国家的运作机理，使得如何解决老龄化问题开始由家庭转移到国家，在20世纪70年代初期，当OECD国家中有关老年经济安全项目的支出超过社会保障总支出的60%时，福利国家事实上已成为“为老人的福利国家”。②

东亚也无一例外受到老龄化浪潮的冲击，在20世纪60年代初期，老龄化率在3%—5%之间，随着时间的推移，人口老龄化速度加快。其中日本是最早进入老龄化社会的，在20世纪70年代就实现了老年人口比例达7%的程度，2000年亚洲“四小龙”开始进入老龄化社会，并呈现出逐年上升的趋势。③ 与西方福利国家面对的老龄化问题相同，东亚家庭规模小型化和家庭结构核心化的发展意味着老龄人口需求这一问题已无法再依靠传统家庭照顾模式，它的解决也开始进入到了国家政策层面。

在经过1997年亚洲金融危机后，东亚经济发展速度放缓，再加上出现充分就业的改变、人口老龄化与低生育率等情况，使得原本支持生产性福利体制的条件逐渐变化，有关东亚福利体制的“超越生产主义”和“后生产主义”论调出现④，但集中在这些方面的研究还仅仅是把东亚福利体制转型问题提了出来。本节试图通过

① 古允文：《东亚福利研究的发展与对台湾的启示》，台湾财团法人国家政策研究基金会国政研究报告，http://www.npf.org.tw/post/2/4813，2009年10月22日访问。

② Guillemard A.M.(ed.)(1983), *Old Age and the Welfare State*, London and Beverly Hills: Sage Publications, p.3.

③ Choi S.J.&Bae S.H.(2005) "National Policies on Ageing in South Korea", In J.Doling C.J.Finer & T.Maltby(Eds), *Ageing Matters: European Policy Lessons from the East*, UK: Ashgate Publishing Limited, pp.123-149.

④ Kwon H.J.(2002), "Democracy and the Politics of Social Welfare: A comparative Analysis of Welfare System in East Asian", In G.White, R.Goodman &H.J.Kwon(Eds.), *The East Asia Welfare Model: Welfare Orientalism and the State*, London and New York, pp.27-74; H.J.Kwon(2005), *Welfare Reform and Future Challenges in Korea: Beyond the Developmental Welfare State*? Oxford: Development and Change, pp.477-497; Kim Y.M.(2008), "Beyond East Asia Welfare Productivism in South Korea" *Policy and Politics*, 36(1), pp.109-125.

代际分化这一新的研究视角,采取定量的研究方法来分析和回答:面对老龄化的挑战,东亚为回应老龄人口的需求,是否与西方福利国家一样聚焦于老龄人口的支出?生产性东亚福利体制是否发生了范式的转移,还是继续保持其投资型支出主导的生产主义特质?

二、代际分化视角

福利体制研究一般都是遵循艾斯平·安德森所创立的分层化视角,而代际分化的视角可追溯到福利国家的养老金政治改革。通过考察第二次世界大战后至20世纪80年代福利国家的变化,汤姆森(D.Thomson)认为福利国家的获益者和受损者在不同的时间和地点迥然有别。第二次世界大战后,福利国家代际契约的运行基础在于满足老年人的需要,年轻人之所以愿意支出是因为他们期望在老年时能够得到比投资更高的回报。20世纪70年代后,福利国家支出开始逐渐倾向于老年人。但是人口结构的改变所带来的抚养比的改变,意味着老龄人口的急剧增长使得代际契约的持续性和互惠性都受到了挑战,同时充分就业的改变也转换了国家支付的逻辑,年轻人不愿意支付税收,因为他们无法期望在老年时得到他们现在所提供给老年人的给付水平,因此,老年人重新分配的正义性和合理性开始遭到质疑。①

目前,有许多学者开始关注老年人的特殊利益表达在政策制定过程中的作用,威廉斯基(H.Willinsky)通过对福利国家的跨国实证研究,认为老龄人口影响了整个福利国家支出,因为大量老龄人口在创造支出需求的同时也影响了福利资源的分配。② 潘佩尔和威廉姆森(F.C.Pampel and J.B.Williamson)也有相似的发现:大量老龄人口所产生的政治压力影响了政府支出,老龄人口与民主政治结构结合在一起,可视为维持高福利开支的基本因素。③ 林奇(J.Lynch)作为福利国家代际分化研究最有影响的一位学者,她独自给出了一种路径依赖的制度主义解释:历史上

---

① Thomson D.(1989),"Welfare State and Intergenerational Conflict: Winners or Losers?" In P. Johnson C.Conrad &D.Thomson(Eds.), *Workers Versus Pensioners: Intergenerational Justice in an Ageing World*, Manchester: Manchester University Press, pp.33-51.

② Willinsky H.(1975),"The Impact of Welfare State on Real Welfare", In H.Willinsky(Ed.), *The Welfare State and Equality: Structral and Ideological Roots of Public Expenditures*, Berkeley: University of California Press, pp.88-116.

③ 转自 Lynch J.(2006), *Age in the Welfare State: The Origins of Social Spending on Pensioners, Workers and Children*, Cambridge: Cambridge University Press, p.44.

政党竞争的模式与福利体制的结构之间的相互作用，共同决定了福利国家的年龄倾向。① 总之，福利分配中的代际分化已成为福利国家发展进程中的一个关键性矛盾。

代际分化视角的核心概念是“年龄倾向”（age orientation），即福利国家更倾向于为哪种年龄层的人提供福利。② 具体而言，福利国家在家庭政策、劳动力市场政策、养老保险不同领域投入的不同，其关注的个体的年龄层也不同，分别是儿童、就业市场中的成年人、退休的老年人。福利国家在三种不同领域的倾向，也将会影响到个体通过家庭、市场、国家来寻求保障的选择约束，影响到个体的劳动力市场参与、家庭组织以及投资与储蓄的战略。同时，公共养老金本身的结构与程度也会影响到成年人在就业市场上的选择与安排。总之，社会中的个体面临新的处境和社会风险，福利国家需要作出调整以满足个体的新需求，而这些都与福利国家的年龄倾向紧密联系在一起，已不能简单地划归为阶级、职业、性别等传统分析维度之下。③

三、测量指标和数据来源

霍利德的“生产性东亚福利体制国家”概念源于奥康纳（O' Connor），测量方式是基于政府社会财政支出方面，将支出分为社会资本支出（social capital expenditure）和生产的社会支出（social expenses of production）。其中，社会资本支出又可以区分为社会投资和社会消费两大类型。社会消费是指降低劳动再生产成本的方案与照顾，主要为：一是城市郊区的开发与建设、城市更新、儿童照顾、医疗设施与支出；二是工人伤病给付、老年及遗属给付、失业保险及健康保险。社会投资是增加劳动生产力的方案与服务，即人力资本与经济建设。生产性的社会支出是指有利于维护社会和谐所需的方案与服务，主要是指福利支出与国防支出。因此，生产性国家就是强调基础经济建设与教育等人力资本的社会政策方案的国家

① Lynch J.（2006），*Age in the Welfare State: The Origins of Social Spending on Pensioners, Workers and Children*, Cambridge: Cambridge University Press, pp.55-69.

② Lynch J.（2006），*Age in the Welfare State: The Origins of Social Spending on Pensioners, Workers and Children*, Cambridge: Cambridge University Press, p.10.

③ 刘骥：《福利国家的年龄倾向——评朱利亚·林奇的福利国家的“年龄”》，《欧洲研究》2008年第1期。

类型。①

具体到东亚福利体制社会支出研究上，雅各布斯（D.Jacobs）以社会支出的高低为指标将东亚划分为两个部分，分别为公共支出增加的日本、韩国和中国台湾，社会支出相对较低的香港地区和新加坡。他尝试从以下六方面加以解释：福利方案公共与私人的组合、年龄结构、老人年金方案的成熟度、社会保障覆盖率、社会保障给付的慷慨程度、企业和家庭作为福利提供者的角色。②

使用总体的社会支出作为区分和比较福利国家的方法并不恰当，因为"如果按照福利支出来评价福利国家，我们必须假定全部支出是均衡分配的"。③ 因而学者们开始以分解社会支出的方式去探讨福利国家的类型，虽然还不能涵盖所有的内容，但对于福利体制类型的讨论有了较好的解释力。拉梅什（M.Ramesh）以教育、健康和社会保障三个项目分析韩国、中国台湾和新加坡社会支出的内涵。④ 帕克和荣（C.Park and D.Jung）依据福利政策立法的时间、健康、年金、职业灾害与失业方案的实施（方案类型、覆盖率、给付水平和财务状况）以及福利支出（社会保障、健康、教育和住宅）等指标进行了类似的综合分析。⑤ 至今有关东亚生产主义特质的研究判断均基于项目类别支出的测量，往往忽略人口类别的测量。

就目前而言，代际分化偏理论探讨，实证研究较少，操作化定义与测量则更少。经济学家基于个体指标的代际核算（generational accounting）虽然能够进行量化，但无法讨论动态变化中的情况、时间跨度要求较大，只能针对代际，而不能具体到特定年龄等。⑥ 为此，林奇提出了：年龄支出比率（the Elderly/Non-elderly Spending Ratio，ENSR），即老龄人口的社会支出与非老龄人口费用支出之间的比率。⑦ 为在可比性上加强操作的可能，舍弃不能比较的项目（如健康支出等），还要剔除人口

---

① 转自李易骏、古允文：《另一个福利世界？东亚发展型福利体制初探》，《台湾社会学刊》2003年第31期。

② Jacob D.(2000),"Low public expenditures on Social Welfare: Do East Asia Countries Have a Secret?" *International Journal of Social Welfare*, pp.2-16.

③ 考斯塔·艾斯平·安德森：《福利资本主义的三个世界》，第20页。

④ Ramesh M.(2003),"Globalization and Social Security Expansion in East Asia", In L.Weiss(Ed.), *States in the Global Economy: Bringing Domestic Institutions Back*, Cambridge: Cambridge University Press, pp.83-98.

⑤ Park, C.&Jung D.(2007), *The Asian Welfare Regimes Revisited: The Preliminary Typology Based on Welfare Legislation and Welfare Expenditure*, In paper presented at the symposium on Democratization and the East-Asian Welfare Expansion, p.29.

⑥ Lynch J.(2006), *Age in the Welfare State: The Origins of Social Spending on Pensioners, Workers and Children*, Cambridge: Cambridge University Press, pp.17-18.

⑦ Lynch J.(2006), *Age in the Welfare State: The Origins of Social Spending on Pensioners, Workers and Children*, Cambridge: Cambridge University Press, p.4.

结构的影响,即两者要分别去除其目标人数的影响。①

对于年龄支出比率(ENSR)的测量限于东亚各国和地区统计的口径不同,数据都无法使用,因而本文所采用的数据库是亚洲开发银行(Asian Development Bank,ADB)着手建立的亚洲 31 个国家和地区的社会保护指标(Social Protection Index,SPI)。社会保护被分解为五个方面:劳动市场政策和方案、社会保险、社会救助、微型区域方案以及儿童保障。基于上述定义,其所建立的社会保护指标被分为:社会保障支出、社会保障覆盖率、社会保障分配和社会保障效果,尽管该指标以减少贫穷为主要目标,但是本文选取研究的日本、韩国、马来西亚②其主要项目的指标和数据覆盖一般人口,因而可以作为福利体制分析的比较基准。

若对社会保障支出进行划分,可根据不同的风险分为五个部分:老年收入支持和老年服务、失业及劳动力市场、家庭儿童津贴给付,还包括社会救助和健康政策,其中前三者是具有明显的代际需求倾向。③ 本研究将劳动市场政策支出和基于就业安全的保险方案(部分社会保险方案)作为劳动力市场支出,老龄支出主要包括各国和地区的老年年金支出与老龄服务支出,而儿童支出直接采纳亚洲发展银行所统计的儿童保障支出,具体项目分类如下(如表 1 所示):

表 1　人口类别社会保障支出项目构成

目标人口	福利方案构成要素
老龄支出	养老社会保险方案、老龄人口服务性支出
劳动力市场支出	劳动力市场方案:直接雇佣、劳动交换和其他雇佣服务、技术发展和训练、劳动立法 就业安全社会保险方案:失业保险给付、疾病保险、生育保险、工伤保险
儿童保障支出	家庭津贴、教育救助(如奖学金和免学费)、健康救助(健康成本降低和补助医疗费用)、弱势儿童行动

资料来源:Asian Development Bank, *Scaling Up of the Social Protection Index for Committed Poverty Reduction*, http://www.adb.org/Documents/PRF/reg/ta6308-reg.asp,2010 年 2 月 1 日访问,经整理所得。其中,劳动力市场方案支出不包括职业发展训练支出,儿童保障支出不包括基础教育和健康服务。

---

① Lynch J.(2006), *Age in the Welfare State: The Origins of Social Spending on Pensioners, Workers and Children*, Cambridge: Cambridge University Press, pp.31-32.由于去掉人口结构的影响来进行标准化,所以年龄支出比率的绝对值并没有意义,只有进行跨国横向比较时才有相对意义。

② 在东亚福利体制研究中,提及最多的是东北亚的日本、韩国、中国香港和台湾地区。近年来,东亚福利体制的研究对象开始扩大,东南亚的马来西亚、菲律宾也常纳入到东亚福利体制研究对象中。由于新加坡和香港地区的数据在本研究所使用的数据库中缺失,菲律宾的数据是针对贫困人口,所以,在本文研究对象中,没有能包括新加坡、中国香港和菲律宾。

③ 老年人口一般被视为生产力较低的人群,因而其支出被定义为消费型支出,与消费型的老龄支出相比,对于劳动力市场的支出与儿童保障的支出被视为是投资型支出,开始得到广泛认同。

年龄支出比率(ENSR)通过对三个领域直接相关福利项目的测算,非老龄支出包括劳动力市场政策、失业保险、疾病和生育保险、职业培训、家庭津贴及儿童保护政策,老龄支出包括老年年金以及为老年人提供的服务支出。

四、东亚福利体制转型分析

生产性福利体制的转型,可以从两个特征来把握:一是原本仅覆盖特定群体和阶层的社会保险,逐步提高其覆盖率;从原有集中于职业福利,最终走向全民福利;二是生产性福利体制强调社会政策是为了经济和政治目的,当国家政策通过改变与回应所不断出现的福利需求,①开始介入原本由家庭所承担的福利责任时,表明生产性福利体制开始了转型。

从年龄支出比率来看,日本和中国台湾的代际分配年龄倾向性较为明显。其中,日本为韩国的13倍,达到了39.25(如表2所示),而与之相同的是中国台湾达到37.26。

表2 2003—2005年东亚各国和地区年均年龄支出比率(ENSR)

国家和地区	ENSR(%)
韩国	3.00
马来西亚	5.15
中国台湾	37.26
日本	39.25

资料来源:Asian Development Bank TA No. 6308-*REG Scaling Up of the Social Protection Index for Committed Poverty Reduction*, *Volume 10. Japan Country Report-Final Version*; *Volume 12. Korea Country Report-Final Version*; *Volume 15. Malaysia Country Report-Final Version*, 日本、韩国和马来西亚的(SPI)数据为亚洲发展银行提供,经整理所得。中国台湾社会保障指标数据来自彭冠纶:《仍然是生产主义的年代吗?——东亚福利体制再检视》,台湾中正大学社会福利研究所硕士论文,2009年7月,第142—149页,经过整理和计算。中国台湾人口统计来源于台湾"内政部户政司"的《台湾人口统计》,http://sowf.moi.gov.tw/stat/month/m1-06.xls,2010年2月1日访问。

为弥补亚洲发展银行数据资料库的缺陷,本节研究还采用了国际劳工组织中东亚社会保障支出的统计数据来说明,②从表3可见,根据1990—1996年东亚社会

① Peng I.&Wang J.(2008),"Institutions and Institutional Purpose: Continuity and Change in East Asia Social Policy", *Politics & Society*, 36(1): pp.61-88.

② 该数据库部分年份资料统计也不够完整,缺失了各国(地区)服务项目的支出,同时还没有包括每个项目所覆盖的目标人口数,因而只将该部分作为辅助证明之用。其中,中国台湾的统计资料缺失。

表 3　1990—1996 年日本、韩国和马来西亚社会保障各项支出占 GDP 比例

单位:%

	工伤保险	失业保险	其他保险	家庭津贴	非老龄支出	老年年金	遗属年金	老龄支出
日本	0. 24	0. 40	0. 53	0. 16	1. 33	6. 49	1. 07	7. 55
韩国	0. 34	0. 02	0. 12	0. 07	0. 54	0. 60	0. 11	0. 71
马来西亚	0. 08	—	0. 03	—	0. 11	1. 46	—	1. 46

资料来源:The International Labor Organization, *SEOEC Social Expenditure Database*, http://www.ilo.org/dyn/sesame/IFPSES.SocialDBExp,2010 年 2 月 1 日访问。其他保险部分包括疾病保险和生育保险。韩国失业保险部分资料采用数据库中 OECD 的统计数据。

保障支出的统计,老年年金项目占 GDP 比例最多的为日本,占到 6. 49%,达到了劳动力市场保险和家庭津贴项目之和的两倍。从 20 世纪 90 年代开始,日本的社会保障资源已明显倾向于满足老龄人口的需求,整个老龄人口社会保障项目支出已经超过非老龄人口支出的 7 倍。相比较而言,20 世纪 90 年代的韩国还没有出现类似的变化。由于马来西亚的数据缺失过多,在此不做讨论。日本和韩国分析结果与年龄支出比率(ENSR)估算相当。

综上所述,从代际分化的角度,东亚可以被划分为两个集群:一个是代际分配年龄倾向性明显的日本和中国台湾;另一个代际分配年龄倾向性还不明显的韩国和马来西亚。

分别用人口老龄化程度、老龄人口社会保障覆盖率与相应的 ENSR 指标来确定各国和地区的图位(如图 1 和图 2 所示),前者通过东亚各国和地区回应老龄需求的程度来检验各国和地区社会保障支出从投资型支出向消费型支出转型的程度,后者测量各国社会保障扩大再分配的效应。归纳可得,日本是老龄人口资源分配最具倾向性的国家,人口老龄化程度为 19. 2%,老龄人口社会保障覆盖率达到了 100%,其 ENSR 指数达到了 39. 25。

中国台湾和韩国人口老龄化程度都较高,分别为 6. 5%和 9%,老龄人口社会保障覆盖率也都较高,分别达到了 72%和 82%,①但中国台湾与韩国在 ENSR 的指标上却出现了明显的分化,中国台湾的代际分配年龄倾向性较为明显。马来西亚老龄化程度约为 5%, 5. 15 的 ENSR 说明马来西亚的社会保障支出在能够覆盖 60%的老龄人口的同时,也在一定程度上保持了投资型支出与消费型支出的平衡。

① 亚洲发展银行所提供的日本、韩国和马来西亚的(SPI)数据中,老年人口的标准为 60 岁及以上的人口。而中国台湾在各项社会福利方案中老年人口的标准为 65 岁及以上的人口。本研究在处理中国台湾数据上用 65 岁以上为老龄人口这一统计口径的数据。另由于中国台湾的统计资料以人次或件数计算,而非人数,因而中国台湾老龄人口的社会保障覆盖率及 ENSR 的指标计算会有一定的高估。

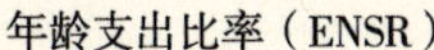

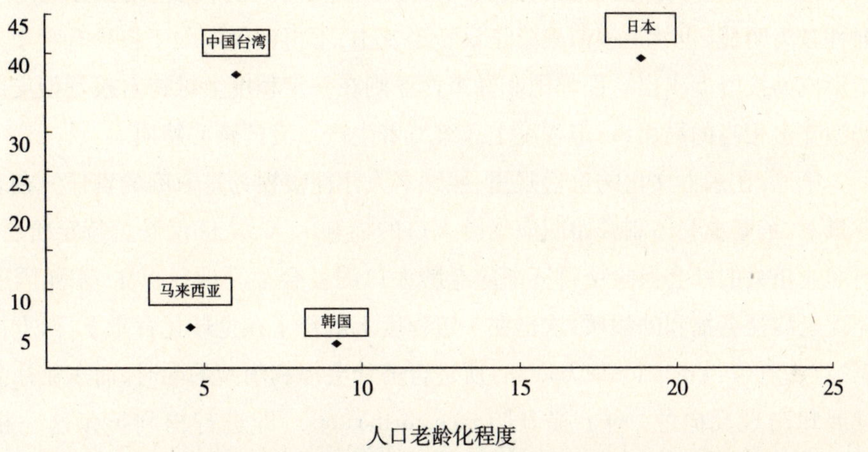

图1　2003年—2005年东亚各国和地区平均年龄支出比率与老龄化程度

资料来源：根据表2。其中老龄化程度数据来源于 Asian Development Bank TA No. 6308-*REG Scaling Up of the Social Protection Index for Committed Poverty Reduction* 有关日本、韩国和马来西亚分报告(SPI)中基本信息部分，经整理所得。中国台湾老龄化程度数据来源于台湾"内政部户政司"：《台湾人口统计》，http://sowf.moi.gov.tw/stat/month/m1-06.xls，2010年2月1日访问。

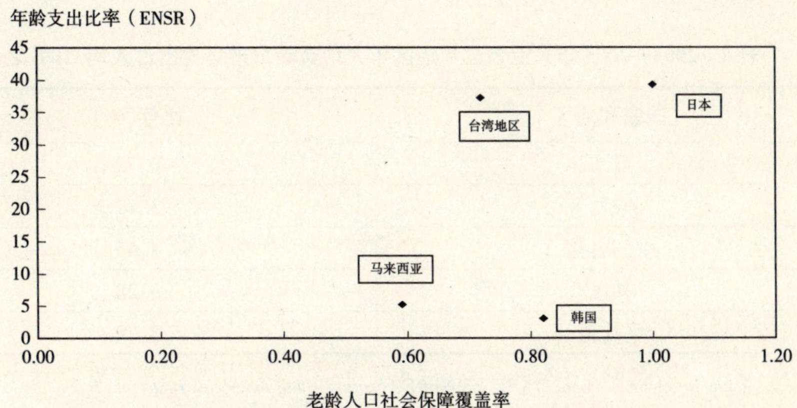

图2　2003—2005年东亚各国和地区平均年龄支出比率与老龄人口社会保障平均覆盖率

资料来源：根据表2。其中社会保障覆盖率数据来源于 Asian Development Bank TA No. 6308-*REG Scaling Up of the Social Protection Index for Committed Poverty Reduction* 有关日本、韩国和马来西亚分报告(SPI)中社会保障覆盖率(SPCOV)的数据。中国台湾老龄人口社会保障覆盖率数据来源于台湾银行：《公教人员保险》，http://www.bot.com.tw/GESSI/Statics，2010年2月1日访问；"行政院"主计处的"岁出用途别决算分析表"，http://www.dgbas.gov.tw/public，2010年2月1日访问；"劳工保险局"：《劳工保险给付》，http://sowf.moi.gov.tw/stat，2010年2月1日访问。

因此,东亚福利体制的转向可以归纳为以下几个方面:

第一,从代际分化视角来分析,以日本和中国台湾为代表,代际分配的年龄倾向性较为明显,也就是逐渐聚集于消费型支出,不再仅仅局限于各种有利于人力资本形成的投资型支出。而韩国和马来西亚则在一定程度上维持着投资型支出与消费型支出相当的局面,一定程度上还维持着生产主义的核心特质。

第二,在东方文化的价值观里,照顾老人往往被视为是家庭的责任。在老龄化背景下,东亚福利体制开始回应老龄人口的福利需求,从仅仅涵盖特定阶层,尤其与职业相关的社会保险项目逐渐向老龄人口的社会福利项目扩张,东亚国家开始介入老龄社会福利的领域,这也在一定程度上解释了在全球化背景下,西方福利国家"逐底竞争"(race to the bottom)所进行的社会福利削减的同时,而东亚社会福利发展却出现反向的"向上提升"(race to the top),即进行福利扩张这一相悖的现象。

年龄支出比率(ENSR)反映的是代际分化的总体变化,从中可以看出一个国家或地区代际分配的年龄倾向性的程度,但却无法对各国和地区的社会保障发展程度做一个横向的比较研究。因而本节将劳动力市场政策领域、家庭儿童政策领域与老龄政策领域三大支出进行比较,以此探究各国和地区指标相异性的结构性原因。

表4　2003—2005年东亚各国和地区年人均劳动力市场支出占人均GDP之比

国家和地区	比值(%)
日本	0.72
马来西亚	3.12
中国台湾	4.45
韩国	5.28
平均值	3.39

资料来源:Asian Development Bank TA No. 6308-*REG Scaling Up of the Social Protection Index for Committed Poverty Reduction*, *Volume 10. Japan Country Report-Final Version*; *Volume 12. Korea Country Report-Final Version*; *Volume 15. Malaysia Country Report-Final Version*,其中,劳动力市场支出包括劳动力市场政策和部分就业安全相关的社会保险。中国台湾的数据来自彭冠纶:《仍然是生产主义的年代吗?——东亚福利体制再检视》,第142页,经过整理和计算。

人均劳动力市场支出占人均GDP之比。从劳动力市场政策领域来观察,表4显示日本人均劳动力市场支出仅占人均GDP的0.72%,表明劳动力市场的政策性投入开始转移到其他人口群。韩国和中国台湾则以出口替代型贸易为主,为了保持劳动力的竞争力,在劳动力市场支出上也呈现出一定的倾向性,分别达到

5. 28%和 4. 45%。特别是韩国在亚洲金融风暴后,向国际货币基金组织借贷以推行经济改革,因而使得劳动力市场的公共支出在 1997 年之后剧增。

人均儿童保护支出占人均 GDP 之比。从儿童家庭政策领域来看,可以发现各国和地区的人均儿童保护支出呈现出与劳动力市场完全不同的形态。东亚国家和地区的儿童保护政策可以分为两个支出类别,分别为教育支出和家庭津贴,其中教育支出占了很大的比例,这与东亚生产性福利体制的特征相符合。

从表 5 可以看出,中国台湾在儿童保护政策领域支出最少,人均儿童家庭政策支出仅占到 GDP 的 0. 26%。儿童家庭政策领域也是韩国一直以来支出较低的政策领域,人均儿童家庭政策支出仅占到 GDP 的 1. 3%,但是由于近年来韩国的生育率持续走低,政府从 2010 年开始扩大这一政策领域的支出,使得这一局面有了较大的改观。日本的儿童家庭政策除了包括义务教育支出、与教育和健康政策相关的支出外,还包括单亲家庭儿童津贴的支出,2004 年日本将儿童政策的重心转向社区,日本的儿童家庭政策逐渐健全和完善。

表 5 2003—2005 年东亚各国和地区年人均儿童保护支出占人均 GDP 之比

国家和地区	比值(%)
日本	3. 42
马来西亚	15. 36
中国台湾	0. 26
韩国	1. 30
平均值	5. 09

资料来源:Asian Development Bank TA No. 6308-*REG Scaling Up of the Social Protection Index for Committed Poverty Reduction*,*Volume 10.Japan Country Report-Final Version*;*Volume 12.Korea Country Report-Final Version*;*Volume 15.Malaysia Country Report-Final Version*,经过整理和计算。中国台湾的数据来自彭冠纶:《仍然是生产主义的年代吗?——东亚福利体制再检视》,第 148—149 页,经过整理和计算。

人均老龄人口支出占人均 GDP 之比。从 20 世纪 90 年代开始,随着老龄化进程加快,东亚各国和地区纷纷开始建立老年年金体系,并且覆盖率和替代率都同时增长,此外,还逐渐增加了老龄服务的支出。

从表 6 可看出,人均老龄人口支出占人均 GDP 之比最高的是日本,达到了 41. 74%。日本是世界上老龄化程度最高的国家之一,从 1973 年开始,对老龄人口的公共支出逐渐增长,除了覆盖所有老龄人口的年金体系之外,还有老年就业支持和照顾性服务支出。台湾地区人均老龄人口支出占人均 GDP 之比达到了 29. 38%,老龄人口社会保障覆盖率为 72%,台湾地区原先由公教人员养老保险、老农津贴、劳保老年给付构成的保障体系已经覆盖了全部劳动人口,2008 年,老年年金体系将原本被排除于体系之外的人口纳入到年金体系中,做到了全覆盖。与其他东亚国家和地区相比,马来西亚和韩国则是老年政策领域投入较少的国家,人均老龄人口支出占人均 GDP 之比分别为 17.70%和 11.05%。韩国老年政策领域一直被认为是支出较少的领域,但是 2008 年基本老年年金和长期护理保险的设立使得其老龄支出预算面临了新一轮的增长。

表 6　2003—2005 年东亚国家和地区年人均老龄人口支出占人均 GDP 之比

国家和地区	比值(%)
日本	41.74
马来西亚	17.70
中国台湾	29.38
韩国	11.05
平均值	24.97

资料来源:Asian Development Bank TA No. 6308-*REG Scaling Up of the Social Protection Index for Committed Poverty Reduction*, *Volume 10. Japan Country Report-Final Version*; *Volume 12. Korea Country Report-Final Version*; *Volume 15. Malaysia Country Report-Final Version*,其中,老龄支出为采各国报告中与老龄项目相关支出的汇总,经过整理和计算。中国台湾的数据来自彭冠纶:《仍然是生产主义的年代吗?——东亚福利体制再检视》,第 142—144 页,经过整理和计算。

为使本文的研究完整,①援引韩国近年社会保障预算来进一步说明。从韩国社会保障各项目支出比较可看出(如图 3 所示),公共年金所占比例最大,其次依次分别为住房、劳动力市场、健康政策、基本生活保障,且各项目支出均呈现出稳定增长的趋势。劳动力市场支出从 1997 年至 2000 年增长了 13.8%,主要原因是亚洲金融危机之后韩国雇佣方案的调整,韩国劳动力市场支出在一定时期内成为了主要支出项目,同时,儿童家庭和老年政策领域的支出也在 2007 年出现了较大的增长。

从 1990 年开始韩国老龄人口支出增长迅速,老龄人口预算达到了 3.09 万亿韩元,与 1997 年相比增长了近 20 倍(如图 4 所示),而老龄人口福利预算扩张的主要原因在于 2008 年基本老年年金和长期护理保险体系的引入。从 1987 至 2008 年年均增长 18.3%。②

2010 年韩国老年政策的相关预算将达 3.4 万亿韩元,高于 2009 年预算 3.1 万

① 由于所使用的数据库只能呈现出 2003 年至 2005 年东亚社会保障支出变化,无法反映到各国和地区 2005 年以后的社会保障发展。特别是从 2008 年之后韩国推进了社会保障制度改革,老龄支出预算的大增。

② Choe Seng-Eun,"Population Aging and Social Budget in Korea",见《全球化与东亚社会保障论坛论文集》,台北,2009 年 11 月,第 108—122 页。

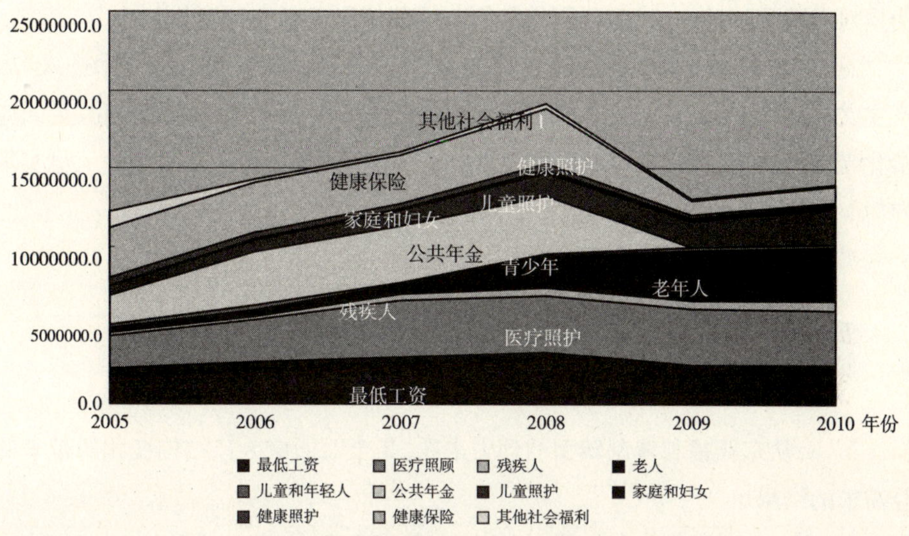

图 3 2005—2007 年韩国社会保障预算各项目的比较 单位:韩元

资料来源:Choi Seng-Eun, Population Aging and Social Budget in Korea,《全球化与东亚社会保障论坛论文集》,台北,2009 年 11 月 21 日,经整理所得。

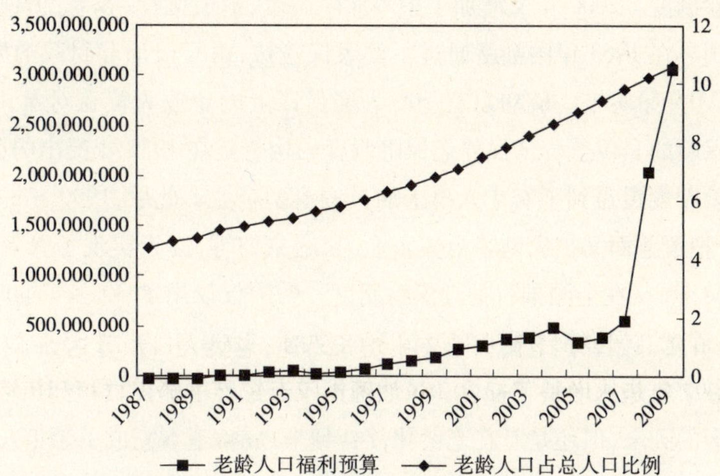

图 4 1987—2008 年韩国老龄化进程及老龄人口政策相关的预算

资料来源:Choi Seng-Eun,"Population Aging and Social Budget in Korea",p. 119,经整理所得。

亿韩元和修正后预算 3. 15 万亿韩元,老龄人口福利预算的增长主要来源于基本老年年金、老年照顾服务和长期护理保险项目,分别增长了 10%、71%和 18%。其中,基本老年年金支出增长原因主要在于其覆盖人口从 36300 万增长到 37100 万。同样,2008 年开始实施的长期护理保险,到 2009 年覆盖人数增长了近两倍。[①] 韩国为应对老龄化的冲击,代际分配年龄倾向性开始向老龄人口倾斜。

总之,在东亚福利体制发展中,相比较于日本和中国台湾已经开始进入"后生产主义福利体制",进一步分析韩国社会保障预算在 2008 年开始的变化,为回应老龄化带来的冲击,韩国政府公共支出开始转向老年政策领域,一定程度上也实现了向"后生产主义福利体制"的转型。

五、东亚福利体制研究启示

第一,从东亚福利体制转型的动力来看,是全面回应人口结构变化所带来的社会需求的结果。

在过去几十年,老龄化一直被视为是发达国家的"富贵病"。如今,老龄化已经成了全球性的挑战。从日本、韩国和中国台湾来看,面对老龄化加速发展,都采取了积极应对的策略,特别是在社会保障制度建设上最为突出。1970 年,日本 65 岁以上老年人口突破 7%,进入老龄化社会,但日本早在 1960 年就推行了全民医疗和养老保险制度。2000 年又增加了护理保险制度,形成医疗、养老、护理综合服务体系。韩国早在 1963 年国会就通过了健康保险法,由于政治和财政的原因,推迟到 1977 年才开始实施。最初以有 500 人雇员以上的企业为覆盖对象,1989 年实现了医疗保险的全覆盖。全民养老保险制度的构想是在 1988 年提出的,并在当年把养老保险制度覆盖到了有十人以上雇员的小型企业。此后,1999 年的养老保险制度改革,把覆盖面又扩大到了个体企业、家庭主妇等,终于实现了养老保险的全覆盖。2008 年,又在全国推行护理保险制度。韩国仅仅用了 30 多年的时间,就完成了医疗、养老、护理综合服务制度体系的建构。2000 年,韩国 65 岁以上老年人口首次突破 7%,进入老龄化社会。虽然韩国没有像日本那样,留有 10 年时间应对老龄化社会的到来,但还是赶在老龄化社会到来之前,基本完成了老年人基本生活保障的全覆盖。[②]

我国作为典型的未富先老社会,"先老"意味着人口老龄化在全社会还没有准备好之前就提出了挑战,也由于"未富"而面临着在经济发展水平还不高的情况下来解决老龄化问题。同时,社会贫富差距较大也要求在解决贫困老年人基本生活

---

① Choe Seng-Eun,"Population Aging and Social Budget in Korea",pp. 108-122.

② 沈洁:《日韩养老政策样本》,《财经》2010 年第 10 期。

保障的同时，还要兼顾中产阶层老龄人口的福利服务需求。总之，我国在应对人口老龄化问题上还存在着制度准备不足、老龄保障和服务发展滞后等薄弱环节。目前，我国社会保障制度正处在定型化之中，迫切需要社会保障制度通过改革来回应未来人口老龄化加速所带来的更大的挑战。

第二，从东亚福利体制转型的时间点来看，经济危机是发挥社会保障作用，推动社会保障制度发展的重要机遇。

1997 年亚洲金融危机通常被认为是东亚福利体制转型的重要时间点，①这不仅意味着东亚福利体制在 1997 年之前和 1997 年之后，由于整体经济和社会结构的改变而产生了不同的福利需求，而且回应方式的不同也造成福利体制转型的差异。② 其中，作为亚洲金融危机中主动回应型代表国家之一的韩国，在金融危机的催化下，提出要把"'先增长后福利'的范式改变为既能充分挖掘潜力又能实现社会福利先进化的'同步发展'模式"。③ 政府开始推行一系列新的社会福利方案和扩张既有的社会福利方案来强化社会保障制度。

近年来，随着我国各级政府加快健全社会保障体系，把人人享有基本生活保障作为政府工作的优先目标，特别是通过对农村社会保障的"补缺"和"扩面"改革，落实了新型农村合作医疗制度，推行了农村居民最低生活保障制度，加上目前大范围的新型农村社会养老保险制度的试点，占我国人口总数 2/3 的农村人口逐步被纳入到社会保障体系之中。这不仅是社会保障制度实现"广覆盖、保基本、多层次、可持续"原则和目标的内在要求，同时也是消除居民消费顾虑，促进居民消费，拉动内需的前提条件。

在这次应对国际金融危机中，我国社会保障政策首次被纳入到扩内需、保增长的"一揽子"刺激政策组合之中，社会保障首次与促进增长紧密联系在一起，其地位提高到一个空前的历史高度，并俨然成为一个宏观调控的生产要素，扩大就业和扩大内需的政策组合，使"社会保障制度作为一个生产要素"在中国表现得比欧美更为淋漓尽致，更加名副其实。④ 在应对国际金融危机共识上，我们比以往任何时候，都深刻认识到"社会保障不仅是消除民众恐惧、安定人心的重要保证，而且对

---

① Gough I.(2000),"East Asia:the limits of productivist regimes",In I.Gough & G.Wood(Eds.),*Insecurity and welfare regimes in Asia,Africa,and Latin America:social policy in development contexts*,Cambridge:Cambridge University Press,pp. 169-326.

② Crossant A.(2004),"Changing Welfare Regimes in East and Southeast Asia:Crisis,Change and Challenge",*Social Policy and Administration*,38(5):pp.504-524.

③ 金容益:《韩国卢武铉政府的社会政策》,见杨团、彭希哲主编:《当代社会政策研究》,中国劳动社会保障出版社 2009 年版,第 65 页。

④ 郑秉文:《中国社会保障制度 60 年:成就与教训》,《中国人口科学》2009 年第 5 期。

于拉动消费、刺激经济复苏具有特殊重要的作用”。[①] 所以，在现代经济危机之中，更容易理解社会保障的作用，更容易实现社会保障制度的改革，每一次经济危机也都应成为推动社会保障大发展的机遇，直至把社会保障确立为构建社会主义和谐社会的主体性社会制度。

第三，从东亚福利体制转型的实质来看，是经济政策和社会政策两者关系的重新调整，反映在经济发展和社会发展上，两者的协调性逐步增强。

在生产性福利体制国家中，社会政策是服务于经济发展的，社会政策从属于经济政策。“后生产主义福利体制”转向就是通过扩大再分配的福利系统，走向全民的福利，把社会政策从经济政策中独立出来，回应社会的福利需求。韩国通过反思亚洲金融危机，认识到“长期以来人们用经济和社会或者经济增长和社会福利的二分法来思维，忽视了经济政策和社会政策密切联系的事实，但是对待这二者，重要的是从二者何为优先的二分法的思维中摆脱出来，实现经济政策和社会政策相互依存相互促进的思维转换”。[②]

长期以来，在我国诸多领域的政策都被视为是经济政策，国家整体处于“只有经济政策，没有社会政策”的过程中。基于中国30多年经济改革的基础，我国政府提出了构建和谐社会、全面建设小康社会的战略任务和重要目标，以及以人为本的执政理念等等，这表明我国政府治国方略从注重经济的优先发展转移到经济和社会的协调发展。近年来，在发展经济的同时，更加重视发展社会事业和改善民生，经济发展与社会发展的协调性明显增强。社会保障在经济社会发展格局中弱势的地位，在“必须统筹经济社会发展，加快解决经济社会发展‘一条腿长、一条腿短’的问题”[③]的要求下将得到全面加强和提升。加上人民群众对基本保障需求的日益迫切和福利需求的多样化，为国家福利的重构提供了社会基础，所有这些都使我们期待在后国际金融危机时期能开启中国的“福利元年”。

第四，从东亚福利体制转型的方向来看，“后生产主义福利体制”通过国家福利的重构，孕育着“东方福利模式”。

在东亚发展中，曾以“低社会福利，高经济增长”的模式为自豪，相信“经济增长就是最好的福利”。目前出现的从“生产主义福利体制”向“后生产主义福利体制”的转向，不仅仅是反映了国家政策目标的改变与努力回应不断出现的福利需求所带来的政策调整，从总体来看，还反映了东亚福利改革都朝着国家更多的干

① 温家宝：《关于发展社会事业和改善民生的几个问题》，《求是》2010年第7期。

② 金容益：《韩国卢武铉政府的社会政策》，见杨团、彭希哲主编：《当代社会政策研究》，中国劳动社会保障出版社2009年版，第70页。

③ 温家宝：《关于发展社会事业和改善民生的几个问题》，《求是》2010年第7期。

预、覆盖面更广的方向发展，政府采纳了社会福利计划作为经济发展的政策手段，被确立为经济发展总体架构的一部分，①同时，调整发展理念，将经济发展成果转化为国民福利，开始进行国家福利的重构，走向全民福利。

但我们也看到，东亚经济与社会的关系、政府与市场的关系、政府和社会的关系有别于西方国家，由此，东亚各国和地区的福利重构一定不会是西方福利国家的翻版，寻求可持续的福利社会发展道路的时代已经到来。这既要克服福利国家暴露出来的弊端，也要克服企业保障的不足，还要重视家庭作用的发挥，吸取西方福利国家注重普惠性、平等性的优点，在市场经济体制下和新的社会发展基础上，通过经济政策和社会政策的相互融通和相互促进，实现国家福利体制的创新，由此，走向引领和谐的“东方福利模式”。

① 潘屹:《当代中国社会福利改革的指导思想与实践》,《学习与实践》2007年2期。

从东西比较看东亚国家社会保障的同质性

谢　琼[1]

一、问题的提出

人类所面临的风险，从一生的片段来看，不分生活区域、不分性别、不分贵贱，每个人都会面临生、老、病、死、伤、残、天灾人祸等风险；从历史片段来看，处在不同历史阶段的人们面临的生、老、病、死、伤、残、天灾人祸等风险又略有不同，这是因为随着社会的发展，造成人生风险的因素在不断变化，但从历史整体来看，影响人类风险的因素却具有相似性，如工业化、现代化、老龄化以及家庭结构变迁和全球化带来的挑战等，虽然这些因素在不同国家的不同发展阶段各有不同，但最终都会殊途同归，对社会成员的人生风险产生影响。如欧美发达国家曾在上个世纪先后受到工业化、现代化、老龄化等因素的影响，而日本、韩国、中国等亚洲国家也先后于20、21世纪进入了工业化、现代化、老龄化社会，面临同样的挑战。言而总之，人生的风险具有一致性，化解风险、保障生存与生活是人类一致的需求；影响人类风险的因素具有相似性，人类化解风险的基本原理也相似，只是具体的措施和手段会因不同国家的不同国情而不完全相同。

社会保障即是伴随着社会发展所导致的人生风险的变化，为化解人类的各种风险，满足人们的各种生活保障需求而存在的制度安排。当个体社会成员的需求集合成一种集体的、可诉求的社会需要时，社会保障就成为满足需求的重要手段。社会保障制度作为满足人的生活保障需求的工具性手段，是需求满足对象、福利提

① 谢琼，中国北京师范大学中国社会管理研究院研究员、社会保障学科副教授。本文原载于《中国人民大学学报》2012年第2期。

供主体、需求满足效果等方面有机整合的结果。但是,社会保障制度本身具有主权性,个体社会成员因不同国家的社会保障制度安排而获得不同的需求满足,而各国社会保障制度的形成与实施效果又往往受不同国家长久以来积淀形成的历史传统、文化、价值取向和现实的政治体制、经济制度和经济社会发展状况等因素的深刻影响。以韩国、日本和中国等为代表的东亚国家与以英国、德国、瑞典、美国等为代表的欧美国家不仅历史传统、文化不同,现实社会保障制度形成及发展的内在动力与影响因素也不尽相同,完全不属于一种制度模式。那么,具有完全不同历史传统及文化的欧美国家与东亚国家化解人类风险的社会保障制度安排的差异体现在哪些方面?东西方的制度差异是否正好说明各自内部,尤其是东亚国家社会保障制度在一定程度上具有同质性?这些都是牵引本文展开研究的关键问题。

二、欧美与东亚国家社会保障制度的差异性

如前所述,各国社会保障制度的形成受不同国家长久以来积淀形成的历史传统、文化、价值取向和现实国情等的深刻影响,同时又反映和体现了不同国家的传统、文化和国情。

从社会保障制度形成的动机上来看,欧美福利国家的诞生即是资本“有关投资方为了利润和公平竞争以及工人阶级为了更好的生活条件而斗争”的结果。①因为资本存在的唯一目的就在于获利并且在残酷的资本主义竞争中存活下来,为了获得一个公平的竞争标准,由国家资本施以行政管理是必须的,同时,现代资本也要求国家确保工人阶级的教育、健康和福利水平以适应其劳动要求。工人阶级为改善福利而进行的斗争和资本多劳动力再生产的要求一起促成了福利国家的产生。② 如德国俾斯麦模式、英国贝弗里奇模式以及北欧斯堪的纳维亚模式的推出莫不过如此。但对于以中国、日本和韩国为例的东亚地区的国家来说,由于缺乏像欧美国家那样强有力的工会力量和组织,社会保障制度的建立则少了些资本与劳工的博弈,更多地是基于历史传承下来的互助、友爱、责任等传统和后来为了促进生产、经济和社会发展而出台的生产性、发展性的制度安排,经济增长和增加就业

① [英]诺尔曼·金斯伯格:《福利分化:比较社会政策批判导论》,姚俊、张丽译,浙江大学出版社 2010 年版。

② [英]诺尔曼·金斯伯格:《福利分化:比较社会政策批判导论》,姚俊、张丽译,浙江大学出版社 2010 年版。

总是处在优先地位,[①]“残补主义”色彩较为明显。[②] 如,早在20世纪60年代,日本政府就确立了“生产第一,稳定第二,福利第三”的发展战略;而在中国,20世纪80年代,社会保障制度的最初建立即被定位于“为经济建设服务”和“国有企业改革的配套措施”。

从建制理念上看,东亚国家社会保障制度的建立和发展更多体现了福利的国家责任,而欧美国家的社保制度则更多地在维护公民的福利权利。较之于欧美国家,东亚国家的现代社会保障历史略短,受威权主义政治体制的影响,政府在社会保障政策的制定过程中具有主动性和独立性,占据主导地位,作为与不作为和作为与不作为的程度都基本上不受压力集团的影响。从而,社会保障制度的建立和完善很大程度上体现的是政府意志,是政府完善自身功能与责任、满足和提高人民福利需求与水平的直接产物,民众的参与度有限。而欧美国家社会保障制度的建立理念则经历了由惩戒式“矫治”、教义式慈善、防备式安抚到最终的公民权利保障,民众权利运动在其中起了推波助澜的作用。之后,制定与完善福利政策便成为欧美国家政府主动制定并贯彻实施的社会政策,维护和保障全体公民的福利权利也成为社会保障制度发展秉持的理念原则。不得不提的是,随着全球化进程的推进,东亚国家受西方权利观念的影响越来越大,进而或多或少地对社会保障制度的完善产生了影响。

从制度内容安排上看,东亚国家社会保障既有正式的制度安排又有非正式的制度安排,而且在正式的制度安排中明确鼓励(甚至偏好)非正式制度主体提供福利与服务,包括各种社会网络和社会关系,尤其是家庭或家族。实践中,两者也是相互补充、相得益彰,提倡整体上的“一团和气”。“积极的非正式福利实践”曾被普遍认为是日本福利制度的明显特征。[③] 由此可见,在东亚国家,非制度化的规范或习惯作用明显,而正式制度本身却趋近于模糊化,对参与者尤其是非正式主体的责任与义务没有作明确详尽的规定。怀特(White)和古德曼(Goodman)等的研究也曾指出,东亚国家“倾向以社区、雇主、家庭等非政府机构来满足人们对福利的需要”。[④]

---

① [日]埋桥孝文:《再论东亚社会政策》,《社会保障研究》2006年第2期。Holliday Ian,“Productivist welfare capitalism:Social policy in East Asia”, *Political Studies*, 2000, 48, pp. 706-723.

② Paul Wilding,“Is the East Asian Welfare Model still productive?” *Journal of Asian Public Policy*, 2008, 3, pp. 18-31.

③ Makoto Kono,“The Welfare Regime in Japan”, In: Alan Walker, Chack-kie Wong, *East Asian Welfare Regimes in Transition*, Bristol: The Policy Press, 2005, p.118.

④ White G.and Goodman R,“Welfare Orientalism and the search for an East Asian welfare model”, In Goodman, White G.and Kwon H.(eds.), *The East Asian Welfare Model*, London: Routledge, 1998, pp.1-22.

这是和强化社会生产性要素的地位为主的生产主义福利体制密切相关的,因为鼓励人们“自助”和“互助”或依赖于非正式主体在福利服务的提供上发挥较大作用有助于压低劳动成本,从而促进经济增长。① 同时,这样一种安排也充分体现了和适应了东亚国家传统的“关系信任”文化。而在“制度信任”的欧美国家,人们的行为受制度和法律约束明显,任何制度内容都有明确的法律条文可依,每一个制度项目、每一个参与人的责任与义务、每一种供给方式都有明确的规定,权责对应清晰。在制度项目上,东亚国家更强调社会救助、社会保险和社会福利“三足并行”,而欧美国家独突出与个人缴费挂钩的保险制度,补贴、津贴和服务制度虽相对完善,但因持对贫困的“耻辱”、“惩罚”以及“不养懒汉”等意识,社会救助制度并非像社会保险和社会福利制度那样“人性”,还常常产生明显的“污点效应”。

从制度对象来看,以家庭为单位是东亚国家的社会保障制度的一大特色,如中国的最低生活保障制度和新型农村合作医疗保险制度中,农村老人领取医疗保险待遇需以家庭成员参保为条件,最低生活保障待遇的享受也以家庭成员的人均收入为审核依据。鉴于家庭在东亚福利中扮演的重要角色,许多学者将之称为“家庭式的福利模式”。此外,东亚国家社会保障制度还体现了老幼有序、男女有别的特征。相对于儿童福利,中日韩三国的老年人福利制度更为完善和发达;相对于男性而言,女性的受保障数量更少、保障水平更低。在日本,制度规定非职业女性不用缴纳保险费用,其保障待遇与丈夫的缴费连带,彼此间存在附属关系,而职业女性则需自己缴纳各项保险费用。这些规定都与东亚国家尊老和男权主义的传统有关,也与儒家文化倡导的超过个人以上的集体观念、家庭观念有关。而在欧美国家,社会保障单个地、平等地针对每一个社会公民,无论男女老幼,其保障目的也是为了尽可能地实现个人的自由和发展。这是因为,欧美国家倡导一种社会意识,即“家长式的依赖同时会破坏个人的自由的创造力”。虽然父母享有对儿童的监护权,但如果父母有虐待儿童或缺乏照顾儿童能力的嫌疑,相关机构就会介入,并且事实一旦成立,父母随即丧失监护权。

从福利的供给主体上来看,无论东亚地区还是欧美国家,人们的生活保障需求都不外乎由个人或家庭和超越家庭之上的社会保障通过家庭、市场、社会和国家等途径来满足。但东亚国家福利供给的主体结构多表现为“两强+两弱”,即家庭强、公营强,而市场弱、社会弱。家庭在东亚社会发挥着无可比拟的作用,无论是人们的价值观还是具体行为都受家庭的影响。政府在制定制度时也都更加注重把家庭作为社会的中心单位。例如,韩国的社会保障制度在要求国家和地方政府恪尽其

① 尚晓援:《“社会保”和“社会福利”再认识》,《中国社会科学》2001 年第 3 期。

责的同时“应努力使得家庭得以健全地维持，家庭机能得以提高；在实行社会保障制度时应促进家庭和地区共同体的自发性福利活动”。[①] 保尔·瓦丁（Paul. Wilding）等学者的研究也认为，“以家庭为中心”的供给是东亚福利体制的九个共同特性之一。[②] 正是由于注重国家福利责任和家庭责任，东亚多数国家的社会参与和市场参与力量相对较弱。与此相反，欧美国家奉行市场规则，同时，重视个人权利的价值观使得社会力量具有非常强大的影响作用，甚至可以对国家形成制衡，因此，市场和社会对福利提供的参与较为强大，家庭的承担则较小。欧美许多国家明确规定家庭成员承担对其他成员的照料可以享受补贴的制度，一方面反映了欧美国家认可家务劳动价值的先进性，另一方面也反映了家庭成员相互间责任的淡薄。此外，由于威权主义的传统和社会保障的制度安排更倾向于“三足并行”，东亚国家往往以政府作为福利制度的提供主体，承担主导社会保障制度建设和福利提供的主要责任，尤其如中国。而与东亚国家相比，欧美政府虽然也负担主要的管理责任，但政府一般不直接参与提供福利与服务，而是致力于制定规则以引导和调动市场和社会力量的参与，只有在市场和社会力量失灵的时候才出面“兜底”，尤其如美国。

从社会保障制度的发展与完善过程来看，由于不断地受民众社会需求的推动，欧美国家的制度改革与完善往往来自于自下而上的权利运动压力和左右政党的竞争压力。如，“铁血宰相”俾斯麦开创以国家法律强制推行社会保险计划实施先河的行为即是迫于当时强大的工人运动力量做出的被动选择，被其自己视为“消除革命的投资”；而目前，欧美社会普遍奉行福利政治，福利措施已成为各政党竞争、政客竞选的焦点。在此背景下，政府改革和完善社会保障制度的过程是向民众赋权、维护公民权利的过程，也是进一步开放国家权力、促进民主发展的过程。而东亚国家的社会保障制度发展则更多地得益于威权主义背景下自上而下的制度改良，很少出现严重和社会与政治冲突，是国家权力运作的结果，而非民众福利诉求的反映。同时，家庭在福利提供方面的重要作用也减轻了公众对社会公共需求的程度，减弱了政府福利供给的压力。因此，在东亚国家，福利压力和利益群体大部分时候是缺位的，除政党政治和部分国家的工会外，较少存在福利消费者的集中代表或外在的可能获利者。政府通过社会保障制度的完善，一方面改善了民众的福利状态，维护了民众的权益，与此同时，也进一步集中了国家权力，强化了其家长式的地位。

---

① 金钟范：《韩国社会保障制度》，上海人民出版社 2011 年版。

② Paul Wilding, “Is the East Asian Welfare Model still productive?” *Journal of Asian Public Policy*, 2008, 3, pp.18-31.

以上东亚国家与欧美国家社会保障制度的差异性可通过以下表格显示得更加清楚。

表1 东亚国家与欧美国家社会保障制度比较

比较项目		东亚国家	欧美国家
政策目的		促进生产与经济发展	中和资本主义固有的矛盾，同时也为资本赚取更多利润创造环境
政策理念		福利的国家责任	福利的公民权利
政策内容		正式制度+非正式制度	正式制度：一切都法律制度化
政策对象		重家庭，老幼有序，男女有别	重个体，平等对待每一个人
政策实施	供给主体	政府主责+依赖家庭	政府兜底+依赖社会
	供给方式	家庭强+公营强+市场弱+社会弱	市场强+社会强+公营弱+家庭弱
政策完善与发展		保障民众权益与集中国家权力；自上而下改良	保障民众权利与开放国家权力；自下而上，左右施压

三、东亚国家社会保障的同质性

东亚国家与欧美国家的社会保障制度之所以存在如上差异，是和各自长期形成的各种传统与文化密不可分的。这既是造成差异的根本原因，也是东亚国家社会保障制度具有同质性的具体表现，可总结为如下几个方面：

第一，家国一体的文化认同。家国一体的民族主义思想在东亚各国较为浓厚，这跟东亚各国，尤其是中国、日本、韩国等国家在寻求民族独立、寻求现代化路径和制度建构的历史发展过程中形成的民族振兴意识以及在此基础上建立的威权主义体制密不可分。家国一体的文化强调伦理秩序、家国同构，即家是小国、国是大家；家庭是社会的基本单元，人与人之间的关系首先表现为家庭内部成员之间的关系。因此，东亚国家的社会保障制度建设自始至终贯穿着高度的国家（政府）责任。"家国"存于一体，政府责任表现在社会保障理念、制度建立和制度管理等多个方面，国家制度更多地体现出了"父爱"主义；"家国"存于一体，社会成员便"以国为家"，自助、互助，彼此间不划分明显界限，不施加硬性压力，行为间更多地体现出了"子孝"精神。这种家国一体的文化认同，使得政府在制度的选择和推进力度上掌握有充分的主动权，使政府意图得以顺利贯行，而民众的福利诉求往往被隐没或者主要依靠自身及家庭和社会网络等非正式组织提供。这有别于欧美国家强调个人的公民权利与公民社会的文化,也正是许多西方研究者认为劳工运动力量薄弱是东亚福利国家低度发展的主要原因的原因所在。

第二,中庸之道与“和合”文化的影响。中庸之道,亦即君子之道,“喜怒哀乐之未发,谓之中;发而皆中节,谓之和。中也者,天下之大本也;和也者,天下之达道也。致中和,天地位焉,万物育焉”①。“中庸”讲究天人合一、情理合一、内外合一,强调慎独自修、忠恕宽容和至诚尽性,追求万事万物达至“和合”境界。同时,“中庸”也讲求“仁、义、忠、孝”,提倡反身修己、希贤法圣。中庸之道既是方法也是目的,是传统儒家修行的法宝,也是儒家文化的重要思想,对受儒教文化熏陶的东亚各民族性格有着长远和深刻的影响。首先,东亚国家有许多社会保障制度是“东西合璧”的产物,既吸收了西方国家的先进理念与做法,又兼顾了自身国情,还保留了民族特性,并在其中不断地通过东西制度借鉴与融合推进保障制度的发展与民众福利水平的提高。虽然日本社会保障制度摆脱不了德国的影子,韩国社保制度也还存留美国的余温,而中国香港福利政策还留有英国的气味,但都没能彻底移除制度的民族特色和地区特色,尤其没能动摇各国各地区长期以来形成的家庭和宗族在福利供给中的作用,中国大陆还在欧美制度的基础上创造出了“统账结合”的混合养老金模式和“居家养老”的老年服务模式。其次,长久以来,东亚国家的许多社会保障问题是用基于“中庸之道”的非正式制度安排来解决的。家庭照顾、家族照顾、亲友照顾、邻里互助、同乡互助一大批等基于伦理与道义的非正式社会关系和社会组织提供的服务和福利一直受到东亚国家民众的推崇。同时,在中国、日本和韩国等国都存在着发达的单位保障,其本质是基于劳动者对单位这种类似于家庭的共同体所产生的认同感和归属感的需求保障,可被视为家庭保障的延续。这些非正式制度都在实践中发挥着正式制度所不能替代的重要作用。再次,慎独自修、忠恕宽容和至诚尽性的中庸思想使得东亚社会的成员心甘情愿地在提高自身保障能力和承担家庭责任的同时积极响应国家和政府的制度号召,参与正式制度的实施与推广,并始终信赖政府,相信政府会做得更好,从而在一定程度上养成对政府权威过度依赖的习惯,也会减轻政府的发展压力,进而造就社会公德意识的欠缺。此外,对“和合”的过分追求还可能造成对“礼”的推崇,使权礼交融、礼法不分,进而阻碍现代社会保障制度的科学、合理发展。

第三,对家庭的依赖。受传统文化的长期影响,以家庭为中心的宗法观念和“孝悌”观念在东亚现代社会中的影响还普遍存在。故而,国家制度更多地强调以家庭为单位,依赖家庭纽带维系代际间的抚养和赡养责任,而不是突出追求个人自

---

① 朱熹:《四书章句集注》,中华书局 1983 年版。

由，所以，家庭一直充当着东亚国家国民生活保障的基石。韩国将建立“家庭般的社会”作为理想福利模式；新加坡把家庭称为社会大厦的“砖石”和核心；在中国，家庭生活的依赖关系更加强劲有力，“从人降生到老死的时候，都脱离不了家庭生活，尤其脱离不了家庭的相互依赖。你可以没有职业，然而不可以没有家庭。你的衣食住行都供给于家庭当中”。① 这些表述都说明在多数东亚国家中，家庭负担着社会成员的保障责任。实践也表明，即使是在相同的经济发展阶段，东亚国家社会保障福利与服务供给中，家庭及家庭成员所扮演的角色都远远超过欧美国家的家庭和家庭成员。即使是欧美福利国家福利制度已发展得较为成熟的今天，家庭和家庭成员承担的责任也远不及社会保障制度才处于发展或上升阶段的东亚国家。这是因为，在儒家文化影响下的大东亚圈中，家庭一直是社会的核心，有史以来都是重集体轻个体、重家庭轻个人，这与欧美国家根深蒂固的“个人为大”的文化相去甚远。即使是在面临家庭结构变化、人口老龄化的今天，双方虽然相互学习和借鉴，东亚国家开始引入个人权利的概念而欧美国家亦开始开发家庭功能，但东西家庭和家庭成员在福利供给方面所扮演的角色依然不能同日而语。如同如今欧美人将学习使用筷子当做一种潮流而东方人则将使用刀叉作为一种饮食礼仪时尚一样，学习与借鉴只是让双方多了一种就餐方式，并不能改变彼此的日常饮食习惯。

第四，差序格局明显。东亚社会关系是基于血缘建立的，由血缘关系开始一层一层向外辐射，这就形成了一贯的差序格局特点，而不是人与人之间平等博爱。依据血缘建立起来的东亚社会更具伦理化特点，关系的强弱是亲疏远近的判断标准，差序格局是付出信任的界线，法律制度在以关系为代表的伦理本位空间里的权威被弱化了。② 这一点在中国表现得尤其明显。“家庭生活是中国人第一重的社会生活，亲戚邻里朋友等关系是中国人第二重的社会生活。这两重社会生活，集中了中国人的要求，范围了中国人的活动，规定了其社会的道德条件和政治上的法律制度。”③当个人或家庭面临困难时，更多的是依赖家庭成员和宗族这个“扩展型的家庭”来解决问题，而寻求政府介入的相对少一些。在提供帮助时，也总是将自己的家庭成员、亲戚朋友放在前，之后再亲疏近远推及他人。因而，在即成的差序格局条件下，东亚地区社会保障形成了相应的由内到外的多层次、有侧重的制度体系，其中最基础、最重要的层次是家族保障与邻里互助，然后是政府主导的制度性保障，最后才是由社会其他成员或组织提供的慈善。在这其中，血缘关系浓厚的家庭

① 王建芹：《第三种力量——中国后市场经济论》，中国政法大学出版社 2003 年版，第 4 页。
② 谢琼：《论福利制度对人权实现的促进》，中国人民大学博士论文，2010 年，第 70 页。
③ 梁漱溟：《中国文化要义》，上海世纪出版集团 2005 年版，第 16 页。

是维系整个体系的基本力量和重要力量。

第五，扩张民众福利权利与集中国家权力形成“对冲”。东西方明显不同的政治体制和政治实践决定了在很大程度上受其影响的福利制度在东亚的发展形势与欧美福利制度的发展也具有明显的差异性，并进一步地表现出地区内的同质性。在长期的儒家文化传统和宗法式社会治理传统的影响下，东亚三国两地无一例外都实行着威权主义的政治体制。这种体制的典型特征在于：统治者与被统治者的交流方式主要是垂直的、自上而下的，行政方式是命令式、控制式的。① 同时，东亚国家现有的民主政治是在因应外来冲击和压力过程中构建起的后发型民主，②各国社会保障制度的建立和发展过程少了来自妇女、残疾人等各群体的权利运动和维护劳工权益的工会力量以及许多来自选民和利益集团的介入，缺乏像欧美社会那样独立性较强的工人组织以及与政府博弈的压力集团，公民权利意识未得到充分释放，维护权利的观念对制度制定的影响较弱。在这种体制和背景下，一方面，东亚国家社会保障制度在发展进程中是重视保障国民权益的，扩张民众福利权利是一个总的发展趋势，但另一方面，东亚各国又普遍采取威权手段来治理国家和主导社会保障，其执政党对经济和社会生活进行广泛的干预。二战后日本、新加坡、韩国和中国台湾的发展，主要是由威权主义的政府推动的。因此，在东亚国家社会保障的制度环境方面，确实是保障国民权益与集中国家权力形成一种“对冲”，这与保障国民权益与开放国家权力并行的西方制度发展形成明显对比。

除以上特征外，东亚国家社会保障制度还具有一些与欧美国家相区别的其他同质特性。

四、结语

从研究方法上来看，抓住整体的、一般的和历史的、文化的等一些不易消逝也不易被改变和被淹没的因素是比较研究应鼓励的。尽管在欧美国家制度中也能够发现个别国家存在着与东亚国家某一制度特征相似的地方，但从整体上看，上述特征是东亚国家所明显共有的。因此，东亚国家的社会保障确实具有同质性，且这种同质性不会在短时间内轻易改变，因为传统、文化、理念等影响制度形成与发展的因素虽然也在随着时间的推移发生着变化，但变化是渐进的，不可能

① 郑秉文、史寒冰：《试论东亚地区福利国家的国家中心主义特征》，《中国社会科学院研究生院学报》2002年第2期。

② 房宁：《自由 权威 多元——东亚政治发展研究报告》，社会科学文献出版社2011年版。

一蹴而就,更不可能在相对短期的时间内发生质的变化。同时,同质并不是完全一致,而是整体上的一致,它同样会在具体制度安排上存在着差异,只是这些差异并不影响整个制度安排的独特文化基础、目标追求与宏观理念与框架等一般的模式要素。

中国社会保障演进的历史逻辑

郑功成[①]

历史是不能割断的，也是无法割断的，一部人类社会的发展史不仅有时间的连贯性，而且是文明成果的持续积累。正如恩格斯在《反杜林论》中指出的："只有奴隶制才使农业和工业之间的更大规模的分工成为可能，从而使古代世界的繁荣，使希腊文化成为可能。没有奴隶制，就没有希腊国家，就没有希腊的艺术和科学；没有奴隶制，就没有罗马帝国。没有希腊文化和罗马帝国所奠定的基础，也就没有现代的欧洲。"[②]毛泽东同样高度重视历史，他指出："今天的中国是历史的中国的一个发展；我们是马克思主义的历史主义者，我们不应当割断历史。从孔夫子到孙中山，我们应当给以总结，承继这一份珍贵的遗产"，[③]强调"不但要懂得中国的今天，还要懂得中国的昨天和前天"。[④] 从恩格斯对几乎是人人都会谴责的奴隶制社会的肯定，到毛泽东反对割断中国历史，所体现的是对历史的尊重和对整个人类社会发展进程的科学把握。因为历史就是一面镜子，还是一部最好的教科书，它客观地反映着人类社会发展的基本规律。以史为鉴，可知既往之兴替，能窥久远之未来，回顾得越远，前瞻得可能也就越远。

大国自有大国之道，文明自有历史传承。作为一个有着独特文明与悠久历史的国家，中国的家国同构、等级差序、中庸之道等具有浓厚本土色彩的文明元素自成一体，并对诸项制度安排产生直接而深远的影响，也构成中华文明数千年不断传承的巨大柔性维系力量。尽管远古的史料还有待发掘，但作为世界上历史记录最完备的国家之一，中国自西周共和元年（公元前 841 年）以来的历史记录就精确到年，自鲁隐公元年（公元前 722 年）以来则精确到月日，这为探究人类社会的客观

① 郑功成，中国人民大学社会保障学科教授。本文原载于《中国人民大学学报》2014 年第 1 期。

② 《马克思恩格斯选集》第 3 卷，人民出版社 1995 年版，第 524 页。

③ 《毛泽东选集》第二卷，人民出版社 1991 年版，第 534 页。

④ 《毛泽东选集》第三卷，人民出版社 1991 年版，第 801 页。

发展规律和国家诸多制度的源头与脉络提供了十分有利的条件,也可以为未来中国的持续发展提供许多有价值的启示。但在西方话语体系主导的当今世界,中国的历史经历与历史智慧往往被人有意无意地加以忽略;即使是中国的学者研究中国的问题,也大多奉西方学术为圭臬,在遵从西方思维定势与话语架构的条件下解构着中国的实践。

在社会保障领域,这种现象表现得尤为突出。国际社会保障学界几乎为西方话语所垄断,似乎人类应对自身生活风险的社会保障措施或福利制度只源于西方文明,无视中国社会保障历史与经验的学术语境,这既不利于世界社会保障学术的繁荣,亦不利于中国社会保障制度的改革与健康发展。人类在地球上的存在是以万年为单位的,即使以文字记载作为考证依据,人类文明的历史也是以千年计,而由西方主导的工业社会只有两百多年历史,现代社会保障制度自俾斯麦于1883—1889年创设医疗保险、工伤保险与养老保险制度以来只有一百多年历史,再向前推至英国伊丽莎白王朝1601年制定《济困法》也只有四百余年历史。如果将社会保障界定为超越家庭之上、具有经济福利性并以保障人的基本生活为目标的社会化机制与措施,那么,这种机制与措施在中国绝不是近百年才出现,更不是近数十年间才得以建立,其中的一些保障措施实际上已经存在了千年以上。

人类社会发展的进程可以依据一定的生产力水平和社会经济政治形态划分为若干阶段,但深刻影响社会及制度变迁的思想文化却无法割断。每一个国家或民族都有其历史与文化,即使是深受外来文化的影响,也总会有自己的一些特色元素得到传承;每一种制度都有其历史渊源,即使是移植外来制度,也会不同程度地加注本土元素,这是文化传承的必然结果,也是路径依赖的惯性使然。从英、德、美、日等发达国家建立自己的社会保障制度都走过不同路径并且保持了各自的特色,可以看到这些国家历史传统的影子;有着数千年文明史的中国,更是不会例外。因此,只有将视野从聚焦西方国家扩展到考量包括中国在内的全球社会保障制度,才能发现传统文化与社会经济政治结构对这一制度的深刻影响,才能总结、概括或归纳出不同的社会保障模式及其发展特征,才能发现社会保障制度发展进程中的普遍规律与不同国家或地区的独特个性。①

在全球社会保障进入制度变革与全面发展的新时代,在中国社会保障制度变革从试验性状态走向定型、稳定、可持续发展的新时期,必须正视现实中对社会保障历史的短视,这种欠缺正在影响着当代中国社会保障政策的选择,同时也给本应具有历史长度并受全球化进程影响的社会保障增加了不确定性。因此,特别需要

---

① 郑功成:《当代社会保障发展的历史观与全球视野》,《经济学动态》2011年第12期。

树立社会保障历史观,重视从历史源头汲取智慧,在历史长河中合理定位当代并寻找社会保障的可持续发展之路,为解决世界共同面临的社会保障问题提供富有东方智慧的中国式方案。

因此,开展中国社会保障史研究,总结中国社会保障发展的历史经验教训与客观规律,构建本土化的社会保障理论体系,是中国社会保障学术界迫切需要开展的工作,也是可以古为今用并对世界社会保障理论作出应有贡献的努力方向。①

一、基本概念界定

"一切历史都是当代史",②意大利历史学家、哲学家克罗齐的这句名言,强调了历史应当以当前的现实生活作为参照系,并只有和当前的视域相重合时才能为人所理解。"一切历史都是思想史",③英国历史学家、哲学家柯林武德的著名论断揭示了历史的过程不是单纯事件的过程而是行动的过程,它有一个由思想的过程所构成的内在方面,研究者所寻求的正是这些思想的过程。在知识体系日臻成熟、学科范式泾渭分明的条件下,研究中国社会保障史的主要困难不在于史料的搜集,而是在于如何将历史语境转化为当代语境,将历史学范式转换成社会保障范式,因为研究的主要目的是为中国乃至世界的社会保障改革与长远发展提供历史借鉴,关注它的主要不是历史工作者而是当代社会保障工作者。

需要指出的是,中国古代有着十分丰富的社会保障思想与实践活动,但不可能有社会保障、社会救助、社会福利等现代概念,只有荒政、赈济、养恤、居养、养老、慈幼、致仕、施医等概念,还有名曰"王杖"的制度等。即使是中华人民共和国成立后,使用的也是诸如救灾救济、劳动保险、公费医疗等分散的概念。今天广泛使用的社会保障一词,20 世纪 80 年代中期才开始在中国出现,社会保险也是同一时期针对劳动保险进行改革后才在政策话语中被使用,社会救助则是在对传统的救灾

---

① 对中国社会保障史,以前主要限于历史学者的研究,但历史学者所使用的概念通常与当今流行的社会保障话语不相吻合。例如,有将历史上的社会保障统称为慈善事业的,也有以中国社会福利史定义历史上的社会保障的,等等。为避免中国社会保障史研究中概念使用的混乱,笔者特邀丁建定、王文涛、王卫平、张文、林闽钢、杨立雄、周秋光、夏明光等多位社会保障学者与历史学者就现代社会保障与历史上的社会保障的概念界定问题进行过四次专题研讨,形成了一些原则性意见与初步共识,以便让中国历史上的社会保障能够与当今流行的概念相通,本文所揭示的研究范式——基本概念的界定,即是专题研讨形成的基本共识。

② 贝奈戴托·克罗齐:《历史学的理论与实际》,商务印书馆 1982 年版,第 6 页。

③ 柯林武德:《历史的观念》,商务印书馆 1997 年版,第 244 页。

救济进行改革时引入的中国台湾使用的概念，等等。可见，尽管中国历史上的许多社会保障实践活动存在着传承关系，所用概念却并不具有一致性，与当代社会保障所使用的概念更是出入甚大。因此，以当代社会保障理论与政策为参照，使历史概念与当前社会保障视域相重合，让当代人能够理解，无疑至关重要。

为此，经过笔者和部分特邀社会保障学者与历史学者专题讨论后，特对中国社会保障史所涉及的基本概念做如下界定：

1. 社会保障。现代社会保障：是国家或社会依法建立的、具有经济福利性的、社会化的国民生活保障系统的统称，包括法定的社会救助、社会保险、社会福利、社会优抚系统和非法定的各种补充保障措施。它遵循公平、正义、共享原则，通过对社会财富分配的国家干预，实现保障民生与改善民生的发展目标。历史上的社会保障：是由国家负责提供的救助、福利、优抚和社会（如民间乡绅、宗教）慈善、社会互助的统称。其依据是国家的法律、制度或社会约定俗成的规则，家族保障与邻里互助构成了特有的内容。现代社会保障与历史上的社会保障都是超越家庭之上的、以化解或缓解个人生活（存）风险为基本目标的社会应对机制，但前者体现的是国民法定的社会保障权益，追求的是公平、正义、共享的社会发展目标；后者体现的是施予者的仁政与恩赐，实现的只能是免除生存危机的追求。

2. 社会救助。现代社会救助：是国家面向低收入者和不幸者组成的生活困难群体提供款物接济和扶助的生活保障措施。它以国家财政拨款为物质基础，以帮助社会脆弱群体摆脱生存危机为目标，是政府责任的具体体现，采取的是无偿救助的方式。历史上的社会救助：是对面临生存危机的贫穷者与不幸者的一种物质援助，它由国家负责、国库支付，是应急性的生存保障机制，如赈灾、赈济、施医等。现代社会救助与历史上的社会救助的共性，是在救助对象——社会脆弱群体、救助责任——国家负责、救助方式——无偿救助等方面具有相通性，解决的是最底层社会成员的生存（活）危机问题。但前者是国家赋予国民的基本权利，后者却是统治者为避免社会危机而采取的应急性举措。

3. 社会优抚。现代优抚：是国家面向军人并惠及家属的一种保障机制，包括死亡抚恤、伤残抚恤和军人（属）优待等。历史上的优抚：是国家面向军人及其家属提供的各种优惠、照顾与褒奖措施。现代优抚与历史上的优抚的共性，是国家责任与优抚对象具有相通性。但前者体现的是军人的法定权益及国家对军人职业的优厚待遇，后者体现的是基于战争的需要和对兵员的奖赏与补偿。

4. 社会福利。现代社会福利：是国家和社会通过社会化的福利津贴、实物供给及相关服务，满足社会成员的生活需要并促使其生活质量不断得到改善的生活保障措施，包括老年人福利、儿童福利、残疾人福利、妇女福利及教育福利、住房福利等。历史上的社会福利:是国家面向孤残老幼妇和官吏提供的福利性措施,包括相应的物质待遇、精神褒奖和福利设施,如王杖制、居养院等,官吏的福利如致仕、恩荫等,具有典型的身份性特征。现代社会福利与历史上的社会福利的共性,是在满足特定群体的生活需要和提供福利设施方面具有相通性。但前者立足于国民的福利权益和普遍参与,是共享式制度安排;后者只是施予者对受益者的恩赐及对不幸者的怜悯,两者的规模和水平不可同日而语。

5. 慈善。现代慈善:是建立在社会捐献基础之上的一种民间救助事业,它以社会成员的善爱之心为道德或伦理基础,以贫富差别的存在为社会基础,以社会各界的捐献为经济基础,以依法成立的民间公益团体为组织基础,以捐献者的意愿为实施基础,以大众普遍参与为发展基础。① 在实践中,慈善机构根据捐献者的意愿,对需要帮助的社会成员提供物质帮助及相关服务,从而是对法定社会保障制度的有益补充,并在发展中日益与法定社会保障措施融为一体。历史上的慈善:是建立在恻隐之心、互助意识、因果报应和乐善好施传统基础之上的民间援助措施与活动,包括家族、乡绅、宗教团体举办的慈善活动。现代慈善与历史上的慈善的共性,是在慈善道德、自愿捐献及民间性等方面具有相通性。但现代慈善强调依法运行并追求平等,富有组织性,在实践中与政府往往构成合作伙伴关系;而历史上的慈善往往强调因缘关系,即血缘关系(亲属之间)、业缘关系(同事之间)、地缘关系(同乡之间)等通常构成施助与受助关系的条件,无因缘则无慈善,这种特色迄今仍然影响着人们的慈善动机与慈善行为。

6. 家庭保障。现代家庭保障:是指在家庭内部由家庭成员之间相互提供包括经济保障、服务保障、精神慰藉等内容的生活保障机制,它建立在血缘关系的基础之上,并被纳入相关立法进行规范,如中国的《婚姻法》、《继承法》、《老年人权益保障法》、《妇女权益保障法》、《残疾人保障法》、《未成年人保护法》等中均有对家庭成员相互保障的规范。从西方国家的家庭津贴等政策,日本等国为家庭护理支付费用等,可以发现现代家庭保障客观上还与国家和社会负责的社会保障紧密地结合在一起。历史上的家庭保障:是指家庭内部成员的自我保障与相互保障,它建立在血缘关系与宗法制度之上,并向家族保障与邻里互助延伸。现代家庭保障与历史上的家庭保障的共性,是均以血缘关系为纽带,以家庭成员之间的相互保障为核心,提供的是包括经济、服务、情感在内的立体型保障。但前者往往将传统伦理道德与相关法制有机地结合在一起,并与法定社会保障措施相融合,后者则通过宗法与地缘关系向超越一个核心家庭的家族内部与邻里之间延伸。

---

① 郑功成:《论慈善事业的本质特征》,《中国社会报》1996年9月26日。

7. 社会保险。社会保险是工业化以后才出现的社会保障制度安排，包括养老保险、医疗保险、工伤保险、失业保险及生育保险、护理保险等项目，保险对象主要是劳动者，强调权利与义务相结合，采取受益者与雇用单位等共同供款和强制实施的方式，目的是解除劳动者的后顾之忧，维护社会稳定发展。在中国历史上，清代以前并无社会保险，但可以与社会保险中的养老保险相对应的有官吏致仕(养老)制度，它解决的是官吏的养老保障问题。民国时期开始探讨劳工保险与社会保险问题，国民政府亦曾草拟社会保险立法草案，但时值战乱年代，并未真正成为全国性制度安排付诸实施。

综上，通过对社会保障相关概念的界定，可以找到现代社会保障制度与历史上的社会保障措施的相通之处，为研究中国社会保障史和考察各项社会保障制度的历史渊源与传承提供一个可以遵循的依据。

二、中国社会保障历史发展的基本特征

从历史发展进程来看，中国社会保障是与国家起源及朝代演进相伴始终的一种制度安排，具体的实践活动既与当时的生产力水平和社会经济形态密切相关，也与当时的政权形态、文化或意识形态密切相关。在数千年的国家演进中，夏商时期建立了血缘制与等级制相结合的社会组织方式即宗法制，周朝巩固了宗法制并创建了影响后世的各种制度，两汉时期完成了中国传统文化与文明模式的基本定型，魏晋隋唐时期形成了多元文化大融合和多民族大家庭，宋朝已有成熟的文化和高度发达的社会系统及福利制度，明朝建立了完备的政治制度，清朝构建了多民族统一的中国版图。中国社会保障实践活动的源头在殷商时代，社会保障思想的源头则在商周文化巨变时期，春秋时期的诸子百家为后世社会保障思想的发展奠定了厚实的基础。此后，伴随着朝代的演进，社会保障日益成型，并对中国社会的发展起着重要的作用。

从中国历史的沿革中可以看到数千年中华文明一脉相承。尽管从古代社会到近现代社会，生产力水平与社会经济形态均发生了很大变化，改朝换代也必定导致社会制度的变迁，但异常丰富的史料表明，中国社会保障在历史发展进程中依然保持着自己的一些基本特征：

第一，中国社会保障思想与实践具有鲜明的本土性特征。一方面，从春秋、战国时期诸子百家算起，大同思想、民本思想、仁政思想、宗法思想、重农思想、均齐思想、互助思想等一脉相承，这是世界文明史上所仅有的，其对中国社会保障的实践

影响深远。例如,在两千多年前,孔子提出了“大道之行也,天下为公。选贤与能,讲信修睦。故人不独亲其亲,不独子其子;使老有所终,壮有所用,幼有所长,矜寡孤独废疾者,皆在所养。男有分,女有归。货恶其弃于地也,不必藏于己。力恶其不出于身也,不必为己。是故谋闭而不兴,盗窃乱贼而不作,故外户而不闭,是谓大同”①的大同思想。墨子主张“兼相爱,交相利”,提出“有力者疾以助人,有财者勉以分人,有道者劝以教人。若此,则饥者得食,寒者得衣,乱者得治”②的兼爱利他思想。孟子主张推己及人,提出了“老吾老以及人之老,幼吾幼以及人之幼”,“出入相友,守望相助,疾病相扶持,则百姓亲睦”以及推行仁政的主张。③ 管仲提出以民为本等政见。④ 这些议论及政见均蕴含了丰富的社会保障思想,不仅流传至今,而且还在深刻地影响着当代中国的发展实践,成为社会保障本土理论的源头和凝聚当今社会福利共识的传统基因。重农思想作为中国的本土理论,构成了历朝历代仓储后备的重要理论基础,仓储后备则构成了历史上救灾济困的重要物质基础,并延续至今,这与西方的重商主义有着重大区别。另一方面,中国自古以来就建有一些保障民生、免除祸乱的社会保障制度,有丰富的社会保障实践。荒政、济贫、居养、优抚等均是数千年来建立在国家责任基础之上并从未中断过实践的本土制度,家族与邻里照顾、民间慈善则是建立在宗法、互助思想基础之上的、久远的非正式制度安排。例如,王杖制是有中国特色的一项老年人福利制度,它集传统的孝道、尊老文化与家庭保障、国家福利于一体,规定达到一定年龄的老年人享有相应的特权,包括崇高的社会地位与相应的物质待遇。周朝规定,“五十杖于家,六十杖于乡,七十杖于国,八十杖于朝,九十者,天子欲有问焉,则就其室以珍从”⑤。这一制度到汉朝时已经成为成熟的全国性制度。还有历朝历代开展的赈灾、济困、助残、恤孤、居养等措施,以及宗法制度下的家庭、家族保障,在今天的社会保障制度中依然能够找到历史的影子。即使是进入现代社会后从国外引入的社会保险制度,也在实践中加入了中国的传统元素。如20世纪50年代建立的劳动保险制度就具有典型的国家负责、单位包办、全面保障、惠及家属、封闭运行等特征,蕴含其中的其实是家庭本位主义、集体主义、家国(单位)一体的中华传统。可见,中国的社会保障思想与实践具有鲜明的本土性,中国的社会保障道路从来就是有中国特色的社会保障道路,并构成了中国大国发展之道的独特内容。

---

① 戴圣:《礼记》之礼运·大同,中国华侨出版社2003年版。
② 《墨子》之兼爱,中华书局2010年版。
③ 《孟子》之梁惠王上、滕文公上,中华书局2009年版。
④ 《管子》,中华书局2009年版。
⑤ 戴圣:《礼记》之王制,中国华侨出版社2003年版。

第二,中国社会保障自古以来贯穿着高度的国家(政府)责任,具有家国存于一体的特征。在西方国家,中世纪以前的社会保障几乎等同于宗教慈善事业,是宗教(特别是基督教)承担着救助贫民与不幸者的责任,到中世纪末期才逐渐由世俗政权介入,这表明国家或政府介入社会保障事务在西方是很晚的事情。中国的社会保障却是自古以来被视为国家或政府职能的重要组成部分,并有一套复杂的制度体系。① 早在商朝,国家机器尚不完善,生产力水平极端低下,虽有灾民、贫民等需要救济,国家政权亦无力帮助,但王室还是推行过巫术救荒、养恤赎子等措施。成语"桑林祈雨"讲述的即是成汤时期(公元前1617年—公元前1588年)天下大旱,国王在桑林设立祭坛,以牺牲自己来祈求天帝降雨的故事,体现的是国家的救灾责任。周朝取代商朝后,国家政权不断完善,救助灾民、贫民及抚恤士兵的责任也开始得到体现。西周时期天子之下设置六大官员,排在第二位并负责民政事务的地官司徒就提出了"以保息养万民:一曰慈幼,二曰养老,三曰赈穷,四曰恤贫,五曰宽疾,六曰安富"②的社会救济政策。自此以后,历朝历代的统治者均将救荒、济困、养疾、恤孤、优抚等作为政府的重要职能,视为统治者的仁政和国家责任。以救助为例,在宋朝之前,官方就有各种各样的社会救助活动,但多属临时性质;从宋朝开始,在各州县普遍设立各种固定的救助机构,负责处理相关救助事务,除了官方的社会救助活动,还采取劝分、度牒、义庄等措施来推动民间救助活动。可见,强调国家责任不仅是中国古代思想家的主张,而且也是中国历代统治者的实践。与社会保障中的国家责任相呼应的是宗法社会下的家国同构,中国作为宗法社会的典型特征是家国存于一体,即家庭、家族与国家在组织结构方面存在着共性,家族是家庭的扩大与延伸,国家则是家族的扩大与延伸,均以血缘—宗法关系来统领,家国存于一体是西方国家所没有的,但在中国却是一种普遍的文化认同,它不可避免地要影响到社会保障,就像家长要对子女负责一样,国家也要对"子民"负责。家国存于一体,国家责任表现在社会保障制度建立、发展及实践过程中更多地体现出"父爱主义",政府扮演着强势主导者的角色。这种强势主导并不意味着政府要承担全部或主要责任,而是在提供相应的社会保障的同时,规制着家庭保障,牵引着互助或单位保障,而社会成员也以国为家,自助、互助之间的界限并不十分明确,其福利诉求更多地采取自我解决的方式,国家福利制度也往往与家庭保障紧密相关。20世纪中叶以后计划经济时代的社会保障采取的也是国家负责下的单位(或集体)保障制,家国一体在这一时期又具体化为单位或集体与家存于一体,各个单

① 郑功成:《中国社会保障论》,湖北人民出版社1994年版;中国劳动社会保障出版社2009年版。
② 郑玄注:《周礼》之地官司徒·大司徒之职,中华书局1982年版。

位或集体不仅要保障劳动者及其家庭成员的生活，负责救助生活困难的职工家庭，还要解决其子女的教育、就业等问题，甚至连家庭矛盾的化解也是单位或集体负责人的一项工作职责。由此可见，国家负责、家国一体确实是中国社会保障历史进程中的传统特征。

第三，中国社会保障一直秉承等级差序与中庸之道的传统。一方面，自古以来，中国社会是典型的等级差序格局，是建立在礼治基础之上的立体型社会结构，讲究上下尊卑，身份并不具有平等性，但又是有秩序的。费孝通在比较中国与西方社会结构时曾有过精确的阐述："西洋的社会有些像我们在田里捆柴，几根稻草束成一把，几把束成一捆，几捆束成一挑。每一根柴在整个挑里都是属于一定的捆、扎、把。每一根柴也可以找到同把、同扎、同捆的柴，分扎得清楚不会乱的。在社会，这些单位就是团体……我们不妨称之为团体格局。"而"我们的社会结构本身和西洋的格局是不相同的，我们的格局不是一捆一捆扎清楚的柴，而是好像把一块石头丢在水面上所发生的一圈圈推出去的波纹。每个人都是他社会影响所推出去的圈子的中心"。[①] 他由此提出中国的差序格局与西方社会的团体结构相对应，前者与礼治社会相适应，后者与法治社会相适应。礼治社会的维系有赖于社会公认的行为规范，取决于尊卑上下的等级差异的不断再生产，强调的是修身与克己，缺乏平等观，也不承认权利义务之间的平衡，形成的是以自我为中心的推己及人的思维方式，最终通过人伦纽带组成等级明确、上下有序的差序格局，并对中国文化有决定性的影响；法治社会的维系依靠法律，强调平等观念，维护个人权利及其不可侵犯性。[②] 需要指出的是，中国等级差序的社会格局还是以"官本位"为核心的，即社会普遍将是否为官、官职大小当成核心的社会价值尺度去衡量个人的社会地位和价值，其他职业则要依附于"官本位"才能获得相应的认可，这种"官本位"意识被上升到制度层面，有一套严密的制度规范。时至今日，还充斥着官本位意识、官本位文化、官本位机制、官本位行为，表明其对后世的影响仍然根深蒂固。与等级差序格局相适应，中国的社会保障自古以来也具有等级差序性，虽然照顾弱者是历朝历代社会保障实践的重要内容，但这种照顾总是表现为极端有限，而强者获得的保障反而更多。在中国历史上，官吏总能获得更多的福利，官越大，福利越好，并可以荫及家人与子孙；在当代，也可以发现公职人员的社会保障与福利待遇明显高于非公职人员，等等，可见等级差序格局对中国社会保障实践的影响深远。另一方面，"中庸之道"作为儒家的核心理念，也是中国社会传统的重要特点，它强调尚中

① 费孝通：《乡土中国》，上海人民出版社 2007 年版，第 21 页。
② 费孝通：《乡土中国》，上海人民出版社 2007 年版。

贵和，不走极端，形成的是一种和合文化。受这种文化的影响，许多社会保障问题就是基于“中庸之道”用非正式制度安排来解决的，如自古以来的家族照顾、亲友照顾、邻里照顾、同乡照顾等基于伦理与道义的做法就受到推崇，并在实践中发挥着重要作用；现在提倡的社区照顾式“居家养老”也是典型的本土做法。因此，与西方国家社会保障讲究严格的法定权益和正式制度安排相比，中国社会保障存在着一个具有弹性的空间，它们不是法定的正式制度安排，却又具有强大的自我保障与相互保障功能，这种传统还将持续下去。

第四，中国社会保障自古以来是柔性传承，靠传统文化维系。随着政权交替、朝代更迭，新朝会废止旧朝的一些法令，对旧朝一些制度做出相应调整。因此，在改朝换代的过程中，一些制度安排被中断属于正常现象。然而，中国历史上的许多社会保障措施却代代相传，在实践中并非表现为新朝对旧朝制度的直接继承，而是在强大的传统文化维系下呈现出柔性传承的关系。这主要基于三个原因：一是影响社会保障的传统文化一脉相承。在儒家思想主导下，宗法思想根深蒂固，礼治社会自然延续，即使江山易主，社会主流文化也依然保持着强大的约束力，这一点甚至在由少数民族统治的元朝、清朝也不例外。正是传统文化的强大维系力量，包括社会保障在内的相关制度安排也往往是万变不离其宗。二是新朝对旧朝的借鉴。在改朝换代时，新朝不仅需要吸取旧朝的经验教训，更需要利用旧朝的官吏治理国家，这也会在很大程度上因循旧朝的制度，所谓汉承秦制、唐袭隋规即是中国历史的真实写照；即使是新朝立法，也大多会参考旧朝之法来确定，如大清律就是以大明律为蓝本并接受唐律影响的结果，这一传统使得许多社会保障措施得以传承。三是社会保障实践存在路径依赖。如灾荒是历朝历代都需要认真应对的风险，而应对灾荒的措施无非是备灾救荒并采取赈款、赈谷、以工代赈等方略，后世再改进也只是在重视程度与具体实施方式上做出相应调整。又如家庭（族）保障中的孤儿收养，自古就是根据血缘关系按照亲疏原则来处理的，首先对孤儿有收养责任的是他（她）的叔伯，于后是祖父母，再后是堂叔伯等，最后是姻亲属，这种在家庭（族）内部解决孤儿收养问题的保障机制，在今天看来无疑是一种非正式制度安排，但在宗法制度与礼治社会的背景下，却具有刚性约束力，形成强劲的路径依赖。正是在上述因素的影响下，中国的社会保障在历朝历代之间得以传承，只是这种传承不能等同于法制社会的刚性传承，而是在传统文化的维系下采取柔性传承的方式。如果不能了解和正视中国社会保障的这一历史特征，也就无法理解为什么历经改朝换代而许多社会保障措施依然保留着历史痕迹的基本事实。因此，重视文化因素的影响，或许较经济因素、政治因素等更能够发现隐藏在社会保障发展背后的秘密。

第五，中国社会保障对国家长治久安影响重大。中国历史上国家负责社会保障的传统之所以能代代相传，除了家国同构的社会政治模式与实施仁政的自发需要外，也是维护统治秩序与“家天下”政权延续的需要。自古以来，中国就是灾害多发之国，如果没有相应的社会保障措施，一旦遭遇灾荒，社会就不会安定，大的灾荒往往导致大的农民起义与社会动乱，甚者导致改朝换代，这是中国历史的公例，也是促使救灾、济困等社会保障措施得以产生和发展的自然原因。例如，西周厉王二十一至二十六年（公元前 856 年—公元前 851 年）①间的大旱，促成了中国历史上首次大规模平民起义的爆发；秦末陈胜、吴广起义除秦朝暴政这一原因外，还与大泽乡等地暴雨成灾有关；西汉绿林、赤眉起义，以王莽天凤四至五年（公元 17 年—公元 18 年）的南方大饥荒和山东、江苏大饥荒为背景；东汉黄巾起义也因连年灾荒使百姓流离失所、无法生存所激化；隋末翟让、窦建德、杜伏威领导的农民大起义，是因山东大水灾、河南春荒等促成；唐末王仙之和黄巢领导的农民起义是因公元 869 年—公元 874 年西起虢川、东达海滨的大范围干旱酿成；宋朝王小波、李顺领导的农民起义，是波及全国各地的水灾、旱灾、虫害、雪灾及疫病流行所激化；明末李自成起义是在崇祯元年（公元 1628 年）陕西大饥荒情况下发动起来的；清朝洪秀全起义选定在公元 1848 年—公元 1850 年年间的全国大灾荒时发难并迅速蔓延至江南各省，等等。② 反之，如果救荒措施得力，即使遭遇大灾也不会酿成大乱。例如，后人大多只注意到唐太宗李世民（公元 599 年—公元 649 年）贞观之治时期的强盛，却较少关注贞观之治期间也是灾害频繁发生，但唐太宗吸取隋朝虽然“存粮如山”却对大旱灾造成的饥荒无所作为，最终导致天下大乱而丧失政权的教训，对救灾高度重视，建立了一套成熟的救灾机制，包括报灾、勘灾、开仓赈灾与移民“就食”，还有一套完善的监察机制与处罚机制，取得了良好的实施效果。③ 因此，唐太宗期间虽然自然灾害连连，却未出现过大的社会动乱，反而开创了唐朝盛世，也为后世备灾救荒提供了有益的借鉴。郭沫若在《甲申三百年祭》中总结明朝灭亡的教训时说：“饥荒诚然是严重，但也并不是没有方法救济。饥荒之极，流而为盗，可知在一方面有不甘饿死、铤而走险的人，而在另一方面也有不能饿死、足有诲盗的物资积蓄着。假使政治是休明的，那么挹彼注此，损有余以补不足，尽可以用人力来和天灾抗衡，然而却是‘有司束于功令之严，不得不严为催科’。这一句

① 周厉王是西周第十位国王，在位期间在一般历史书籍中载为公元前 858 年—公元前 828 年。夏商周断代工程确定为公元前 877 年—公元前 841 年，本处采用此说并推算。

② 郑功成：《关于我国历史上的灾情与救灾工作》，《经济评论》1992 年第 5 期。

③ 魏明孔：《唐初对自然灾害的认识及政府赈灾决策述论——读〈贞观政要〉札记》，《学习与实践》2007 年第 2 期。

话已经足够说明:无论是饥荒或盗贼,事实上都是政治所促成的。”①上述史实与言论,可以算作中国历史上的社会保障与社会安定、国家长治久安密切关联的最好注脚。

第六,家庭在中国自古以来就占有极为特殊的地位。家庭是人类进入文明社会以来生息繁衍的基本单位,也是人类生产、生活、教育、消费的基本单位。尽管家庭的生产功能伴随工业化时代的到来而逐渐弱化,家庭的保障功能也伴随着核心家庭化、少子高龄化及生活方式的现代化而逐渐弱化,但中国人重视家庭的传统并没有多大变化,中国的家庭一直有着极其强大的人文、社会功能。这一传统决定了无论经济多么发达、社会如何发展,家庭均是中国人普遍信赖的、可靠的、稳定的生活保障依靠,人们在遭遇困难或提供帮助时,首先求助或帮助的是家庭内部的成员,之后再按亲疏远近推及他人乃至整个社会。换言之,社会成员的哺幼、养老问题及生活困难的缓解,以及多种生活服务需求的满足,在很大程度上会通过家庭成员相互扶持的方式来解决。邓小平曾强调,家庭是社会的一个单元,修身齐家才能治国平天下。认为都搞集体性质的福利会带来社会问题,比如养老问题,可以让家庭消化。欧洲搞福利社会,由国家、社会承担,现在走不通了。老人多了,人口老化,国家承担不起,社会承担不起,问题就会越来越大。全国有多少老人,都是靠一家一户养活的。中国文化从孔夫子起,就提倡赡养老人。② 可见,即使到了20世纪末,家庭保障仍然被中国政治家看成是一种天然合理的行为,是中国社会伦理道德的具体体现。在家国同构的社会政治模式下,历朝历代均推崇“孝悌”优先的家庭主义,重视尊老文化传承,并采取相应措施来维护这种传统,许多制度安排也与家庭难以分割,或者需要植根于家庭的基石之上。如前已述及的王杖制度——老年人福利制度,就是建立在传统的孝道及家庭保障基础之上的一项国家福利制度。时至今日,包括《婚姻法》、《继承法》、《老年人权益保障法》、《妇女权益保障法》、《未成年人保护法》、《残疾人保障法》等国家法律,均对家庭成员之间的相互扶助义务作出明确的规定。因此,中国历史上社会保障最基础的层次其实是家庭保障及其延伸——家族保障、邻里互助,这种非正式制度安排具有强大且持久的生命力,然后是政府负责的制度性保障,最后才是社会提供的慈善。如果不能理解中国人的家庭观念,就不可能真正地全面理解中国的社会保障。家庭在中国社会中所具有的特殊地位,决定了中国的社会保障制度建设不是要替代或者消灭家庭的保障功能,而是要通过社会保障措施来帮助解决家庭伴随时代发展而难以独自解决

① 郭沫若:《甲申三百年祭》,人民出版社2004年版。

② 中共中央文献研究室编:《邓小平年谱(1975—1997)》,中央文献出版社2004年版。

的生活保障与发展问题，一些社会保障制度透过家庭来实施或者与家庭保障相结合，可能会取得更好的效果，这一点其实已经在具有相似文化传统的日本、韩国等国家得到了验证。

由上可见，中国社会保障发展进程中所呈现出来的历史特征是鲜明的，它与中国独特的文化传统、政治制度及社会生态相适应。这些特征虽然伴随着全球化进程及国情的发展变化也会发生变化，但无论怎样发展变化，中国社会保障的本土色彩却不可能被抹掉，这一点已经被历史所证明，也必然被未来所验证。因此，走有中国特色的社会保障道路是必然的选择。

三、研究中国社会保障史的意义

中国历史进程中的一个基本事实，是社会保障思想与实践活动源远流长。中国社会保障史研究的基本任务，即是从历史的角度来考察中国社会保障的源头与演进路径，揭示中国社会保障与政治、经济、社会、文化等发展进程的内在关联，并总结中国社会保障的历史规律与本土特征，为中国社会保障的改革与发展提供历史借鉴，同时弥补国际社会保障学说的缺失。

中国社会保障史研究的意义，可以概括为以下三个方面：

第一，以史为基，可以把握社会保障发展的客观规律。从中国古代的救灾济困措施到现代的福利国家或福利社会，所揭示的是人生来就面临着各种各样的生活风险，而社会保障作为面对个人难以承受的生活风险的一种集体应对机制，事实上是一种久远的制度安排，客观上要受到一国的政治制度、经济发展、社会变迁、文化传统等因素的影响。只要时代在发展，影响社会保障的因素也会发生变化，社会保障亦需要不断调整与变迁；同时，各种正式制度安排与非正式制度安排又存在着显著的路径依赖，会在演进中保持一定的稳定性。这种变与不变所呈现出来的，正是社会保障固有的发展特征。如果没有一定的时间长度，就不可能厘清社会保障制度的真正起源与发展脉络，只有将注意力从关注现实延伸到兼顾历史，才能发现制度背后的传统文化及相关因素的影响。例如，中国是多灾之国，灾害救助作为一项重要的社会保障措施已经存在三千年，尽管救灾方式、责任分担及补偿体系结构已经注入了现代色彩，但现金援助、实物援助及以工代赈却是历朝历代奉行的三大救灾方略；公职人员的福利待遇优厚，一直与中国的等级差序社会结构和“官本位”传统相关联；家庭内部的相互保障还在为建设当代社会保障制度提供富有弹性的巨大空间。这些事实验证的恰恰是历史中国对当代中国的深刻影响。再如，养老体现的是代际负担的自然传承关系，下一代人为上一代人养老和上一代人哺育下一代人是人类得以繁衍生息的历史公理。虽然伴随经济社会的发展与人口老龄化时代的到来，养老方式会发生变化，但这种变化却不可能割断代际负担的自然传承。正因为如此，养老方式的优劣要经过历史的检验才会有正确的结论，其中养老保险制度的优劣至少需要经历两三代人才能得到检验。在国际上，德国于1889年创建的公共养老保险制度仍然正常运行，显然比20世纪80年代才出现的智利养老金私有化的个人账户制更具参考价值；而机构养老盛行的西方国家近十多年来开始对养老服务采取去机构化的取向，则表明中国悠久的家庭保障与邻里互助传统迄今仍具有借鉴意义。① 可见，只有以史为基，从历史的角度来考察社会保障，才可以梳理社会保障思想和实践的发展历程，才能准确理解社会保障的内在属性和固有特征，进而才能真正把握社会保障发展的客观规律。

第二，以史为鉴，可以为当代社会保障的健康、持续发展注入理性。古为今用，是历史研究的重要目的，因为前人的经历与智慧总能够给后人以启迪。迄今为止，世界上还没有公认的最佳社会保障模式，有的只是适合国情及所处时代的社会保障政策，这说明社会保障需要植根于国情与时代，且应当保持理性，而理性的制度安排只能在对历史的深刻把握并认真吸取其经验教训的基础上才能产生。如果缺乏对社会保障思想和实践的历史借鉴，就无法全面准确地理解当前社会保障制度建设所面临的问题和困难，也无法设计出符合社会保障发展规律和社会传统文化的合理制度。联系到当前，一些社会保障政策往往以解决现实问题为出发点与归宿，很少从历史视角来考虑长远的发展，结果“头痛医头，脚痛医脚”，虽然暂时解决了一些问题，却留下了后遗症，有的改革措施还因无法取得社会共识而成为引发社会矛盾的新源头。例如，家庭保障传统因计划生育政策及其实施过程中对“养儿防老”的片面批判，正在受到削弱；在老龄社会到来后，西方盛行的机构养老获得了前所未有的重视，而最适合中国老年人的居家养老却成了被忽略的角落。这些现象已经使一些老年人的生活质量受到影响。邻里互助与单位保障的传统因市场化的冲击而不再具有普遍性，“远亲不如近邻”在一些地方被“相对形同陌路”的邻里现象所取代；劳动关系在一些单位蜕变成了简单的劳动力商品买卖关系即“劳动—工资”关系，劳动者因此缺乏应有的归属感。值得肯定的自力更生与生产自救传统则在政府负责的举国救灾体制不断强化下走向式微，具有积极意义的以工代赈传统正被送进历史，等等。所有这些，均使现行制度安排不同程度地面临陷

① 金炳彻：《从机构福利到社区福利——对国外社会福利服务去机构化实践的考察》，《中国人民大学学报》2013年第2期。

入发展困境的危险。类似现象的出现，源自对本国历史经验与教训的轻视。① 因此，开展中国社会保障史研究，有助于看清各项社会保障措施的来龙去脉及其利弊，以及发挥其正常作用所需要的条件，进而增强建设当代社会保障制度的理性认识，在继承和发扬优良传统的基础上实现可持续发展。

第三，以史为据，可以弥补国际社会保障学说之缺失。中华文明史数千年来从未中断，堪称世界上能够完整地反映社会保障思想与实践历史进程的最具代表性的国家，这对于考察社会保障的历史进程显然具有其他任何国家都无可比拟的优势。同时，中国与西方具有不同的文明史，从社会保障思想的源头就可以看出差异，并深刻地影响着社会保障实践，形成了不同的发展路径，这更增加了中国社会保障的历史价值。例如，中国思想家孔子和古希腊思想家柏拉图是两位世界思想巨人，对后世的影响都很深远。孔子提出大同社会的主张，柏拉图描绘了理想国的蓝图，他们表达的都是对理想社会的向往，反映出社会保障作为理想社会的重要构成要素，在东方与西方其实具有相通的思想渊源。② 不过，这种思想渊源又因孔子与柏拉图在世界观与方法论上的差异及各自独特的精神追求而存在差异，孔子讲求“君君、臣臣、父父、子子”的社会等级差序，而柏拉图强调职业身份有别但主张男女平等；孔子讲求中庸之道，强调善与恶的统一，而柏拉图讲求思辨，强调精神与物质世界的统一。另外，作为西方文明重要源头的耶稣，讲的是博爱，追求的是在人格平等基础上的个性解放与个人自由，以家庭为轻，并且总是将大爱与大恨交织在一起，这与孔子讲“仁”与“礼”、强调修身持家、推崇尚中贵和亦有着巨大差异。可见，东、西方的文化差异在源头就出现了。不仅如此，中国与西方的社会形态演进也不完全相同。杨宽指出：“中国从古以来历史发展有其独特的规律，根本不同于欧洲的历史，既没有经历像古代希腊、罗马那样的典型奴隶制，更没有经历过像欧洲中世纪那样的领主封建制，而是从井田制的生产方式发展为小农经济以及地主经济的生产方式。”③这些文化与社会形态演进的差异性，无疑会对社会保障的起源及历史发展进程产生重大影响。中国很早就由国家承担社会保障责任，西方很长时间却只有宗教慈善的历史，这是对东、西方文化差异与社会形态差异的最好注解。伴随当代世界全球化进程的加快，各国之间相互交融的广度与深度将超过历史上的任何时期，以市场经济为主要手段的经济形态也正在日益趋同，但历史告诉我们，中国与西方国家的文化、社会、政治形态仍将存在差异，从而决定了各具特

① 郑功成：《当代社会保障发展的历史观与全球视野》，《经济学动态》2011 年第 12 期。

② 郑功成：《当代社会保障发展的历史观与全球视野》，《经济学动态》2011 年第 12 期。

③ 杨宽：《西周史》，上海人民出版社 1999 年版，第 4 页。

色的社会保障发展道路仍将继续。正如亚伯拉罕森指出的那样:"斯堪的纳维亚福利体制对于其他地区而言是值得借鉴的,但不能复制,因为它是建立在涉及政治文化和民族同质性等众多前提假设上的。"①以历史事实为依据,可以发现,中国社会保障发展历程之漫长,福利思想之多元,实践内容之丰富,制度模式之独特,实为世所罕有。如果对此予以忽略,就像世界文明史上只见耶稣、柏拉图而不见孔子一样,是具有根本性的缺陷的。因此,开展中国社会保障史研究,通过梳理翔实的史料来厘清中国社会保障发展的历史脉络,可以将人类社会保障思想和实践的起源与发展向前推进一大步,这将有助于扭转当代世界忽略中国社会保障发展史及其历史贡献的倾向,为全面把握采取社会保障措施来应对人生风险的历史进程与历史规律提供科学的依据。

综上,中国社会保障发展的悠久历史在世界上无可替代,既沉淀了中华文明的精华,也必然含有一些过时的糟粕,这正是它的独特研究价值之所在。因此,对中国社会保障史的研究,兼具基础研究、本土理论与世界意义,它不仅可以为当代中国的社会保障理论与实践的发展提供历史借鉴,同时也肩负着为世界认知中国社会保障历史并弥补国际社会保障学说缺失提供科学依据的使命。不过,强调中国与西方国家文明史、传统福利文化与社会保障发展的差异,并不意味着否定这一制度发展的一面,即无论哪个民族、哪个国家、哪种社会形态,个人或家庭都可能遇到陷入生活危机的困境,都需要对危及或影响个体生存状态与生活质量的风险采取集体应对措施,社会保障就是以其独特的功能而成为各国不可替代的选择,其共性是建立在互助意识、利他主义和责任共担的基础之上,并必然经历从选择性制度到普惠性制度的转变,这应当是社会保障发展的普遍规律。如果能够在注重中国特色的同时也尊重普遍规律,在尊重普遍规律的同时不忘历史的经验教训,一定会有助于理性地构建当代中国的社会保障体系,并使其获得健康、持续的发展。

① 彼得·亚伯拉罕森:《论斯堪的纳维亚模式及对东亚的启示》,《社会保障研究》(京)2010年第1期,中国劳动社会保障出版社2010年版。

附录

东亚地区社会保障模式研究纪实

（2009.9—2014.8）

谢　琼①

东亚地区社会保障模式研究，是由中国人民大学郑功成教授、日本东京大学武川正吾教授、韩国中央大学金渊明教授等一批知名社会保障学者于2009年在北京共同发起组织的一个跨国研究计划。它以东亚地区的社会保障制度为研究对象，旨在探究有别于欧美国家社会保障模式并无法被当今国际社会保障学界归入既有类别的东亚地区社会保障的发展规律。

该计划启动五年来，研究小组先后在中国北京、广州、成都、杭州和韩国济州岛、日本东京等地举行了七次研讨会，来自中、日、韩的数十位社会保障学者参与深入研讨，不仅增进了中、日、韩三国学者之间对东亚国家或地区社会保障制度的了解，而且初步形成了一批有价值的研究成果，其核心内容于2014年7月结集成《东亚地区社会保障论》（即本书），由人民出版社出版。

现将七次专题研讨会的基本情况简介如后，以供读者进一步了解该项研究的进程。

一、首次东亚地区社会保障模式研讨会

2009年9月14—15日，由中国人民大学中国社会保障研究中心承办的东亚

① 谢琼，中国北京师范大学中国社会管理研究院研究员。本文系根据历次会议记录及媒体报道整理而成。

地区社会保障模式首次跨国研讨会议在中国人民大学举行，来自中、日、韩以及中国香港、中国台湾的多位知名社会保障学者以及部分青年博士约50人出席了这次会议。

此次会议的主题为"以全球视野、从福利视角看东亚发展"，中国人民大学教授郑功成主持了本次会议。日本东京大学教授武川正吾、日本千叶大学教授广井良典、日本社会福祉大学教授野口定久、日本流通经济大学教授田多英范、日本浦和大学教授沈洁，韩国中央大学教授金渊明和金教诚、韩国首尔大学教授安祥薰、韩国釜山大学教授朴炳铉、韩国成均馆大学教授洪坰骏，中国浙江大学教授何文炯和林卡、中山大学教授申曙光、西南财经大学教授林义、北京大学教授熊跃根和刘继同、香港城市大学教授黄黎若莲、台湾政治大学教授郭明政等出席了会议，并围绕东亚社会保障与福利模式这一主题展开了热烈讨论。

与会者一致认为，东亚地区先后以日本、"亚洲四小龙"（韩国、新加坡 、中国台湾、中国香港）、中国等领跑世界经济向前发展，其在近半个多世纪以来所取得的经济成就举世瞩目，东亚地区的人口与经济总量均占世界同类指标的四分之一，在当代世界占据举足轻重的地位。东亚地区的社会保障与福利模式异于欧美模式，有着极高的研究价值，急切需要整合各国研究资源，聚集各国精英，有组织地推进东亚社会保障模式及与之相关的政治、经济、文化等综合研究。

会议热烈讨论了东亚地区社会保障与福利模式的研究计划，明确由中、日、韩20名左右的知名社会保障学者组成跨国研究核心组，明确了第一阶段的研究目标与任务。东亚社会保障模式跨国研究计划的目的，是试图经过深入的研究，从社会保障与福利的视角给世界一个客观真实的东亚，同时弥补当代世界只关注欧美而长期忽略独特的东亚社会保障与福利制度的不足，它是一项综合研究。

二、第二次东亚地区社会保障模式研讨会

2010年1月29日至2月1日，由中国人民大学中国社会保障研究中心主办、广东省人力资源和社会保障厅承办的第二次东亚地区社会保障模式研讨会在广州市举行。来自中国人民大学、北京大学、浙江大学、中山大学、西南财经大学、日本东京大学、日本早稻田大学、日本流通经济大学、日本浦和大学、日本福祉大学、韩国首尔大学、韩国中央大学、韩国成均馆大学、韩国釜山大学以及广东省社会保障系统的代表70多人出席了本次会议。中国人民大学教授郑功成主持了这次会议。

中、日、韩三国学者围绕三国社会保障制度的基本框架及特色、社会保障基本

概念、社会保障基本指标、社会保障文献回顾、社会保障研究方法论等专题展开了热烈的探讨,并达成了若干共识。中国人民大学教授郑功成、日本早稻田大学教授土田武史、韩国中央大学教授金渊明、北京大学教授刘继同、韩国成均馆大学教授洪垧骏、日本福祉大学教授野口定久、中山大学教授申曙光、日本浦和大学教授沈洁、韩国首尔大学教授安祥熏、浙江大学教授何文炯、韩国中央大学教授金教诚、日本流通经济大学教授田多英范、浙江大学教授林卡、西南财经大学教授林义、日本东京大学教授武川正吾等在研讨会上分别就相关专题做了主题发言。香港城市大学教授黄黎若莲、韩国釜山大学教授朴炳铉、北京大学教授熊跃根等围绕上述专题提供了书面报告。为了增进对中国的了解,会议还听取了中国广东省人力资源和社会保障厅副厅长郑朝阳关于广东省社会保障改革现状与展望的专题报告。此次会议取得了预期成果,中、日、韩三国学者一致同意,继续推进这一研究计划,并决定了举行第三次会议的时间、地点及基本内容。

东亚地区社会保障模式研讨会,是根据中、日、韩三国著名社会保障专家学者于 2009 年 9 月 14 日在北京召开的首次会议上确立的一项持续研究计划,旨在梳理中、日、韩等东亚国家社会保障制度的发展历史的基础上,总结东亚地区社会保障模式的一般规律,以求对丰富世界社会保障学说并推动各国社会保障制度的健康发展作出相应的贡献。

三、第三次东亚地区社会保障模式研讨会

2010 年 7 月 3—5 日，由韩国社会政策学会、中国人民大学中国社会保障研究中心、日本日中社会保障研究交流委员会联合主办的第三次东亚地区社会保障模式研讨会在韩国济州岛济州国立大学成功举行。来自中、韩、日及中国台湾、中国香港社会保障学术界的一批著名专家学者和 OECD、世界银行等的专家出席了本次会议。韩国中央大学教授金渊明主持了本次会议，中国人民大学教授郑功成在本次会议上就东亚社会保障制度比较研究发表了宏观研究报告，在会议闭幕式上为本次会议做了总结发言。

本次会议首先听取了 OECD 官员报告 OECD 成员国有关社会保障情况，于后围绕中、日、韩三国的养老保险制度、医疗保障制度及整个东亚地区社会保障制度的比较展开研讨。中国方面代表包括中国人民大学教授郑功成、浙江大学教授何文炯、中山大学教授申曙光、香港城市大学教授黄黎若莲、台湾中正大学教授吕建德，西南财经大学教授林义为会议提交了书面报告；韩国方面代表包括韩国中央大学教授金渊明和金教诚、延世大学教授郑武权、釜山大学教授朴炳铉、首尔大学教授安祥薰、成均馆大学教授洪埛峻、济州国立大学教授李相二、济州大学教授南辰烈、韩国国民年金研究院朴台瑛；日本方面代表包括东京大学教授武川正吾、早稻

田大学教授土田武史、日本流通经济大学教授田多英范、日本女子大学教授沈洁、日本福祉大学教授野口定久、日本同志社大学教授埋桥孝文等;OECD代表包括Edward Whitehouse、郭淑英、高恩卿、李翰栗、金裕康。出席会议的还有中国人民大学、日本东京大学、韩国中央大学等的有关青年老师与博士生。

会议听取了OECD、中国、日本、韩国11个主题报告,14份评议报告,并进行了自由的、热烈的学术讨论。通过本次会议,不仅了解了OECD国家社会保障情况并增进了中、日、韩彼此之间的社会保障制度情况了解,而且就东亚地区社会保障制度的共性与差异展开了深入探讨。与会学者认为,有组织地推进东亚地区社会保障模式的比较研究有着极高的价值,它将为国际社会保障学术研究提供一个独特的领域,值得中国(含台湾地区、香港特别行政区)、日本、韩国三国学者共同努力。

在此次会议期间,中国人民大学教授郑功成、日本东京大学教授武川正吾、韩国中央大学教授金渊明等中、日、韩三国社会保障学术界核心成员还开会专门研究了下一步东亚社会保障研究的实施方案。根据拟订的方案,第四次东亚地区社会保障模式研讨会议将于2010年9月在中国成都召开,同期将举行大规模的第六届社会保障国际论坛,会议地点在中国西南财经大学;第五次东亚社会保障模式研究会议将于2011年2月在日本召开,会议地点在日本东京大学;第六次会议将于2011年5月在韩国釜山召开,同期举办大规模的第七届社会保障国际论坛,会议地点在韩国国立釜山大学。

四、第四次东亚地区社会保障模式研讨会

2010年9月12—13日，由中国人民大学中国社会保障研究中心和西南财经大学保险与社会保障研究中心、日本社会政策学会、韩国社会政策学会联合主办的第四次东亚地区社会保障模式研讨会在成都举行。中国人民大学教授郑功成主持了这次会议。

出席本次会议的知名专家学者有日本东京大学教授武川正吾、日本早稻田大学教授土田武史、日本同志社大学教授埋桥孝文、日本福祉大学教授野口定久、日本女子大学教授沈洁、日本流通经济大学教授田多英范、韩国中央大学教授金渊明、韩国延世大学教授郑武权、韩国首尔大学教授安祥薰、韩国釜山大学教授朴炳铉、韩国成均馆大学教授洪埛骏、韩国中央大学教授金教诚、中国浙江大学教授何文炯、中山大学教授申曙光、西南财经大学教授林义、北京大学教授刘继同、北京大学教授熊跃根、台湾中正大学教授吕建德等。日本东京大学研究员李莲花、日本东京经济大学研究员金成垣、日本中央大学教授朱珉、中国人民大学教师金炳彻和鲁全等列席了此次会议。

郑功成教授首先回顾总结了东亚社会保障模式跨国研究计划自2009年启动以来的进展，并提出了下一阶段的研究议题，与会学者展开了充分的讨论，决定在

前三次会议的基础上，将第一阶段的研究成果集中加以修订，用中文、日文、韩文在三个国家分别出版。同时，确定第二阶段的研究任务为开展东亚各国之间的比较研究，并与亚洲其他国家、欧美国家进行相应的比较研究，以提炼东亚地区社会保障特色为目标。同时，还确定了第五次、第六次东亚社会保障模式研讨会将于2011年2、9月分别在日本东京大学、韩国釜山大学举行。

五、第五次东亚地区社会保障模式研讨会

2011年2月19—22日，第五次东亚地区社会保障模式研讨会在日本东京大学召开，日本东京大学教授武川正吾主持了这次会议。中国人民大学教授郑功成、中国浙江大学教授何文炯、中国中山大学教授申曙光、西南财经大学教授林义、日本早稻田大学教授土田武史、日本女子大学教授沈洁、日本福祉大学教授野口定久、日本明治大学教授钟家新、日本流通经济大学教授田多英范、日本东京经济大学教授金成垣、日本同志社大学教授埋桥孝文、韩国中央大学教授金渊明、韩国首尔大学教授安祥薰、韩国延世大学教授郑武权、韩国成均馆大学教授洪坰骏、韩国中央大学教授金教诚、韩国釜山大学教授朴炳铉等知名社会保障学者以及来自中、日、韩三个国家的部分青年学者共30多人出席了会议。

本次会议围绕中、日、韩社会保障发展史、社会救助制度与东亚社会保障研究方法等主题举行了学术报告，并进行了深入研讨。

在出席完为期两天的东亚地区社会保障模式研讨会后，郑功成教授、何文炯教授、申曙光教授还应邀出席了日本华人教授会主办、东京中国文化中心后援的讲座会，并为与会者做了有关中国社会保障改革的报告。出席本次讲座的听众既有日本社会保障领域的学者，也有日本政府经济社会研究领域的官员、报社记者、企业界人士和其他各界听众。日本厚生劳动大臣细川律夫专门对郑功成教授的讲座发来祝贺信，他在信中表示，讲座的举办以及对社会保障制度进行交流与讨论，扩大了中日两国的民间交流，促进了中日两国友好关系的发展。

六、第六次东亚地区社会保障模式研讨会

2011年10月14—15日，由浙江大学主办的“东亚社会保障模式”第六次跨国研讨会议在中国杭州召开。出席本次会议的有来自中国人民大学、浙江大学、西南

财经大学、中山大学、南京大学、中国社科院、台湾中正大学和日本东京大学、早稻田大学、日本福祉大学、日本女子大学、流通经济大学、东京经济大学、韩国首尔大学、中央大学、延世大学、成均馆大学等著名学术机构的20多位著名社会保障学者。中国浙江大学教授何文炯主持了本次会议,中国人民大学教授郑功成为本次会议致开幕词。

接着,与会专家围绕着东亚社会保障研究的国际文献及观点分歧、东亚国家的社会保障同质性、东亚国家与欧美国家社会保障的差异性,以及是否存在东亚社会保障模式等专题展开了热烈的讨论。出席本次会议的中国人民大学郑功成教授、中国浙江大学何文炯教授、中国南京大学林闽钢教授、中国西南财经大学林义教授、中国浙江大学林卡教授、台湾中正大学吕建德教授、日本东京大学武川正吾教授、日本早稻田大学土田武史教授、日本女子大学沈洁教授、日本福祉大学野口定久教授、日本流通经济大学田多英范教授、韩国中央大学金渊明教授、韩国首尔大学安祥薰教授、韩国成均馆大学洪炯俊教授、韩国中央大学张勋教授等在会上做了专题发言。华中科技大学丁建定教授和日本同志社大学埋桥孝文教授提供了书面发言,其他与会者亦有发言或参与了相关讨论。

与会专家认为,东亚国家的社会保障确实与欧美国家既有模式存在着明显差异,有着极高的学术研究价值,值得中、日、韩等国社会保障学术界努力探讨。

在完成全部议程后，郑功成教授对本次会议做了全面总结。他指出，二战以来，中、日、韩先后率世界经济发展的潮流，均实现了持续高速的增长，是当代世界特别不能忽略的地区，而中央集权、倚重家庭、中庸之道和非制度化保障机制的独特功能等构成了中、日、韩等东亚国家乃至更多亚洲国家社会保障体系建设与政策选择的共同背景与特色，尽管对东亚社会保障模式是否存在及其具体含义还存在着分歧，但这一研究具有重大学术价值，值得探讨深入。他并表示，中国学者会继续推进这一跨国研究计划。

鉴于中国的社会保障改革进入关键时期，各项制度安排正在急剧变革与扩张之中，会议决定暂时推迟该项研究计划的实施。

在2013年第九届社会保障国际论坛（在中国杭州召开），经项目研究核心成员议定，决定于2014年春在北京召开第七次东亚地区社会保障模式研讨会。

七、第七次东亚地区社会保障模式研讨会

2014年4月19—20日，由中国人民大学中国社会保障研究中心主办的第七次东亚地区社会保障模式研讨会在北京召开。来自中国人民大学、浙江大学、南京大学、中山大学、西南财经大学、华中科技大学、北京师范大学、日本东京大学、日本福祉大学、日本女子大学、日本东京经济大学、日本静冈大学、日本千叶商科大学、韩国中央大学、韩国成均馆大学、韩国梨花女子大学等高校的30多位专家学者与代表出席了会议。中国人民大学教授郑功成主持了本次会议。

会议第一阶段先后由韩国成均馆大学洪垌俊教授、日本女子大学沈洁教授、日本福祉大学野口定久教授、中国浙江大学何文炯教授做关于中、日、韩三个国家社会保障改革与发展动态的报告，与会教授围绕各自国家面临的挑战与可能进展进行了专业交流。

会议第二阶段是讨论东亚社会保障模式研究初步成果的修订问题，郑功成教授回顾了以往在中、日、韩三国先后举行的六次专题研讨会的纪要。西南财经大学教授林义、南京大学教授林闽钢、中山大学教授申曙光、华中科技大学教授丁建定、中国人民大学教授杨立雄、日本东京大学教授武川正吾、日本福祉大学大学院委员长与日本社会福利教育学校联盟副主席野口定久、日本女子大学教授沈洁、日本东京经济大学副教授金成垣、日本静冈大学副教授李莲花、韩国中央大学教授金渊明、韩国成均馆大学教授洪垌俊、韩国梨花女子大学教授李承润等围绕着东亚社会保障模式与中、日、韩之间的比较研究发言，与会代表就此问题进行了讨论。

会议第三阶段讨论如何继续推进中、日、韩之间及与欧美国家之间的社会保障研究交流。中国人民大学副教授杨俊、鲁全、金炳彻等报告了第十届国际社会保障学术大会的筹备进展(拟于2014年9月在北京举行)，与会学者对此发表了意见。

会议决定，将第一阶段的初步成果加以整理，正式结集出版。先由郑功成教授负责主编，在中国出版中文版后，再由韩、日整理各自出版。

与会的中、日、韩三国学者还参观了在中国人民大学图书馆展出的德国社会史展览。

八、《东亚地区社会保障论》编辑、出版

根据第七次东亚地区社会保障模式研讨会的决定，中国人民大学郑功成教授于 2014 年 4 月正式启动第一阶段初步成果的编辑、出版工作。中、日、韩三国学者针对原来完成的相关研究成果做了最新修订，在一批青年社会保障专家将日文、韩文译成中文后，连同中方作者的文章，经中国北京师范大学中国社会管理研究院研究员谢琼初步编辑，由郑功成教授统一审稿后，于 2014 年 8 月 8 日交付人民出版社，由该社公开出版。